Arnold Angenendt

Ehe, Liebe und Sexualität im Christentum

Arnold Angenendt

Ehe, Liebe und Sexualität im Christentum

Von den Anfängen bis heute

Redaktion: Christiane Kuropka, Stephanie Müller
Satz: Philipp Czogalla

Umschlagabbildung:
Michelangelo (1475–1564), Detail: Sündenfall und Vertreibung aus dem Paradies, Sixtinische Kapelle

2. Auflage

www.aschendorff-buchverlag.de

Printed in Germany
Gedruckt auf säurefreiem, alterungsbeständigem Papier ∞

ISBN 978-3-402-13146-6

Meiner Mutter
Dora Smets / Angenendt
** 12. März 1898*
† 26. Februar 1996

Vorwort

Der Titel verspricht einerseits zu wenig und andererseits zu viel. Die Thematik ist breit angelegt, bezieht anfangs nicht-christliche Phänomene mit ein, spitzt sich dann aber auf die katholisch-lehramtliche Position zu. Die derzeit in allen christlichen Gruppierungen vertretenen und praktizierten Positionen würden zur Ausuferung führen.

Mein erster Dank gilt meinen Mitarbeitern Christiane Kuropka, Stephanie Müller und Sebastian Klein. Zu danken habe ich weiter den Lesern des Manuskriptes, vorab Dr. Franz-Hein Aengenheister, sodann Hermann Backhaus, Dr. Edeltraud Balzer, Alfred Bell, Edgar Fritsch, Dr. Josef Hochstaffl und Karl-Josef Repges. Besonderer Dank gebührt den Kollegen Klaus Lüdicke, Klemens Richter, Heinz-Günther Stobbe, und Peter Weimar. Nicht zuletzt auch Dank an den Exzellenzcluster ›Religion und Politik‹, der mir als Senior-Lecturer eine Arbeitsstelle zur Verfügung stellt.

Arnold Angenendt

Münster, August 2015

Inhalt

1. Die Vorgegebenheiten

Selbst engagierte Kirchgänger – so haben sie jüngst auf Befragung zur christlichen Sexual- und Ehe-Moral kundgetan – erheben heute gegen das Christentum den Vorwurf der Rigidität, ja der Abwertung alles Geschlechtlichen. Die Medien wie aber auch die wissenschaftliche Literatur ereifern sich: „Die alle Lebenssphären durchdringende christliche Religiosität hat zahllose Menschen zum Verzicht auf Sexualität gebracht, andere zur Zerstörung ihres Geschlechts und wieder andere zu einer Sexualität, die sie andauernd mit schlechtem Gewissen belastete“[1]. Freilich liest man es auch ganz anders: Das westliche Familienschema sei durch Gegebenheiten der christlichen Religion positiv beeinflußt worden, in sogar weltgeschichtlicher Einmaligkeit, nämlich in der „gattenzentrierten Ehe“, die auf dem christlicherseits von beiden Ehepartnern auszusprechenden Konsens beruhe: „Dieser Konsensgedanke ist ein wesentliches Grundprinzip der ‚gattenzentrierten Familie‘, in der [...] die Paarbeziehung im Mittelpunkt steht. Auf dem christlichen Konsensprinzip beruht [...] das Ideal der Liebesehe, ebenso aber auch seine Kehrseite, die besondere Anfälligkeit dieser auf persönlicher Zuneigung und freier Entscheidung beruhenden Beziehungsform“[2].

Die in den sechziger Jahren in Gebrauch gekommene Empfängnisverhütende Pille führte zu einer bis dahin nicht ausdenkbaren Wende, zur ‚sexuellen Revolution‘: Der Geschlechtsverkehr wurde folgenfrei. Daraufhin erschien alle vorausgegangene Sexualmoral als Repression. Die neue Devise hieß und verhieß: ‚Mut zur sexuellen Befreiung‘; überdies: ‚Nie wieder sexuelle Unterdrückung‘. Entsprechende Publikationen boomten, so von Wilhelm Reich († 1957), Herbert Marcuse († 1979) und Ernest Bornemann († 1995), die damals alle überzeugt waren „von der Möglichkeit einer grundsätzlichen Transformation der Gesellschaft durch die sexuelle Befreiung“[3]. Heute wird ihnen entgegengehalten, die „eigenen zeitgebundenen Vorstellungen als überhistorische Erkenntniswerkzeuge behandelt“[4] zu haben. Kritik erfährt ebenso die speziell von französischen Historikern unterstellte „Repressionsthese“, der zufolge die intellektuellen und politischen Eliten in der Neuzeit die Volkskultur unterdrückt, ja zerstört hätten; generell seien die Forderungen nach individueller wie kollektiver Kontrolle der Sexualität bereits älter als das Christentum; vor allem könne die von Kirche und Staat in der Neuzeit betriebene Disziplinierung „auch als Ausdruck eines volkstümlichen Bedürfnisses nach einem geregelten Zusammenleben gedeutet werden“[5]. Nicht zuletzt traf es die katholische Sexualmoral in sozusagen verspäteter Kulturkampfstimmung.[6] Inzwischen aber erhalten Bücher wie ‚Das Kreuz mit der Kirche‘ von Karlheinz Deschner († 2014), ‚Eunuchen für das Himmelreich‘ von Uta Ranke-Heinemann und ‚Die verbotene Lust‘ von Georg Denzler das Prädikat „weitgehend überholt“[7]. Verwundern muß das Urteil, das Franz X. Eder in seinem Buch ‚Kultur der Begierde‘ abgibt: „Ein großes Manko stellen Forschungen zum Verhältnis von Religion bzw. Kirche und Sexualität im deutschsprachigen Raum dar“[8].

Der eigentliche Einwand richtet sich gegen die vorschnelle Projektion heutiger Wertvorstellungen auf das emotionelle und sexuelle Leben früherer Zeiten: Sexualität sei ein zu vielschichtiges Phänomen, sowohl sozial- wie kultur-, wie religionsgeschichtlich. Ein Beispiel bieten dafür die Bulsa in Nordghana, wo der Gehöftherr mehrere Frauen hat, die alle beschnitten sind und Zeit ihres Lebens abhängig bleiben; sie bewohnen eine eigene Hütte und müssen reihum ihren Mann für eine Woche unterhalten und mit ihm schlafen. Für uns also völlig unmögliche Verhältnisse. Der Eindruck indes, den der untersuchende Ethnologe wiedergibt, muß komplett überraschen: Frauen machten dort „einen weitaus unabhängigeren Eindruck als der Durchschnitt der Frauen bei uns“, wobei aber „romantische Gefühle in unserem Sinne in der Ehe wenig Raum haben“[9]. Hier wird klar, daß Eheformen, wie sie uns rechtens und angemessen erscheinen, nicht einfachhin ‚normal‘ sind, sondern vielmehr das Ergebnis eines langen Geschichtsprozesses bilden.

a) Biologie und Medizin

Die Medizin wartet heute mit drei Aspekten auf: mit der „Lustdimension der Sexualität, also alle Aspekte, die mit sexueller Stimulation, Erregung und Orgasmus zu tun haben, mit der Fortpflanzungsdimension der Sexualität, also alle Aspekte, die mit Empfängnis, Zeugung, Schwangerschaft, Geburt und Nachwuchsaufzucht zu tun haben, und vor allem mit der Beziehungsdimension der Sexualität, nämlich der Möglichkeit zur Erfüllung biopsychosozialer Grundbedürfnisse nach Angenommenheit, Geborgenheit und Nähe durch sexuelle Körperkommunikation“[10]. Alle drei Punkte sind in unterschiedlicher Weise historischen Wandlungen unterworfen gewesen, und diese sollen hier vorrangig behandelt werden. Um den früheren, heute oft als empörend empfundenen Umgang mit Sexualität und die dabei fast regelmäßig feststellbare Zurücksetzung der Frau historisch zu verstehen, sind eine Reihe von Punkten zu erläutern, vorweg die Einengungen biologisch-soziologischer wie auch mental-religiöser Art, die heute meist gar nicht mehr verstehbar sind, aber ehemals vorherrschten.

Die biologisch-soziologischen Einengungen lassen sich am besten vom Heiratsalter her erklären, das vor der Moderne für Frauen bei Beginn ihrer Geschlechtsreife lag. Ein Grund für die Frühverheiratung war und ist teilweise noch heute die hohe Müttersterblichkeit bei Schwangerschaft und Geburt. Laut UNICEF sterben derzeit weltweit jeden Tag 1.600 Frauen infolge von Schwangerschaft oder Geburt, nahezu ausschließlich in den Entwicklungsländern. Bei 100.000 Geburten sind es in Sierra Leone 2.100 Frauen, in Afghanistan 1.800, in Ost- und Westafrika 1.000, in Deutschland 4, in Schweden 3 und in Irland 1. Verzeichnete Unicef 1990 bei den unter fünfjährigen Kindern noch 90 Todesfälle auf 1000 Lebendgeburten, waren es im vergangenen Jahr noch 46 Todesfälle. In absoluten Zahlen starben 1990 etwa 12,7 Millionen Kinder unter fünf Jahren, 2013 waren es nur noch 6,3 Millionen. Laut Unicef kamen in diesen 23 Jahren insgesamt 223 Millionen Kinder vor ihrem fünften Geburtstag zu Tode.[11] Dem im Oktober 2013 veröffentlichen Weltbevölkerungsbericht zufolge bringen täglich 20.000 Minderjährige ein Kind zur Welt – das sind jährlich 7,3 Millionen Mütter; zumeist ist es für sie keine bewußte Entscheidung, vielmehr Hinnahme von Machtlosigkeit, Armut und äußeren Zwängen, ausgeübt von Partnern, Gleichaltrigen und/oder

Gruppen; dabei sterben in den Entwicklungsländern rund 70.000 Mädchen im Alter von 15 bis 19 Jahren an Komplikationen bei Schwangerschaft oder Geburt. Zugleich zeigt sich, daß bei längerer Schulzeit der Mädchen die Wahrscheinlichkeit einer Schwangerschaft abnimmt.[12] In vielen Entwicklungsländern werden heute Mädchen weiterhin jung verheiratet, so in Bangladesch durchschnittlich mit 14 Jahren, in Nepal mit 16 Jahren und ähnlich in vielen Ländern Asiens und Afrikas. Das Risiko der Müttersterblichkeit ist bei schwangeren Mädchen unter 15 Jahren doppelt so hoch wie bei solchen über 20. Freilich ist auch das zu registrieren: Aus Südafrika haben wir den Bericht eines vor der Geschlechtsreife verheirateten Mädchens, das mit Schrecken die erste Menstruation und den ersten Geschlechtsverkehr erlebte, daraufhin schockiert weglief, bis sie ihren Mann dann doch zu lieben begann.[13] Wir haben hierfür die weithin übliche Verhaltensweise zu realisieren, daß Liebe nicht vor der Ehe, sondern erst in der Ehe entsteht.

Hinzu kommt die unkalkulierbare Kindersterblichkeit. Wiederum in Sierra Leone ist sie am höchsten: bei 1.000 Lebendgeburten erreichten 185 Kinder nicht ihren fünften Geburtstag; in Deutschland sind es bei 1.000 Geburten drei. Jährlich werden über 24 Millionen Babys mit einem Untergewicht von 2.500 Gramm geboren.[14] Solche heute noch anzutreffenden Verhältnisse und Zahlen werden wir für die Vormoderne allüberall voraussetzen müssen. Auch in unserer eigenen Geschichte dauerten die Frühverheiratung der Frauen und die Mütter- und Kindersterblichkeit solange an, bis sich die medizinischen, ökonomischen, sozialen und mentalen Voraussetzungen zugunsten einer risikoärmeren Sexualität und damit auch einer möglichen Gleichaltrigkeit der Ehepartner veränderten.

Für die Situation in den sog. Entwicklungsländern sei als Beispiel Uganda angeführt, ein Land von der Größe der Bundesrepublik vor der Wiedervereinigung, das noch vor 10 Jahren 25 Millionen Einwohner zählte; inzwischen aber 35 Millionen aufweist und 2050 sollen es 115 Millionen sein – das wäre eine Verdreifachung.[15] Vier von zehn Schwangerschaften sind nicht gewollt, wie eine Spezialstudie belegt; jede Frau bekommt demnach zwei Kinder mehr als gewollt.[16] Über Sex zu reden, ist schwer; der Unterricht in den Primarschulen, den nur ein Drittel der Mädchen und Jungen überhaupt abschließen, behandelt das Thema kaum. Die Gesellschaft findet sich insgesamt nicht bereit, über Teenager-Schwangerschaften, illegale Abtreibungen, Chancengleichheit oder Gewalt in der Ehe zu reden; dabei ist Gewalt gegen Frauen und vor allem gegen Mädchen

Alltag.[17] Der Mann wird mit 19 Jahren volljährig; wenn er eine Minderjährige schwängert, begeht er ein Verbrechen; dennoch wird fast nie ein Mann angezeigt;[18] zudem ist Polygamie erlaubt.[19]

b) Der stärkere und aktivere Mann

Männer und Frauen unterscheiden sich im sexuellen Empfinden und von daher auch in der Liebe und Ehe. Als erwiesen gelten beispielsweise Befunde wie: „Laut wissenschaftlichen Untersuchungen wünschen sich Männer im Laufe ihres Lebens durchschnittlich vierzehn Partnerinnen, unter Frauen liegt dieser Durchschnitt laut eigenen Angaben bei einem oder zwei“[20]; die sexuell anregende Gehirnpartie ist „bei Männern 2,0 bis 2,5 mal größer als bei Frauen“[21]; Männer haben „bei 95 Prozent der sexuellen Erlebnisse einen Orgasmus, Frauen in 69 Prozent der Fälle“[22]; eine Ehe „verkürzt das Leben einer Frau um durchschnittlich 1,4 Jahre, während sie [es] bei Männern um 1,7 Jahre verlängert“[23]. Für die französische Feministin Elisabeth Badinter, inzwischen in vielem wieder revisionistisch eingestellt, ist es möglicherweise in unserer Natur verankert, „dass der Mann ‚erobert‘ und die Frau einer sanften Gewalt ‚nachgibt‘“[24].

Die Negativsituation der Frau verschlimmerte sich durch ihre physische Unterlegenheit: Der Mann konnte und kann sie vergewaltigen, sich selber dabei sexuell befriedigen, ohne weitere Folgen für ihn. Die Frau hingegen mußte und muß die Vergewaltigung erleiden, hatte überdies vor der empfängnisverhütenden Pille mit Schwangerschaft zu rechnen, die ihr, sofern außerehelich geschehen, gesellschaftliche Unehre einbrachte und sie obendrein das Leben kosten konnte. Der Aufschrei einer Frau angesichts der Männergewalt aus dem frühneuzeitlichen England: „Obwohl ich äußersten Widerstand leistete, siegte am Ende doch immer die nackte Gewalt“[25], ist nur die Einzelklage von Milliarden Frauen aus Hunderttausenden früherer Jahre. Geboten ist darum „die Zivilisierung der männlichen Sexualität“[26]. Oder sanfter mit Niklas Luhmann († 1998): „Wenn eine Frau liebt, sagt man, liebt sie immer. Ein Mann hat zwischendurch zu tun“[27].

Mädchen und Frauen waren vor Übergriffen zu schützen, wurden deshalb ‚verwahrt‘. Zu gewährleisten hatte diese Verwahrung der

Schutzherr der Familie, also der Vater oder der ältere Bruder, nach Verheiratung der Ehemann. Daraus ergaben sich Pflichten wie Rechte. Pflichtig waren der Unterhalt von Frau und Töchtern, dazu deren Absicherung gegen Vergewaltigung und Frauenraub; nicht zuletzt die Aussteuer für die Ehe; bei tunlichst angemessener Verheiratung der Töchter wurde die Oberhoheit über sie dem Ehemann übertragen; in der Ehe unterstand die Frau dem Mann, hatte dessen Dominanz mit Folgsamkeit hinzunehmen. Äußere Freiheit konnte und kann die Frau überhaupt erst dort gewinnen, wo eine flächendeckende öffentliche Sicherheit sie schützt und ihr dadurch Freiraum im öffentlichen Leben verschafft, was aber nur in Spätphasen der Staatsbildung, in Europa erst in der Neuzeit, erreicht wird und in der sogenannten Dritten Welt oft noch aussteht. In welchem Ausmaß heute noch Frauen Gewalt erfahren, zeigt sich anhand der Statistiken von Vergewaltigungen. Die Weltspitze hält laut Interpol Südafrika, wo täglich 1.400 Frauen vergewaltigt werden, pro Jahr eine halbe Million.[28] Selbst in mit allen technischen Sicherungssystemen und omnipräsentem Staatsschutz ausgerüsteten Gesellschaftssystemen werden immer wieder Fälle aufgedeckt, wo Männer Frauen sogar Jahre lang einzusperren vermögen, um sie sexuell zu missbrauchen.

Wie eine einzelne Frau sich gegen Männer durchzukämpfen hat, zeigt ein Zeitungsbericht über die erste Rikscha-Fahrerin in Indiens Hauptstadt Delhi. „Sunita Chaudhary wurde in einem Dorf im Bundesstaat Uttar Pradesh geboren. Wie alle Mädchen musste sie im Haushalt helfen. Bildung oder gar ein Beruf sind ungewöhnlich für Frauen auf dem Land. Die meiste Zeit war Sunita zu Hause, putzte, kochte und wusch. Die Eltern suchten einen Ehemann für sie, mit 14 heiratete sie ihn. Zunächst war alles in Ordnung, sagt sie. Sicher, ihr Mann hat sie hin und wieder geschlagen. Sie sagte nichts, sie wollte eine gute Ehefrau sein. Aber ein Jahr später änderte sich ihr Leben von Grund auf. Sie holt tief Luft und beginnt zu erzählen, in sich gekehrt, mit gesenktem Blick: Vier Männer waren es. Ihr Ehemann und drei Freunde. Sie fielen über sie her, schlugen und misshandelten sie. Sunita ballt die Fäuste. ‚Dann wollten sie mich aufhängen.‘ Die Männer legten ihr ein Seil um den Hals. ‚Hier‘, sagt Sunita und drückt mit dem Zeigefinger auf eine Narbe an der Kehle. ‚Als ich wieder zu mir kam, lag ich auf dem Boden. Mein Mann und seine Freunde gruben gerade ein Loch.‘ Ihr war sofort klar, was sie da sah – ihr Grab. ‚Ich rannte los, von Todesangst getrieben.‘ In einem Waisenhaus fand sie Unterschlupf“[29]. Unter nicht enden wollenden Drangsalierungen schafft sie es dann doch, die erste weibliche Rikscha-Fahrerin zu werden.

Angesichts der bedrängten und gefährdeten Lebensweise der Frau möchte man mit einem besonderen Respekt ihr gegenüber rechnen. Das Gegenteil ist der Fall, wie das Literargenus der Misogynie ausweist. Das weibliche Geschlecht ist in unzähligen schriftlichen Dokumenten aller Epochen und Kulturen das Objekt von Geringschätzung, ja der Verspottung gewesen: „Von der griechischen und römischen vorchristlichen Antike bis ins 15. Jahrhundert gibt es eine kaum überschaubare Zahl von frauenfeindlichen Texten, aber meines Wissens keinen einzigen männerfeindlichen Text. Misandrie gibt es nicht“[30].

Aber auch das ist nunmehr zu berücksichtigen: Aus der bedrückten, ja unterdrückten Stellung der Frau ist inzwischen eine Schlagwaffe geworden: die Frauen als Opfer – die Männer als Schuldige. Als Gewalttäter erscheinen die Männer, die Krieg führen, Fleisch verzehren, zuweilen auch Menschen fressen; Gewalt sei für den Mann ‚natürlich‘, ja ‚angeboren‘, für die Frau hingegen die „mütterlichen Tugenden“[31]. Infolgedessen steht der Mann heute grundsätzlich unter Verdacht.[32] Vor solcherart Hell-Dunkel-Denken wird freilich schon wieder gewarnt: Hier würden nur zwei Stereotypen gegeneinander ausgespielt, das männliche als „‚Penetration‘, ‚Konsum‘, ‚Herrschaft‘“[33], das weibliche als „‚Vorspiel‘, ‚allmählich‘, ‚Gefühle‘“[34]. Die Wirklichkeit zeigt es oft tatsächlich anders. Forschungen der Frühen Neuzeit erweisen, daß Gewalt gegen den Ehemann „einen normalen Bestandteil des Alltagslebens darstellte“[35], wobei heute eine „Zunahme der Gewalt bei weiblichen Jugendlichen“[36] zu registrieren sei. Wer hätte gedacht, daß der renommierte Publizist Friedrich Sieburg (†1964), von 1956 bis 1963 Literatur-Chef der FAZ, von seiner dritten, 1942 geheirateten Frau beleidigt und verhöhnt, sogar des Hauses verwiesen wurde.[37] Zu warnen ist deshalb vor einem neuen Dualismus: „Auf der einen Seite steht SIE, ohnmächtig und unterdrückt; auf der anderen Seite ER, gewalttätig“[38].

c) Patriarchat und Matriarchat

Die biologisch-rechtlich-religiöse Minderposition der Frau führte zur Dominanz des Mannes, zu dessen Patriarchat. Ein ethnologischer Vergleich stellte schon vor 30 Jahren fest: In 88 Prozent der untersuchten Fälle haben Männer die Führung inne, in drei Prozent herrscht Gleichberechtigung, ausschließlich weibliche Führerschaft fehlt. Bei der Ehe ergibt sich für die Hälfte der untersuchten Fälle die Polygamie, die Geschlechtsgemeinschaft des Mannes mit mehreren Frauen, meist mit Haupt- und Nebenfrauen, wobei aber einschränkend zu sagen ist, daß die erlaubte Polygynie schon aus Subsistenzgründen keineswegs immer auch praktiziert worden ist.[39]

Gegen das Patriarchat kämpft die moderne Frauen-Emanzipation und hat sich auf die Suche nach dem Matriarchat gemacht, nach der Frauen-Herrschaft. Gegolten hätten einst: die freie Verfügung der Frauen über die materiellen Güter, zumal über die Produkte eigener Arbeit wie über die Erntevorräte; sodann die Entscheidungsgewalt über die Kindergeburt, sowohl in Anzahl wie Abstand; überhaupt frauliche Eigeninitiative gegenüber dem Sexual- und Ehepartner, auch für außerehelichen Verkehr, mit Fortfall der Vergewaltigung nicht zuletzt die Möglichkeit zur Übernahme öffentlicher Ämter.[40] Mit dem Aufspüren matriarchalischer Eheformen soll der Nachweis erbracht werden, Frauen hätten einmal „als selbstständig handelnde Wesen an der Gestaltung von Gesellschaft und Kultur" mitgewirkt. Der marxistisch orientierte Fürsprecher des Matriarchats, Ernest Bornemann, deutete gleich schon umstürzlerisch: „Weiß man erst einmal, daß die Herrschaft des Mannes über Frau und Kind nicht ‚von Natur her', sondern erst durch eine putschartige Machtergreifung knapp vor Beginn der geschichtlichen Zeit erfolgt ist, so hat man Grund zur Hoffnung, daß sie auch wieder überwunden werden kann"[41].

Inzwischen überwiegt Skepsis; die Existenz matriarchalischer Gesellschaften sei wissenschaftlich mindestens kontrovers und bleibe als allgemein gegebene Struktur zu bestreiten[42]. Tatsächlich steht entgegen, daß Matriarchate als Gesellschaftstypen weder historisch noch archäologisch eindeutig nachgewiesen sind. Von 849 untersuchten Kulturen waren 137 (16%) monogam, dagegen 708 (83,5%) polygam, während nur vier polyandrisch waren.[43] Die wenigen Fälle erklären sich oft aus speziellen Sonderbedingungen;[44] schon am männlichen Eifersuchtspotenzial habe die Polyandrie scheitern müssen.[45]

In Wirklichkeit sollte man das Matriarchat anders verstehen, nämlich als heutigen Gegenentwurf für „eine egalitäre, freie, natürliche, ökologische, friedliche Gesellschaft [...] ohne wirtschaftliche und sexuelle Ausbeutung, ohne Privatbesitz und ohne Herrschaft"[46]. Von einer rückwärtsgewandten Utopie wäre dann zu sprechen, nämlich das Matriarchat ‚als utopischer Ort' des Friedens, der Gewaltlosigkeit und der Naturverbundenheit. So verstanden beeinträchtigt der historische Einwand gegen das Matriarchat in keiner Weise den Wert und die Berechtigung dieser Utopie, die sich historisch gar nicht rechtfertigen muß, vielmehr bereitsteht, bei geschichtlichen Veränderungen Neues zu ergreifen, zumal in der Geschlechter-Beziehung und in der Ehe: Sobald sich bei den vorgegebenen Einengungen Lockerungen abzeichneten, konnte die Utopie zur Realisierung neuer Möglichkeiten vordrängen.

d) Die arrangierte Ehe

„In allen uns bekannten Gesellschaften ist die Ehe und die Eheschließung eine Angelegenheit, die mehr Instanzen als die Eheschließenden betrifft. In der Regel sind die Herkunftsfamilien beteiligt, was so weit gehen kann, daß die Ehe nur noch als Angelegenheit dieser Familien betrachtet wird und die Ehegatten keinerlei Mitspracherecht haben. Die moderne Gesellschaft hat dagegen den Konsensgedanken [...] so einseitig gesteigert, daß [...] die Ehe völlig zur Angelegenheit der Ehegatten wird"[47]. Die zuvorige Form der arrangierten Ehe ist das ‚Ergebnis von Tauschprozessen': Die Braut muß erkauft werden, wie sie ihrerseits eine Aussteuer mitzubringen hat. Die Verheiratung der Mädchen oblag der Sippe bzw. ihrem Wortführer, in aller Regel dem Vater. Aus den oben erwähnten medizinischen Gründen wurden Mädchen früh verheiratet, zuweilen sogar vor ihrer Geschlechtsreife. In vielen Gebieten Asiens und Afrikas ist die arrangierte Ehe bis heute das Übliche. Es wird mit 700 Millionen zwangsverheirateten Frauen gerechnet.

Beginnen wir mit Indien. „Die Heirat ist in Indien nach wie vor nicht eine Angelegenheit der beiden Ehepartner, sondern ihrer gesamten Familien"[48]. Laut Unesco werden 47 Prozent der Mädchen bereits im Kindesalter verheiratet.[49] In den Unterschichten hat der Mann einen Preis für die dem Brautvater verlorene Arbeitskraft zu zahlen. In den Oberschichten zahlt umgekehrt der Vater eine Mitgift, heute oft als ‚Hochzeitsgeschenk' deklariert. Krass gesagt sind deswegen „Töchter ein reines Verlustgeschäft"[50]; darum dann die Abtreibung weiblicher Föten. In Indien sollen mittels pränataler Geschlechtsbestimmung zwischen

1991 und 2011 trotz gesetzlichen Verbots 12 Millionen Mädchen abgetrieben worden sein.[51] Eine Frau erfüllt „erst als Mutter eines Sohnes ihre Daseinsbestimmung"; bei Gebärunfähigkeit der Frau ist der Mann „geradezu verpflichtet, eine weitere Frau zu nehmen"[52]. Neuerdings geschehen sogar ‚Mitgift-Morde', daß nämlich der Ehemann einen tödlichen Unfall seiner Frau inszeniert, um bei Neuheirat wieder Hochzeitsgeschenke einkassieren zu können. Für das Jahr 2010 wurden offiziell 8.391 Brautverbrennungen registriert, in Wirklichkeit dürften es jährlich 100.000 sein, also 270 pro Tag.[53] Neu ist, daß die traditionelle Vorschrift, die jungen Leute dürften sich vor der Hochzeit nicht gesehen haben, durch ‚Interviews' gelockert wird, wo beide etwas voneinander erfahren; erste Liebesheiraten seien nicht mehr verpönt.[54]

Im heutigen Japan, einem ökonomisch und technisch höchstentwikkelten Land, werden derzeit immer noch ein Drittel der Ehen arrangiert,[55] denn in breiten Schichten „gilt die Gleichbehandlung der Geschlechter nicht als ein Ideal"[56]. Tätig wird bei dem Arrangement ein Vermittler, der die Heiratskandidaten zunächst mit Lebenslauf und Foto vorstellt; bei Gefallen wird ein Treffen der beiden Familien vereinbart, wobei sich jeweils die Familien gegenübersitzen und die Kandidaten ihre Augen niederschlagen sollen, aber zuletzt doch gemeinsam zu einer Tasse Kaffee oder gar einer Autotour aufbrechen dürfen. Solche Sitzungen können oftmals über Jahre hin stattfinden. Aufs Heikelste gestaltet sich jeweils die Absage, denn niemandes Ehre darf verletzt werden. Die nach 1945 erlassene Verfassung garantiert, Ehen allein bei gegenseitiger Zustimmung zu schließen.[57] Erst seitdem wächst die Zahl der partnerschaftlich geschlossenen Ehen.[58]

e) Sex und Gender

Wie ein Fanfarenstoß wirkte der 1949 von Simone de Beauvoir († 1986) niedergeschriebene Satz: „Man kommt nicht als Frau zur Welt, man wird es"[59]. Tatsächlich sind wir konfrontiert mit einer biologischen und einer kulturellen Sexualität. Die Bio-Sexualität ist aufzuteilen in eine solche des Mannes und in eine solche der Frau: Der physisch stärkere Mann kommt zu größerer Lustbefriedigung, kann sich diese sogar mit Gewalt verschaffen und muß keine weiteren Folgen tragen. Anders die Frau; sie reagiert mit einem anderen Lustempfinden, hat den Geburtsschmerz zu ertragen, ja riskierte vor der modernen Medizin ihr Leben; obendrein obliegt ihr die bleibende erste Sorge für die Kinder. Diese Unterschiedlichkeit ist, genau besehen, eine blanke Ungerechtigkeit der Natur. Sie auszugleichen erfordert vom Mann eine einschränkende Disziplin. Damit sind wir bei der kulturellen Sexualität, die historisch je eigene Formen hat. Vor allem auch ist die Medizin einzurechnen: Vor oder nach der Pille ist Sexualität eine je andere.

Die De-Biologisierung hat eröffnend gewirkt, zumal im Blick auf andere Kulturen. Heute wird deswegen über Möglichkeiten und Grenzen des Gender-Konzeptes nachgedacht: „Wenn das biologische Geschlecht nicht vollständig ‚natürlich' ist, dann ist das soziale Geschlecht nicht vollständig sozial"[60]. Das führt zu einer Geschichtlichkeit der Sexualität, also das biologische Geschlecht nicht als ahistorisch und das soziale Geschlecht nur als historisch zu verstehen; eine Trennung von Körper und Geist sei unsinnig und darum ‚Mann' und ‚Frau' keine festliegenden Typen, was auch daran sichtbar werde, daß sich Aktivität und Passivität in beiden Geschlechtern unterschiedlich vermischten und auch in die Machtverhältnisse hineinspielten.[61]

Im Rückblick auf die zuvor angeführten biologischen, sozialen und religiösen Beschränkungen bedarf es „nicht komplizierter Argumentationen, um zu erkennen, daß soziokulturelle Bedingungsfaktoren eine große Rolle für das Sexualverhalten spielen"[62]. Wie nämlich sollten Frauen eine eigenständige Rolle gewinnen können, wenn sie sofort bei Geschlechtsreife verheiratet wurden, sogar notwendigerweise wegen der hohen Mütter- und Kindersterblichkeit.

Zu fragen ist ebenso nach der Überlegenheit des Mannes. Auch sie war vorgegeben, räumte ihm aufgrund seiner physischen Stärke sowohl die Pflicht des Schutzes wie aber auch die Möglichkeit der Vergewaltigung ein. Inzwischen aber sind viele der früher den Frauen entgegenstehenden Barrieren medizinischer, mentaler und religiöser Art abgebaut. An wirkliche Gleichbehandlung konnte und kann freilich erst gedacht werden, sobald sich für Frauen neue, früheren Generationen gar nicht mögliche Chancen auftun. Soweit diese heute eröffnet sind, werden sie auch verpflichtend. Natürlich hat es immer schon mächtige und einflussreiche Frauen gegeben; aber daß demokratisch gewählte Frauen zu Regierungschefinnen aufsteigen und als mächtigste Frauen der Welt bezeichnet werden, haben sich selbst die aufgeklärtesten Intellektuellen des 19. Jahrhunderts nicht einmal vorstellen können.

Die Vorstellung, die männliche wie die weibliche Geschlechterrolle seien nur anerzogen, ja übergestülpt, führte dazu, operative Geschlechtsumwandlungen vorzunehmen. Berühmt wurde ein Fall, wo ein Junge, dem nach der Geburt ob einer mißlungenen Beschneidung das männliche Glied verunstaltet worden war, mittels Operation in ein Mädchen umgewandelt wurde. Weltweit galt diese Umwandlung als Bestätigung für die Gender-Theorie; so auch bei Alice Schwarzer: In Wirklichkeit wehrte sich der Umoperierte heftigst gegen seine Mädchenrolle, wobei seine pubertäre Hinneigung zu Mädchen als Lesbismus interpretiert wurde, bis er sich dann weiter zum Jungen umoperieren ließ, sogar heiratete und sich 2004 erschoß.[63] Inzwischen aber gibt es Stimmen, die ihrer Geschlechtsumwandlung zustimmen.

Auf jeden Fall ist mit den Germanisten Rüdiger Schnell festzuhalten: „Daß sich die Vorstellungen von Körper, Geschlecht, Sexualität im Laufe der Geschichte geändert haben und deshalb auch die Diskursanalyse vorzügliche Einblicke in die Veränderung solcher soziokulturellen Konstrukte verspricht, ist – trotz aller erwähnten Kontroversen – heute unbestritten“[64].

f) Sexuelle Disziplinierung

Religionssoziologischen Handbüchern zufolge zeigt die öffentliche Bekundung der erotischen Beziehung zwischen Mann und Frau in allen uns bekannten Gesellschaften „ein Mindestmaß an Institutionalisierung“[65].

Informativ ist dafür das Porträt einer mexikanischen Familie, wie es der amerikanische Anthropologe Oscar Lewis (†1970) 1943 aufgezeichnet hat, indem er die Kinder erzählen läßt.[66] So der älteste Sohn Sanchez: Die Eltern lieben sich, trotz vielerlei Streit und gelegentlicher Bedrohung mit dem Messer, wobei der Vater ständig und die Mutter einmal sexuelle Außenbeziehungen haben. Die Söhne beschimpft der Vater als Hurensöhne, fährt sie immer nur an und schlägt sie auch. Schulbesuch erfolgt bloß für wenige Jahre, bei oftmaligem Schwänzen. Sanchez gerät in eine Bande mit rauschhaft-blutigen Schlägereien, sowohl zur Herstellung der inneren Rangordnung wie zur Selbstbestätigung gegenüber anderen Gangs. Onaniert wird im Wettbewerb, den Geschlechtsverkehr sieht man von den Erwachsenen ab. Einer im Haus mitarbeitenden Frau wird der Rock hochgehoben, bei Anblick ihres „schwarzen Dreiecks […] ‚behaart und hässlich'"[67]. Dann mit 13 Jahren der erste Bordellbesuch, was den Geschlechtstrieb in ein dauerndes Fieber versetzt und die frauliche Vagina zum „‚Saugloch'" macht.[68] Rückblickend beklagt Sanchez: „Wenn ich an die Zeit zurückdenke, scheint es mir, als hätte ich gar kein Familienleben gehabt"[69]. Statt nun selber eine Familie aufzubauen, folgt er weiter seinem Sexualfieber. Als er sich beispielsweise mit Lupita einläßt, „hatte ich nicht die Absicht, eine Familie zu gründen"[70]. Wohl besucht er sie, die schon zwei Kinder hat, denkt aber nicht an Heirat. Denn: „Hier in Mexiko ist das so: Eine Frau, die schon ein Kind von einem anderen hat, […], fühlt, daß sie nicht das Recht hat, zu protestieren, wenn dieser Mann einmal fortgeht. Sie weiß, daß sie selbst Fehler begangen hat"[71]. Das bedeutet: Eine Frau, die dem männlichen Drängen nachgegeben hat, verliert ihren eigenen Rückhalt und wird zum Freiwild. Später, als Sanchez ins nordamerikanische Kalifornien hinübergewechselt ist, erlebt er etwas unbegreiflich Neues: die treue Ehe: „Ich merkte, daß die Ehe in den Vereinigten Staaten etwas ganz anderes ist als bei uns. Mir gefielen die Selbstständigkeit der Eheleute und ihr blindes Vertrauen zueinander. Ich glaube, das gibt es dort, weil die Menschen feste moralische Grundsätze haben. Je liebevoller sie miteinander sind, desto anständiger sind sie auch. Sie mögen keine Lügen. Wenn sie ‚nein' sagen, dann meinen sie auch ‚nein'. Und dabei bleibt es, selbst wenn man sie auf Knien anfleht. In Mexiko ist das ganz anders. Ganz allgemein kann ich sagen, daß es bei uns keine treuen Ehemänner gibt. Sowas kommt einfach nicht vor. Von hundert Ehemännern, die ich kenne, betrügen alle hundert ihre Frauen"[72].

Aber nicht, daß nur aus Armut ein undiszipliniertes Verhalten entstünde. Auch in wohlhabenden und gebildeten Oberschichten mußten und müssen Ehe und Liebe nicht unbedingt zusammenfinden. So heißt es in einem kurz vor 1800 abgefaßten Reisebericht durch Polen über den dortigen Adel: „So geben Verlobte einander mit der erklärtesten Gleichgültigkeit die Hand, und sie halten sich höchstens insofern zueinander, als es die Fortpflanzung der neuen Familie, ihre ökonomischen Umstände und ihre Verhältnisse zu den übrigen verlangen. Liebe, Treue, wechselseitige Aufopferungen ihrer Liebhabereien und Launen, häusliches Leben und Sorge für die Erziehung ihrer Kinder sind Dinge, die sie kaum ahnen, viel weniger als Hauptpflichten des ehelichen Bundes ausüben. Hierin liegt der Grund, daß Eifersucht in Polen so selten ist. Wer wird eifersüchtig auf einen Mann sein, den man nicht liebt, von dem man nie geliebt wurde"[73].

Angesichts der Plastizität der Sexualität und einer möglichen Ausartung des Trieblebens bedarf es in jeder Gesellschaft „notwendig der Kontrolle und Normen und Institutionen“[74]. Dazu nötigt vor allem die Situation der Frau. Denn gerade ihr Schicksal gibt Einblicke „in das gewaltige Leid, das jede unterentwickelte Gesellschaft den Körpern ihrer gebärfähigen Frauen auferlegt“[75]. Das Fazit lautet mit dem Soziologen Helmut Schelsky († 1984): „Die kulturelle Überformung der sexuellen Antriebe gehört sicherlich ebenso zu den ursprünglichen Kulturleistungen und Existenzerfordernissen des Menschen wie Werkzeug und Sprache, ja, es spricht nichts dagegen, in dieser Regelung […] die primäre Sozialform alles menschlichen Verhaltens zu erblicken“[76]. Ähnlich Peter Sloterdijk in Bezug auf das Christentum: Hier „wird zwischen Mann und Frau nicht nur ein neuartiges asexuelles oder übersexuelles Band gestiftet, das dem Mann auch in der Ehe eine bis dahin unbekannte Zurückhaltung auferlegt, indes sich für die Frau aufgrund ihrer Sonderbeziehung zum göttlichen Pol neue Freiheitsgrade auftun“[77]. Oder journalistisch kurz: „Je kleiner die Bikinis werden […], umso mehr wachsen neue Zwänge“[78].

In Anbetracht der heute um sich greifenden Libertinage wird inzwischen schon wieder gewarnt. Gegen die Tendenz der siebziger Jahre, Sexualität zu entmoralisieren, um die letzten Grundfesten des Patriarchats wegzusprengen, sei ein neuer Begriff von sexueller Freveltat erfunden worden, eine „Rückverwandlung der Sexualität in etwas Heiliges“, sogar mit „moralisierendem Tonfall der jüdisch-abendländischen Tradition“; unerwähnt bleibe zu oft, daß nicht nur Männer, sondern nun auch Frauen „eine Eroberung nach der anderen machen“[79].

g) Sexualität und Sprache

Eigene Aufmerksamkeit erfordert das Sprechen über sexuelle Organe und Aktivitäten, ehemals wie heute. Zuerst schon ist zu fragen, ob und wie Sexuelles in der Vergangenheit überhaupt benannt wurde, ob wir wegen möglicher früherer Unausdrücklichkeit heute angemessen urteilen. Die älteste Darstellung einer geschlechtlichen Vereinigung, die um 9.000 vor Christus geschaffenen ‚Liebenden von Ain Sakhri‘ aus der Umgebung von

Bethlehem, findet sich auf einem Kieselstein, der so bearbeitet ist, daß er zwei miteinander Verschlungene zeigt, beim Wenden aber auch Anblicke freigibt, die sich als Brüste, Vulva und Penis deuten lassen. Bietet dieser Kiesel nun die älteste Darstellung einer Liebesvereinigung, oder aber des männlichen Begehrens und gar einer fraulichen Verführung? Der Kiesel bleibt sprachlos.[80] Erst Schriftkulturen vermitteln Ausdrücklichkeit. Aber auch dann bleibt vielfach ein Schweigen. Denn wer konnte schon seine Gefühle in Worten ausdrücken? Erst die Fähigkeit, über sich und den Partner zu reden, ist Voraussetzung für den Beginn einer bewußten Intimbeziehung, und deren Verwirklichung hängt immer von kulturell-sozialen Situationen ab.[81] Ein aktuelles Beispiel bietet der französische Schriftsteller Christian Signol, dem 1989 eine Bauersfrau ihre Lebensgeschichte diktierte:[82] Von einem Adelsherrn mit einer Dienstmagd gezeugt und als Findelkind kurz nach 1900 (!) aufgefunden, dann ein kärglich-hartes Leben als Schäferin, doch bei allen Widrigkeiten eine nie aussetzende Liebe zu Mann und Kindern wie auch umgekehrt deren Liebe zu ihr. Aber nur ein Literat konnte diese Lebens- und Liebesgeschichte zu Papier bringen.

Hans Peter Duerr hat anhand multireligiöser wie multikultureller Befunde herausgearbeitet, daß das Anschauen der Sexualorgane unter Tabu stand und oft weiterhin steht. Eine allgemeine ‚Genitalscham' habe geherrscht, nicht als „historische Zufälligkeit", sondern als zugehörig „zum Wesen des Menschen"[83]. Betroffen waren zuerst die Frauen. Sie hatten ihre Vagina dem Blick anderer, zumal fremder Männer zu entziehen, mußten sie mit wenigstens einer Kapsel oder einem Schurz bedecken, durften niemals die Beine spreizen. Das Gebären erfolgte unter Bekleidung, und nur Frauen durften dabei helfen, hatten aber selber oft genug wegzuschauen. Vielfach und mancherorts bis heute empfinden Frauen eine so starke Genitalscham, daß sie bei schwieriger Geburt eher den Tod hinnehmen als einen männlichen Arzt beiziehen. Noch im Europa des 19. Jahrhunderts scheuten Frauen das Aufsuchen eines Arztes, empfanden die medizinische Untersuchung ihres Genitalbereiches als hochpeinlich, einmal wegen der unvermeidlichen Berührungen wie aber auch wegen der fälligen Rückfragen. Frauen gebildeter Schichten in Deutschland bevorzugten das Französisch. Was verdeutlicht, daß Fremdsprachlichkeit Distanz schafft und die Direktheit mildert, was zusätzlich die Bevorzugung fremdsprachlicher, vor allem lateinischer Bezeichnungen erklärt, wie Cunnilingus, Fellatio und Koitation. In einem soeben erschienen autobiographischen Roman kommt noch die frühere Sprachlosigkeit zum Ausdruck, wie nämlich ein Mann seiner Frau nach der Geburt des fünften Kindes begegnet: „Sie streckte ihre Hand aus und tastete sich zu Vaters schwieliger Flosse vor. Ihre Hände umschlossen sich und ließen sich lange nicht los. Das waren schwierige Augenblicke für mich und meine Brüder. Wir wussten nicht recht, wo wir hinschauen oder was wir machen sollten. Wir ahnten, dass unsere Eltern sich liebten, aber wir waren es nicht gewohnt, dass sie es uns zeigten“[84]. Gleiches gilt übrigens für die Bildlichkeit; in christlichen Missionszeitschriften wurden Schwarz-Afrikanerinnen auch in prüdesten Zeiten mit nacktem Busen abgebildet, während entsprechende Bilder von weißen Frauen höchste Empörung auslösten. Erst in der zweiten Hälfte des 20. Jahrhundert begann sich die Hochpeinlichkeit für Frauen endgültig zu lösen, wobei den Frauenärzten sowohl für die Besprechung wie Behandlung versachlichende Regeln einzuhalten anempfohlen sind. Auch können seitdem Väter bei der Geburt anwesend sein.

Die Achtundsechziger machten die zuvorige Vulgärsprache zur normalen Ausdrucksweise. Ein von Fachleuten betreutes Reclam-Taschenbuch, das tausend Graffiti aus Pompeji und den dortigen Bordellen wiedergibt, benutzt ungeniert Vulgär-Ausdrücke, die heute die Jüngeren als normal und die Älteren als degoutant auffassen. Geradezu gängig geworden ist in wissenschaftlicher Literatur das im Duden noch als ‚derb‘ bezeichnete ‚ficken‘.

2. Sonderphänomene

a) Ahnenkult

Ahnenverehrung gilt als typisch für sesshafte, frühagrarische Kulturen und kann sogar in die Verehrung eines Hochgottes übergehen, denn „die Ahnen sind die eigentlichen Götter“[1]. Die heute als ‚Stammesgesellschaften‘ bezeichneten Völkerschaften verstehen sich von ihrem Stammbaum her, wissen sich durch die bruchlose Kette der Ahnen als abkünftig von ihrem Stammvater. Die Formen des Ahnenkultes sind vielfältig. Gemeinhin haben die Vorfahren ihren Ort sowohl auf Erden wie zugleich in der Anderen Welt; ihren Nachfahren bieten sie Schutz und Segen, verlangen dafür aber Anerkennung und Opfergaben. Für unsere Thematik ist wichtig, daß aller Ahnenkult die männlichen Nachfahren bevorzugt; denn nur sie allein sind zur Ahnen-Ehrung legitimiert und vermögen die entsprechenden Opfer darzubringen. Ahnenkult ist folglich immer auch „Bestandteil religiöser Systeme“[2].

Zum religiösen Großsystem ist die Ahnen-Verehrung in China geworden. Mit dem Aufstieg des Neokonfuzianismus seit etwa 800 unserer Zeitrechnung bildete sich ein neues Bewußtsein von Abstammung und Verwandtschaft heraus, erkenntlich an über 300 Bezeichnungen für Verwandtschaftsgrade, wobei die Mutterlinie von der Vaterlinie säuberlich getrennt bleibt und krass abgewertet ist: Die Familienkontinuität zugunsten des Ahnenkults sicherzustellen, vermochte nur ein Sohn: „Nur wer einen Sohn hat, kann nach seinem Tod zum Ahnen werden“; denn „jeweils der Älteste hatte ja einmal dem eigenen Vater das Ahnenopfer darzubringen“[3]. Bis heute wiegt „die Geburt eines Jungen mehr als die eines Mädchens“[4], wie ebenso bis heute gilt, „dass Mädchen ihren eigenen Familien nutzlos erscheinen“[5]. Uralte Traditionen erlaubten, Mädchen sofort nach der Geburt in Asche zu ersticken oder in einem Wassereimer zu ertränken. Sie waren nutzlos für die Ahnenreihe, was heute darin nachwirkt, daß im Jahre 2000 fast 13 Millionen Mädchen weniger geboren wurden als statistisch zu erwarten gewesen wäre. Auch das bei Mädchen übliche Abbinden der Füße, bei dem die Zehen unter die Fußsohlen gebunden und dabei zerbrochen wurden, ist erst zu Beginn des 20. Jahrhunderts aufgegeben worden.[6]

Viele Völker Afrikas und so speziell die Bulsa in Nordghana verstehen sich im Austausch mit den Ahnen. Jedem Bulsa ist bewußt, „von welchem Urahnen er abstammt, wie sich die Nachfahren dieses Urahnen in der Abfolge der Generationen verzweigten, welche Vorfahren sein Vater hat und welche Stellung er selbst in dieser Verwandtschaftsordnung einnimmt"[7]. Weiter, die Verstorbenen leben nicht nur fort, sondern bestimmen aktiv die Welt der Lebenden: „Die bestatteten Toten leben nach dem Glauben der Bulsa ähnlich wie im irdischen Leben weiter"[8]. Die toten Ahnen behalten sogar ihren Besitz, und die Lebenden agieren nur als deren Treuhänder.[9] Wichtig ist für unsere Thematik, daß bei Verlust oder Aussterben der Nachkommen die Verbindung endet: „Den endgültigen, ‚sozialen' Tod erleiden die Ahnen einer Verwandtschaftslinie erst dann, wenn keine Nachkommen mehr vorhanden sind, die ihnen Opfer darbringen können"[10]. Und diese Rolle obliegt wiederum einem männlichen Nachfahren. Herabgesetzt ist dadurch die Rolle der Frauen. Sie „sind gewöhnlich bei Opfern an die Ahnen der Familie ihres Ehemannes nicht anwesend. Sie haben als Frauen kein Recht, sich mit ihren väterlichen Ahnen der eigenen Lineage unmittelbar durch Opfer und Gebet in Verbindung zu setzen"[11].

Im Islam wird gleichfalls zwischen Verwandten der Vater- und Mutterseite unterschieden, wiederum mit einem „außerordentlich komplexen Namenssystem"[12], ebenso mit einer „enormen Bedeutung der Söhnegeburten"[13], denn „Töchter zählten für die Kontinuität der Patrilinie nicht"[14].

Ein kurzer Ausblick aufs Christentum: Die Blut-Abstammung wird durch die Geist-Abstammung ersetzt. Peter Sloterdijk sieht hier eine „Jesus-Zäsur"[15], nämlich wegen dessen ‚anti-familialem Affekt'[16]: „Wer Vater und Mutter mehr liebt als mich, ist meiner nicht würdig" (Mt 10,37). Im Christentum bedarf es einer neuen Geburt; denn die Glaubenden sind „nicht aus dem Willen des Fleisches, nicht aus dem Willen des Mannes, sondern aus Gott geboren" (Joh 1,13). Zurückgewiesen sind hiermit alle „patriarchalischen Legitimitätsfiktionen der Stammbaumerfinder"[17]. Ein neuer Zeugungsakt bringt den ‚inneren Menschen' hervor, nicht

„die Kopulation von erregten Körpern“, sondern dank „einer intimen Nachzündung des Gottesbegriffs im menschlichen Intellekt“[18]. Oder mit Michael Mitterauer: Im Christentum fehlte der „Typus der ‚Stammfamilie‘“ hier „fast völlig“[19]. Ermöglicht wurde statt des vertikalen ein „bilaterales Verwandtschaftssystem“[20], in welchem die männlichen wie die fraulichen Verwandten gleichwertig waren,[21] überdies noch in Parallelisierung standen mit den Glaubens- und Geistesverwandten, diese als „ein spezifisch christlich-europäisches Phänomen“[22]. Die Folgewirkung waren ‚gelockerte Abstammungsbeziehungen‘,[23] so daß Europa seit der Verchristlichung „keine Vergöttlichung der Ahnen“[24] kennt; und folglich Fortpflanzung „kultisch irrelevant“[25] wird und Kinderlosigkeit „nicht religiös diskriminiert“[26] ist. Das Ergebnis ist: „Die christliche Konzeption einer über die Blutsverwandtschaft hinausgehenden Bruderbeziehung hatte ihre Wurzel in der allgemeinen Gotteskindschaft der Christen, ihre spezielle im Brudermodell der Klostergemeinschaft“[27], und das hat „in der europäischen Sozialgeschichte eine enorme Bedeutung gewonnen“[28].

b) Witwenverbrennung

Weit verbreitet war einstmals die Witwen-Verbrennung, wie sie vor allem von Indien her bekannt ist und sich trotz eines 1829 erlassenen Verbots vereinzelt bis zum Ende des 20. Jahrhunderts fortgesetzt hat. Eigentlich ist es ein ‚Folgetod‘, bei welchem dem verstorbenen Mann Gefährten oder Gefährtinnen ins Jenseits folgen müssen, vorab die Ehefrau als Zeichen bleibender Verbundenheit mit ihrem Mann. Bekannt ist dieser Folgetod aus vielen Ländern und Religionskulturen, besonders für Afrika, aber ebenso für China.[29] Auch das vorchristliche Europa praktizierte Witwen-Verbrennungen. So berichtet Bonifatius († 754) von den slawischen Wenden, daß dort die überlebende Frau „ zusammen mit ihrem Mann auf einem Scheiterhaufen brennt“[30]. Bei den Germanen scheint der Folgetod, zumal dem Fürsten mit ins Grab zu folgen, „ziemlich weit verbreitet gewesen zu sein“[31]. Ganz gräßlich liest sich der Bericht des Arabers Ahmad Ibn Faḍlān († ca. 10. Jh.) über entsprechende Praktiken der nordischen Wikinger in Kiew: „Wenn ein Häuptling von ihnen stirbt, so sagt seine Familie zu seinen Sklavinnen und Sklaven: ‚Wer von euch will mit ihm zusammen sterben‘?“[32].

Wenn ein Fürst stirbt, werden die Sklavinnen und Sklaven gefragt, ob eine mitsterben wolle; eine Alte wird zur Tötung beauftragt; zuvor aber muß die Sklavin zu jedem Gefolgsmann des verstorbenen Fürsten ins Zelt gehen zum Geschlechtsverkehr. Dann folgt die Tötung: „Die alte Frau, die man Todesengel nennt, schlug ihr [der Sklavin] ein Seil um den Hals und gab die gekreuzten Enden den zwei […] Männern zum Ziehen. Dann näherte sich ihr die alte Frau mit einem breitklingigen Dolch, den sie ihr mehrmals zwischen die Rippen stieß, und die beiden Männer strangulierten sie mit dem Seil, bis sie starb“[33].

Judentum, Christentum und Islam haben die Witwen-Verbrennung beseitigt.

c) Pollution

Zurückgesetzt sah und sieht sich die Frau teilweise heute noch durch die ehemals allüberall vorherrschende Pollutio, die ‚Befleckung'. Die religionswissenschaftliche Auskunft lautet auf ‚Grundbestand jeder Religion'[34]; ja diese Polluierung ist „eine der ältesten und tief eingewurzelten Forderungen der Menschheit“[35]. Sie betraf zwar immer auch den Mann, den der eigene Samen befleckte, aber mehr die Frau, wie die Ethnologie ausweist: „Neben dem Tod gelten als gefürchtetste ‚Ausdünstungsquellen' gemeinhin *Krankheiten* oder sonstige Versehrungszustände sowie die *monatliche Regel* der Frauen. Letztere wird, praktisch weltweit, wegen der *Ausscheidung vermeintlich ‚unreinen' Blutes* […] ebenfalls als eine Art ‚Krankheit' begriffen […]. Menstruierende scheiden, wie man auch in Europa noch lange Zeit überzeugt war, ‚eine große Menge unsichtbarer Dünste' aus, die man eben für hoch *toxisch* hält“[36]. Folglich war die Frau, weil erste Quelle der Unreinheit, in bestimmten Situationen zu meiden, obwohl sie doch den dringlichst erwünschten Nachwuchs zu gebären hatte, sich aber gerade dadurch selbst beschmutze. Nach Menstruation, Beischlaf und Geburt hatte sich die Frau in besonderer Weise zu reinigen, mußte zeitweilig abseits leben und sah sich obendrein religiös-kultisch zurückgesetzt, da Kultakte immer sexuell unbefleckte, ‚reine Hände' erfordern.

Von Pollution zu reden bringt das indische Kastensystem in Erinnerung. Das Wort ‚Kaste' ist portugiesischer Sprachimport und leitet sich vom lateinischen *castus* ab, suggeriert folglich kultische Reinheit. Aber dieses kultische Verständnis ist in Indien nur die eine Hälfte; die andere erklärt sich von der patrilinearen Abstammung her, daß bei Fremdblut die genealogische Blutslinie unterbrochen wird. Die unterschiedlichen Kasten entstehen jeweils durch Aufnehmen und Freiwerden von Reinheits- bzw. Unreinheits-Momenten, schon alltäglich im gemeinsamen Essen und Wohnen wie überhaupt in allen Kontakten auf der Straße und im Beruf. Nur schon Speisen oder Getränke von Personen niedrigeren Ranges anzunehmen, bewirkt ein Absinken und eine Minderung der Blutsreinheit, führt zur verwerflichsten Erniedrigung. Andererseits ermöglicht die Übernahme von Lebensstil und Symbolen höherer Kasten auch einen Aufstieg. Indes wirken viele Berufstätigkeiten je nach Reinheit oder Unreinheit als kastenbindend. Menschen unterer Kasten befinden sich in ständiger Unreinheit, so alle, die zum Beispiel Abfall beseitigen. Am untersten stehen die ‚Unberührbaren', nach einer Erhebung von 1991 immerhin 16,5 Prozent der Bevölkerung. Obwohl die Bezeichnung ‚Unberührbarkeit' offiziell abgeschafft ist, belegen viele Berichte von Übergriffen auf ‚Unberührbare' das Weiterbestehen.[37] Den religiösen Hintergrund liefert der Hinduismus, demzufolge alle Ausscheidungen verunreinigend wirken, am stärksten wieder die Menstruation, die durch ein Bad mit beigegebenem Kuhdung abzuwaschen ist. Den Zusammenstoß mit moderner Hygiene veranschaulicht heute der Ganges, der alle Polluierung abwäscht und doch hygienisch eine Kloake ist.[38]

Auch in Japan bewirkte die Reinheit – der höchste Wert in der japanischen Kultur – eine soziale Randständigkeit; Unreinheit ging und geht insbesondere von der Sphäre des Todes aus, ist übertragbar und verunmöglicht Kontakte, sogar für dauernd. Die solcherart Ausgegrenzten schaffen bis heute ein soziales Problem, verkörpern immer noch das Paradigma des ‚Anderen'.[39]

Paul Ricœur († 2005) zufolge muß uns die Pollutio komplett verblüffen, wird doch die Befleckung materiell verstanden: Nicht aus dem Herzen kommt diese Verunreinigung, sondern durch Kontakt mit materiellen Stoffen, ist auch materiell wieder zu beseitigen, nämlich durch Waschungen und nicht durch Reinigung des Herzens.[40] Insoweit ist die Pollutio Ausdruck eines vorethischen Religionskonzeptes.

Beseitigt hat die Unreinheitsvorstellungen die moderne Medizin, als mit der Entdeckung der Bakterien und Viren die medizinische Untersuchung aufkam und damit eine ganz andere Art von Reinheit folgte, die hygienische. Die englische Kulturanthropologin Mary Douglas († 2007) sieht hier die radikalste Revolution in der Geschichte der Medizin, nicht minder auch der Religion.[41] Aber noch immer können die alten Tabus weitergelten. In der katholischen Moral galt und gilt die ‚Selbstbefleckung' als von der Kommunion ausschließende schwere Sünde. In Saudi-

Arabien beschäftigen sich 70 Prozent aller Fatwas mit Frauen „,mit ihren Haaren, Kopftüchern, mit Händeschütteln und Menstruation'"[42].

d) Geschlecht und Ehre

Geschichtlich gesehen regelte sich die Praxis der Sexualität oft genug mittels religiöser Gebote, aber nicht ausschließlich. Faktisch wirksamer konnten die mit Heirat und Sexualität verbundenen Ehrvorstellungen sein. Hierdurch öffnete sich eine geschlechterspezifische Scherenbewegung, positiv zu Gunsten des Mannes und negativ zu Lasten der Frau. Denn immer erforderte die Ehre des Mannes die Unberührtheit seiner Braut; er selbst aber mußte nicht unberührt sein. Jede junge Frau hatte, wollte sie den Status einer legitimen Ehefrau erlangen, ihr unverletztes Hymen vorzuweisen, andernfalls verfiel sie der Ehrlosigkeit, mußte und muß teilweise bis heute körperliche Züchtigung oder gar die Tötung gewärtigen – die berüchtigten ‚Ehrenmorde'. Wie schon im Alten Testament, wie auch in der Antike und wie noch heute in weiten Teilen der Welt hat die entjungferte Braut nach der Hochzeitsnacht den Blutfleck im Bettlacken vorzuweisen. Und wie schon ehemals gibt es bis heute – so im Islam – eine blühende Medizin zur Reparatur des Hymen.

Die für Frauen obligate Unberührtheit hatte zur Folge, daß jeder Vater seine Töchter strikt behütete, um sie vor dem Ehrverlust zu bewahren und sie ehrenvoll verheiraten zu können. Die bei Verlust der vorehelichen Jungfräulichkeit drohende Unehre entwürdigte die junge Frau als Person: Wer immer – ob freiwillig oder unfreiwillig – als Frau in einen vorehelichen Geschlechtsverkehr oder gar einen Ehebruch verwickelt war, verlor alle Achtbarkeit, konnte sogar zum sexuellen Freiwild werden. Nach antikem Recht wurden solche Frauen ‚infam', was in unserem ‚diffamiert' weiterlebt. Im Alten Testament soll zum Beweis der Ehrenhaftigkeit der Braut deren Mutter als Beweisstück das Gewand der Hochzeitsnacht aufbewahren (Dtn 22,17). Gemäß deutscher Rechtssprache wurden die berührten Frauen ‚vogelfrei', also geächtet und schutzlos.

Zu den Besonderheiten Jesu gehört die Beseitigung der Unehrenhaftigkeit der Sünder, so der Zöllner und auch der Huren, die „eher in das Reich Gottes" kommen (Mt 21,31). Die Annäherung einer ‚Edelhure' beantwortet Jesus mit dem alle Ehrvorstellungen umstoßenden Satz:

„Ihr sind ihre vielen Sünden vergeben" (vgl. Lk 7,47). Wir haben hier eine grundsätzliche Aussage sowohl über die Sündenvergebung wie über die Wiederherstellung der Personenehre, sogar der zutiefst infamierten Personen, der Huren.

e) Beschneidung

Jedem Bibelleser ist bekannt, daß laut Altem Testament die Beschneidung aller männlichen Geborenen erfolgte, durchgeführt als chirurgischer Eingriff mit Beseitigung der Vorhaut. Solcherart Beschneidung ist weltweit verbreitet und kann auch bei Mädchen, bei ihnen sogar mit Amputation der Klitoris und der kleinen Schamlippen geschehen. Eine Ausnahme bilden das indische und chinesische Asien, ebenso die Indogermanen, dazu die Babylonier wie die Assyrer.

Im Judentum galt und gilt bis heute: „Am achten Tag soll man die Vorhaut des Kindes beschneiden" (Lev 12,3). Diese Praxis dürfte, weil sie mit einem Kieselstein und nicht mit dem jüngeren eisenzeitlichen Messer beschnitten wurde (vgl. Ex 4,25), uralt sein. In hellenistisch-römischer Zeit faßten die Juden ihr Beschnittensein als Treuebekenntnis zu Jahwe auf, wobei Abgefallene die Beschneidung rückgängig machen mußten (1 Makk 1,15) und deren Kinder zwangsweise beschnitten wurden (1 Makk 2,46). Das ‚Blut der Beschneidung' wurde ‚zum Blut des Bundes': Später ist die Beschneidung auch als Gegenmittel gegen Geschlechtslust und damit auch gegen Onanie aufgefaßt worden.[43] Für den Philosophen Philo († 50 n.Chr.) erleichtert die Beschneidung den Samenfluß und damit die Fertilität, mindert zugleich die exzessive Lust und bewirkt die Herzensbeschneidung.[44]

Im Islam geschieht die Beschneidung in der Regel bei der Lösung von der Mutter und wird im Arabischen als ‚Reinheit' gedeutet.[45] Als besonders heikel und für alle Moderne empörend gilt die Beschneidung der Mädchen, wie sie in den Ländern der Subsahara und in Westafrika geschieht, dort als Verstümmelung der weiblichen Geschlechtsteile. Laut UNICEF[46] gibt es heute auf der Welt über 100 Millionen beschnittene Frauen. Die Durchführung verläuft unterschiedlich, bedeutet aber immer das Entfernen der Klitorisspitze, kann darüberhinaus das Wegschneiden der ganzen Klitoris samt der kleinen und zuweilen auch der großen

Schamlippen umfassen, zuletzt sogar das Zunähen der Vagina mit nur noch einem Loch zum Abluß von Urin und Menstruationsblut. Eine der vorgebrachten Erklärungen für die Frauen-Beschneidung lautet, die voreheliche und überhaupt die weibliche Sexualität sei „unter Kontrolle zu halten“[47]. Von der Religionszugehörigkeit her steht der Islam bei der weiblichen Beschneidung an erster Stelle, gefolgt aber auch von einzelnen Christengruppen, sogar von Katholiken.[48] Obwohl der Koran keinerlei Beschneidung erwähnt, geschieht im Islam die extremste Form; während sie bei Jungen als öffentliches Ereignis gefeiert wird, geschieht sie bei Mädchen abgeschirmt unter Frauen.[49] Überraschenderweise sind in Ägypten nahezu alle Frauen beschnitten, bei ihnen vorgenommen zwischen dem 9. und 12. Lebensjahr, wird in der ländlichen Bevölkerung bei fast allen Mädchen durchgeführt und von der Hälfte aller verheirateten Frauen gutgeheißen. Als barbarisch lehnen die Islam-Autoritäten sie inzwischen ab und wird nunmehr mit drei Monaten Gefängnis oder 500 ägyptischen Pfund bestraft. Neben Ägypten immer noch mit der höchsten Rate von 27 Millionen beschnittenen Frauen sind weiter Somalia, Guinea, Djibouti und Sierra Leone zu nennen.[50]

Jesus ist nach jüdischer Art beschnitten worden (Lk 2,21). Dennoch hat sich das Christentum von der Beschneidung gelöst. Paulus († ca. 62–68) stellte vor die Alternative: „Wenn ihr euch beschneiden laßt, wird Christus euch nichts nützen“ (Gal 5,2). Er war damit der stärkste jüdische Beschneidungs-Kritiker und wollte sie vergeistigen: „Beschneidung ist nicht, was sichtbar am Fleisch geschieht, […] sondern […] was am Herzen durch den Geist […] geschieht (Röm 2,28 f.).[51]

f) Am Ende

Die Frau galt ehemals und gilt oft heute noch als die Minderwertige, wie es das mehrfach gestufte Vergleichsmaterial in der ‚Theologischen Realenzyklopädie‘ darstellt. An erster Stelle ist die Unterlegenheit der Frau gegenüber dem Mann zu nennen. In der Bibel findet sich neben der Gottesebenbildlichkeit auch der Frau die erst nach dem Paradies ergangene Ankündigung, der Mann werde über die Frau herrschen (Gen 3,16); ja der Mann sei – so Paulus – das Haupt der Frau (1 Kor 11,3). Diese Oberherrschaft des Mannes findet sich in vielen Religionen und Kulturen. Jüdische Männer dankten beim Morgengebet dafür, nicht Heide und auch nicht Frau zu sein. Der Koran lehrt, die Frau solle dem Mann gehorchen; sunnitische Muslime sehen die Aussage eines Mannes erst durch die von zwei Frauen aufgewogen. Oder auch die ostasiatischen Religionen: Konfuzianische Regeln gebieten für eine verstorbene Frau nur ein Jahr Trauer, für einen Mann hingegen drei Jahre; Hindu-Männer begründen ihre Vorrangstellung mit der größeren Sinnlichkeit der Frau. Als normal erscheint, Frauen aus der religiösen wie allgemeinen Öffentlichkeit fernzuhalten. Neben solcher Minderbewertung der Frau zeigt sich als zweite, aber deutlich weniger verbreitete Position die der Gleichrangigkeit: Frauen steht wie den Männern die gleiche Heilsberechtigung zu, zuweilen auch die Priestertätigkeit, allerdings mit oft speziell weiblichen Obliegenheiten. Chinesen erkennen in Frau und Mann *Yin* und *Yang*, zwei einander ergänzende und das Universum ausbalancierende Kräfte: als Himmel und Erde, als warm und kalt, trocken und naß, hell und dunkel, oben und unten. Wo Religion die Frömmigkeit bevorzugt und weniger die Riten, dort vermögen Frauen am ehesten wie Männer Gleichartiges. Die dritte Stufe ist die der Überlegenheit der Frau, die wenn überhaupt nur höchst selten anzutreffen ist. Wohl mußte immer und überall die Gebärfähigkeit der Frau anerkannt werden, zwar oft verbunden mit dem negativen Tabu der Beflecktheit, aber doch hochgeschätzt ob der geheimnisvollen lebensspendenden Macht: Die Frau bleibt „als ‚Mutter der Geburt' dem Geheimnis zwischen Jenseits und Diesseits näher als der Mann"[52].

Zu erinnern ist heute besonders an solche Phänomene, die unserem Bewußtsein ganz ferngerückt sind, weil sie inzwischen in unserer Lebenswelt beseitigt wurden. In Gesellschaften mit religiöser Ahnen-Verehrung kulminiert die Ehe nicht in gegenseitiger Gattenliebe, sondern in der Geburt eines Sohnes, der die männliche Ahnenkette fortsetzt. Desweiteren ist unvorstellbar geworden der Folgetod, daß dem versterbenden Mann – und nie der Frau – ausgewählte Personen in den Tod folgen müssen, oft die Witwe. Unvorstellbar ist durch die moderne Medizin die voraufklärerische Sicht auf die Pollution geworden, die Verunreinigung mit Folgen gerade wiederum für die Frau. Die Beschneidung ist insofern weiterhin anzuführen, als sie heute noch Mädchen und Frauen betrifft. Viele der angeführten Sonderformen erscheinen als abscheulich, sogar als menschenrechtswidrig. Dennoch sind sie nicht nur praktiziert worden, werden sogar zuweilen noch weiterbefolgt und begründen sich oft religiös. Es ist den Hochreligionen und zumal dem Christentum zu verdanken, daß manche dieser Praktiken heute zumindest in der westlichen Welt als grausige Sonderpraktiken erscheinen und tatsächlich verschwunden sind.

Die hier als Einleitung gebotenen Überlegungen wollen einen ersten Eindruck von der Fülle der mit Sexualität, Liebe und Ehe verbundenen Phänomene geben. Im Ganzen wird eine historische Linie verfolgt, die bis in die heutigen Fragestellungen vordringt.

3. Die Antike

Für die Antike kommen Verhältnisse hervor, wie sie weithin dem Allgemein-Üblichen entsprechen. Das Heiratsalter lag für Männer zwischen 20 und 25 Jahren, für Mädchen bei 17, oft aber schon zuvor. Die Hälfte der Kinder verstarb vor dem zehnten Lebensjahr; über ein Drittel hatte mit 15 Jahren den Vater und über ein Viertel die Mutter verloren.[1] Angesichts solch hoher Kindersterblichkeit mußten 5 bis 6 Kinder geboren wurden, um den Bevölkerungsstand zu halten.

a) Griechenland

Am meisten überrascht Griechenland. Hier hatten Frauen und Kinder so gut wie keine Rechte: Der Hausherr, der Kyrios, verfügte ganz über die Ehefrau und die Kinder, total über die Sklaven. Er besorgte die Verheiratung der Töchter, jeweils in Abmachung mit dem Vorstand des anderen Hauses; dabei wurde die Zustimmung der Tochter „nicht für erforderlich gehalten"[2]. Im Vordergrund bei der Auswahl des Ehepartners standen, jedenfalls in der Oberschicht, materielle Gesichtspunkte.[3] Bei größerer Mitgift hoben sich Stellung und Eigentätigkeit der Frau. Die Ehe selbst diente der Zeugung legitimer Nachkommen, so daß die Frau nach deren erfolgreicher Geburt größere Bewegungsfreiheit erhielt.[4] Das Zusammenleben gestaltete sich offenkundig wenig lustbetont, so daß der Satz geschrieben werden konnte: „Sexualität und Erotik spielten in der griechischen Ehe nur eine geringe Rolle"[5]. Oder in einer soeben erschienenen Untersuchung: Die Ehe bewirkte geradezu einen Schock, nämlich für die Frau „sexuelle Kontakte mit einem ihr völlig fremden und viel älteren Ehemann", und für den Mann „die Trennung von seiner Hetäre oder von seinem Knaben"; die Frau hatte das Recht auf dreimaligen sexuellen

Kontakt im Monat; deswegen ist gefühlsmäßiger Überschwang bei den Partnern „wohl nicht zu erwarten“[6]. Schon die Altersunterschiede der Partner verhinderten ein intimes Verhältnis und mehr noch ein ‚vernünftiges Gespräch‘. Traktate, wie sie aus Griechenland für die Hausverwaltung überliefert sind, bieten Ratschläge für die Eheführung, freilich aus der Sicht des Mannes. Gutes Zusammenleben erforderte die „Anpassung der mädchenhaft jungen Frau an die Bedürfnisse des Ehemannes“[7]. Mag es Liebesheiraten kaum gegeben haben, so ist doch „eine enge, auch emotionale Beziehung und einträchtiges Zusammenleben während der Ehe positiv bewertet worden“[8]. Vor völliger Rechtslosigkeit schützte die Frau ihre Herkunftsfamilie, der sie verbunden blieb und zu der sie notfalls zurückkehren konnte.

„Sobald verheiratet, unterstand die Frau auf Lebenszeit der Vormundschaft ihres Ehemanns“[9]. Undenkbar, daß die Frau in der Öffentlichkeit hätte auftreten können: keine Möglichkeit zur Gerichtsanrufung, kein Zutritt zu Theateraufführungen, keine Teilnahme an Sportveranstaltungen, jedenfalls nicht in Athen, wohl aber in Sparta. Ehefrauen sollten „sich nicht in der Öffentlichkeit präsentieren“[10]. Die Aufgaben waren strikt aufgeteilt: der Mann für das Draußen und die Öffentlichkeit, die Frau für das Drinnen und die Kinder, zusätzlich für Bedienstete und Sklaven. „So hat die Gottheit von vornherein die menschliche Natur dafür eingerichtet, diejenige der Frau für die Anordnung drinnen, die des Mannes für solche außer Hauses“[11]. Gestattet war der ob der Hauspflichten unabdingliche Gang zum Brunnen und zum Markt, ebenso die Teilnahme an Bestattungen und an religiösen Opferfeiern. Aber hierbei Kontakte mit anderen Männern aufzunehmen, und sei es nur mit einem Augenaufschlag, provozierte die Ehre des Ehemannes, der sofort einschritt, sogar mit Züchtigung. Indem aber die Frau den Haushalt führte, konnte sie, immer allerdings im Einvernehmen mit ihrem Eheherrn, auch geschäftlich tätig werden. Wegen der Tätigkeit im Hause und der Erziehung der Kinder möchte man heute das ältere Urteil vom totalem Eingesperrtsein nicht wiederholen:[12] „Griechische Frauen waren nicht ‚eingesperrt‘ und griechische Männer nicht frei zu gehen, wohin sie wollten“[13].

Überraschen muß angesichts der in der Kunst oft unbekleideten Frauen-Figuren, daß „öffentliche Nacktheit für griechische Frauen undenkbar war“[14]. Der Frauen-Körper blieb gerade mit den Schamteilen den Blicken entzogen, zumal für fremde Männer. Bei der Geburt leisteten nur Frauen die Assistenz. Für Ärzte blieb der Frauenkörper tabuisiert: „Es ist praktisch sicher, daß die griechischen Ärzte nie innere Untersuchungen vorgenommen haben“[15].

Ehebruch galt als Kapitalverbrechen. Den Mann traf es, wenn er in eine andere Ehe einbrach; bei frischer Tat konnte er auf der Stelle getötet werden. Die ehebrechende Frau wurde aus dem Haus getrieben und zu ihrer Herkunftsfamilie zurückgeschickt oder gleichfalls getötet. Eklatant ist dabei die Asymmetrie; war der Frau jede außereheliche Geschlechtsbeziehung apodiktisch untersagt, so nicht dem Mann: „Sexueller Verkehr des Mannes mit einer Sklavin, Hetäre oder Prostituierten galt nicht als Ehebruch“[16]. Einem zeitgenössischen Ausspruch zufolge hatten Männer in Athen Prostituierte zum Vergnügen, Konkubinen für ihre körperlichen Bedürfnisse und Ehefrauen für die Geburt legitimer Kinder.[17] Die Dirne, in der Antike wie auch sonst eine städtische Erscheinung, war für gewöhnlich vom Wirt abhängig, gelegentlich aber auch als ‚freischaffende‘ Hetäre tätig. Sich zu prostituieren, rührte zuerst und zunächst aus Armut. Für die Hetären, die in der höheren Männer-Gesellschaft auftraten, eröffneten sich Aufstiegschancen, in Einzelfällen mit legendären Gagen. Den legitimen Ehefrauen wurden Bordellbesuche ihrer Männer und Hetären-Auftritte zu ertragen empfohlen, zur Verhütung von Schlimmerem. Sofern allerdings der Mann eine Hätere mit ins Haus brachte, konnte die Frau auf Scheidung bestehen, so bei Alkibiades († 404 v. Chr.), dem Staatsmann, Heerführer und Sokrates-Schüler, dessen Frau solches nicht mehr zu ertragen bereit war.[18] Der Kyniker Diogenes († 323 v. Chr.), der sein Leben als fortwährende Provokation inszenierte, koitierte freiweg mit Hetären; zur Rede gestellt, was er da mache, war die Antwort: „Einen Menschen, wenn sichs trifft; du blöder Kerl“[19].

Ein eigenes Kapitel erfordert die Homosexualität – eine Bezeichnung die erst im 19. Jahrhundert entstand, als man im klassischen Griechenland den sexuellen Umgang erwachsener Männer mit Jüngeren wahrnahm; die Griechen selbst sprachen von Knabenliebe. Bei der Suche nach den Ursprüngen dieser auch in anderen Gesellschaften verbreiteten Praxis wird der uralte Glaube angeführt, der Mann könne die schöpferische Kraft seines Samens auf Jüngere übertragen. Philosophische Kreise deuteten die Knabenliebe als Übertragung der Tugenden von Seiten der Älteren auf die Jüngeren, feierten darüberhinaus den Anblick schöner

Knabenkörper als Aufstieg zur Anschauung des Schönen an sich.[20] In Griechenland hatten Knaben ihre „ersten sexuellen Erfahrungen nicht unbedingt mit dem weiblichen Geschlecht"; ebenso hatten die Mädchen „gleichgeschlechtliche Erfahrungen vor der Ehe"[21]. Während Platon († 347 v. Chr.) noch die Knabenliebe verherrlichte, verurteilte sein Schüler Aristoteles († 322 v.Chr.) alle Päderastie als Mißbrauch, als Fälle „die von Jugend auf mißbraucht worden sind"[22]. Aber das blieb pure Ethik, führte nicht zu gesetzlichen Verboten.

Auch kannte Griechenland die Pollutio. Für den Kult war Reinheit obligat: „Ohne Reinigung gibt es keinen Zugang zum Sakralen"[23]. Männer wie Frauen müssen für die Zeit der Priesterschaft Keuschheit bewahren.[24] Zur Reinigung heiliger Orte dienen Blut,[25] auch mit Salz versetztes Wasser, ebenso Feuer.[26] Das Apollo-Heiligtum zu Delphi wurde monatlich mit dem Blut eines Schweins gereinigt.[27] Am Ende des 5. Jahrhunderts findet man den Gedanken, daß reine Hände nicht genügen: Der Geist muß ebenso rein sein. Die delphischen Apollo-Priester haben offenbar als erste in die griechische Religion „das spirituelle und moralische Element eingeführt, das bis dahin fehlte"[28]. Platon erklärte die Pollutio zur „‚Befleckung in der Seele'", mit verbleibenden „Spuren der materiellen objektiven Auffassung"[29].

Das Bild, das in mythischer Deutung von der Frau erscheint, ist weithin negativ. Die Dichtungen Hesiods und die frühgriechische Lyrik „enthalten nicht wenige aggressive frauenfeindliche Verse"[30]: Als Strafe für die Männer sei die Frau von den Göttern geschaffen worden, als Wesen voll listiger Übel, beherrscht von tierischer Sexualgier und Gefräßigkeit, zu vergleichen mit Kälbern, Flöhen, Vipern und Gazellen. „Die Frau ist das schlimmste wilde Tier"[31]. Gegen den hündischen Sinn der Frau stand männlicher Löwenmut. An diesem althergebrachten Bild nahmen dann Medizin wie Philosophie erste Veränderungen vor, aber nicht sofort: Der weibliche Körper sei feuchter, und der trockenere der Männer verfüge über den weiseren Verstand, der darum über die ungesunden Emotionen der Frau herrschen müsse.[32] Erinnert wird an die weiblich-mütterliche Erde und den erzeugend-väterlichen Samen; das Göttlich-Höhere gibt dem weiblichen Stoff erst seine Form, weswegen der Frau größere Zurückhaltung und dem Mann größere Stärke obliegen.[33] Unter den Philosophen pries noch Thales († um 547) die Götter deswegen: „daß er geboren sei [...] als Mann und nicht als Frau"[34]. Platon zufolge ist das Urbild väterlich, das Abgebildete mütterlich, folglich das männliche Geschlecht das vorzüglichere. Fast bis in die Gegenwart sollten seine Äußerungen über den natürlichen Zweck der Ehe weiterwirken: Der Mann dürfe „nicht auf Felsen und Steine" säen, „wo der Samen niemals Wurzeln fassen und seine natürliche Zeugungskraft entfalten kann"[35]. Der männliche Same gilt hier als Lebensträger aufgefaßt und ist entsprechend seiner Natur einzusetzen.

Für den idealen Staat will Platon allerdings die Aufgaben gleichmäßig verteilt sehen, weswegen beide Geschlechter die gleiche Erziehung und Schulung erhalten sollen.[36] Die weibliche Natur, so kann es fortan heißen, sei um Nichts geringer als die männliche, habe darum auch dieselben ethischen Forderungen zu erfüllen; doch ermangele den Frauen das klare Urteil und die nötige Energie; der Logos sei mehr dem Mann und die Empfindung mehr der Frau zu eigen. Gleichwohl haben beide Geschlechter die gleiche Seele, allerdings die Frau mit geringerem Durchsetzungsvermögen, und darum die männliche Vorherrschaft und der frauliche Gehorsam.

Weitreichende und noch bis tief ins Christentum hineinwirkende Akzente setzte Aristoteles († 322 v. Chr.), der erste systematische Ethiker der Antike. Er sieht Freundschaft dort verwirklicht, wo die andere Person nicht um eines Vorteils, sondern um ihrer selbst willen geliebt wird. Das gilt gerade auch für die Ehe: Schließen junge Leute nur der Lust wegen Freundschaft, dann zerfällt sie: „Daher lieben und erkalten sie schnell, oft so, daß sie noch an demselben Tage eine Neigung fassen und sie wieder fahren lassen"[37]. Hier beginnt der philosophische Argwohn gegen die Lust. Weiter, wiewohl Freundschaft auf Gleichheit zielt, bleibt doch die natur- und sozialgegebene Über- und Unterordnung anzuerkennen, wie schon bei Vater und Sohn so auch bei Mann und Frau.[38] In der Ehe herrscht der Mann „über das Weib nach der Art des Hauptes"[39] – ein epochemachendes Stichwort. Hinzu kommt der Zusammenhalt der Ehe durch die Kinder.[40] Der von Aristoteles beeinflußte Epikur († 271 v. Chr.) wollte einerseits auf alle Vollkommenheit spucken, „wenn sie keine Lust erzeugt"[41], warnt aber andererseits vor sexueller Erregtheit: „Denn Liebesgenuß hat noch nie genutzt; man darf zufrieden sein, wenn er nicht schadete"[42].

Einen eigenen Beitrag erbrachte die Medizin. Der stärkere Mann entscheidet bei der Zeugung über das Geschlecht des Kindes; sofern er mit seinem Sperma wirklich durchdringt, entsteht ein Junge, sonst ein Mädchen.[43] Galen († 199) war es dann, der auch der Frau einen Beitrag zur Zeugung zusprach.

Die neuen von der Philosophie und Medizin herkommenden Überlegungen veränderten die Situation. Mädchen erhielten eine Ausbildung und Frauen eine Gleichstellung im Erb- und Vermögensrecht. Beides stärkte ihre Stellung in der Ehe. Als Motiv einer Heirat trat nun „die Liebe (mitunter auch die ‚Liebe auf den ersten Blick') gegenüber einer Zweckheirat stärker in den Vordergrund"[44]. Hellenistische Ehetraktate verpflichten beide Gatten zur Treue, wodurch „die Frau geschützter oder gar begünstigt erscheint"[45]. Dank intensiverer Würdigung weiblicher Individualität wuchs der Sinn für eine glückliche Ehe, immer jedoch mit dem Mann als „führendem Teil"[46].

Im Ergebnis ist vorerst festzuhalten: Für Griechenland zeigen sich „deutliche Unterschiede zu unseren Vorstellungen von partnerschaftlicher Ehe"[47]. Gleichwohl hinterließ die Philosophie, besonders Aristoteles, ein Ehekonzept der Freundschaft, das bis in die Moderne weiterwirken sollte.

b) Rom

Die römische Ehe folgte zunächst dem üblichen Allgemeinschema, freilich gegenüber Griechenland mit Besonderheiten. Bis in die Kaiserzeit dominierte der Familienvater (*pater familias*); seiner Gewalt unterstanden die Ehefrau wie die Kinder, erst recht das Gesinde und die Sklaven, mit Verfügungsrecht sogar über ihrer aller Leben und Tod. Diese Stellung sollte dem Familienvater auch den Hauskult und den Ahnenkult garantieren. Für eine ehebrechende Frau folgte daraus, daß sie durch eine Fremdzeugung die sakrale Abstammung unterbrach und damit todesfällig wurde.[48]

Die altehrwürdige Form der Manus-Ehe überführte die junge Frau aus der Rechtsgewalt des Vaters in die des Ehemanns. Die Männer vollzogen die Ehe (*connubium*) als rechtmäßige Mutterschaft (*matrimonium iustum*). Eine solche konnten nur römische Bürger eingehen; verboten war sie mit Freigelassenen, Fremden und Sklaven. Der zuvorige Vertrag betraf nicht eigentlich die Ehe, sondern die Mitgift, die in den

Oberschichten bis in die Abertausende gehen konnte. Die Manus-Ehe verstand sich ausdrücklich als für das ganze Leben geschlossen; sie war monogam und nur daraus hervorgegangene Kinder konnten einen Erbanspruch stellen.[49] Als gesetzliches Mindestalter galt für Mädchen das 12. bzw. 14. Lebensjahr; infolgedessen gedieh gutes Zusammenleben nur als „Anpassung der mädchenhaft jungen Frau an die Bedürfnisse des Ehemannes“[50]. Sowohl der junge Mann wie die junge Frau hatten einzuwilligen, wobei aber deren fehlender Protest bereits Zustimmung bedeutete. Zur Ehe versprochen wurden Mädchen oft schon früher; die tatsächliche Heirat erfolgte zwischen 16 und 18 Jahren. Cicero, der bekannte Redner und berühmte Staatstheoretiker, heiratete mit 60 eine 16-jährige.[51] Die Hochzeitsnacht, so ist gesagt worden, sei eine legale Vergewaltigung gewesen.[52] Erst nach Versterben des Mannes wurden Frau und Kinder zu Personen eigenen Rechts.

Für ihre Ehe blieb die Frau auf unbedingte Folgsamkeit und bruchlose Treue verpflichtet, während der Mann außerehelich mit Sklavinnen oder Hetären verkehren konnte. Verfüglich waren dafür Frauen minderen Rechts oder persönlicher Abhängigkeit, an denen der Mann sowohl vor als auch während seiner Ehe „ungehindert und sanktionsfrei seine sexuellen Bedürfnisse befriedigen konnte“[53]. Hingegen machte sich eine Frau bei sexuellem Verstoß ehrlos (*infamis*), wurde nicht mehr des gesetzlichen Schutzes für wert erachtet und kam für eine Eheschließung nicht mehr infrage: „Als ehrlos erachtete Frauen hatten sie moralisch und juristisch nichts zu verlieren“[54]; aber gerade deswegen „konnten sich Männer Frauen dieser Kategorie unsittlich nähern“[55]. Auch Rom kannte also das uralte Schema vom stets ehrbar bleibenden Mann und der ehrlos gewordenen Dirne.

c) Hellenismus und Römisches Reich

In der multikulturellen Welt des Hellenismus und des römischen Imperiums fächerten sich die Lebenssituationen auch für Frauen auf: tugendsame und wohlhabende Matronen in der Oberschicht, neureiche Damen in Luxus und Lotterleben bei den Emporkömmlingen, Händlerinnen im Troß der Heere vor den Legionslagern, verschleppte Sklavinnen in fremder Umgebung und abhängige Dirnen in Tavernen, sogar Gladiatorinnen in der Arena.[56] Entsprechend unterschiedlich gestalteten sich Ehe und Sexualleben, sowohl in Treue und Liebe wie auch im Sich-Ausleben. Dazwischen lag die Normalität, daß nämlich eine Ehe gemäß althergebrachter Auffassung „ein Leben lang hielt“[57]. Strikt wurde auf die Unberührtheit der Braut geachtet; deflorierte Frauen suchten mittels medizinischer Techniken ihr Hymen wiederherzustellen.[58] Für alle war das Leben kurz; aufgrund vieltausender Angaben auf Grabsteinen ist für das Imperium auf gut 30 Lebensjahre zu schließen; für Sklaven gemäß 671 Grabinschriften auf nur 18.[59] Zum Vergleich: im Jahr 1946 für Indien 27 Jahre, Ägypten 30, Griechenland 50, Italien 53. Bedrohlich wirkten für Frauen, gleich welcher sozialen Stellung oder Eheform, weiterhin Schwangerschaft und Geburt. Hinzu kam die hohe Kindersterblichkeit; immer wieder finden sich Gräber mit Frauen und ihren Säuglingen. Was antike Quellen aus Alltag wie aus Medizin über Geburt, Fehlgeburten, Abtreibung und Kindestötung mitteilen, ist aus heutiger Sicht nur schaudererregend. Der berühmte Arzt Galen verordnete zum Abort Ochsengalle in Nußgröße mit altem Wein oder auch ein rohes Ei mit Zedernharz; für die Geburt setzte man bei falscher Lage des Kindes Haken an dessen Achselhöhlen an, oder schnitt den Kopf ab, um die Mutter zu retten.[60]

Schauen wir zunächst auf die positive Seite. Das erste und sicherste Sozialnetz war und blieb die Familie, ohne die man nicht hätte leben können. Sie bildete „das Zentrum der antiken Gesellschaft“, wiewohl ihre Gründung selten Ausdruck war „für die romantische Liebe, für Gefühlsstürme, für das Recht auf individuelle Entscheidungen“[61]. Mögen es aus heutiger Sicht kaum Liebesheiraten gewesen sein, so ist dennoch mit einem inneren Zusammenwachsen zu rechnen, „so daß das junge Paar tatsächlich tiefe Gefühle füreinander entwickeln konnte“[62].

Ein Beispiel bietet Plinius der Jüngere († ca. 113), der seiner 30 Jahre jüngeren Frau schrieb: „Du glaubst gar nicht, welche Sehnsucht nach Dir mich erfüllt. Unter den Gründen steht die Liebe an erster Stelle, dann, daß wir nicht gewohnt sind, getrennt zu sein. Daher kommt es, daß ich einen großen Teil meiner Nächte mit Deinem Bild vor Augen wachend verbringe; daher, daß tagsüber zu den Stunden, da ich Dich zu besuchen pflegte, mich, wie man so richtig sagt, die Füße von selbst zu Deinem Zimmer führen und daß ich schließlich krank und niedergeschlagen und einem Ausgesperrten ähnlich Dein leeres Gemach verlasse“[63].

Grabsteine beteuern gerne eine andauernde Innigkeit. Zum Beispiel ein Metzger-Ehepaar, die beide Freigelassene waren, wobei die Frau mit sieben Jahren in die Obhut ihres späteren Mannes gekommen war und auf der Grabinschrift das Lob der Treue erhielt: „Diese eine Ehefrau, die mir im Schicksal voranging, keuschen Leibes, mit liebendem Herzen sie lebte treu dem treuen Mann"[64]. Das eigentlich Rühmliche ist und bleibt die treue Ergebenheit: Tatsächlich werden auf den meisten Grabsteinen „die verstorbenen Frauen in stereotyper Weise als sittsam, treu, häuslich und wenig streitsüchtig geschildert"[65].

Eheartiges Zusammenleben, das nicht zur vollgültigen Ehe werden konnte, aber doch auf Dauer zielte, weil einer der Partner nicht ebenbürtig, fremdvölkisch oder freigelassen war, hieß Konkubinat. Es diente nicht selten dazu, nach Ende einer vollgültigen Ehe nicht noch eine weitere mit Erbpflichten einzugehen. Zuletzt konnten aber auch dauerhafte nebeneheliche Beziehungen mit Prostituierten und Hetären gemeint sein.[66]

In der Kaiserzeit verschwand die altehrwürdige Manus-Ehe, wobei die Frau formalrechtlich in der Hand des Vaters blieb und diese Abhängigkeit jedes Jahr durch eintägige Rückkehr ins Vaterhaus erneuern mußte; aber sonst war sie frei. Die Stoa führte die philosophische Deutung weiter und propagierte die ‚freie' Ehe, was einen bedeutsamen Gewinn erbrachte: Die Ehe beruhe auf Zustimmung aus beiderseitigem Konsens, nicht allein des Mannes, sondern auch der Frau. Daraus kondensierte sich der Satz: ‚Die Zustimmung macht die Ehe' (*consensus facit matrinomium*). Das war neu und hatte weiter zur Folge, nun auch den Ehebruch des Mannes ebenso gravierend zu bewerten wie den der Frau. Im Letzten freilich blieb Ungleichheit. Selbst ein Seneca († 65 n. Chr.), die so eindrückliche Stimme der Stoa, sah zum Herrschen den Mann geboren und zum Gehorchen die Frau, sei diese doch ein „unverständiges Tier"[67]. Dennoch, zugute kamen nun der Ehe „die natürlichen Gefühle der Frömmigkeit und Liebe"[68]. Der Mann soll jetzt zu seiner Frau aufmerksam sein, ja ehrenvoll mit ihr umgehen: gemeinsam ihren Geburtstag feiern, sie als Herrin titulieren, für ihre Gesundheit beten und opfern, mit ihr am Krankenbett sitzen und ihre Verwandten honorieren.[69] Michel Foucault († 1984) konstatiert „eine persönliche Beziehung zwischen den Gatten" und charakterisiert sie als „Konjugalisierung"[70].

Aber auch das gehörte zur Philosophie der Stoa: Die sexuelle Lust und die dadurch hochkommende Erregtheit stünden der Vernunft entgegen, ja verdürben sie; der Geschlechtstrieb sei nicht nur der mächtigste, sondern auch „der verderblichste“[71]. Marc Aurel († 180) suchte in seinen berühmten Selbstbetrachtungen den Geschlechtstrieb sogar erotisch zu entzaubern: „Das ist nur die Reibung eines Darms und die Aussonderung von etwas Schleim unter gewissen Zuckungen“[72]. Bis in die Bordelle Pompejis drangen die Bedenken vor: „Es lebe jeder, der liebt! Weg mit dem, der die Liebe nicht kennt. Und zweimal weg mit jedem, der die Liebe verbietet!“[73] Der Widerstreit blieb: Properz († 15 v. Chr.) zum Beispiel feierte weiterhin den Exzeß: „Einen Fehler begeht, wer ein Ende für rasende Liebe sucht; wahre Liebe versteht es nicht, irgendwie Maß zu halten“[74].

Für die neue Ehe formulierte den deutlichsten Appell Gaius Musonius († 85 n. Chr), der schärfste antike Moralist: „Aber auch enge Verhältnisse mit Frauen, selbst außerhalb des gesetzwidrigen Ehebruchs, sind alle schändlich, denn sie werden nur aus Zuchtlosigkeit eingegangen. So würde auch niemand, der einsichtig ist, mit einer Hetäre verkehren oder, außerhalb der Ehe, mit einer Unverheirateten oder, bei Gott, mit einer, die im Hause arbeitet“[75]. Gültig bleibt dabei der Wille zur Kinderzeugung: „Die Menschen aber, die nicht voll Begierde und verderbt sind, dürfen nur jene eheliche Liebe für sittlich erlaubt halten, die die Zeugung von Kindern beabsichtigt, denn nur diese Liebe entspricht den Vorschriften“[76].

Paul Veyne sieht das liebende Paar entstehen: „Das Ideal der Zärtlichkeit zwischen Eheleuten war [...] hinzugetreten“[77]. Auf die Frage freilich nach den tatsächlichen Auswirkungen lautet die Antwort ‚wenig‘; denn dieses liebende Paar blieb ein Ideal der Oberschicht, und auch hier nicht ohne Einschränkungen. „Die typische Haltung für den Liebenden war nicht, daß er die Hand der Geliebten hielt oder ihr den Arm um die Taille bzw., wie im Mittelalter, um den Hals legte; die Frau war eine Sklavin, und der Mann nahm von ihr Besitz“[78]. Liebesleidenschaft war schon deswegen zu fürchten, weil sie einen freien Mann zum Sklaven einer Frau mache, daß er sie „seine ‚Herrin‘ nenne und ihr wie ein Diener den Spiegel oder den Sonnenschirm halte“[79]. Vor der inneren Verschmelzung blieb Angst: Nichts war den Römern fremder „als die biblische Vorstellung, daß Mann und Frau ‚ein Fleisch‘ sein und bleiben sollten“; so sehr die Frau zur Freundin werden sollte, so mußte sie doch „vernünftig sein, d.h. ihre natürliche Unterlegenheit anerkennen und ge-

horchen; dann wird sie ihr Gatte respektieren“[80]. Vieles von dem, was wir mit ‚Emanzipation‘ der Frau in der römischen Oberschicht deuten – so Peter Brown –, „war Freiheit, die aus Verachtung gewährt ward: Die ‚kleinen Geschöpfe‘ durften tun, was ihnen beliebte“[81].
Die neue Moral der Partnerschaft behielt freilich einen tiefwunden Punkt, daß nämlich die Ehe solange währte, wie der Konsens andauerte. „Die Trennung einer freien römischen Ehe war ebenso einfach wie der Ehekonsens“[82]. Zur Scheidung genügte ein Brief mit meist der Schuldzuweisung an die Frau: vermuteter oder tatsächlicher Ehebruch, Unfähigkeit zur Kindergeburt, Schädigung des Haushalts, Verschleuderung von Geld oder Verschuldung. Der Frau blieb die Last der Kinder, mit denen sie allein sitzen blieb. Der Mann konnte es sich überlegen: „Nun habe ich gehört, dass sie ein Kind bekommt. Also, was mache ich jetzt? Laufe ich weg oder bleibe ich?“[83].

Gegen die Kinderscheu verordnete Kaiser Augustus († 14) erstmals staatliche Maßnahmen. Nicht ging es um „eine Disziplinierung der (männlichen) Erotik noch eine Verbesserung des Eheklimas“[84]; vielmehr erfuhr die zuvor private Ehe einen staatlichen Eingriff zugunsten der Kinderzeugung, was – wie Theodor Mommsen († 1903) betonte – „eine der eingreifendsten und dauerndsten strafrechtlichen Neuschöpfungen, welche die Geschichte kennt“[85].

Das war die eine Seite, die positive und ethische. Aber Sexualität konnte sowohl libidinös zelebriert wie auch ordinär beprahlt und sogar ungeniert praktiziert werden. Schon die sexuelle Erregung ist mit vielfachen Ausdrücken beschrieben, konnte als Höhepunkt der Lust und Liebe empfunden werden, aber auch als Krankheit und Unmoral.[86] Ovids († 17 n. Chr.) ‚Liebeskunst‘, abgefaßt in wohlgesetzten Versen, will Männer die Verführung lehren, nichts anderes.

Die so vielen und schönen Mädchen in Rom;[87] an sie „schmiege deine Seite immerfort, so eng du kannst“[88]; deinen Augen wird „der Anblick ihrer Beine zuteil“[89]; die weibliche Leidenschaft „ist heftiger als die unsrige und steht dem Wahnsinn näher“[90]; keine zehn Münder reichen „um die gottlosen Künste der Dirnen aufzuzählen“[91]; darum „betrügt sie, die euch betrügen!“[92]; „jeder denkt nur an sein Vergnügen, [...] [auch] wenn es aus dem Leid eines anderen entspringt“[93]; „alle Mädchen, wo sich nur eine findet, durchprobieren“[94]; „verabscheue ein Beilager, das nicht beide hinschmelzen läßt; das ist der Grund, warum mich Knabenliebe weniger anspricht“[95]; „die Finger werden an jenen Stellen etwas zu tun finden, an denen Amor heimlich seine Pfeile netzt“[96]; „eilt gemeinsam zum Höhepunkt; dann ist die Lust vollkommen, wenn Mann und Frau gleichzeitig überwältigt daliegen“[97]; „hat sie jugendliche Schenkel und untadelige Brüste, so stehe der Mann, und sie selbst liege schräg auf das Lager hingegossen“[98].

Theater zeigten Masturbation und Päderastie.[99] An den Frauen suchte der männliche Blick nicht eigentlich die Genitalien, um so begieriger die Brüste, die Schenkel und das Gesäß; bei Erschlaffung sollten Polster nachhelfen oder die Einnahme von neun verflüssigten Kügelchen Hasendreck. Hetären stellten sich der männlichen Erwartung: „Zuerst löste Myrrhine ihren Gürtel – die seidene Unterwäsche behielt sie an –, und unter dieser wiegte sie ihre Hüften hin und her, daß sie vibrierten wie ein Pudding, [...] und seufzte dabei, als ob sie in Liebesekstase wäre“[100]. Kein Zweifel: „Männer bestimmten, was schön war“[101]. Natürlich bleibt zu fragen, wie weit solcherart Blick der antiken Wirklichkeit entsprach oder ob es nicht „der projizierte Wunschtraum der Männer war“[102]. Gänzliche Nacktheit, zumal im Genitalbereich, „stellt in der römischen Welt in der Öffentlichkeit einen extremen Fall dar“[103].

Die Bordelle waren zahlreich, denn Prostitution gehörte zur „Normalität des römischen Alltags“[104]. Für Rom wird einmal die Zahl von 45 vermeldet, die aber in der Riesenstadt um ein Vielfaches höher gewesen sein muß, hatte doch Pompeji mit seinen 20.000 Einwohnern bereits 25.[105] Der Billigtarif entsprach dem Preis von zwei Laiben Brot oder einem halben Liter guten Weins.[106]

Die Kunden ritzten erotische Graffiti in die Kabinenwand, belustigende oder verfluchende:[107] „Hier habe ich gefickt am 14. und 21. August“[108], oder auch: ‚Analficker‘, ‚Schwanzlutscher‘, ‚Fotzenlecker‘.[109] Bordellbetreiber pflegten ausgesetzte Kinder einzusammeln, die schon mit drei Jahren „zur Prostitution abgerichtet“ als „sexuelle Spielzeuge“ dienten.[110] Eine Gesetzgebung, die den Sex zumindest mit Kindern eingeschränkt hätte, gab es nicht; im Gegenteil, Zuhälterei und Prostitution galten im klassischen römischen Recht als „legale und sogar steuerpflichtige Gewerbe“[111].

Ganz selbstverständlich wurde Homosexualität praktiziert, obwohl sie in Rom zunächst nicht einfachhin gebilligt war. An die Stelle des griechischen Epheben trat der Sklave, gezwungen zu jederart Liebesdienst.[112] Ein Mann konnte heterosexuell wie homosexuell verkehren, mit „Frauen oder Jungen, vaginal, anal oder oral – seine Stellung, sein Ansehen litt nicht darunter“[113]. Von Straton († 2. oder 3. Jh.), dem Verfasser von fast 100 elegant formulierten, aber päderastischen Epigrammen, nur ein Beispiel: „Liege nicht gar zu finster blickend und betrübt an meiner Seite, Diphilos und sei kein Knabe aus der Herde. Geben soll es geile Küsse und die Spiele vor dem Sex: Patschen, Kneifen, Beißen, Worte“[114]. Gelegentlich schafften auch Frauen dieses Doppelspiel, wie Martial († 104 n.Chr.) berichtet: „Die Tribade [homosexuale] Philaenis bumst gar Knaben – wilder als ein vor Gier gespanntes Mannsbild – und verstöpselt dazu elf Mädchen täglich“[115]. Aber hiergegen meldete sich erster Protest. Platon konnte, trotz aller Pädophilie, schon davor warnen, „mit Männern eine unfruchtbare Saat wider die Natur zu säen“[116]. Die Stoa nannte die Homosexualität „naturwidrig“[117], denn ihr zufolge sollte das ganze geschlechtliche Leben zuerst der Zeugung dienen.[118]

Die Masturbation, mit vielerlei Bezeichnungen belegt im Griechischen wie Lateinischen, galt als normal für alle, die keinen Geschlechtsverkehr haben konnten, so für Unverheiratete, für Soldaten, schon für die Krieger vor Troja während ganzer zehn Jahre; zu vollziehen möglichst in der Mittagshitze und nach dem Essen. Wiederum der Kyniker Diogenes masturbierte öffentlich: „Wenn man doch auch so den Bauch reiben könnte, um den Hunger zu stillen“[119]. Frauen vollzogen ihre Selbstbefriedigung mit künstlichen Phallen, was sich – wie schon bei den Männern – auch bildlich dargestellt findet.[120] Noch bei Augustinus († 430) klingt nach, wie freudig der Vater die erste Erektion bei seinem heranwachsenden Sohn begrüßte: „Als mich mein Vater im Bade in meiner aufkeimenden Mannbarkeit und energievollen Jugendkraft sah, entdeckte er es, als böte dies schon Grund genug, auf Enkel hoffen zu können, voll Freude erzählte er es meiner Mutter“[121].

Nicht selten kam es zu Vergewaltigungen. Im Krieg zog die Eroberung einer Stadt „automatisch“ die Vergewaltigung der Frauen nach sich,[122] vollzogen oft genug vor den Augen der Ehemänner, zu deren Demütigung.[123] Doch unsere Definition von Vergewaltigung war aufgrund von 750 einschlägigen Stellen „in der Antike unbekannt“[124]; schaute man doch primär auf die Tat und weniger auf die innere Einstellung. Das traf wiederum zuerst die Frau; nicht zählte, ob sie die Vergewaltigung gegen ihren Willen hatte hinnehmen müssen; als Vergewaltigte war sie geschändet und für eine Heirat verdorben, was sie in den Augen der eigenen Familie wie der Öffentlichkeit ehrlos machte. Eine Gegenwehr geschah nicht justizial, allenfalls familial. Wer eine Frau vergewaltige, so bereits Platon, solle vom Ehemann, Vater oder Bruder getötet werden.[125] Das war ‚Ehrenmord'.

Nur als entsetzlich ist die Situation der Sklaven zu bezeichnen. Man hat sie als „weltgeschichtlichen Typus" bezeichnet, wobei es in frühen Situationen vor allem die Schwächeren, also Frauen, Mädchen und Kinder, getroffen habe.[126] In der Antike hatten Sklaven kein Recht auf Heirat, lebten in ‚Zeltgemeinschaft' (*contubernium*), konnten jederzeit getrennt und als einzelne verkauft werden. Für ihre sexuelle Ausbeutung, die allerdings keineswegs von allen verlangt wurde, unterlag der Besitzer keinerlei Beschränkungen, weder in der öffentlichen Meinung noch im gesatzten Recht. Willenlos erfüllen mußten die Sklaven „alle vorstellbaren sexuellen Perversionen"[127], und erzwungener Geschlechtsverkehr mit eigenen Sklavinnen galt nicht als Vergewaltigungsakt, war „grundsätzlich gebilligt"[128]. Horaz († 8 v.Chr.), der Dichter der ‚goldenen Mitte', empfahl keineswegs satirisch-verhöhnend: „Wenn dir das Glied schwillt, und ne Magd, ein Sklave ist gleich zur Hand für Liebesdrang und -kampf – magst du dann lieber vor Verlangen bersten?"[129]. Die Rekrutierung von Sklaven erfolgte durch Krieg und Kidnapping, in Rom vielfach durch Kauf, wobei Frauen mit Preisschild um den Hals auf einem Podest standen, nicht anders als Vieh – ein wahres Exempel „für die Mißachtung der Menschenwürde"[130]. Selbst pädophile Praktiken gegenüber versklavten Kindern galten nicht als abnorm.[131] Im Ergebnis: „Das Familienleben der antiken Sklaven muß eine Hölle aus Konflikten, Ambivalenzen und Ressentiments gewesen sein"[132]. Laut einem pompejischen Graffito wünschte ein Sklave sich oder seinem Herrn ob des Venusdienstes den Tod: „Agatho, Sklave des Herennius, bittet Venus [...], daß er umkommt, bitte ich!"[133]. Gerade zwei Gegenstimmen sind zu vermelden, nämlich Musonius Rufus wie auch sein Schüler Dio Chrysostomos († vor 120), die beide auch Prostituierte als menschliche Wesen erachteten und dementsprechend behandelt wissen wollten.[134]

Die Nachrichten aus der Kaiserzeit changieren aufs Äußerste. Angehörige des Kaiserhauses oder Berichterstatter aus der politischen Oberschicht wollten prahlen oder auch verunglimpfen. Zum Beispiel über Kaiser Domitian († 96 n.Chr.): „Ausschweifend im geschlechtlichen Genusse, pflegte er seinen täglichen Umgang mit Frauen wie eine Art gymnastischer Übung mit den Namen ‚Betten-Turnen' zu benennen"[135].

Oder aus einer späteren Kaiserbiographie: „Der Grund für diese Zahl von (600) Wagen (bei seinen Reisen) war die Menge der Zuhälter, Zuhälterinnen, Prostituierten, Pathici und auch der Männer mit besonders großen Gliedern"[136]. Für die Unterschichten blieb wenig: Die großen Freiheiten in Politik, Recht und Lebensführung waren nur einer vermögenden oberen Minderheit vergönnt, „während die Frau in den Unter- und Mittelschichten schon aus wirtschaftlichen Gründen stärker an Haus und konventionelle Moral gekettet blieb"[137].

Eine jüngst in England herausgebrachte Darstellung des alltäglichen römischen Lebens bestätigt unser Bild vollauf: die kleine reiche Oberschicht und die unendliche Masse der täglich um ihr Leben Kämpfenden, sie alle so verarmt wie verachtet. Und die Ehe? Sie wird geschätzt: Treue ist wichtig wie ebenso die Keuschheit: „Monogamie ist die Norm", und dennoch ruft der Gang des Mannes zur Prostituierten „keine moralische Empörung hervor"[138]. Und vor allem: „Selten erwähnt ist die romantische Liebe"; geradezu unvorstellbar ist für uns das Fehlen jener Empfindungen, „die wir als Gefühl der Liebe an sich verstehen würden"[139]. Die Graffiti in Pompeji lassen offen, ob sie „für romantische Liebe oder männliche Eroberungslust stehen"[140]. Erwünscht ist durchaus eine Ehe, in der beide Partner treu sind, in der aber die Frau sexuell passiv bleibt und „nicht die Hure spielt'"[141]. Für den Mann hingegen ist seine Vorherrschaft „nie in Frage gestellt"[142], dazu „gehört Sex mit der eigenen Frau, mit Prostituierten, mit ‚unbekannten Frauen', mit den eigenen Sklaven oder Sklavinnen oder mit einer Frau, mit der man ‚intim bekannt' ist"[143]. Infolgedessen blieben „Frauen derb und drastisch männlicher Sexualität ausgesetzt"[144]. Ausschließlich für das Gedeihen von Familie und Hauswesen lebten die Frauen,[145] hatten sich dafür abzuarbeiten und blieben trotz Mitgift „fast immer der Autorität eines Mannes unterworfen"[146]. Selbst die zahllos auffindbaren Belege für eigenständiges Handeln mit Geschäftsverträgen und Landbesitz von Frauen bleiben „eingeordnet in eine männlich dominierte Kultur"[147].

d) Am Ende

Für die Geschichtsschreibung können nicht einzelne Skandale maßgeblich sein, sondern nur die Befunde der Querschnitte und die Endpunkte der Langzeitentwicklungen. Und die sind für uns, die wir auf ‚romantische Liebe' fixiert sind, für die Antike oft genug enttäuschend, ja skandalös. Seit Johann Winkelmanns († 1768) berühmter Formel von der ‚edlen Einfalt und stillen Größe', wie sie sich gerade auch in den antiken Nacktfiguren zeigt, wehren wir uns instinktiv gegen ein Bild von Sexualität und Ehe, wie es vorausgehend mit seinen vielfach erschreckenden Zügen zum Vorschein gekommen ist. Wohl galt in der ganzen Antike, daß die Ehe monogam war und gewiß auch zu emotionaler Bindung führte, aber immer mit der sexuellen Vorherrschaft des Mannes.

Für Griechenland macht die Forschungsliteratur Feststellungen, die uns nicht nur unwürdig vorkommen, sondern wirklich unerträglich sind: „Die [eheliche] Sexualität diente allein der Zeugung von Kindern. Die sexuellen Beziehungen zwischen Ehefrau und Ehemann waren offenkundig nicht sehr lustbetont“[148]. Der Erfolg der Ehe „zeigte sich nicht in demonstrativer Verliebtheit der Partner, sondern in einer möglichst umgehend eintretenden Schwangerschaft“; Unfruchtbarkeit wurde der Frau angelastet und war ein Scheidungsgrund.[149]

Die Philosophie unternahm einen ersten und bedeutenden Anlauf zur Ethisierung: Die Ehe solle mit beiderseitiger Zustimmung geschlossen und in Liebe geführt werden. Das konnte eine Gleichstellung der Partner bewirken. Gemäß Aristoteles sollte sich Freundschaft gerade in der Ehe verwirklichen, freilich bei bleibender Funktion des Mannes als Haupt.

Wenig anders in Rom und oft lasziv im Römischen Reich. Männer praktizierten „eine bemerkenswerte Doppelmoral“[150], für die Frauen erneut mit „eklatanten Inkonsequenzen“[151]. Die männliche Triebbefriedigung war allgemein akzeptiert, sogar in vulgärer Form; insofern blieben Trieb und Erotik oft genug getrennt. Die Stoa bestärkte ein neues Modell, nämlich das des Konsenses und der Liebe. Formuliert wurde der zukunftsweisende Satz, der Konsens mache die Ehe. Andererseits negierte die Stoa alle exzessive Lust und hämmerte die Pflicht der Kinderzeugung ein. Zu sehr lief jede „intensive erotische Leidenschaft für einen bestimmten Menschen der ausgeprägt rationalistischen Tendenz im griechisch-römischen Denken zuwider“[152]. Unter Kaiser Augustus erfuhr die Ehe erstmals staatliche Eingriffe zugunsten der Kinderzeugung.

Den Bezug aufs Aktuelle stellt Paul Veyne her: Gemeinhin glaube man, in erotischen Belangen hätten im Altertum repressionsfreie Verhältnisse wie im Paradies geherrscht, und erst das Christentum habe den Gewissenswurm der Sünde in die verbotene Frucht transplantiert. „Das Gerücht von der heidnischen Sinnlichkeit beruht auf einer Reihe traditioneller Fehlinterpretationen“[153].

4. Die Bibel

a) Das Alte Testament

Der Auftakt in der Bibel verheißt einen urmenschlichen Traum: Geschlechtergleichheit und unbefangene Sexualität. Der Grund dafür ist die vielbeschworene Aussage: „Gott schuf [...] den Menschen als sein Abbild [...]. Als Mann und Frau schuf er sie“ (Gen 1,27). Die hier im biblischen Schöpfungsbericht bezeugte und göttlich hergestellte Gleichwertigkeit von Mann und Frau bleibt zugleich bipolar, nämlich jeweils als Mann und als Frau, denn „es ist nicht gut, daß der Mensch allein bleibt“ (Gen 2,18). Damit macht die Priesterschrift, abgefaßt wohl erst nach dem Exil, eine wahrhaft ungewöhnliche Aussage: Während etwa in der mesopotamischen Literatur keine einzige Erzählung bekannt geworden ist, die die Erschaffung der Frau berichtet, ist hier „die Frau [...] das eigentliche Anliegen des Jahwisten“[1]. Gott selbst will sie „als dauernde, gleichwertige Partnerin [...], die dem Mann ein wirkliches Gegenüber ist“[2]. Das ist die Gleichrangigkeit. Es folgt die Verführung Adams und Evas, woraufhin wir rückblickend von der paradiesischen Unbefangenheit erfahren, daß nämlich die beiden sich erst nachher ihrer Nacktheit schämten und ihre Schamteile mit einem Schurz bedeckten (vgl. Gen 3,7). „Die Scham ist das erste vollbewußte Signal eines geheimnisvollen Bruchs“[3]. Der anschließend ausgesprochene Gottesfluch trifft – bezeichnenderweise – zuerst Eva: „Unter Schmerzen gebierst du Kinder. Du hast Verlangen nach deinem Mann; er aber wird über dich herrschen“ (Gen 3,16). Geburtswehen und Vorherrschaft des Mannes werden ihr Schicksal. Für Adam folgt der Fluch der Ackerarbeit: „Im Schweiße deines Angesichts sollst du dein Brot essen“ (Gen 3,19). Von der anfänglichen Paradiesesfreude wirkte indes als Stachel weiter, ob sich die paradiesische Gleichheit und Unbefangenheit nicht doch wiederherstellen ließen, und so zieht sich durch die ganze biblisch beeinflußte Geschichte die Sehnsucht nach der verlorenen Paradiesehe.

Daß die eheliche Liebe zum Grunderlebnis werden konnte und für gewöhnlich auch geworden ist, zeigt ihr Bezug zur Gottesliebe: „Wie der Bräutigam sich freut über die Braut, so freut sich dein Gott über dich" (Jes 62,5). Da dem Alten Testament die Vorstellung eines Götterpaares fremd ist, geschieht eine Übertragung im Geiste: Gott ist eifersüchtig mit seinem Volk verbunden, das bei Abfall in Hurerei verfällt; darum heißt Zion „die ‚Vermählte'", denn „dein Land wird mit ihm vermählt" (Jes 62,4).[4] Der Prophet Hosea macht die Ehe und sogar den Ehebruch zum Muster der göttlichen Liebe: Das Undenkbare, daß ein Ehemann seiner ehebrecherischen Frau verzeiht, soll der Prophet selber vorexerzieren: „Geh noch einmal hin und liebe die Frau, die einen Liebhaber hat und Ehebruch treibt" (Hos 3,1). Hier ist dem Mann die Initiative zur Versöhnung aufdiktiert.

Einen Sonderfall stellt das Hohelied dar, das aus zeitlich wie inhaltlich verschiedenen Liedern wohl erst nachexilisch zusammenkomponiert wurde und spielerische Erotik bezeugt: „Israel anerkennt die menschliche Liebe und auch die Mächtigkeit des Eros als Wunder Gottes und wehrt sich gegen jede leibfeindliche Tendenz"[5]. Sobald das Hohelied aber zum heiligen Buch wurde, erfolgte eine Allegorisierung: „Für die Aufnahme des Buches in den jüdischen (und damit auch in den christlichen Kanon) [war] mit hoher Wahrscheinlichkeit sein *allegorisches Verständnis* ausschlaggebend, wie es im rabbinischen Bereich grundgelegt wurde und sich im nachbiblischen Judentum [...] entfaltete"[6]. Und diese Allegorisierung setzte sich sowohl jüdischer- wie christlicherseits fort.

Über die Praxis sind die Auskünfte des Alten Testaments vielfarbig, oft auch erschreckend. Die Ehe wird vormundschaftlich abgeschlossen: Vater oder Vormund des Bräutigams werben bei den für die ausersehene Braut zuständigen Rechtspersonen. Anrührend etwa, wie Abraham für seinen Sohn Isaak einen Werber ausschickt, der bei der Auswahl sofort auf die Dienstwilligkeit achtet: „Das Mädchen, zu dem ich dann sage: Reich mir doch deinen Krug zum Trinken!, und das antwortet: Trink nur, auch deine Kamele will ich tränken!, sie soll es sein" (Gen 24,14). Das Brautgeld, das der junge Mann dem Vater zu zahlen hatte, ist nicht mehr als Kaufpreis aufzufassen, soll doch die junge Frau möglichst nach ihrer Zustimmung gefragt werden: „Willst du mit diesem Mann reisen?" (Gen 24,58). Zentrale Aufgabe ist die Zeugung von Nachkommen: „Seid fruchtbar, und vermehret euch" (Gen 1,28). Die Ehe ist an sich schützens- und schätzenswert, soll Mann wie Frau erfreuen: „Wenn ein Mann neuvermählt ist, muß er nicht mit dem Heer ausrücken"; er darf „zu Hause bleiben und die Frau, die er geheiratet hat, erfreuen" (Dtn 24,5). Das klingt fast wie eine Garantie für Flitterwochen.

Die Erzväter wie die Könige lebten polygam, die Allgemeinheit monogam, allerdings oft mit Haupt- und Nebenfrauen. Abraham konnte seine Frau Sara ausleihen (Gen 20,2–7); wegen Saras Kinderlosigkeit zeugte er mit der Sklavin Hagar den Sohn Ismael, was die Eifersucht der Erstfrau auslöste: „Kaum merkt sie [Hagar], daß sie schwanger ist, so verliere ich [Sara] die Achtung bei ihr" (Gen 16,5). Sobald Sara aber doch einen eigenen Sohn, Isaak, gebiert, verlangt sie von Abraham die Verstoßung Hagars mitsamt ihres Sohnes, was Gott bestätigt: „Hör auf alles, was dir Sara sagt" (Gen 21,12). Hagar irrt durch die Wüste, wirft ihr halbverdurstetes Kind unter einen Strauch und weint verzweifelt: „Ich kann nicht mitansehen, wie das Kind stirbt" (Gen 21,16), bis sie erfahren darf: „Gott war mit dem Knaben" (Gen 21,20), der dann zum Stammvater der Ismaeliten wurde.

Zum Erweis vorehelicher Keuschheit der Braut bewahrt deren Familie das Gewand der Hochzeitsnacht als „Beweisstück ihrer Unberührtheit" auf (Dtn 22,15); sofern der Mann fälschlich seine Braut als bereits berührt anklagt, zahlt er eine Geldstrafe; kann aber die Frau das geforderte Beweisstück ihrer Hochzeitsnacht nicht beibringen, „dann sollen die Männer ihrer Stadt sie steinigen" (Dtn 22,21). Wer ein unberührtes Mädchen beschläft, muß „dem Vater des Mädchen fünfzig Silberschekel zahlen, und sie soll seine Frau werden; [...] er darf sie niemals entlassen" (Dtn 22,29). Bei Verdacht auf Ehebruch der Frau muß sie das Gottesurteil des Eifersuchtsopfers auf sich nehmen, „ein Opfer zur Ermittlung der Schuld" (vgl. Num 5,15), nicht aber braucht das der Mann. Wenn ein Mann bei einer verheirateten oder verlobten Frau liegend angetroffen wird, „dann sollen beide sterben" (Dtn 22,22; 24). Der Ehebruch des Mannes kann auch in ‚spiegelnder Strafe' gebüßt werden: „Wenn sich mein Herz von einer [anderen] Frau betören ließ, [...] dann sollen andere sich beugen über sie [die eigene Ehefrau]" (vgl. Ijob 31,9–10); was der Ehebrecher einem anderen Ehemann angetan hat, wird auch ihm zuteil, nämlich nur noch eine fremdbegattete Frau zu haben. Der Dekalog stellt die Frau in eine Reihe mit Sklaven, Vieh und Sachgütern: „Du sollst nicht nach der Frau deines Nächsten verlangen, nach seinem Sklaven oder seiner Sklavin, seinem Rind und seinem Esel oder nach irgendetwas, was deinem

Nächsten gehört" (Ex 20,17). Eine Frau, die von sich aus Unzucht treibt oder zur Dirne wird, ist zu verbrennen (Gen 38,24/Lev 21,9). Ebenso sind Homosexualität und Bestialität ein Gräuel: „Du darfst nicht mit einem Mann schlafen, wie man mit einer Frau schläft; das wäre Greuel. Keinem Vieh darfst du beiwohnen, du würdest dadurch unrein" (Lev 18,22 f.); beide Vergehen werden „mit dem Tod bestraft" (Lev 20,13–15). Ob diese Todesstrafen immer vollzogen wurden, steht dahin, konnte man sich doch bei Ehebruch mit Fluch und Schande begnügen (vgl. Sir 23,24 ff.). Mit König David schloß Jonathan einen homoerotisch gefärbten Bund „weil er ihn wie sein eigenes Leben liebte" (1 Sam 18,3); „dann küßten sie einander, und beide weinten" (1 Sam 20,41). Möglich ist die Scheidung, aber nach wiederum einseitigem Maß; wenn der Mann „etwas Anstößiges [an seiner Frau] entdeckt", kann er eine Scheidungsurkunde ausstellen (vgl. Dtn 24,1). Stirbt ein verheirateter Mann, soll der Bruder die Witwe heiraten „und die Schwagerehe mit ihr vollziehen" (Dtn 25,5). Auch erscheint eine Verbindung zur Sklaverei: Der Vater kann seine Tochter als Sklavin verkaufen, was durch ein Rückkaufsrecht, wenn der neue Herr die Gekaufte nicht mehr mochte, gemildert werden sollte (vgl. Ex 21,7–8); tatsächlich wurden solche Mädchen „nur zu häufig in der Familie des Darleihers als Mätressen von Vater und Sohn herumgestoßen"[7]. Indes wird das Schema ‚hier gewalttätiger Mann' und ‚dort vergewaltigte Frau', insofern nicht bestätigt, als das Richter-Buch gewalttätige Frauen präsentiert, zum Beispiel die Keniterin Jaël, die einem zu ihr Geflüchteten einen Zeltpflock durch die Schläfe trieb (Ri 4,17–22). Oder auch umgekehrt: Der am ägyptischen Hof aufgestiegene Josef wird von der Frau seines Herrn aufgefordert: „Schlaf mit mir" (Gen 39,7).

Einfachhin rabiat sind die im Alten Testament vorfindlichen Reinheitsgebote. Schon im Umgang mit Tieren und besonders bei Verzehr von deren Fleisch ist auf Reinheit und Unreinheit zu achten (Lev 11; Dtn 14,3–21); verunreinigend wirkten vor allem die Berührung von Totem (Lev 21,1) und besonders der Kontakt mit Sexualstoff, dem Ausfluß aus dem Körper, der Mann wie Frau besudelt und sogar noch ansteckend ist.

„Wenn ein Mann einen Ausfluß aus seinem Körper hat, so ist dieser Ausfluß unrein [...] Jedes Lager, auf das sich dieser Mann legt, und jeder Gegenstand, auf den er sich setzt, ist unrein. Wer sein Lager berührt, muß seine Kleider waschen, sich in Wasser baden und ist unrein bis zum Abend" (Lev 15,2–5). Bei der Frau verunreinigt insbesondere das Menstruationsblut; darum „soll sie sieben Tage lang in der Unreinheit ihrer Regel verbleiben. Wer sie berührt, ist unrein bis zum Abend. Alles, worauf sie sich in diesem Zustand legt, ist unrein" (Lev 15,19 f.). Mann und Frau müssen, wenn befleckt, vor dem Eingang des Offenbarungszeltes erscheinen, wo der Priester Sühn- und Brandopfer darbringt, um Mann und Frau „vor dem Herrn wegen ihres verunreinigenden Ausflusses [zu] entsühnen" (Lev 15,30; vgl. Lev 15,15). Auch der Geschlechtsverkehr ist betroffen: „Ein

Mann, der mit einer Frau während ihrer Regel schläft und ihre Scham entblößt, hat ihre Blutquelle aufgedeckt, und sie hat ihre Blutquelle entblößt; daher sollen beide aus ihrem Volk ausgemerzt werden“ (Lev 20,18). Sogar die Geburt verunreinigt: „Wenn eine Frau niederkommt und einen Knaben gebiert, ist sie sieben Tage unrein [...] Wenn sie ein Mädchen gebiert, ist sie zwei Wochen unrein“ (Lev 12,2.5). Wegen möglicher Verunreinigung „darf der Priester nur eine Jungfrau heiraten“, nicht aber „eine Witwe, eine Verstoßene oder eine Entehrte [oder] eine Dirne“ (vgl. Lev 21,14). Eine neue Untersuchung zur alttestamentlichen Pollutio will Gender aus Sprache, Grammatik und Wortwahl, letztlich aus einem Symbolsystem hervorgehen lassen: „Die Reinheitsbestimmungen für Menstruierende (und Männer mit geschlechtlichen Ausfluss) sind Teil eines Symbolsystems, das weitreichende Grenzziehungen vornimmt“[8]. Das bedeutet gemäß herrschender Doktrin: Erst die Auslegungsgeschichte sei für die besondere Verunreinigung der Frau haftbar.

Zuletzt vollzieht das Alte Testament eine Spiritualisierung der Reinheitsgebote. Schon im Levitikus-Buch zeigen sich erste Übergänge zu einem ethischen Verständnis: Während physisch-körperliche Unreinheit zeitlich begrenzt bleibt, hat die ethische Unreinheit eine langanhaltende Wirkung und kann nicht durch eine rituelle Waschung bereinigt werden.[9] Die für den Kult ‚reinen Hände‘ wandeln sich zum Ethos: „Wer darf stehn an seiner heiligen Stätte? Der reine Hände hat und ein lauteres Herz“ (Ps 24,3 f.). Der Beter soll Gott suchen, „auch wenn er nicht die Reinheit besitzt, die dem Heiligtum gebührt“ (2 Chr 30,19). Wie aber schon die Blutopfer nicht verschwanden, so auch nicht die kultische Reinheit; sie blieb für den Tempeldienst weiterhin in Geltung; ebenso verblieben die Verbote bestimmter Speisen wie auch die Waschungen bei Sexualbefleckung.

Für die verehelichte Frau schlagen jüngere Texte neue, sowohl warmherzige wie aber auch herabsetzende Töne an: „Eine tüchtige Frau ist die Krone ihres Mannes“ (Spr 12,4); „Wer eine Frau gefunden, hat Glück gefunden und das Gefallen des Herrn erlangt“ (Spr 18,22). Das Lob der ‚tüchtigen Frau‘ besteht indes darin, daß sie auf „das Herz ihres Mannes vertraut“ (vgl. Spr 31,10–31). Aber auch das gilt: Die von der Frau ausgehende Erotisierung kann geradezu dämonisch auf den Mann wirken. „Von einer Frau nahm die Sünde ihren Anfang, ihretwegen müssen wir alle sterben“ (Sir 25,24).

b) Das Neue Testament

Jesus wurde in eine Welt hineingeboren, die alle alttestamentlichen Vorgegebenheiten aufwies. Seine Eltern waren ein ungleiches Paar, der alte Josef und die wahrscheinlich 14-jährige Maria, die nach der Geburt der Reinigung bedurfte (Lk 2,22ff.). Jesus selbst verhielt sich gegenüber Frauen unbefangen, so daß ihm auch Jüngerinnen folgten (vgl. Lk 8,1–3).

Angesichts der jüdischen Ehescheidung verfährt Jesus apodiktisch: Er wiederholt das alttestamentliche Dekalog-Verbot: „Du sollst nicht die Ehe brechen" (Mk 10,19) und begründet es schöpfungstheologisch: „Am Anfang der Schöpfung aber hat Gott sie als Mann und Frau geschaffen [...], und die zwei werden ein Fleisch sein. Sie sind also nicht mehr zwei, sondern eins" (Mk 10,6; 8). Im zeitgenössischen Judentum konnte – so jedenfalls gewichtige Stimmen – ein Mann seine Frau wegen größeren Wohlgefallens an einer anderen oder auch nur wegen angebrannten Essens entlassen. Diese jüdischerseits erlaubte Scheidung erklärt Jesus mit ‚Hartherzigkeit', die folglich durch ‚Weichherzigkeit' zu beheben ist. Das mußte der Ehe ein starkes Ethos auferlegen, umso mehr, als das Scheidungsverbot von Gott her begründet ist: „Was aber Gott verbunden hat, das darf der Mensch nicht trennen [...]. Wer seine Frau aus der Ehe entläßt und eine andere heiratet, begeht ihr gegenüber Ehebruch. Auch eine Frau begeht Ehebruch, wenn sie ihren Mann aus der Ehe entläßt und einen anderen heiratet" (Mk 10,6–12). Für Mann und Frau wird hier Gleichheit verkündet, freilich dargestellt an einem Verbot, dem Ehebruch; gerade die dem Mann sonst eingeräumte Freizügigkeit wird aufgehoben. Für die Frau bedeutet das eine Gleichbehandlung wie zugleich eine Absicherung: „Die Frau wird der Verfügung durch den Mann entzogen, ihr wird von Jesus die gleiche Würde wie dem Mann zugesprochen"[10], und das richtete sich gegen den Mann als „verschärfte[s] Eheethos"[11]. Einen besonderen Akzent bringt Matthäus mit dem Einschub: „Wer seine Frau entläßt, obwohl kein Fall von Unzucht vorliegt, der begeht Ehebruch" (Mt 19,9). Diese zugefügte Unzuchtklausel ist „nicht als Liberalisierung eines sonst zu strengen Verbots" zu verstehen; ganz im Gegenteil will die Klausel besagen, daß sie „keine Möglichkeit der zweiten Ehe einschließt"[12].

Zuletzt folgt bei Matthäus das nicht leicht zu erklärende Wort vom Eunuchen-Sein um des Himmelreiches willen (Mt 19,12), zu verstehen wohl vor dem Hintergrund, daß Eunuchen vom Kult ausgeschlossen waren (Dtn 23,2)[13] und Jesus sie dennoch als dem Himmelreich nahe stehend erachtete: Was zuvor „unfähig zum Kult machte, verleiht Nähe zur Gottesherrschaft“[14].

Wegweisend wirkte überdies, daß Jesus nicht nur sexuelle Handlungen, sondern auch sexuelle Begierden verurteilte: „Ihr habt gehört, daß gesagt worden ist: Du sollst nicht die Ehe brechen. Ich aber sage euch: Wer eine Frau auch nur lüstern ansieht, hat in seinem Herz schon Ehebruch mit ihr begangen“ (Mt 5,27 f.). Die innerlich-ethische Verantwortung gehörte „zu den zentralen Gedanken christlicher Moralphilosophie“[15].

Wie schon im Alten können auch im Neuen Testament sowohl Hochzeit wie Ehe auf die Gottesliebe bezogen werden: „Mit dem Himmelreich ist es wie mit einem König, der die Hochzeit seines Sohnes vorbereitet“ (Mt 22,2); es wird „mit dem Himmelreich sein wie mit zehn Jungfrauen, die [...] dem Bräutigam entgegengingen“ (Mt 25,1); denn „wer die Braut hat, ist der Bräutigam“ (Joh 3,29). Jesus gilt als „Messiasbräutigam“[16] und die Jünger sind Hochzeitsgäste dieses Bräutigams (Mk 2,18–22), gehen ihm als dem ankommenden Bräutigam entgegen (Mt 25,6).

Zu den vielerlei Durchbrüchen, die Jesus einleitete, gehört der Abbau sowohl der Unreinheitsgebote wie auch der Ehrvorstellungen. Mit Zöllnern und Sündern setzt sich Jesus an einen Tisch, hält ein „Sündergastmahl“ (Mk 2,15–17);[17] Zöllner und Huren werden ihm zufolge eher in das Reich Gottes kommen (vgl. Mt 21,31). Auch kennt Jesus keine ‚unreinen‘ Frauen; so läßt er sich von einer blutflüssigen berühren (Mk 5,25–34) und von einer Dirne küssen (Lk 7,38). Auf diese Weise beseitigte er für die unreinen Dirnen alle abwertenden Ehrvorstellungen und tut den Ausspruch: „Ihr sind ihre vielen Sünden vergeben, weil sie [mir] so viel Liebe gezeigt hat“ (Lk 7,47). Exegetisch heißt das: Die von anderen diskriminierte ‚große Sünderin‘ „wird von Jesus akzeptiert“[18].

Bei aller Zustimmung zur Ehe finden sich bei Jesus aber auch „familienfeindliche Neigungen“[19]. Wer Jesus nachfolgen will, muß Familie, Haus und Acker verlassen (vgl. Mk 10,29), ja Vater, Mutter und Kinder ‚hassen‘, nämlich hintanstellen, was zu Familienzwist führt (vgl. Mt 10,35 f.). Von Jesus gibt es kein Wort, „das den Besitz von Frau und Kindern preist“, ebenso kein Wort, das „zu biologischer Fruchtbarkeit ermuntert“[20]. Die Distanzierung von der eigenen Verwandtschaft bekräftigt Jesus angesichts der Frage, draußen stünden seine Verwandten, was er beantwortet mit: „Wer ist meine Mutter, und wer sind meine Brüder? Und er streckte die Hand über seine Jünger aus und sagte: Das hier sind meine Mutter und meine Brüder“ (Mt 12,48). Hier wird die physisch-biologische Verwandtschaft in eine geistig-religiöse transponiert.

Resümierend hat man sagen können: „Nur bei Jesus wird die Ehe mit der sexuellen *unio* von Mann und Frau begründet [...] Das Eheverständnis ist ausgesprochen sexuell und nicht an Kindern oder dem sozialen Wert der Ehe orientiert, sondern an der Beziehung der Ehepartner“[21]. Der üblichen Doppelmoral widersetzte Jesus sich: „Männer werden zu einer erhöhten Sexualkontrolle aufgefordert, Frauen bei Sexualverfehlungen geschützt“[22]. Zugleich übertrug Jesus sein religiös-geistliches Verwandtschaftsverständnis auf seine Jünger und Jüngerinnen. Er setzte gegen die von genealogischer Magie gesteuerten Familiensysteme die ‚abstrakt-geschwisterliche‘ Konzeption, was das genealogische Kontinuum aufsprengt zugunsten einer personalen Gottunmittelbarkeit. Man sage von dieser geistlichen Verwandtschaft nicht zuviel, so Peter Sloterdijk, wenn man sie „als eine der wichtigsten Quellen des okzidentalen Individualismus bestimmt“[23]. Aufs Ganze gesehen sind die Intentionen Jesu in der Folgezeit nicht immer und überall konsequent gegen die eingespielten Geschlechterrollen zur Geltung gekommen.[24]

Über die Ehe macht Paulus zusätzliche Aussagen. Wie Jesus verwendet auch er das hochzeitliche Bilderfeld: „Denn ich [Paulus] liebe euch mit der Eifersucht Gottes; ich habe euch einem einzigen Mann verlobt, um euch als reine Jungfrau zu Christus zu führen“ (2 Kor 11,2). Wie Jesus kennt er ebenso die Gleichrangigkeit: „Es gibt [...] nicht mehr Mann und Frau; denn ihr alle seid ‚einer‘ in Christus“ (Gal 3,28). Aufgrund der Gleichheit von Mann und Frau scheint Paulus den Frauen sogar die Gemeindeleitung zugebilligt zu haben; am Ende seines Römerbriefes dankt er der Diakonin Phöbe für ihren ‚Beistand‘, was man aber auch mit ‚Patronat‘ übersetzen kann; das wäre dann die Frau sogar als Haupt der Gemeinde.[25] Wenn sich um eine Prisca/Priscilla Hausgemeinden in Rom, Korinth und Ephesus sammelten (1 Kor 16,19/ Röm 16,3), dürfte sie dort „den Status einer Lehrerin und Gemeindeleiterin eingenommen haben“[26]. Über die bleibende Haupt-Funktion des Mannes hat aber Paulus im Ersten Korinther-Brief bereits anders gesprochen:

Christus ist „Haupt des Mannes" und der Mann ist „Haupt der Frau" (1 Kor 11,3); ja weiter noch: Der Mann ist „Abbild und Abglanz Gottes" und die Frau „Abglanz des Mannes" (1 Kor 11,7). Paulus sei hier – so ist eingewendet worden – „nicht mehr auf der Höhe des alttestamentlichen Zeugnisses"[27]. Von der Exegese wird beschwichtigt, „den theologischen Aussagewert jenes ‚Haupt-Modells' nicht zu überschätzen"; denn Paulus habe hier keine ‚dogmatische Definition' geben wollen.[28] Immerhin ist anzuerkennen, daß im deutero-paulinischen Epheser-Brief der bräutliche Mann sich geistig opfernd in die Liebesbeziehung hineinbegibt, was „die Ehemänner zu einem Umdenken innerhalb gewohnter Rollenschemata herausfordert"[29] und darüber hinaus den „Siegeszug einer Brautmetaphorik"[30] begründet.

Im sexuellen Vollzug will Paulus wechselseitige Verfügbarkeit: „Nicht die Frau verfügt über ihren Leib, sondern der Mann. Ebenso verfügt nicht der Mann über seinen Leib, sondern die Frau" (1 Kor 7,4). Zudem wiederholt Paulus das Scheidungsverbot: „Die Frau soll sich vom Mann nicht trennen [...], und der Mann darf die Frau nicht verstoßen" (1 Kor 7; 10 f.). Die Gleichwertigkeit wird ausdrücklich hervorgehoben: „Doch im Herrn gibt es weder die Frau ohne den Mann, noch den Mann ohne die Frau. Denn wie die Frau vom Mann stammt, so kommt der Mann durch die Frau zur Welt" (1 Kor 11,11 f.).

Bei Ehebruch und Homoerotik macht Paulus einen Rundumschlag: Das Reich Gottes erben „weder Unzüchtige noch Götzendiener, weder Ehebrecher noch Lustknaben, noch Knabenschänder" (1 Kor 6,9). Radikal verurteilt werden Lesbismus wie Homosexualität: „Ihre Frauen vertauschten den natürlichen Verkehr mit dem widernatürlichen; ebenso gaben die Männer den natürlichen Verkehr mit der Frau auf und entbrannten in Liebe zueinander" (Röm 1,26 f.). Das ist zunächst Fortgeltung der alttestamentlichen Verbote, sogar mit Erwähnung der Todesstrafe (Röm 1,32). Dennoch bleibt ein erheblicher und typisch christlicher Unterschied: Durch Buße ist Läuterung möglich, und das Letzturteil erfolgt am „‚Tag des Zorns', dem Tag der Offenbarung von Gottes gerechtem Gericht" (Röm 2,5). Auch hier gilt der eschatologische Vorbehalt: Man hat die Homosexuellen „nicht leiblich gestraft, sondern beschränkte sich auf reine Kirchenbußen"[31]. Eine besondere Folgewirkung hat die im Ersten Korinther-Brief ausgesprochene Verurteilung der ‚Lustknaben' nach sich gezogen; diese, die im griechischen Text als

'Weichlinge' bezeichnet sind, wurden jahrhundertelang für Onanisten gehalten, sind aber in Wirklichkeit wie die Knabenschänder zu verstehen, „im Sinne homosexueller Täter“[32]. Masturbation wird im Neuen Testament nicht erwähnt.

Die Pastoralbriefe bringen für die Frau eine Minderung. Die vor Gott zu erweisende Heiligung erfordert von beiden Partnern, „daß ihr Unzucht meidet“, dazu die spezielle Aufforderung an den Mann, „mit seiner Frau in heiliger und achtungsvoller Weise zu verkehren, nicht in leidenschaftlicher Begierde“ (1 Thess 4,3 f.). Das klingt nach Respektierung der Frau, sogar nach Gleichberechtigung. Im Ganzen spiegelt sich eher das aufgeklärt-stoische Ideal: sowohl Liebe füreinander wie aber auch Unterwürfigkeit der Frau. So gebietet der Kolosser-Brief den Frauen: „Ordnet euch euren Männern unter“, freilich bei bleibender Mahnung an die Männer: „Liebt eure Frauen“ (Kol 3,18 f.). Das Besondere am Epheser-Brief ist die christologische Unterfütterung: „Der Mann ist das Haupt der Frau, wie auch Christus das Haupt der Kirche ist; [...] wie aber die Kirche sich Christus unterordnet, sollen sich die Frauen in allem den Männern unterordnen“ (Eph 5,23 f.). Das bedeutet für den Mann eine theologisch höchstgradige Motivierung: „Ihr Männer, liebt eure Frauen, wie Christus die Kirche geliebt und sich für sie hingegeben habt“ (Eph 5,25). Gegenüber allem Paternalismus erscheint hier eine überhöhte Korrektur an der Männerrolle: „Selten wurden im Christentum Sexualität und Ehe so positiv gewertet“[33]. Die weitere Aufforderung jedoch, „Wer seine Frau liebt, liebt sich selbst“, erklärt sich aus dem Ausruf Adams beim ersten Anblick Evas: „Fleisch von meinem Fleisch“ (Gen 2,23). Diesem Rückverweis auf die Erschaffung Evas, um mit ihr „ein Fleisch zu werden“ (Eph 5,31; Gen 2,24), folgt keine für die Frau gleichberechtigte Version dergestalt: „Wer seinen Mann liebt, liebt sich selbst“. So bleibt ein ungleiches Wechselspiel: „So liebe jeder von euch seine Frau wie sich selbst, die Frau aber ehre den Mann“ (Eph 5,33).

Überraschen muß angesichts aller späteren und zumal neuzeitlichen Moraltheologie, daß sich „kein ausdrückliches Verbot jeglichen vor- und außerehelichen Geschlechtsverkehrs im Neuen Testament“[34] findet, ebenso im Alten „kein Verbot vorehelichen Geschlechtsverkehrs“[35]. So zuerst der an der päpstlichen Gregoriana lehrende Arthur Vermeersch (†1936), der zur Erklärung auf damalige Rechts- und Sozialstrukturen verwies: Die junge Frau wurde bei Geschlechtsreife verheiratet, hatte also keine voreheliche Enthaltsamkeit zu bewältigen; der junge Mann ging üblicherweise ins Bordell, was aber Paulus untersagte: „Darf ich nun die Glieder Christi nehmen und zu Gliedern einer Dirne machen? Auf keinen Fall!" (1 Kor 6,15). Insofern bietet das Neue Testament gegen vorehelichen Geschlechtsverkehr durchaus „allgemeine Vorbehalte"[36]. Infolge zunehmender Rigidität galt Homosexualität als Erfindung des Teufels, noch schlimmer als Ehebruch, seit der Spätantike sogar als strafbar mit dem Tod.[37]

Einen epochal neuen Akzent setzte Paulus mit der Ehelosigkeit. Wie Jesus und Johannes der Täufer war er selbst unverheiratet, und so wünschte er, „alle Menschen wären (unverheiratet) wie ich" (1 Kor 7,7). Das hält ihn aber nicht davon ab, die Ehe gegen deren Bestreiter zu verteidigen. Ein erster Grund dafür ist die „Gefahr der Unzucht" (1 Kor 7,2); denn „es ist besser zu heiraten, als sich in Begierde zu verzehren" (1 Kor 7,9). Die einmal eingegangene Ehe verlangt Wechselseitigkeit; weder Frau noch Mann verfügen über ihren Leib (vgl. 1 Kor 7,3 f.). Es folgt die heute viel kritisierte Aussage, der Unverheiratete erweise für die Sache des Herrn die größere Sorge: „Er will dem Herrn gefallen" (1 Kor 7,32). Unverheiratet-bleiben zeigt zum einen, „seinem Trieb nicht ausgeliefert" zu sein, und erweist zum anderen, wer „nicht heiratet, handelt besser" (vgl. 1 Kor 7,37 f.). Eine beruhigte Sexualität und die ungeteilte Sorge für den Herrn erscheinen hier als Kriterien des Besseren. Dennoch, die Ehelosigkeit ist „kein Gebot des Herrn; ich gebe nur einen Rat" (1 Kor 7,25). Das wies den Weg zu den ‚Räten', die in der weiteren Christentumsgeschichte eine außerordentliche Bedeutung erlangen sollten. Mit seinen Postulaten kämpfte Paulus gegen zwei Vereinseitigungen, einerseits gegen die Bestreiter der Ehe und andrerseits gegen deren absolute Verteidiger. Gegenüber den Bestreitern gab er „im Prinzip fast in jedem Punkt der asketischen Opposition recht"; gleichzeitig suchte er jedoch die Ehe zu schützen, ja ihren Wert zu betonen, was man eine „feine Doppelsinnigkeit" genannt hat.[38]

Rufen wir uns hier abermals in Erinnerung, in welche Welt die christliche Sexualmoral hineinwirkte. Schauen wir zunächst auf das Gemeinsame: die Ansicht, „daß die Erzeugung von Kindern das zentrale Eheziel sei, verband Juden, Christen und Nichtchristen"[39]. Zusätzlich ist zur Kenntnis zu nehmen, daß es „in der Antike weder eine christliche noch eine staatliche Zeremonie für die Eheschließung"[40] gab.

Verräterischer ist der Blick auf die praktische Sexualität, sowohl mit negativen wie auch positiven Aspekten. Daß und wie sexuelle Nebenbeziehungen des Mannes, getätigt auch im eigenen Haus, auf die Frau wirkten, schildert uns ein antiker Roman nach der Mitte des 1. Jahrhunderts, also zur Zeit des Paulus, mit der Hauptfigur des Trimalchio, eines vulgären Emporkömmlings und sexuellen Wüstlings: „Als ein sehr hübscher Junge mit den neuen Dienern eintrat, stürzte sich Trimalchio auf ihn und fing an, ihn ausführlich abzuküssen. Daher begann [seine Frau] Fortunata, um ihre Gleichberechtigung zu betonen, Trimalchio zu beschimpfen und ihn als einen Drecksack und Lustmolch zu bezeichnen, der seine Triebe nicht zügeln könne. Schließlich fügte sie sogar hinzu: ‚Du Hund!' Trimalchio war seinerseits über die Beleidigung wütend und warf Fortunata einen Becher ins Gesicht. Jene schrie auf, wie wenn sie ein Auge verloren hätte, und befühlte mit zitternden Händen ihr Gesicht. [...] Trimalchio aber sagte: ‚Warum erinnert sich diese Straßenmusikerin denn auch nicht an das, was sie ist? Ich habe sie vom Verkaufsgerüst (für Sklaven) heruntergeholt, ich habe sie zu einem Menschen unter Menschen gemacht'"[41].

Ganz anders, nämlich höchst moralisch urteilte der Grieche Epiktet († 138 n. Chr.), geboren in Hierapolis, wo damals schon eine Christengemeinde bestand (Kol 4,13), dann als Sklave übergesiedelt nach Rom und dort freigelassen. Freiheit wurde sein philosophisches Ersthema, verstanden als Ausfaltung des personalen Kerns und als Unantastbarkeit des Inneren, dazu fernab aller Libertinage: Nur von geistiger Armut zeuge, „seinem Sexualtrieb freien Lauf zu lassen"[42]; vor der Ehe „verzichte [...] möglichst auf geschlechtliche Beziehungen"[43], und wenn dann „im Rahmen des gesetzlich Erlaubten"[44]; gefährlich schon wirke, „sich zotigen Reden auszusetzen"[45]; junge Frauen, wenn schon von 14 an mit Männern im Bett, sollten begreifen, „daß ihre Ehre auf nichts anderem beruht als auf Anstand und Treue zu ihrem Gewissen"[46]; niemand dürfe sich von übermäßiger Lust wegreißen lassen, vielmehr solle man bedenken, „wie du dich [...] selber beglückwünschen wirst, wenn du Enthaltsamkeit geübt hast"[47].

Wir sehen hier, daß sich das Christentum für die ethisch höhere Eheform entschied, nicht mehr dem Alten Testament folgte, sondern der ‚aufgeklärten' Antike, ja deren Ethik mit dem Scheidungsverbot noch verschärfte.

c) Am Ende

Angesichts der überwältigenden Autorität, welche die Bibel gewann, entstand eine doppelte Deutung mit viel nachfolgendem Streit: einmal Mann und Frau als gleichwertiges Ebenbild Gottes, zum anderen die Frau als Zweiterschaffene, als Verführerin, als Erstverfluchte. Heraus kamen die Dominanz des Mannes und die Unterordnung der Frau, wie es dem weithin anzutreffenden Allgemeinschema entspricht. Dennoch blieb immer auch eine Gegenbewegung, begründet mit der Gleichheit aufgrund der Gottesebenbildlichkeit auch der Frau.

Das Bild, das heute aus dem Alten Testament von Frau und Ehe erhoben wird, schillert extrem, kann sogar gegen das Neue Testament ausgespielt werden. Ein von dem Alttestamentler Herbert Haag († 2001) mit herausgegebenes Buch findet im Alten Testament für Sexualität eine positive und im Neuen Testament eine schockierend sexual- und frauenfeindliche Einschätzung;[48] in Israel sei trotz patriarchalischer Verhältnisse die Sexualität nie wie in den christlichen Ordensgründungen oder auch im Islam ausgeschlossen worden; alttestamentlich bilde Sexualität immer einen „Ausdruck warmer menschlicher Beziehung“[49] und nirgends sei „eine moralische Wertung festzustellen“[50]; daß Menschen durch ihre Sexualität in der Beziehung zu Gott gehindert würden oder diese auch nur trüben könnten, „wäre ihnen absurd vorgekommen“[51]. Eine jüngst von Hessen2/Kultur ausgestrahlte Sendung vermeldet eine „diskrete Leibfreundlichkeit im Judentum“, ohne aber zu verschweigen, daß im Alten Testament auf Bestialität, Inzest, Ehebruch und Homosexualität der Tod steht, daß der Talmud Form und Zeit des Koitus vorgibt und die Vergewaltigung tödlich bestraft, daß strikte Reinheitsvorschriften galten, wobei aber die heutige Mikwe, das alte Reinigungsbad für unreine Frauen, keineswegs als heute angeblich unhygienisches Relikt hingestellt wird. Die eigentliche Botschaft vermelde das Hohe Lied der Liebe: „Wir wollen eine emotionale Integration“[52]. Herbert Schnädelbach zufolge kennt „das Judentum keine Leibfeindschaft: gutes Leben und erfüllte Sexualität sind gute Gaben Gottes“[53]; demgegenüber habe der Platonismus im Christentum „die menschliche Leiblichkeit vergiftet“ und das setze sich fort „in der repressiven Sexualmoral der Kirchen bis in unsere Tage“[54]. Ganz entgegengesetzt heißt es im ‚Reallexikon für Antike und Christentum‘: „Das mosaische Gesetzt zügelte überhaupt den Geschlechtstrieb durch Mahnungen und Drohungen"; und dieser Zügelung diente sogar „die alttestamentliche Vorschrift der körperlichen Beschneidung"[55].

Dem Neuen Testament zufolge führte Jesus wesentliche Veränderungen herbei. Zum ersten verbot er die Ehescheidung, und zwar für Mann wie Frau, was Gleichheit der Geschlechter bedeutet und den Frauen zusätzlich Schutz bietet.[56] Infolgedessen begann das Christentum das in vielen Kulturen und Religionen den Männern zugestandene System von legitimer Hauptfrau und weiterer Nebenfrauen zu untergraben. Damit lud es sich eine schier unendliche Bürde auf, mußte deswegen in kämpferischerer Weise ‚antisexuell' auftreten. Der Gewinn dieser Antisexualität aber kam der Ehefrau zugute, die, sofern einzige Sexualpartnerin, eine eigenständige Würde gewann und keine Konkurrenz mehr ertragen mußte. In Wirklichkeit siegte die von Paulus beschworene Hauptfunktion des Mannes. Sie paßte nur zu gut in das allübliche Gemeinschema von männlicher Oberhoheit und verwies die Frau bis zur Moderne in die Untertänigkeit. Wegweisend wurde weiter, daß dem Neuen Testament zufolge die Leibesstrafen für Ehebruch, Homosexualität und Bestialität nicht mehr gelten sollten. Nicht zuletzt entmächtigte Jesus die Pollutio – angesichts der religionsweiten Verbreitung und der Zähigkeit dieser Vorstellungen ein religionsgeschichtlicher Durchbruch, der im Judentum vorbereitet war und nun alleingültig wurde. Dabei ging Jesus auch über die Ehrlosigkeit der geschändeten Frau hinweg. Als gänzliche Neuerung ist die Ehelosigkeit anzuführen, die zwar laut Paulus nicht die Ehe verurteilen soll, sie aber doch auf den zweiten Platz verweist. Diese christliche Ehelosigkeit setzte eine Fülle von Neuheiten in Gang, ob nun in Spiritualität, in Kirchenerneuerung oder in Kunst.

5. Das Christentum

a) Partnerschaftliche Gleichheit?

Die Herausbildung der christlichen Ehe läßt sich in den Pastoralbriefen nachlesen. Gemäß dem ersten Petrusbrief gilt: Die Frauen sollen sich den „Männern unterordnen" (1 Petr 3,1), die Männer aber „im Umgang mit Frauen rücksichtsvoll sein" (1 Petr 3,7). Der erste Timotheus-Brief argumentiert mit der Ersterschaffung Adams und der Verführung durch Eva: „Und nicht Adam wurde verführt, sondern die Frau" (1 Tim 2,13). Dies – so der heutige exegetische Einwand – „widerspricht klar dem jahwistischen Text" der Gottesebenbildlichkeit von Mann und Frau.[1] Dennoch zieht sich durch die ganze Christentumsgeschichte die Klage, ‚ach hätte doch der Mensch im Paradies nicht gesündigt', ausgedeutet mit den unterschiedlichen Geschlechtsrollen, meist zu Ungunsten der Frau.[2] Weiter, weil Eva verführt hat und damit dem Leben insgesamt Schaden zugefügt hat, wird sie „dadurch gerettet werden, daß sie Kinder zur Welt bringt" (1 Tim 2,15). Die Konsequenzen reichen bis in den Gottesdienst. Während die Männer „ihre Hände in Reinheit [zum Gebet] erheben", sollen „die Frauen sich anständig bescheiden und zurückhaltend kleiden", sollen sich sogar „still und in aller Unterordnung belehren lassen" (1 Tim 2,8–11). Schon im ersten Korinther-Brief ist zu lesen (was aber wohl nachträglicher Einschub ist), daß Frauen in der Versammlung zu schweigen hätten und zu Hause ihre Männer befragen sollten (1 Kor 14,33b–35). Zu den Qualitäten eines Bischofs zählt, daß er „ein guter Familienvater" ist (1 Tim 3,4); ein ‚Ältester' (Presbyter) soll für gläubige Kindererziehung sorgen (Tit 1,6), und ein Diakon seiner Familie gut vorstehen (1 Tim 3,12). Aufgrund ihrer bewährten Hausväterrolle qualifizieren sich die Männer für das kirchliche Amt; demgegenüber schließen sich die Frauen mit der Erfüllung ihrer Haus- und Mutterrolle davon gerade aus.[3] Wohlwollend interpretiert heißt das: Überordnung des Mannes „als liebende Fürsorge" und Unterordnung der Frau „als solidarische Anpassung"[4].

Dennoch verschwand die Gleichheit nicht gänzlich, räumte doch das Christentum der Frau insofern Gleichberechtigung ein, als sie in der Heilsgewinnung nicht zurückstand, wie sonst oft. Justin der Märtyrer († um 165) erklärt den unterschiedlichen Körperbau von Mann und Frau für belanglos und sieht auf Frömmigkeit und Gerechtigkeit: „‚Wir wissen doch, daß nicht wegen des Körperbaus, der, wie wir sehen, bei Mann und Weib verschieden ist, dieselben gerecht oder ungerecht sind, sondern daß Frömmigkeit und Gerechtigkeit entscheiden'"[5]. Voll nimmt die Frau am Gottesdienst teil, steht hier dem Mann gleich zur Seite, wird nicht in einen Nebenraum abgedrängt. Mit der Taufe auf Christus gibt „es nicht Mann und Frau" (Gal 3,28). Wie der Mann bekennt die Frau ihren Glauben, hat gleicherweise das Wort Gottes zu hören, nimmt gleichberechtigt an der Eucharistie teil, muß selber auch ihre Sünden bekennen. Als in der Heilsgewinnung vollberechtigte Person kann die Frau nicht durch einen anderen, etwa ihren Mann, vertreten werden. Der spätantike und oft wiederholte Caesarius von Arles (†542) weiß, „daß Männer und Frauen gleicherweise durch Christi Blut losgekauft und zugleich durch das allerheiligste Bad [der Taufe] abgewaschen sind, daß sie auch, zum Altare des Herrn hinzutretend, Leib und Blut des Herrn empfangen; denn bei Gott gibt es keine Unterscheidung von Mann und Frau; nie bevorzugt er um der Person willen"[6]. So kann es nicht verwundern, daß sich gerade Frauen zum Christentum hingezogen fühlten; sie bildeten in den ersten drei Jahrhunderten die Mehrzahl in den Gemeinden.[7] Die Gründe lassen sich unschwer ausmachen. Wo sonst war die Frau dem Mann derart gleichgestellt? Mag man den Frauen auch für die Antike eine größere Empfänglichkeit für Religiosität nachsagen, so erhielten sie doch „ihnen allein im Raum der [christlichen] Religion eingeräumte Möglichkeiten des gesellschaftlichen Engagements und des Gemeindedienstes"[8]. Schon die Zahl der in der Medizin tätigen Christen zeigt, daß nicht nur christliche Ärzte in den erhaltenen Inschriften überproportional vertreten sind, sondern ebenso christliche Ärztinnen, nämlich mit zehn Prozent gegenüber den heidnischen mit nur fünf Prozent.[9]

Diese Gleichberechtigung mußte sich auch auf die Ehe auswirken, die dadurch ‚persönlich' wurde. Die Mehrheit der christlichen Autoren verstand das *una caro* [Gen 2,24] „auf die eheliche Willensübereinstimmung bezogen und nicht auf die körperliche Vereinigung"[10]. Tertullian († 220 n. Chr.) bestätigt die für Mann und Frau gleiche Christlichkeit als Ausdruck ihres Ein-Fleisch-Werdens: Die Eheleute „sind wahrhaft zwei in einem Fleisch; wo ein Fleisch ist, ist auch ein Geist. Sie beten zusammen, sie verbeugen sich zusammen, sie fasten zusammen, unterweisen und ermahnen einander, sie stützen einander; beide sind gleich in der Kirche, gleich beim Mahl des Herrn"[11].

Bei seiner Höherbewertung der Ehelosigkeit hatte schon Paulus gegen rigoristische Positionen gekämpft, welche die Ehe wie die Geschlechtlichkeit ganz ablehnten. Für Clemens von Alexandria († 216/17) droht bei deren Ablehnung zuchtlose Promiskuität: Bei den sogenannten Liebesmählern „vermischen sie sich, wie sie wollen und mit wem sie wollen"[12]. Grundsätzlich wird festgehalten: Bei aller Wertschätzung der Enthaltsamkeit „bewundern wir aber die Einehe und die mit der einen Ehe verbundene Würde"[13]. Hinzukommt für Clemens die stoische Pflicht der Kinderzeugung: „Daß die Männer mit ihren Weibern sittsam verkehren sollten und nur zum Zweck der Kinderzeugung"[14]. Schon Justin dem Märtyrer zufolge sind die Christen „zu dem Zwecke, Kinder aufzuziehen, eine Ehe eingegangen, oder wir haben auf das Heiraten verzichtet und bleiben völlig enthaltsam"[15]. Johannes Chrysostomus († 407) beurteilt vorbehaltlos den Geschlechtsverkehr zwischen den Ehegatten; er fand für ihre Liebe „warme Worte"[16]. Zudem haben offenbar die Christen das Heiratsalter anzuheben versucht, für den Mann auf 26 Jahre und für die Frau auf 17.[17]

Verurteilt wurde die Scheidung. Sämtliche der frühen christlichen Gemeinden haben aus Jesu Scheidungsverbot „rechtliche Konsequenzen gezogen"[18], nämlich „das Nein zu einer zweiten Ehe, das die Kirchenväter im Ganzen mit großer Entschiedenheit durchgehalten haben"[19]. Der um 120 abgefaßte ‚Hirt des Hermas' bleibt strikt beim neutestamentlichen Verbot: Bei Ehebruch der Frau, sofern sie davon nicht abläßt, gilt für den Mann, er solle sie entlassen und dürfe nicht wieder heiraten, denn sonst breche auch er die Ehe; überdies müsse er der ehebrechenden Frau die Rückkehr offen halten. Die Treue betrifft beide Seiten: „Das gilt genauso für die Frau, wie für den Mann"[20]. Bei dieser Haltung blieb es. Nur eine

Stimme, nämlich die des Ambrosiasters im 5. Jahrhundert, wollte eine Neuheirat zugestehen. Gleichwohl gibt es „einige seltene Zeugnisse für eine großzügigere oder tolerantere Handhabung“[21]. Laktanz († um 320) berief sich auf die matthäische Ehebruchs-Klausel: „Darum gebietet Gott, die Gattin nicht zu entlassen, außer sie wäre des Verbrechens des Ehebruchs überführt“[22]. Das war Entlassung der Frau, aber noch keine Neuheirat für den Mann.

Zugunsten der Stabilität der Ehe wirkte weiter, daß nicht länger Nebenverhältnisse geduldet wurden. Die ‚Apostolische Tradition', eine frühe Kirchenordnung des 3. Jahrhunderts, verlangt von den Eheleuten bei der Taufbewerbung, „daß der Mann sich mit seiner Frau und die Frau sich mit ihrem Mann begnüge“[23]. Lactanz zufolge ist es nicht genug, bloß fremde Ehen „nicht anzutasten oder öffentliche Häuser zu meiden“; denn „Ehebruch und Unzucht begeht der vor Gott, welcher das Joch abwirft und mit einer Freien oder Sklavin unverstatteter Lust frönt“[24]. Das in der ganzen Antike von Männern praktizierte Vorrecht auf Nebenbeziehungen sollte aufhören.

Erst recht wurde der Prostitution der Kampf angesagt. Jesu Mahnung, bereits der begehrende Blick auf eine Frau sei sündhaft (Mt 5,28) und Pauli Verurteilung des Verkehrs mit Dirnen als sogar Aufkündigung der Christusgemeinschaft ließen keinen Zweifel. Die noch vor 100 n. Chr. abgefasste Zwölfapostel-Lehre verurteilt ausdrücklich Ehebruch, Lüsternheit und Hurerei.[25] Ob und wie sich diese Forderungen durchzusetzen vermochten, steht dahin. Der spätantike Bischof Caesarius von Arles beschreibt in mehreren Predigten als Situation: Die Männer hätten von jungen Jahren an Nebenverhältnisse, beharrten aber für die Braut auf deren Keuschheit und Unbeflecktheit, wo es doch für Mann und Frau keine unterschiedlichen Gebote gebe; eigentlich müßten derartige Männer von der Kommunion ausgeschlossen werden, aber es seien zu viele.[26] Die althergebrachte Männer-Dominanz wie auch Ehrvorstellung waren schwer zu beseitigen.

b) Der Mann als Haupt der Frau

Bei aller Gleichheit bleibt der Mann in der Ehe das Haupt der Frau, mochten auch die zwei Schöpfungsberichte von Gleichrangigkeit gesprochen haben, sowohl von der Gottebenbildlichkeit des Mannes und der Frau (Gen 1,27) wie auch von „Bein von meinem Bein und Fleisch von meinem Fleisch" (Gen 2,23). Die von Paulus anvisierte Geschlechter-Hierarchie obsiegte: „Christus das Haupt des Mannes [und] der Mann das Haupt der Frau und Gott das Haupt Christi" (1 Kor 11,3). Das sollte langwährende Folgen haben.

Augustinus, obwohl keineswegs nur den Mann allein als Ebenbild Gottes einschätzend,[27] sprach dem Familienvater eine ordnende Hauptfunktion zu. Um des Gottesgebotes der Liebe willen soll in der Familie Frieden herrschen, nötigenfalls mit einem Machtwort: „Der Mann dem Weibe, die Eltern den Kindern, die Herren den Sklaven"[28]; ja deutlicher noch, nötigstenfalls müsse „durch Worte oder Schläge, [...] wie es das Herkommen gestattet, gestraft werden"[29]. Augustinus` berüchtigtes *compelle intrare* soll hier ‚dienstwillig' auch in der Familie Anwendung finden. Anders Johannes Chrysostomus († 407); zwar bestätigt auch er dem Mann die Hauptfunktion: „dem Manne die Herrschaft und Fürsorge, dem Weibe die Unterordnung"[30]. Aber das dem Mann dafür abverlangte Maß der Liebe steigert Chrysostomus ins geradezu Unerreichbare, nämlich wie Christus seine Kirche geliebt habe, so nun auch der Mann seine Frau: „So sorge du auch für sie, wie Christus für die Kirche sorgt! Müßtest du auch dein Leben hingeben, weigere dich dessen nicht"; denn „was ist das für eine Ehe, wenn die Frau vor dem Mann zittert"; welches Vergnügen könne er haben, „wenn er mit seiner Frau wie mit einer Sklavin und nicht wie mit einer Frau zusammenlebt"[31].

Die Herrschaft des Mannes in einer halbchristlichen Ehe beschreibt Augustinus anhand seiner Eltern. Seine Mutter Monica, geboren 331, wuchs in einer christlichen Familie auf, erhielt von einer alten Dienerin ihre strenge Erziehung und wurde 14-jährig mit ihrem Mann Patricius verheiratet, dem sie wie einem Herrn diente, dabei auch seine Untreue ertrug:

„Im heiratsfähigen Alter wurde sie einem Mann übergeben, dem sie dann diente wie ihrem Herrn. Sie bemühte sich, ihn für dich [Gott] zu gewinnen, indem sie von dir durch ihre Lebensart sprach [...]. Seine Untreue ertrug sie in einer Weise, dass sie deswegen nie mit ihm Streit bekam [...]. Im Übrigen war er ausgesprochen gutwillig, nur sehr jähzornig. Sie verstand es allerdings, ihm in seinem Zorn keinen Widerstand entgegenzusetzen [...]. War sein Zorn verraucht und er wieder ruhig und ansprechbar, gab sie ihm Rechenschaft von ihrem Verhalten, wenn er sich vielleicht zu unbesonnen aufgeregt hatte. Viele andere Frauen, die weniger zornige Männer hatten, trugen Spuren von Schlägen im entstellten und dazu entehrten Gesicht. Wenn sie mit ihren Freundinnen darüber sprachen, beklagten sie das Betragen ihrer Männer. Aber meine Mutter [...] erinnerte sie ernsthaft daran: Schon an dem Tag, als ihnen die Eheverträge vorgelesen wurden, hätten sie aus diesen erkennen müssen, dass sie Sklavinnen seien, die, wenn sie sich ihrer Rechtslage erinnerten, sehr wohl wüssten, dass sie sich gegen ihre Herren nicht auflehnen dürften“[32].

Bestätigt wird fürs Ganze nicht die paradiesische Gleichheit, wie sie Jesus für Mann und Frau durch Herzenserweichung hatte wiedergewinnen wollen, sondern die nachsündliche und nun sogar göttlich legitimierte Hauptfunktion des Mannes. In der Theologie wirkte diese Deutung lange nach.[33]

c) Die Ehelosigkeit

Gegenüber der jüdischen wie der antiken Welt bildete die Ehelosigkeit um des Himmelreiches willen „ein frappierend neues Phänomen“[34]. Unverheiratet-Sein war nirgends sonst ein religiöses Ideal gewesen, allenfalls ein Erfordernis der kultischen Reinheit wie bei den Qumran-Leuten oder in Rom bei den Vestalinnen. Anstelle der altüberlieferten Pflicht, für die nötigen Geburten zu sorgen, wurde nun die höherwertige Ehelosigkeit auch damit begründet, die Erde sei bereits hinreichend bevölkert. Für die Frau eröffnete sich die Möglichkeit, den lebensbedrohlichen Folgen der Sexualität zu entgehen; auch konnten sich die Töchter dem elterlichen Verheiratungszwang entziehen, freilich bei drohendem Erbverlust. Ambrosius (†397) lockte: „Mit dem Sieg über das Elternhaus, besiegst du die Welt“[35].

Die Jungfräulichkeit schuf einen eigenen Stand.[36] Origenes († um 254), der eine erste Theologie dafür entwarf, deutete Adams und Evas Leben im Paradies asexuell; erst nach dem Sündenfall habe sich der zuvor ätherische Leib materialisiert und daraufhin erst geschlechtlich vereinigen können. Geschlechtsverkehr ist somit Sündenfolge, und Enthaltsamkeit führt zur Wiederherstellung der paradiesischen Gottebenbildlichkeit. Für die Ehe können dann, wiewohl Origenes sie immer gegen ihre Bestreiter verteidigte, die negativen Akzente verstärkt hervorgehoben werden: die Zwänge seitens der Familie, die Erfordernisse der Gesellschaft, die Gefährdungen durch Mutterschaft, die geminderte Aussicht auf den Himmel. Zuweilen gilt die Ehe nicht einmal mehr als ehrenwertes Guthandeln, kann gerade noch als Nichtsündigen durchgehen. Denn – so Hieronymus († 419/20) – „wir halten jeden Koitus für schweinisch"[37]. Von Seneca übernahm er eine Beurteilung, die epochemachend wirkte: „Jede Liebe zur Frau eines andern ist schädlich; ungehörig aber ist auch zu große Liebe zu deiner eigenen Frau. Ein Weiser sollte seine Frau verständig lieben, ohne jede Leidenschaftlichkeit. Er soll seine Triebe beherrschen und sich nicht ungestüm zum ehelichen Akt hinreißen lassen. Nichts ist verderbter, als seine Gattin wie eine Ehebrecherin zu lieben. Jene Männer aber, die sagen, sie vereinigten sich mit einer Frau, um dem Staate oder dem Menschengeschlecht zuliebe Kinder zu zeugen, sollten sich doch wenigstens die Tiere zum Vorbild nehmen und, wenn der Mutterleib ihrer Frau sich wölbt, die Nachkommenschaft nicht vernichten. Sie sollen sich ihren Frauen nicht als Liebhaber, sondern als Ehemänner erweisen'"[38]. Zwei Schlagworte sind daraus hervorgegangen: niemals Ungestüm in der Sexualität und niemals Verkehr mit der eigenen Frau wie mit einer Hure.

Hervorgehoben sahen sich ebenso die Witwen. Schon Paulus hatte ihnen empfohlen, nicht wieder zu heiraten (1 Kor 7,8). Die Pastoralbriefe erkennen ihnen einen eigenen Stand zu: Witwen sollen inständig beten und Gutes tun, sind überdies in eine Liste einzuschreiben und haben ein Versprechen abzulegen, dessen Bruch Satansdienst bedeutet; jüngeren Witwen wird allerdings zu heiraten geboten, daß sie Kinder zur Welt bringen und den Haushalt versorgen (1 Tim 5,3–16). Durch ihre Enthaltsamkeit rückten die Witwen näher an den Klerus heran, erhielten sogar eine Weihe, erreichten aber nie den geweihten Altardienst.[39] Nicht anders als die Jungfrauen verstanden sich die Witwen als Bräute Christi, auch sie von ihrem Geschlecht her die Männer übertreffend. Verlockend wirkte die Witwenschaft zumal für solche, welche die mit 25 Jahren erreichbare Unabhängigkeit erlangt hatten und damit frei über ihr Vermögen verfügen konnten. Hieronymus lebte in einem Kreis solch vermögender wie auch gebildeter Frauen. Die Stadt Antiochien soll bei einer Viertelmillion Einwohnern dreitausend christliche Jungfrauen und Witwen beherbergt haben.[40] Männer, die sich ebenfalls für die Ehelosigkeit entschieden, beanspruchten die Brautmystik auch für sich und nannten sich ‚jungfräulich'.

Die theologischen Folgen griffen tief. Die ursprünglich gemeinschaftliche Christen-Einheit wurde jetzt in drei Gruppen unterschieden. Man dachte anhand des Gleichnisses von der unterschiedlichen Frucht (Mk 4,3–9) an einen gestaffelten Lohn im Himmel: Der hundertfache Lohn den Jungfrauen und den jungfräulich lebenden Asketen, der sechzigfache den Witwen, der dreißigfache den Verheirateten. Das stand im Widerspruch dazu, daß doch alle, wenn zur Anschauung Gottes gelangt, sich gleicher Glückseligkeit erfreuen würden.

d) Augustinus und die Folgen

Die Verurteilung der ehelichen Geschlechtslust hatte schon vor Augustinus eingesetzt; nämlich mit Clemens von Alexandrien: „Denn die bloße Lust ist, auch wenn sie in der Ehe gewonnen wird, gesetzwidrig und ungerecht und unvernünftig"[41]. Als eigentlicher Verderber der Geschlechtslust wird heute Augustinus haftbar gemacht.[42] Verständnisvoller urteilt Peter Brown, Verfasser einer Augustinus-Biographie und ausgemachter Kenner spätantiker Religiosität. Der siebzehnjährige Augustinus kommt nach Karthago, sieht sich wüsten Erotikhändeln ausgesetzt, geht ein dauerndes Liebesverhältnis ein und wählt dafür die zweitbeste Lösung, das monogame Konkubinat, was auch christlich akzeptiert war und das Gegenteil von wilder Ausschweifung bedeutete. Daß aus diesem Verhältnis nur ein Kind hervorging, deutet auf Geburtenkontrolle. Augustinus – so Peter Brown – „wählte seine Gefährtin, weil er sie liebte; und er schlief mit ihr, weil er das gern tat, und nicht deshalb, weil er für seine Mutter Enkel oder für seine Heimatstadt Bürger zeugen wollte"[43]. Als der Dreißigjährige in Mailand eine Karriere am Kaiserhof anstrebte, stand eine gebührliche Ehe an. Bei dem nun unvermeidlichen Wegschicken seiner Jugendgefährtin – so Augustinus selber – „zerriss es mir das Herz, das an ihr hing"[44]. Mutter Monica machte ein Mädchen aus gehobener christlicher Familie ausfindig, eine gerade erst Zwölfjährige. Aber in Augustinus, der sich zunächst noch mit einer Ersatzgeliebten befriedigte, verfestigte sich der Argwohn, bei ihm könne das alles auf nichts anderem beruhen als seinem zwanghaften Bedürfnis nach Sex,[45] und dieser Zwang erschien ihm jetzt als ‚grausame Kette'.[46] Umso heller leuchtete die Enthaltsamkeit auf, nunmehr als „ausgeglichene Verzückung"[47]. Das berühmte „Nimm und lies", das zu seiner Bekehrung führte, läßt ihn die Paulusbriefe aufschlagen und die Stelle finden: „ohne Unzucht und Ausschweifung" (Röm 13,13). Dieses Wort bewirkte „eine moralische Zäsur"[48], verstanden als Erhebung zu der über alle Sinnlichkeit erhabenen Geistesfreiheit, als endgültige Erlösung von aller Sexuallust; denn diese „bringt, da die seelische Leidenschaft sich mit dem fleischlichen Triebe vereinigt und ihn durchdringt, den ganzen Menschen in Wallung, worauf jene Wollust folgt, […] die, auf ihrem Höhepunkte angelangt, fast alles Denken und Wachbewußtsein auslöscht"[49]. Es ist der gefallene Wille, der „die ursprünglichen, gottgegebenen Bindungen der menschlichen Gesellschaft – Freundschaft, Ehe und väterliche Befehlsgewalt – den gräßlichen Erschütterungen des Eigensinns"[50] unterwirft. Und davon wollte Augustinus endgültig frei werden.

Trotz dieses Sich-Losreißens von der den Geist bedrohenden Lust verdammte Augustinus die Sexualität keineswegs grundsätzlich, entfaltete vielmehr ein sogar neuartiges Konzept, das der Paradiesehe. Entgegen der etablierten Tendenz eines Origenes, Ambrosius und Hieronymus, denen zufolge Geschlechtsverkehr im Paradies gar nicht stattgefunden habe und erst eine Auswirkung des Sündenfalls sei, vertrat Augustinus „eine einzigartig gesellige und vollblütige Vision"[51], nämlich Adam und Eva im Paradies mit geschlechtlicher Attraktivität und mit sexueller Erfreuung, aber ohne die geisttötende Überwältigung durch Lust, wie obendrein für die Frau ohne schmerzvolles Gebären und ohne mühseliges Aufziehen der Kinder. „So würde die paradiesischen Glückes würdige Ehe, wenn es keine Sünde gegeben hätte, wohl liebenswerte Nachkommen erzeugt, aber keine beschämende Wollust gekannt haben"[52]. Allerdings hat im Paradies dieser beglückende Sexualverkehr gar nicht stattgefunden, sind doch Adams und Evas Kinder laut biblischem Zeugnis außerhalb des Paradieses geboren worden. Nach dem Fall aber ist dann die Lust zum Übel geworden, jedoch aufwägbar durch die Kinderzeugung: „Der zur Fortpflanzung notwendige Geschlechtsverkehr ist ohne Schuld und wird als solcher allein in der Ehe vollzogen. Jener über die Notwendigkeit hinausgehende

Akt gehorcht nicht mehr der Vernunft, sondern gibt der Leidenschaft nach […]. Wenn aber beide von solcher Begierde unterjocht sind, dann verrichten sie ganz offenbar nicht eine eheliche Handlung. Gleichwohl gewährt der Apostel solchen Nachsicht“[53]. So bleibt für Augustinus die Ehe trotz allem ein „Gut“ (*bonum*), wie er in seinem gleichnamigen Buch kundgibt, und er rechtfertigt ihre Gutheit mit Kinderzeugung wie auch mit heterosexueller Freundschaft: „Die Ehe oder das geschlechtliche Liebesverhältnis haben einen Grund in der Freundschaft“[54]; folglich scheint das Gut der Ehe „ein solches nicht ausschließlich wegen der Zeugung von Kindern zu sein, sondern gerade auch wegen der von Natur aus gegebenen Gemeinschaft bei verschiedenem Geschlecht“[55]. Nur zu ‚natürlich‘ ist die Lust, sofern sich diese nicht zu einer die Vernunft durchbrechenden Leidenschaft lockere, „darf man [sie] weder mit schimpflicher Buhlschaft noch mit der Zügellosigkeit von Eheleuten vergleichen“[56]. Nicht belasten darum „Ehefrauen die eheliche Ordnung mit einer Schuld, wenn sie sich mit ihrem Gatten der Wollust ergeben“[57]. Der männliche Samen wird hervorgehoben; denn er ist „Gottes Geschöpf, und wer ihn schlecht gebraucht, dem wird es übel ergehen“[58]. Die klassifizierende Höherstellung der Enthaltsamen lehnt Augustinus zugunsten einer alle verpflichtenden Ethik ab: Gottgeweihte Jungfrauen, „die schwatzhaft, neugierig, trunksüchtig, streitsüchtig und überheblich sind“ trifft es „tödlich“[59]. Die paulinische Ehepflicht, das beiderseitige Verfügen über den Körper, wird bestärkt, weil sonst drohe, „wegen Unenthaltsamkeit der Versuchung Satans [zu] erliegen und in den Ehebruch ab[zu]gleiten“[60]. Für den Ehebruch fordert Augustinus strikte Gleichbehandlung; denn nicht leuchte ein, „wie einem Mann die Heirat einer anderen Frau gestattet sein soll, wenn er eine Ehebrecherin verlassen hat, während der Frau hingegen keine Möglichkeit zur weiteren Verehelichung gegeben ist“[61]. Beim Samenerguß geschieht „im Träumen keine Sünde“[62]. Erstaunlicherweise läßt Augustinus weiterhin Bordelle zu, hierin vor dem Lustverlangen kapitulierend: „Vertreibst du die Dirnen, werden die Leidenschaften alle verwirren“[63]. Bestätigend hat man sagen können: „Augustinus rechnete die sexuellen Vergnügungen zu den ‚natürlichen Freuden‘, […] und war der Ansicht, daß nur unverbesserliche Verteidiger totaler Gefühllosigkeit einen heiligen Mann davon abhalten würden, sexuellen Verkehr mit seiner rechtmäßigen Ehefrau zu haben“[64].

Sein eigenes Verhalten, das Zusammenleben mit seiner Jugendfreundin dürfte gemeint sein, wenn er schreibt: „Man pflegt auch diese Frage aufzuwerfen, ob noch von einer Ehe die Rede sein kann, wenn Mann und Frau, von denen weder er Gatte, noch sie Gattin eines anderen ist, sich miteinander verbinden, nicht um Kinder zu erzeugen, sondern lediglich um die geschlechtliche Begegnung eigennützig zu genießen; dazu gibt man sich das Wort, daß weder er noch sie in der Zwischenzeit fremd gehe. In diesem Falle von Ehe zu sprechen, ist vielleicht nicht ungereimt, wenn die Übereinkunft zwischen ihnen bis zum Tode eines Partners gegolten hat“[65]. Solcherart Konkubinat betrachtet er „als fast problemlose Sache“[66]. Sein Mailänder Verhalten erscheint demgegenüber kritischer: „Wenn nämlich ein Mann sich eine Frau auf Zeit holt, bis er eine andere, seinem Amte und seiner Vermögenslage entsprechende findet, die er als ebenbürtig heiraten möchte, so bricht er der persönlichen Gesinnung nach die Ehe“[67].

Neben der Gefahr, die Sinneslust könne den Verstand auslöschen, sah Augustinus noch tiefergehende Konsequenzen: die Übertragung der Erbsünde durch die begehrliche Konkupiszenz. Den Ansatzpunkt bot dafür das Psalm-Wort „Denn ich bin in Schuld geboren; in Sünde hat mich meine Mutter empfangen“ (Ps 51,7; Vulgata 50,7). Augustinus kommentierte: „Nicht darum werden in Sünden die Menschen geboren, weil es Sünde ist, sich mit seinen Gatten zu einen, sondern weil das, was wird, eben aus einem Fleische wird, das Strafe ist“[68]; und „niemand wird geboren, ohne diese Strafe auf sich zu ziehen“[69].

„Damit verwickelte er [der erste Mensch] auch seine Nachkommenschaft, die er durch seine Sünde gleichsam in der Wurzel verderbt hatte, in die Strafe des Todes und der Verdammnis. Somit zog sich jeder Mensch, der von ihm und seiner gleichfalls als Verführerin zur Sünde verdammten Frau geboren würde, auf dem Wege der fleischlichen Begierde, in der er eine Strafe fand, die seinem Ungehorsam entsprach, die Erbsünde zu“[70].

Nicht nur den Einzelnen schädigt die Sexuallust, vielmehr das ganze nachfolgende Menschengeschlecht, weil eben die Begierlichkeit alle Nachgeborenen mit den schlimmen Folgen der Ursünde belastet.[71] Der späte Augustinus deutet ganz negativ: Nach dem Fall werden die Menschen nicht nur schuldig durch Nachahmung der ersten Sünde; vielmehr gilt hier Schuld als auf ihre Person übertragen; als solche ist sie nicht mehr persönlicher Entscheid, sondern steckt in der biologischen Menschennatur selbst: Was geboren wird, ist Sündenfleisch, das mit persönlich angerechneter Schuld behaftet ist.[72]

Diese nicht von allem Anfang an verunglimpfende Ehe-Deutung vergröberte sich in der Folgezeit und machte die Geschlechtslust faktisch zum Erbübel und bei Zustimmung sogar zur persönlichen Sünde. Die Verschiebung erscheint wie minimal. Hatte für Augustinus das willentliche Genießen der Lust die Sündigkeit ausgemacht, so war es nunmehr das unvermeidliche Erleben: „Das faktische Erlebnis der Lust, unabhängig von der Zustimmung [zu] dieser, ist bereits Sünde"[73]. Gregor der Große († 604) ist dafür Zeuge. Obwohl der Papst bei der Pollutio den nicht ethisch zu bewertenden Naturvorgang von dem ethisch zu bewertenden Willensentscheid zu unterscheiden wußte, urteilt er bei der Ehe, die selbst keineswegs als Sünde genommen werden dürfe, für deren Lust anders: „Selbst die erlaubte Vereinigung mit der Gattin" könne „nicht ohne das Verlangen des Fleisches geschehen"; auch in rechtmäßiger Ehe geboren zu werden, bedeute, ‚in Sünde geboren zu sein' (vgl. Ps 51,7).[74] Diese Psalmenstelle wurde zum Leitfossil, dem wir noch bis zur Moderne begegnen werden. Eben damit hinterließ Augustinus ein „fatales Erbe"[75].

e) Die neue Pollution

Trotz der von Jesus überwundenen Pollutio kehrte diese auch im Christentum wieder zurück. Den Anfang machte Johannes Cassian († um 430) mit seiner das westliche Mönchtum begründenden Spiritualität: Zum ersten gebiete sich Keuschheit des Leibes und der Seele, weil „wir täglich das hochheilige Fleisch des Lammes genießen sollen"[76]; zum zweiten sei die geistige Erhabenheit über alle Sexuallust sicherzustellen; denn vollkommene Keuschheit erreiche man erst, „wenn uns während der Ruhe und des Schlafens kein Trugbild vor die Seele tritt, oder falls ein solches stört, es wenigstens nicht die Regungen der Wollust zu wekken vermag"[77]; solange das nicht erreicht sei, bleibe die Verführbarkeit als „Zeichen eines noch nicht vollkommenen Geistes"[78]. Erneut wird hier die kultische Reinheit gefordert und dazu das Freisein von Masturbation als Freiheit des Geistes ausgegeben.

Zuerst reaktivierte sich die Pollutio für die Liturgie.[79] Waren die ‚reinen Hände' im Christentum zunächst eine Metapher für sittlich-reine Lebensführung im Sinne des geistigen Opfers gewesen, so wurden sie in der Spätantike wieder zur Vorbedingung eucharistischer Betätigung:

Den Altardienern wird die Ehelosigkeit, der Zölibat, abverlangt.[80] Schon das Aufkommen der täglichen Eucharistiefeier mußte die Forderung nach dauernder Enthaltsamkeit bestärken.[81] Die älteste Papst-Dekretale, die neuerdings wieder Papst Damasus († 384) und ideell Hieronymus († 419/20) zugesprochen wird, nämlich die ‚Kanones der römischen Synode an die gallischen Bischöfe',[82] fordern rigoros:

„Kann ein Unreiner wagen zu beflecken, was heilig ist, ja was heilig ist den Heiligen? Schon diejenigen, die im Tempel die Opfer darbrachten, blieben, um rein zu sein, das ganze Jahr im Tempel, einzig aus dem Grund der Einhaltung des Gesetzes [...]. Und du fragst mich, ob der Priester des wahren Gottes bei der Darbringung des geistigen Opfers für immer gereinigt sein muß oder aber, ganz im Fleisch, die Sorge des Fleisches vollziehen darf (vgl. Röm 13,14)? Wenn der Beischlaf Befleckung ist, muß der Priester bereit sein zum himmlischen Dienst, auf daß er, der doch für die Sünde anderer bittet, nicht selber unwürdig erfunden werde.[83] Knapp und entschieden äußerte sich auch der nachfolgende Papst Siricius († 399):

„Durch das unauflösliche Gesetz dieser Bestimmungen werden wir alle, Priester und Diakone, verpflichtet, dass wir vom Tag unserer Weihe an unsere Herzen und Körper der Enthaltsamkeit und Keuschheit übergeben, damit wir durch alles unserem Gott bei den Opfern, die wir täglich darbringen, gefallen"[84].

Die kultische Reinheit verband sich mit der Idee der geistlichen Brautschaft. Die Kirche, die als Braut Christi „makellos" erscheint, ist „ohne Fehler und Falten" (vgl. Eph 5,27: *non habentem maculam aut rugam*). Für die Liturgen wurde daraus die Forderung nach Makellosigkeit abgeleitet, zunächst als Forderung nach ethischer Reinheit, aber dann auch als Forderung nach zölibatärer Lebensweise: Die Priester sollten Jesus Christus in ‚reiner' Brautschaft verbunden sein.[85]

f) Am Ende

Der eigentliche Schub, den das Christentum in die Ehe brachte, war das ‚ein-Fleisch-werden', verstanden als Vereinigung in Liebe. Das entsprach der damals am stärksten ethisierten Eheform, der stoischen. Was dort aber nur eine Elite vollzog, sollte allgemeine Christenpraxis werden. Das war ein großes, vielleicht auch übergroßes Ansinnen. Dennoch bleibt die Frage, ob nicht tatsächlich mehr hätte geleistet werden können. Eingewandt hat man, die in den Pastoralbriefen bestätigte Dominanz des Mannes bleibe „hinter dem zurück, was möglich gewesen wäre – oder vielleicht besser: uns heute möglich scheinen mag“[86]. Andererseits ist es Verunglimpfung, die Frau hinzustellen als „Kombination aus weltlichem Heimchen-Ideal und spiritueller Desexualisierung“[87]. Vorwurfsvoll werden heute auch zwei aus der Stoa übernommene Momente erachtet, zum einen die von Jesus nicht betonte, aber doch vorausgesetzte Pflicht zur Kinderzeugung, und zum anderen die Verdächtigung der Sexuallust als Geistbehinderung. Beide Punkte dienen in der heutigen Diskussion als Beweis für stoische und dann auch christliche Antierotik. Doch sprechen beide Punkte auf unterschiedliche Weise damalige wie noch heutige Probleme an: Einmal ist es die Bereitschaft zum Kind, was in der Antike die Augusteische Ehegesetzgebung hatte forcieren wollen und heute verschämt ‚demographischer Faktor‘ heißt; zum anderen ist es die Verdächtigung der Sexuallust. Die von Augustinus vorgetragene Deutung der Weitergabe der Erbsünde durch die Sexuallust sollte zum belastenden Erbe werden, zumal in deren später vergröberter Form.

Die Auswirkung der Ehelosigkeit gehört insofern in den Prozeß der Zivilisation, als sich bei Zunahme äußerer Freiheit die zu verinnerlichenden Regulative verstärken müssen. Diesen Prozeß hatte die Antike bereits für die Ehe eingeleitet. Die christliche Ehelosigkeit erforderte mehr, wodurch „das christliche Askeseideal eine markante Station in der Geschichte jenes Prozeßes darstellt, der als ein Prozeß der Zivilisation bezeichnet werden kann“[88]. Die Höherbewertung der Jungfräulichkeit bot eine „Alternative zum gesellschaftlich legitimierten Zusammenhang zwischen Sexualität und Gewalttätigkeit“[89]. Gerade den Frauen brachte die Askese „einen Autonomiegewinn“[90]. Für die Ehe hatte das freilich zur Folge, daß sie wie nachgeordnet erschien, zufolge des Gleichnisses von der mehrfachen Frucht gar nur den dritten Platz erhielt. Wesentlich darauf gründet sich in der heutigen Diskussion der allgegenwärtige Vorwurf christlicher Sexualfeindlichkeit.

6. Das Mittelalter

a) Zahlen

Vorweg wieder die unabdinglichen Grundinformationen. Europas Bevölkerung ist von 12 Millionen um 600 auf über 50 Millionen bis zur Pest von 1348 angewachsen; das daraufhin bewirkte Massensterben war um 1500 wieder ausgeglichen. Die persönliche Lebenserwartung bewegte sich für Männer um 26 und für Frauen um 23 Jahre. Für die Ehe war eine der Folgen, daß es beispielsweise keine Goldhochzeiten gab; selbst wenn der eine Partner alt wurde, so doch nicht der andere. Dazu ist immer auch bewußt zu halten, daß in der Vormoderne die Lebensressourcen oft so prekär waren, daß es nicht fürs Heiraten reichte. Für das Hauptlebensmittel Getreide wird mit Erträgen von 1 zu 3 gerechnet; heute mit 1 zu 30, und für die Kuhmilch täglich mit 3–5 Litern, heute mit 30 und mehr. Die Heirat hing ab vom nachweisbaren Lebensunterhalt.[1] Normal war die Kernfamilie mit vier/fünf Personen. Zur Wahrung des Bevölkerungsstandes mußten an die vier Kinder geboren werden, was in Wirklichkeit übertroffen wurde und das Wachstum herbeiführte. Allgemein blieb es bei früher Verheiratung und hoher Gebär- und Kindersterblichkeit.[2] Für Mädchen ist Zeitpunkt der Verheiratung die Geschlechtsreife; möglichst nicht vorher, aber dann „zur Mäßigung der Glut des hitzigen Alters durch das eheliche Recht“[3]. Gewarnt wird vor zu großem Altersunterschied;[4] Kinderehen sollen überhaupt aufhören und als Mindestalter werden sogar 20 Jahre empfohlen.[5] Mittelalterliche Städte weisen oft einen Frauenüberschuß auf, möglicherweise wegen der zahlreichen Nonnen.[6] Im 9.000 Einwohner zählenden Basel lebten gegen Ende des 14. Jahrhunderts an die 500 religiösen Frauen, also fünf Prozent des Gesamtbevölkerung und zehn Prozent der Frauen.[7]

Welche Auswirkungen die allgemeinen Rahmenbedingungen beispielsweise auf die Herrscher-Geschlechter hatten, läßt sich an den Merowingern und den Karolingern ablesen. Bei ersteren, von denen nach 650 nur einer älter als 30 Jahre geworden ist, heirateten die Sprößlinge sofort bei Volljährigkeit mit 15 Jahren, hatten aber meist zuvor bereits ein Kind gezeugt, und ihre Frauen waren eben erst geschlechtsreif geworden, etwa 12 bis 13 Jahre alt. Es war eine Kinderwelt: Kinder regierten, Kinder zeugten Kinder und erzogen Kinder; Kinder auch zogen mit 15 Jahren oder zuweilen schon früher in den Krieg.[8] Demgegenüber regierten die Karolinger über mehrere Generationen jeweils für die Dauer eines damaligen Menschenlebens, für 30 Jahre. Diese längeren Herrschaftszeiten brachten mehr Kontinuität, hielten das Reich ob der selteneren Erbteilungen besser zusammen, ermöglichten nicht zuletzt den Nachfolge-Söhnen eine intensivere Ausbildung. Nicht zufällig war Karl der Große der erste nachantike Herrscher, der sich für Bücher und Bildung interessierte und in Aachen eine „Akademie" um sich versammelte.

Oder aus dem Spätmittelalter Beispiele von familiären Einzelsituation. Albrecht Dürers Mutter, deren abgehärmtes Gesicht der Maler-Sohn kurz vor ihrem Tod noch gezeichnet hat, war mit 15 Jahren verheiratet und hat 18 Kinder geboren, von denen drei sie überlebten.[9] Fügen wir gleich auch ein Nürnberger Gegenbeispiel für die Kindbettsterblichkeit hinzu: Der dortige Kaufmann Hieronymus Koeler hatte wiederum 17 Kinder, aber von fünf Frauen; die einzelnen Ehen dauerten drei, vierzehn, sieben, sechs und nochmals sieben Jahre; während die erste und dritte Ehe kinderlos blieben, gingen aus den anderen die 17 Kinder hervor.[10] Die Mutter der hl. Katharina von Siena gebar fünfundzwanzig Kinder.[11] Im 15. Jahrhundert starben in Pistoia fast achtzehn Prozent der Kinder zwischen ein und vier Jahren, fast elf Prozent zwischen fünf und neun Jahren und etwas mehr als elf Prozent zwischen zehn und vierzehn Jahren.[12] So entsprach der Kinderreichtum den damaligen Erfordernissen, daß nämlich vier Geburten nötig waren, um den Bevölkerungsstand zu halten und erst die weiteren Kinder zur Bevölkerungsvermehrung beitrugen.[13] Dabei zeigt sich immer wieder eine Bevorzugung der Söhne gegenüber den Töchtern;[14] denn diese letzteren bildeten von ihrer Geburt an eine doppelte Last, einmal wegen der Bewahrung ihrer Keuschheit und dann wegen der für die Hochzeit fälligen Mitgift.[15]

b) Allgemeine Rohheit

Sexualität verbindet sich oft genug mit Gewalt, und das Mittelalter bietet genügend Beispiele dafür. „Im Grunde blieb das Liebesleben auch in den höheren Ständen ungemein roh“[16]. Die schöne Fiktion von Treue und Aufopferung scheiterte oft schon an materiellen und politischen Überlegungen, mit denen eine Ehe und vor allem eine adelige zustande kam.[17]

Tatsächlich sind die Beispiele von Brutalität zahlreich und erschrekkend. Sie beginnen schon in der ‚Frankengeschichte‘ Gregors von Tours († 594): König Charibert, vermählt mit Ingeberga, machte zwei Töchter eines Wollarbeiters, die Dienstmägde seiner Frau waren, zu seinen Geliebten, später auch noch die Tochter eines Schäfers.[18] König Heinrich IV. († 1106), in deutschnationaler Geschichtsschreibung als antipäpstlicher Held idealisiert, war möglicherweise ein Wüstling, zunächst schon wegen der entehrenden Behandlung der eigenen Frau Adelheid, dann zum Beispiel auch wegen der Vergewaltigung der Äbtissin von Quedlinburg, seiner eigenen Schwester, durch einen seiner Ritter, bei Mithilfe Heinrichs selbst.[19] Das wohl Hildegard von Bingen († 1179) zuzuschreibende Buch ‚Ursprung und Behandlung der Krankheiten‘, das wie „nirgends [...] eine auch nur entfernt vergleichbare Schilderung sexueller Ekstase“[20] bringt, kennt Männer, die sich bei Frauen wie Tiere gebärden: „ausschweifend in der Begierde und ohne Mäßigung bei Frauen wie die Esel“[21], „dass sie, wenn sie könnten, die Frau beim Verkehr töten würden, da keine Werke der Liebe und Zuneigung in ihnen sind“[22].

Eine besondere Art von Grausamkeit bildeten die politischen Heiraten, die in erster Hinsicht Bündnisse und Friedensschlüsse abzusichern hatten. Graf Dietrich von der Nordmark († 985) heiratete eine Nonne, was kirchlicherseits verboten war: „Doch das Heil des Landes und der Zwang zur Friedensicherung ließen daraus [...] ein heilsames Mittel zu dauernder Versöhnung werden“[23]. Zuweilen konnte zur Friedenssicherung sogar die Witwe eines Erschlagenen mit dem Totschläger ihres Mannes verheiratet werden.[24] Was mag hier Liebe gewesen sein?

Der eheliche Beischlaf geschah nicht im Intimen, sondern offen im Beisein anderer, bei den Großmächtigen ob der obligaten Anwesenheit von Bediensteten in den Schlafräumen, bei den einfachen Leuten ob der Wohnenge im gemeinsamen Raum, ja im gemeinsamen Bett. Zum

Schlafen lag man reihenweise nebeneinander, Alte wie Junge, Verheiratete wie Ledige, Kinder wie Dienstleute.[25] Wandlose Wohnungen schufen „familiäre Promiskuität“[26]. Bußbücher behandeln Fälle, daß man nachts vermeintlich den Ehepartner beschlafen hatte, in Wirklichkeit aber einen anderen, was auf dumpfes Abreagieren schließen läßt.[27] Noch die neuzeitlichen protestantischerseits geschaffenen Ehegerichte bezeugen ungenierten Sexualverkehr vor Dritten, so in der Wirtsstube, in der Schlafkammer, auf dem Felde.[28]

c) Die volksrechtliche Vormundschaftsehe

Nach der Antike trat das Christentum in neue Welten ein, in die keltische, germanische und slawische, alle auch mit jeweils verschiedenen Eheformen. Die germanischen ‚Volksrechte‘ verstehen die Ehe als Muntehe, als Ehevormundschaft des Mannes über die Frau, die dem Inhaber dieser Muntgewalt unterworfen war, dem Vater bei unverheirateten Töchtern und dem Ehemann bei verheirateten. Dieser vertrat sie auch vor Gericht und in der Öffentlichkeit. Die Vereinbarungen zur Heirat trafen die beiderseitigen Familien, abgesprochen zuerst in der Verlobung, wobei der Brautvater die Mitgift in Aussicht stellte und der Bräutigam, jedenfalls in den höheren Adelskreisen, eine urkundlich verbriefte Schenkung an die Braut machte. Es folgten der Brautlauf, die Überführung der Braut in das Haus ihres Mannes und dort die öffentlich vollzogene Begattung, der am folgenden Morgen noch eine weitere Gabe des Mannes folgte, die Morgengabe. Rechtlich wurde die junge Frau aus der Gewalt des Vaters in die des Ehemannes überstellt, trat also in eine Muntehe ein.[29] Bezeugt ist es so für die Oberschicht. Wie Ehen in der bäuerlichen Allgemeinbevölkerung vereinbart und gelebt wurden, bleibt im Dunkeln.

Die Muntehe setzte sich noch lange fort. Das älteste deutsche Stadtrechtsbuch, dasjenige des thüringischen Mühlhausen von etwa 1220, anerkennt zwar den Ehekonsens der mit zwölf Jahren mündig gewordenen Brautleute, läßt aber dennoch am Morgen nach der Hochzeitsnacht den Vater der jungen Frau seine Vormundschaft über die Tochter auf den Ehemann übertragen; dieser hat über Frau und Kinder die eherechtliche Gewalt, und er bestimmt auch über das Vermögen, allerdings nur eingeschränkt über die Mitgift der Frau. Für ihre Person kann die Frau weder klagen noch verklagt werden. Beim Versterben des Mannes übernimmt der nächste männliche Verwandte die Vormundschaft über Frau wie Kinder. Andere, jüngere Stadtrechte zeigen verschiedenartige Erleichterungen: Die Frau wird nun beim Tode ihres Mannes zumeist Vormund der Kinder und erhält einen größeren oder schon den dominanten Erbanteil. Gelegentlich vermag sie auch selbst schon Geschäftshandlungen zu tätigen, aber nirgends selbständig Prozesse zu führen.[30]

d) Die Theologie

Obwohl die Ehe in aller Welt religiös und kultisch gestaltet ist, hat die christliche Kirche eine entsprechende Sakralität nur verhalten aufgegriffen. Noch die kanonistischen Sammlungen des 9. und 10. Jahrhunderts enthalten „keinerlei Hinweis auf irgendeine Verpflichtung, den Ehesegen zu empfangen“[31]. Wo ein Segen erfolgte, richtete er sich auf das Ehebett,[32] daß nicht ein Zauber den Beischlaf behindere,[33] was an archaische Verhaltensregeln erinnert, daß Mann und Frau im Ehebett durch die Hexerei eines Anderen umzukommen fürchteten.[34] Sonstige Anweisungen bleiben sporadisch: die Erwähnung gerade nur eines frühmittelalterlichen Formulars für die Brautmesse, die Beiziehung möglichst eines Priesters zur Überprüfung von Ehehindernissen, dann erste Bemühungen um ein Brautexamen und die Forderung nach Ausdrücklichkeit des Ja-Wortes. Das Formular für die Brautmesse findet sich im Altgelasianum, als nur einziges unter einer Fülle sonstiger Heiligen-, Votiv- und Totenmessen; der spezielle Segen für die Braut lautet: „Sie sei ihrem Mann liebenswert wie Rahel, klug wie Rebecca, langlebig und treu wie Sarah“[35]. Verchristlichtes Eheverständnis zeigt sich nur an verdeckter Stelle, nämlich in den wohl meist von Klerikern für höhere Adelige geschriebenen Urkunden zur Brautgabe: In Umkehrung zur Wirklichkeit des Brautlaufs erscheint darin das biblische Wort, daß der Mann Vater und Mutter verlasse und sich an eine Frau binde, um ein Fleisch zu werden (vgl. Gen 2,24), wird ferner Paulus angeführt, aber nicht mit dessen Aussagen über die Untertänigkeit der Frau, sondern mit der Aufforderung an die Männer zur Liebe, ohne freilich die alten Warnungen vor der Lust zu vergessen.[36]

Daß seit der Alten Kirche die Ehe als gottgeboten akzeptiert wurde, doch durch die Sexuallust als sündig stigmatisiert galt, wirkte als Doppelseitigkeit weiter: einerseits die geistig-seelische Gemeinschaft der Eheleute als Abbild der Vereinigung von Christus mit der Kirche, also die Ehe als Weg zum Heil und von Jesus selbst gerechtfertigt durch die Teilnahme an der Hochzeit zu Kana; andererseits die Verdächtigung des Eheaktes als böse Lust, nur aufwägbar durch den Willen zur Zeugung und bei Verzicht auf außereheliche Sexualität: „Zwischen diesen zwei Polen angestrebter idealisierter Spiritualität und mühsam legitimierter Sexualität schwankte die mittelalterliche Kirche hin und her“[37].

Die Verurteilung der Sexuallust simplifizierte sich noch. Eine Frau zu koitieren ohne das Verlangen der Kinderzeugung, so Caesarius von Arles, sei einfachhin Sünde, rufe doch der reuige Prophet David aus: „In Sünde bin ich empfangen worden, und in Sünden hat mich meine Mutter geboren“[38]. Papst Gregor der Große bestätigte diese Bösartigkeit, wiederum mit besagtem Psalmwort: „Ich bin in Schuld geboren; in Sünde hat mich meine Mutter empfangen“ (Ps 51,7). Die an sich erlaubte Geschlechtsvereinigung geschehe nie ohne fleischliches Begehren und mache, wie besagter Psalm sage, sündhaft: Es kann „die erlaubte Vereinigung mit der Gattin nicht ohne das Verlangen des Fleisches geschehen“, wobei „dieses Verlangen keineswegs ohne Sünde sein kann“[39]. Für Jahrhunderte wurde nun zur Lehre: Erlaubt ist ehelicher Verkehr zur Fortpflanzung, sündhaft aber wird er durch Lust, allerdings aufgewogen durch den Willen zum Kind und durch die Verhinderung von Unzucht. Überdies wirkte die letztlich unvermeidliche Begierlichkeit noch über die Ehe hinaus, nämlich schädigend für die Nachkommen, auf welche dadurch die Folgen der Ursünde übergingen.

Noch die Frühscholastik hielt an einem vereinfachten Augustinus fest: die Ehe als Zugeständnis an die menschliche Schwäche für all diejenigen, die zur höherwertigen Enthaltsamkeit nicht fähig sind, sodann die Ehe als notwendig zur Kinderzeugung und als mäßigend für die Begierlichkeit, wobei die böse Lustempfindung durch die guten Zwecke der Ehe aufgewogen werde.[40] Man hat das als „Waage-Theorie“ bezeichnet.[41] Selbst Papst Innozenz III. († 1216), allgemein als bedeutendstes Kirchenoberhaupt des Mittelalters gefeiert, konnte schreiben: „Der Mensch ist gemacht aus Staub, Kot und Asche – und, noch gemeiner, aus unflätigem Samen. Anlaß zu seiner Empfängnis war der Reiz des Fleisches und das Glühen der Begierde: in der Fülle der Ausschweifung und unter dem Makel der Sünde“[42]. Auch die Vorstellung von der geschlechtslosen Paradiesehe konnte noch wiederholt werden; Mechthild von Magdeburg († 1282) zufolge schuf Gott Adam und Eva „keine Glieder der Schande, und sie waren gekleidet im Engelsgewande. Ihre Kinder sollten sie gewinnen im heiligen Minnen, wie die Sonne spielend in das Wasser scheint und das Wasser doch unzerbrochen bleibt“[43].

Ob und wie sich die augustinische Verdammung der Sexuallust tatsächlich auf das alltägliche Eheleben ausgewirkt hat, wird unterschiedlich beurteilt. Manche Autoren stellen die wirkliche Stellung der Frau und die Praxis der ehelichen Sexualität viel entkrampfter dar, so Hans Werner Götz: Natürlich bleibe es bei der Herrschaftsgewalt des Mannes über die Frau und bei der Gewährleistung ihres Schutzes;[44] die Frau sei auf Feldarbeit, Back- und Braudienste, die Textilarbeit und vor allem die Mutterrolle beschränkt gewesen;[45] deswegen aber sei das Frauenbild keineswegs negativ zu beurteilen, eher ambivalent, durchaus mit Stimmen auch für die Begünstigung der Frau, doch nie ohne deren Unterordnung.[46] Auch sei die Ehemoral immer weniger von der Familie und deren Interessen bestimmt worden, sondern zunehmend von der Kirche, durchaus zugunsten der Frau.[47]

e) Koitus oder Konsens?

Ein dringliches Thema war der Ehe-Konsens. Die Beobachtung, daß im Neuen Testament Maria sowohl als Jungfrau (*virgo*) wie auch als Ehefrau (*coniunx*) Josefs bezeichnet wird (vgl. Lk 1,27; Mt 1,20.24), führte zu der Folgerung, die Eheschließung bestehe nicht im Geschlechtsvollzug, sondern im Konsens, was an die antik-stoische Konsens-Lehre anschloß. Zwei schon altkirchlich formulierte Sätze wirkten bestätigend, einmal die Johannes Chrysostomos († 407) zugeschriebene Aussage: Die Ehe macht nicht der Koitus, sondern der Wille (*Matrimonium enim non facit coitus, sed voluntas*),[48] zum anderen die Ehe-Definition Isidors von Sevilla († 636): „Eheleute werden sie genannt mit größerem Recht von der ersten Treueerklärung des Verlöbnisses an, obwohl da noch kein eheliches Beilager stattgefunden hat“[49].

Aber in der mittelalterlichen Welt schuf nicht der Konsens die Ehe, sondern das erste Beilager. Hinkmar von Reims († 882), die große kanonistische Autorität der späteren Karolingerzeit, definierte: „Dann besteht die wahre Bindung der rechtmäßigen Ehe, wenn sie zwischen Freien und Gleichen abgeschlossen, die Frau mit väterlicher Gutheißung dem Mann verbunden, rechtmäßig mit einer Dos [Brautgabe] ausgestattet, in öffentlicher Hochzeit beehrt und durch die Geschlechtsvereinigung verbunden wird“[50]. Eine rechtmäßige Ehe konnte nur zwischen Standesgleichen zustande kommen, vollzogen als Übergabe der Braut durch den Vater und als Ausstattung der Braut durch den Bräutigam. Es folgte der Brautlauf als Heimführung in das neue Haus und dort die Geschlechtsvereinigung; genau hiermit geschieht laut Hinkmar „das Sakrament der Ehe“[51]. So entsprach es ganz der damaligen Adelswelt: „Rund um das Hochzeitsbett entfaltete sich über Tage hin ein lärmendes Fest, in Gesellschaft zahlreicher Gäste, die geladen waren, um Zeugen der fleischlichen Vereinigung des Paares zu werden“[52]. An der öffentlichen Bettbesteigung unter Zeugen hielt das ganze Mittelalter fest, wobei sich freilich die Formen mit der Zeit verschicklichten.[53] Noch bei der ‚Liebesheirat‘ des Preußen-Königs Friedrich Wilhelms III. († 1840) im Jahre 1793 sah die Zeremonie ‚die Entkleidung der Frau‘ vor und die Austeilung des in Stücke geschnittenen Strumpfbandes an Zeugen – ein nunmehr „unzumutbarer Vorgang“[54].

Genau aber, als Hinkmar von Reims seine Kopulationstheorie vortrug, erinnerte Papst Nikolaus I. († 867) an die Konsenslehre: „Es genügt nach dem Gesetz allein der Konsens derjenigen, um deren Verbindung es sich handelt; wenn dieser Konsens als einziges fehlt, ist alles andere, auch der Geschlechtsverkehr, hinfällig“[55]. Dieser Satz, der zur häufigst zitierten Konsens-Bestätigung geworden ist, darf indes nicht isoliert auf die Brautleute bezogen werden, ist doch in Wirklichkeit nicht nur die Zustimmung der Partner, sondern auch der Eltern eingeschlossen geblieben,[56] nämlich als „konsensueller Entscheid aller Vertragsparteien“[57] und mit „Zustimmung der Verwandten beiderlei Seiten“[58]. Rückgebunden blieb die Frau an ihre Herkunftsfamilie; fehlt ihr diese, „dann steht hinter ihr keine Person mehr“[59].

Gleichwohl statuierte Papst Nikolaus ein Exempel für den Konsens. Die Tochter des westfränkischen Königs Karl des Kahlen wurde 856 im Alter von höchstens

13 Jahren mit dem 50-jährigen König Ethelwulf von Wessex verheiratet, der indes zwei Jahre später verstarb, woraufhin dessen Sohn Ethelbald die junge Witwe zur Frau nahm, was allem Kirchenrecht widersprach; doch auch Ethelbald starb nach zwei Jahren, woraufhin die junge Witwe ins Frankenreich zurückkehrte und sich von dem flandrischen Grafen Balduin entführen ließ. Hinkmar und König Karl empörten sich, woraufhin Graf und Königstochter zum Papst flüchteten, der für die Anerkennung ihrer Ehe plädierte, weil nämlich beide sich liebten.[60]

Wie wir hier für die Oberschicht das Überwiegen von verordneten Ehen feststellen, so kaum anders in den Unterschichten; gerade hier dürften Not und Tod mehr über Ehen, sowohl über ihr Zustandekommen wie Fortbestehen, entschieden haben, als Zustimmung und Liebe.

Typisch für die ‚karolingische Renaissance' ist eine ‚Belehrung für Laien', die Bischof Jonas von Orléans († 842/43) verfaßte, gerade auch mit Behandlung der Ehe. Es sind wieder die uralten Themen: die männliche Durchsetzung der eigenen Sexualität mit zusätzlicher Freizügigkeit jenseits der Ehe.

Von Gott ist die Ehe nicht zur Wollust eingesetzt, sondern zur Kinderzeugung;[61] die Ehe sei an sich gut, werde aber sündig bei reiner Lustbegier;[62] wenn manche Laien sich aus Begierde und Ehrsucht verführen ließen und sich im Schmutz wühlten, verdürben sie sich schon vor der Ehe;[63] mit Augustinus wird gegen jedwede Hurerei gemahnt.[64] Zitiert sind männliche Gegenargumente: Die Ehefrauen seien doch legitimerweise angetraut und sie nach eigenem Wollen zu gebrauchen, sei keine Sünde;[65] wie könne es da verwerflich sein, zur eigenen Lust zu koitieren?[66] Einvernehmen solle unter den Ehegatten herrschen und nicht ein Verhältnis bestehen wie zu einer Dirne oder Konkubine;[67] aufmerken sollten die Verheirateten, um als Gläubige und nicht wie Heiden zu leben.[68] Die Frau nur wegen Verblassens ihrer Schönheit oder wegen Verlust ihrer Mitgift zu entlassen, sei Ehebruch.[69] Nochmals wird eingeschärft, daß jeder Koitus, der nicht der Zeugung diene, Unreinheit und Wollust bedeute.[70] Auch die Pollutio wird in Erinnerung gebracht: kein Geschlechtsverkehr mit einer Schwangeren,[71] Verbot des Kirchgangs bei Menstruation und nach der Geburt; Gregor der Große sei hier anders zu deuten.[72]

f) Der Ehebruch

„Im karolingischen Frankenreich wurde die Ehe in einem zuvor nicht gekannten Ausmaß rechtlichen Normen unterworfen“[73]. Nach den Zeiten wilder Ehe, wie sie von den Merowinger-Königen berichtet werden, ergriff Bonifatius eine erste Initiative: Gemäß kanonischem Recht seien die ehebrecherischen und inzestuösen Verhältnisse, weil nicht legitim, zu unterbinden und zu bereinigen.[74] Zuvor waren sogar Scheidungen möglich gewesen, wie ein Urkunden-Formular ausweist.

„Scheidungsbrief: Da zwischen (Name) und seiner Frau (Name) keine gottgemäße Liebe, sondern Zwietracht herrscht und sie darum nicht länger zusammenleben können, sind beide zu dem Entschluß gekommen, sich vom ehelichen Zusammenleben trennen zu sollen – was sie dann auch getan haben. Deswegen haben sie wechselseitig diese Briefe gleichen Inhalts schreiben und bestätigen lassen, daß jeder von ihnen die Freiheit hat, zum Dienst Gottes in ein Kloster einzutreten oder eine [neue] Eheverbindung einzugehen und daraus keinerlei Anspruch an den anderen Teil besitzt. Wenn aber ein Teil von beiden dies abändern oder seinen Partner belangen will, soll derselbe ihm ein Pfund Gold zahlen, und sie sollen, wie beschlossen, von ihrer Ehegemeinschaft getrennt bleiben und bei dem verbleiben, was sie entschieden haben“[75].

Die neue Disziplinierung betraf vorweg den Ehebruch. Ein solcher war, wie schon allüberall und so auch in den germanischen Volksrechten, todesfällig, aber doch nicht in der Kirche, wo lange Bußfasten folgten. Das Bußbuch des Columban († 616) mit seiner ein- bis dreijährigen Buße für Ehebruch kann angesichts der damaligen Volksrechte, die bei Ehebruch der Frau die verletzte Mannesehre durch Blutrache an der Frau wiederhergestellt sehen wollten, nur als Revolution bezeichnet werden.[76] Nicht minder revolutionär wirkte die paritätische Beurteilung des Ehebruchs, also nicht nur Verwerflichkeit für die Frau sondern ebenso für den Mann. Die karolingische Gesetzgebung hämmerte dafür ein: Ein Gesetz für Mann und Frau *(una lex de viris et feminis)*.[77] Wobei man freilich schon in der Alten Kirche wußte und auch im Mittelalter wiederholte, daß kaum eine Frau sich zur Anklage ihres Mannes bereit fände, wohl aber der Mann gegen seine Frau.[78]

Die tatsächlich gegen Ehebruch angewandte Drakonie muß für lange Zeit verschreckend gewirkt haben. Ein Lothringer Adeliger, schön von Gestalt und jung an Jahren, wie Guibert von Nogent († nach 1121) schreibt, vernachlässigte seine Frau, die daraufhin einem Älteren anheimfiel, was eine blutige Fehde auslöste, bei welcher der Lothringer jeden aus der Gefolgschaft seines Konkurrenten aufhängen oder blenden ließ, an einem Tag einmal sogar zwölf.[79] Graf Philipp von Flandern († 1191) traf seine Frau mit einem Ritter an, ließ den Ehebrecher foltern, mit Knütteln und Schwertern schlagen und halbtot mit dem Kopf nach unten in der Kloake aufhängen.[80] Auf bloßen Verdacht hin ließ Herzog Ludwig von Bayern († 1294) seine Frau Maria von Brabant († 1256) enthaupten, was ihm den Titel ‚der Strenge' einbrachte. Das Abschneiden der Geschlechtsteile war als ‚spiegelnde Strafe' für Ehebrecher geradezu normal, wie es auch Abaelard († 1142) aufgrund seiner Kinderzeugung mit Heloisa († 1164) hatte erfahren müssen. Thietmar von Merseburg († 1016) berichtet von den Polen, daß wer immer als Ehebrecher mit einer verheirateten Frau verkehrt hatte, mit seinem Hodensack angenagelt wurde und man ihm dann ein Messer in die Hand gab mit der „harte[n] Wahl zwischen Tod und Verstümmelung“[81]. Angesichts solch drastischer Maßnahmen verwundert nicht der Befund: „Im höfischen Roman war der Ehebruch ein seltenes Motiv“[82]. Bei völliger Zerstrittenheit drohte Mord, seitens der Frauen mit Gift und seitens der Männer mit dem Dolch. Das Kirchenrecht verbot bei Tötung des Ehegatten die Wiederheirat, zumal wenn der neue Liebhaber oder die Liebhaberin mitgewirkt hatten. Dennoch konnte gelegentlich davon dispensiert werden.[83]

Die bei Ehebruch vollstreckte Gewalt war aber wie gesagt nicht kirchlich; hier blieb es bei Bußübungen. Das gilt übrigens auch für weitere Vergehen, die laut Altem Testament mit Tötung bestraft werden sollten, so für Homosexualität und Bestialität, die beide gleichfalls nicht an Leib und Leben bestraft wurden. Das für die karolingerzeitliche Reform grundlegende Pariser Konzil von 829 droht für Homosexualität und Bestialität mit der im Gottesgesetz verordneten Tötung, aber nicht um den Tod herbeizuführen, sondern um auf den ewigen Feuertod hinzuweisen.[84] Bei Hinkmar von Reims hört man das Alte Testament anklopfen: Wer Homosexualität und Bestialität begehe, sei des Todes schuldig; aber die Barmherzigkeit des Erlösers bevorzuge Bekehrung wie Buße mehr als den Tod des Sünders.[85] Petrus Damiani († 1072) bekämpfte als Sodomie sowohl Masturbation wie Homosexualität und Bestialität, dazu auch Anal- und Rückenverkehr, wobei ihm Homosexualität schlimmer war als Masturbation und Bestialität; für alles wußte er die Bußzeiten anzugeben, verzichtete also auf die alttestamentliche Tötung, verbot aber die Zulassung zu Weihen.[86]

g) Die Pollution

Mit der bösen Geschlechtslust verband sich die im Frühmittelalter intensivierte Pollutio. Erneut wirkten der männliche Samen und mehr noch das Menstruationsblut beschmutzend, und das minderte sowohl die Stellung der Frau wie den Vollzug der Ehe. Die frühmittelalterlichen Bußbücher sind voll davon.[87] Verunreinigend wirkten die Unzucht als illegitimer Geschlechtsverkehr, der Ehebruch als Verkehr mit Verheirateten, der Inzest als Verkehr mit Verwandten, die Onanie als freiwilliger wie auch unfreiwilliger Samenerguß, die monatlich eintretende Menstruation, die Homosexualität und zuunterst die Bestialität. Die Homosexualität wird in Anlehnung an die Bestrafung Sodoms, wo Männer mit Männern zu verkehren suchten (Vgl.: Gen 19,5), als Sodomie bezeichnet, und gilt als evidenter Verstoß gegen die ‚vernünftige' Schöpfungsordnung. Ein noch unvernünftigerer Verstoß ist die Bestialität, die als ‚unvergleichliches' Vergehen gilt und in keinem Bußbuch ohne Verurteilung bleibt; zur biblischen Begründung zitierte man die ‚unreinen Vierfüßler' des Alten Testaments (Lev 11,1–8). Bischof Theodulf von Orleans († 821) formulierte eine bis in die Neuzeit maßgebliche Verurteilung: Geschlechtsverkehr mit Verwandten, mit Tieren oder zwischen Männern ist „ein ganz bösartiges Verbrechen" (*crimen pessimum*); angefügt wird die Masturbation mit sich allein oder auch mit anderen, bezeichnet als „Unreinheit zwischen den Schenkeln", und verurteilt mit dem Verweis auf die „Weichlinge" (*molles*) im ersten Korinther-Brief (1 Kor 6, 9–10).[88] All diese Pollutionen verstanden sich nicht primär ethisch, besagten vielmehr, „gewissermaßen auch ohne innere Zustimmung unrein zu werden"[89].

Als ‚naturgemäßer', sogar ‚vernünftiger' Geschlechtsverkehr gilt allein nur, daß der Ehemann sein Sperma in die Scheide seiner Ehefrau ejakuliert. Die Eheleute sollen dabei immer mit ‚Gesicht zu Gesicht' verkehren, also in ‚Missionarsstellung', nicht aber oral oder anal. Verboten sind auch der unterbrochene Verkehr mit Verhinderung der Sameneingießung, desweiteren die Abtreibung der Leibesfrucht. Alle jenseits der Ehe betätigte Sexualität wird als ‚unnatürlich' bzw. ‚irrational' deklariert.

Aber nicht nur in der Sexualität wirkte die Pollutio regulierend. Geschlechtsverkehr machte die Eheleute obendrein kultunfähig, weswegen vor und an heiligen Tagen auf sexuelle Betätigung in der Ehe zu verzichten war; desweiteren sollten sich die Eheleute geschlechtlich enthalten in den drei Fastenzeiten, wenigstens aber in der vorösterlichen, überdies in der Nacht zum Sonntag und allgemein in den drei Nächten vor einem Kommunionempfang, ferner auch zur Zeit der Menstruation und während der letzten Monate der Schwangerschaft, obendrein noch nach der Geburt für 40 Tage. Selbst die Geburt beschmutzte die Frau, so daß sie nachher einer besonderen Reinigung bedurfte, allerdings nicht wie im Judentum durch Waschung in der Mikwe, sondern durch rituelle Aussegnung.[90] Eine im Kindbett verstorbene Frau wurde auf einem speziellen Weg zur Kirche gebracht und sollte der Volksmeinung zufolge wegen ansteckender Verunreinigung nicht in den Kirchraum hineingeführt werden, was Kleriker erst durchsetzen mußten.[91] Böse Folgen wähnte man zudem für eine sexuelle Betätigung an heiligen Orten und zu heiligen Zeiten. Selbst Abaelard klagte sich vor Heloisa darüber an: „Du weißt wohl noch, was dort die Unbändigkeit meiner Leidenschaft mit dir trieb, und zwar in einem Winkel des Refektoriums selber, da wir sonst keinen Ort hatten, wohin wir uns hätten zurückziehen können. Du weißt, daß damals unser Tun den ehrwürdigen, der heiligen Jungfrau geweihten Ort geschändet hat“[92].

Wie schon der Priesterdienst seit der Spätantike wieder ‚reine Hände‘ erforderte, so folgten jetzt auch bei den Laien Beschränkungen in der Liturgie, weil sie wegen ihres Ehevollzugs unreine Hände hatten: Sie durften fortan nicht mehr häusliches Brot und selbstgekelterten Wein darbringen und erst recht nicht auf den Altar stellen. Solches war ausnahmsweise nur Nonnen und Witwen gestattet, sofern sie nicht gerade menstruierten. Ebenso wurden die Laien im Kommunionempfang zurückgesetzt; statt wie bisher sich die Eucharistie auf die Hand geben zu lassen, wurde sie ihnen jetzt in den Mund gelegt.[93]

Lange schwelten die Unreinheitsvorstellungen weiter. Hildegard von Bingen, welche Eheleute durchaus für die „gute und ehrenhafte Vereinigung“[94] lobte, sah andererseits nicht nur seit dem Sündenfall die verderbliche Lust entfacht, sondern darüber hinaus noch das Blut vergiftet: „Denn beim Sündenfall Adams verwandelte sich die Kraft des Mannes im Zeugungsglied in geheimnisvoll wirkenden Schaum, und das Blut der

Frau verwandelte sich in einen andersartigen Ausfluss“[95]; gezeugt würden daraus „Menschenkinder, die in der Glut der Leidenschaft voller Giftigkeit gesät werden“[96].

Die Pollutio unterstellte überdies für religionsverschiedene Menschen eine sexuelle Verunreinigung, über die sogar eine Trennung der beiden religiösen Gruppen „im Alltag konstruiert und aufrechterhalten wurde“[97]. Zudem berührte dieses Verbot die jeweilige Männer- bzw. Familienehre, reizte deswegen zu Gewalt und konnte zur Tötung der Frau führen. Zumal das religiös gemischte Spanien zeigt die Gefährlichkeit der sexuellen Grenzüberschreitungen:[98] „Auf jeder Seite der Grenze war die Strafe äußerst hart, sogar der Tod“[99]. Um der drohenden Gewalt zuvorzukommen, wurde eine Kenntlichmachung der jeweiligen Religionszugehörigkeit durch Kleidung oder durch Abzeichen vorgeschrieben. Daraus erklären sich die vielerörterten Vorschriften des Vierten Lateran-Konzils von 1215, die immer wieder als „Fanal zur rechtlichen und sozialen Ausgrenzung der Juden“ interpretiert werden, in Wirklichkeit aber Warnzeichen vor Pollutio waren.[100]

h) Der Inzest

Der Inzest, das Tabu für geschlechtliche Beziehungen unter Blutsverwandten oder Verschwägerten, ist ein universales Phänomen. Das Alte Testament gebietet: „Niemand von euch darf sich einer Blutsverwandten nähern“ (Lev 18,6) was als „Blutschande“ (Lev 18,17) gebrandmarkt wird und unrein macht (Lev 18,20). Paulus muß den Fall behandeln, daß ein Mann mit der Frau seines Vaters lebt, was Ausstoßung erfordert und Überstellung an den Satan bedeutet (1 Kor 5,1–5). Im Frühmittelalter erfährt der Inzest, stimuliert durch die reaktivierte Pollutio, eine zuvor nie gekannte Ausweitung; das ein-Fleisch-werden gilt als Zusammenschluss zweier Blutkreisläufe, wodurch jeder Ehegatte auch mit den Geschwistern seines Partners verwandt wird; das heißt: die Verwandtschaftsgrade, innerhalb derer Heirat nicht möglich ist, dehnen sich übermäßig aus. Hinzu kam die geistliche Verwandtschaft, die bei Taufe und Firmung zwischen den leiblichen Eltern und den Paten entstand und gleichfalls ein Heiratsverbot nach sich zog. Erst auf dem Vierten Lateran-Konzil wurden die Grade der Blutsverwandtschaft eingeschränkt;[101] doch behielten diese in der katholischen Kirche bis 1917 Gültigkeit. Wichtig ist, daß beide Verwandtschaftsformen die Fortsetzung der Ehe verboten, also eine Scheidung geboten, womit die Ehegerichte befaßt wurden.[102] Die Betroffenen hatten nicht selten nur ein ungefähres Wissen von ihrer Verwandtschaft und wollten bei erwiesener Tatsächlichkeit oft gar nicht getrennt werden. Andere, zumal Adelige, suchten bei der Heirat den nötigen Abstand zwar auszuweisen, spekulierten aber gleichzeitig auf eine Möglichkeit zur Scheidung. Petrus Cantor († 1197), immer auf Skandalfälle lauernd, lässt einen Ritter überlegen: „Sie paßt mir, denn die Mitgift ist groß. Vielleicht ist sie mir im dritten Grad verschwägert, was jedoch nicht nahe genug ist, daß ich von ihr getrennt werde. Wenn ich aber eines Tages möchte und sie mir nicht mehr gefällt, kann ich mir durch Schwagerschaft eine Scheidung besorgen"[103]. Beim Hindernis der geistlichen Verwandtschaft aus Tauf- und Firmpatenschaft die ursprünglich ebenfalls die Fortsetzung der Ehe verboten, war die Dispensierung zuletzt reine Formsache, allerdings mit erklecklicher Stempelgebühr.[104]

i) Die Früchte der Ehelosigkeit

Die Geschichte der Ehelosigkeit ist voller Dramatik: beim Abschied von zu Hause ungerührt über die sich niederwerfenden Eltern hinwegschreiten, bei erzwungener Ehe die Keuschheit bewahren, beim Ehegatten den Übertritt ins Kloster durchsetzen. Der Eintritt ins Kloster bedurfte immer der Einwilligung des Partners, nicht aber der Eltern und Verwandten, die doch die Ehe arrangiert hatten. Der Frau stand hier ein eigenständiger Entschluß zu.[105] Auch sollten von den Eltern im Kloster geopferte Kinder – jedenfalls in der Theorie – ihre Zustimmung beim Mündigwerden nachholen. Trotz aller Höherschätzung der Ehelosigkeit blieb es gleichwohl bei Anerkennung der Ehe. Wer den Weg zum Heil nur durchs Kloster und mit Totalenthaltung propagierte, war ein Häretiker: „Insofern definierte sich die Orthodoxie nachdrücklich als ‚pro-Sex'"[106].

Das Kloster wirkte durchaus anziehend, denn zu oft ist bezeugt: Die Klosterleute wählten die Ehelosigkeit, „um einer inneren Bestimmung zu folgen"[107]. Zu hoch sind auch die Zahlen derjenigen, „die von frommen Idealen gepackt wurden und ihr Eheleben mit einem Leben in einem Kloster oder Stift vertauschen wollten“[108]. In den wilden Zeiten zwischen 500 und 1000, waren – so ist salopp gesagt worden – „einigermaßen zivilisierte Menschen fast nur in den Klöstern anzutreffen“[109]. Tatsächlich erbrachten die Klöster bedeutsame Geistesleistungen: ihre Schreibstuben, die zwischen Antike und Mittelalter vermittelten, ihre oft bedeutenden Kunstwerke, die in Klosterwerkstätten entstanden. Als Paradox ist es bezeichnet worden, daß das Christentum, das doch wie keine andere Religion im Widerstreit zu Ergebnissen von Wissenschaft und Vernunft stehe (was füglich zu bezweifeln ist), zugleich wie keine andere Religion so viele Wissenschaftler und wissenschaftliche Neuerungen hervorgebracht habe: „Ein Gutteil der Neuerungen kam aus den Klöstern“[110]. Ebenso stammten von dorther die Missionare, die nicht einfach nur Glauben ausbreiteten, sondern in der germanischen und slawischen Welt eine entwickelterere Art von Religion durchzusetzen hatten, dafür eine neue Begrifflichkeit entwickeln mußten, um beispielsweise von den Menschen- und Blutopfern zum ‚geistigen Opfer‘ hinüberzuführen. Bonifatius, der sogenannte Apostel der Deutschen, hat evident aus innerer Berufung gehandelt, in Zusammenarbeit übrigens mit Frauen und ohne ein Wort der Misogynie.

An dieser Klosterkultur beteiligten sich auch Frauen, für sie sogar mit überraschenden, auf Geschlechter-Gleichheit zielenden Aussichten. Ein um 700 anzusetzendes Formular einer Äbtissinnen-Weihe wendet sich an Gott, „bei dem keine Unterscheidung der Geschlechter besteht noch eine Unähnlichkeit der Seelen, der Du die Männer zu geistlichen Kämpfern stärkst [...]; gib ihr [der Äbtissin] geistliche Tapferkeit“[111]. Im Frühmittelalter, als Priester zwar lesen können mußten, aber nur selten zu schreiben vermochten und auch das Latein nicht immer beherrschten, erscheinen Bildung und Buchkultur „als ein hervorragender Charakterzug dieser Frauen“[112]. Denn Bildung war für sie obligat: „Ein religiöses Leben zu führen, bedeutete lesen zu können“ und „regelmäßig auch aktive Schriftkompetenz“[113]. Die älteste Handschrift des Gelasianischen Sakramentars, eine Erstquelle der römischen Liturgie, ist im 8. Jahrhundert in einem Nonnen-Skriptorium geschrieben.[114] Gerade auch Adelsfrauen, die sich für das Kloster entschlossen, gaben nicht einfach einem gesellschaftlichen oder wirtschaftlichen Druck nach, sondern folgten „einem frommen Bedürfnis“[115]. Wohl sind aus Klöstern auch brutale Abwehrmechanismen gegen fleischliches Sexualverlangen zu verzeichnen, beispielsweise bei Frauen das Ausbrennen der Scheide zur Dämpfung des Lustempfindens, bei Männern die Abwehr des nächtlichen Samenergusses, überhaupt auch ausgemachte Skandalfälle.[116] Dennoch, die Klöster bildeten in Wirklichkeit die Residuen höherer Kultur, gerade auch für Frauen, „daß die religiöse Lebensform den Frauen einen größeren Spielraum der Selbstbestimmung und Selbstverwirklichung geboten hat als das normale Adelsleben“[117].

7. Das Hochmittelalter

Das 12. Jahrhundert ist als Wende des Mittelalters zu bezeichnen: Eine neue Epoche eröffnete sich. Die Bevölkerung wuchs an, Städte entstanden, Universitäten schufen eine neue Theologie und ein neues Recht. Betroffen war davon auch das Zusammenleben der Geschlechter, zumal in der Ehe.

a) Ehe als Sakrament

Der schlechthin neue Anstoß kam aus der Sakramententheologie. Im Epheser-Brief wird das Verhältnis von Mann und Frau nach dem Vorbild des Verhältnisses von Christus zu seiner Kirche beschrieben und als ein „tiefes Geheimnis" (Eph 5,32) bezeichnet, wobei das griechische Wort *mysterion* mit dem lateinischen *sacramentum* übersetzt ist. Das hatte zur Folge, daß im 12. Jahrhundert die Ehe in die damals sich bildende Siebenzahl der Sakramente einging.

Kirchenoffiziell erklärte das Zweite Lateran-Konzil von 1139 solche für häretisch, welche „die Kindertaufe, das Priestertum [...] und den rechtmäßigen Ehebund verwerfen"[1]. Anlaß war das weit um sich greifende Katharertum, demzufolge die Ehe als eine von Grund auf schändliche Angelegenheit, nur als Unzucht und Sünde erschien, weswegen jede Schwangere „einen Dämon in ihrem Leibe"[2] trage. Hugo von Sankt Viktor († 1141) ging für die neue Sakramentsdeutung voran: „Diese Gemeinschaft, die äußerlich in der Ehe durch den Bundesvertrag eingehalten wird, [ist] Heiltum [Sakrament], und die Sache eben des Heiltums [Sakraments] ist die gegenseitige Liebeshingabe der Herzen, die einander bewahrt wird im Band der ehelichen Gemeinschaft und des ehelichen Bundes. Und diese Liebeshingabe wiederum durch die Mann und Frau in der Heiligkeit der Ehe mit den Herzen verbunden werden, ist Heiltum [Sakrament] und Zeichen derjenigen Liebeshingabe, durch die Gott sich mit der vernünftigen Seele durch die Eingießung seiner Gnade und die Teilhabe an seinem Geist verbindet“[3]. Das Fleisch entzog sich der Verwerflichkeit, so daß man für den Ehestand eine eigene Würde herausstrich. Theologisch galt fortan: „Als gute Ehe, die in Harmonie mit den christlichen Grundsätzen und unter priesterlicher Kontrolle geschlossen und gelebt wird, ist die Ehe nicht etwa verboten, sondern geradezu vorgeschrieben“[4], und darin „behält die Sexualität ihre Bedeutung, ihren wesentlichen Platz“[5].

b) Der Konsens

Zum großen Thema wurde im 12. Jahrhundert der Ehekonsens. Gratian († 1158) bestätigt, „daß [eine Frau] nur mit freiem Willensentscheid jemandem verheiratet werden kann“[6]. Den Bräuten war damit „eine bisher ungeahnte Rechtsstellung verschafft“[7]. Doch führt dieser Konsens nicht sofort zur Vollgültigkeit der Ehe, leitet diese erst ein, bis der erste Koitus sie vollendet: „Die Frau ist nicht verheiratet, mit der – so wird gelehrt – keine geschlechtliche Vereinigung stattgefunden hat“[8]. Hugo von Sankt Viktor vergeistigte und vereinseitigte, macht doch für ihn allein der Konsens die Ehe: „Wer also die Ehe definieren will, kann sagen, die Ehe sei der legitime, das heißt der zwischen legitimen Personen in legitimer Weise geschehende Konsens eines Mannes und einer Frau zur Bewahrung ungeteilter Lebensgemeinschaft“[9]. Ihm schloß sich Petrus Lombardus († 1160) an, der ebenso allein den Konsens der beiden Partner forderte: „Wenn sie folgenderweise übereinkommen, daß der Mann sagt: ‚Ich nehme dich zu meiner Ehefrau‘, und die Frau sagt: ‚Ich nehme dich zu meinem Ehemann‘, dann wird mit diesen Worten oder anderen gleich-bedeutenden Worten der Konsens ausgedrückt, nicht derjenige der fleischlichen Vereinigung oder des leiblichen Zusammenwohnens, sondern derjenige der ehelichen Gemeinschaft“[10]. Das ist die berühmte Bologna/Paris-Kontroverse, die damit endete, daß die Ehe zwar mit dem Konsens einsetzt, aber, solange nicht vollzogen, noch trennbar bleibt.

Die Konsenserklärung, weil jetzt das entscheidende Ehekonstitutiv, suchte man präzise abzusichern, sollte deswegen nach genauem Wortlaut ausgesprochen werden, möglichst vor der Kirchentüre und in Gegenwart eines Priesters, bei dessen gleichzeitiger Einsegnung der Braut.[11] Das Vierte Lateran-Konzil reduzierte nicht nur die Verbote, die zuvor die Ehe bis in entfernte Verwandtschaftsgrade inzestuös gemacht hatten; es verbot überdies die klandestinen Ehen und verlangte für den Eheabschluß eine feste Form: „Bevorstehende Eheschließungen werden von den Presbytern in den Kirchen öffentlich angekündigt. Dabei wird eine Frist festgesetzt, innerhalb derer, wer will und kann, ein rechtmäßiges Hindernis geltend machen soll [...]. Ein Pfarrpriester, der solche [illegitimen] Verbindungen nicht zu verhindern sucht, [...] wird für drei Jahre von seinem Amt suspendiert“[12]. Die hier geforderte Formpflicht mit dem Priester vor oder in der Kirche kam aber nur langsam zur Geltung, erst von 1350 an und dann allgemein bis 1500.[13] Dennoch setzten sich die formlos geschlossenen, die sogenannten ‚klandestinen Ehen‘ fort; mochten solche Abschlüsse auch verboten sein, schufen sie doch – wie die Kanonistik genau diagnostizierte – eine gültige Ehe; denn es waren die Eheleute selbst, die durch ihren Konsens die Ehe begründeten.

Um den Konsens der jungen Leute einzuschränken, reservierte sich zumal der Adel genug Möglichkeiten; man umging ihn durch die Verlobung, verstanden als bindende Absichtserklärung zur späteren Heirat (*sponsalia de futuro*).[14] Bereits im Kindesalter wurden solche Verlobungen abgesprochen und wegen der Unmündigkeit der Betroffenen von den Eltern bzw. Vormündern vollzogen. Elisabeth von Thüringen († 1231) war vier Jahre alt, als sie 1211 dem elfjährigen Landgrafensohn Ludwig († 1227) anverlobt wurde, mit ihm auf der Wartburg aufwuchs, bis 1221 die Hochzeit stattfand.[15]

Auf den Konsens und die Ehepflichten mußten sich auch die Prediger einstellen, und sie taten es oft mit den alten, teilweise sexualfeindlichen Verdikten. Doch wird man den größeren Sozialkontext einbeziehen müssen: Die Mädchen mußten vor übereilten Sexualkontakten gewarnt und zu vermehrter Besonnenheit aufgerufen werden, zu „Emotionalität an Stelle von Sexualität“[16]. Das verstärkte die ethischen Mahnungen: Respekt gegenüber dem Ehegefährten, ernsthafter Wille zur Erfüllung der vorgegebenen Pflichten, Einmütigkeit in den Entscheidungen, Rechtschaffenheit in der Lebensführung, Gleichheit in den Sitten. Solches alles verstärkte die eheliche Freundschaft wie auch die sexuelle Selbstbeherrschung, dazu die Solidarität in beidseitiger Fürsorge.[17] Der schon zu Jahren gekommene Verfasser des kurz vor 1400 geschriebenen ‚Le Menagier de Paris' erteilte seiner jungen Frau wohlgesinnte Ratschläge für eine mögliche Neuheirat: stets unabdingliche Ergebenheit und allzeitige Besorgtheit, dazu lange Kapitel über das Messehören, die Beichte und die Gefahren der Lasterhaftigkeit, ebenso über Haus und Garten bis hin zur Bereithaltung warmer Pantoffeln und der Vertilgung der Flöhe im Bett.[18]

Die Auswirkungen des Konsensrechtes reichten bis ins Dorf. Soweit wir in die bäuerliche Unterschicht hineinzublicken vermögen, bildete hier nicht die Groß- sondern die Kleinfamilie das Normale. Die antiken Sklaven waren inzwischen Hörige geworden und hatten grundsätzlich das Heiratsrecht, ohne dieses jedoch immer verwirklichen zu können.[19] Möglich war die Ehe für solche, denen ihr Grundherr Haus und Hof zuwies und dafür im Gegenzug Hand- und Spanndienste für seinen Herrenhof einforderte. Gegenüber der Antike, die den Sklaven die verbindliche Ehe verweigert hatte, war diese Ehemöglichkeit durchaus ein Fortschritt. Die gleichwohl verbleibende Einschränkung lag im Ökonomischen; denn vorenthalten blieb die Ehe den Bediensteten des Herrenhofes und den landlosen Unfreien.[20] Keineswegs war das bloße Herrenwillkür, sondern eine Subsistenzfrage: „Heiraten war letztlich ein Privileg, das ökonomische Unabhängigkeit voraussetzte"[21]. Die Obrigkeiten drängten auf Sicherstellung des Lebensunterhaltes, mit Zustimmung auch der Dörfler, die sich nicht mit zu vielen unauskömmlichen Familien belasten wollten und konnten.[22] Desweiteren suchte der jeweilige Grundherr, ob nun Adeliger oder Abt, möglichst die ‚Ausheirat' zu verbieten, nämlich das Überwechseln eines der eigenen Hörigen zu einem anderen Herren. Aber noch die Forderungen des Bauernkrieges von 1525 klagten für jedermann das Recht ein, „frei zum hailigen Sakrament der Ehe zu greifen"[23].

Zuletzt noch ein Wort zu dem ominösen *ius primae noctis*, demzufolge der Adelsherr bei den hörigen Bräuten das Recht auf die erste Ehenacht zugestanden haben soll. In Wirklichkeit handelt es sich um eine aufklärerische Kampfparole, wofür es im deutschen Reich gerade zwei späte Belege gibt, in einem Fall noch mit der Möglichkeit der finanziellen Freikaufung.[24] Dem ‚Handwörterbuch der deutschen Rechtsgeschichte' zufolge „ist kein Fall bekannt, in dem das Ius wirklich ausgeübt worden wäre"[25].

All diesen Beschränkungen entgegen dekretierte Papst Hadrian IV. († 1159), daß Unfreie auch ohne Zustimmung ihrer Herren die Ehe eingehen könnten; die Hochscholastik setzte daraufhin durch, daß „stets das Recht der Unfreien unabhängig vom Willen ihrer Herren die Ehe einzugehen, bejaht wird“[26]. Thomas von Aquin († 1274) argumentierte strikt naturrechtlich: Der Herr könne den Unfreien die Ehe so wenig verbieten wie Essen und Schlafen.[27] Man hat dafür in Anlehnung an das bekannte ‚Stadtluft macht frei‘ den Satz formuliert: ‚Liebe macht frei‘.[28] Trotz des päpstlichen Freiheitsbescheids suchten aber Adelsherren wie auch Klosteräbte weiterhin die Ausheirat zu verhindern. Wer bis nach Rom und zu den päpstlichen Instanzen vordrang, erhielt dort, wenn ihm ein bestimmter Partner vorenthalten oder aufgezwungen werden sollte, stets die freie Wahl zugesprochen.[29]

Der mit dem Konsens ermöglichte Eigenentscheid überwog im Spätmittelalter immer mehr die ältere vormundschaftliche Eheschließung.[30] Privatbriefe dokumentieren, daß und wie im 15. Jahrhundert die Ehen ‚persönlich‘ wurden. Hatten sich zuvor die von den Eltern ausersehenen Partner nicht selten erst kurz vor der Ehe zu Gesicht bekommen, so entschieden jetzt die jungen Leute selber über ihren Partner, möglichst nach Maßgabe herzlicher Zuneigung, sogar bei Gefahr einer Enterbung.[31] Gerade die kirchlichen Gerichtsakten bekunden die neue Freiheit: Sofern sich ein Mädchen gegen den Zwang der Eltern wehrte, konnte es „auf die volle Unterstützung durch das kanonische Recht zählen“[32]. Das Resultat ist für die Frauen herausragend: „Im Mittelalter war die Ehe eine der wenigen Möglichkeiten der Emanzipation“[33].

Für ihr Nachgeben erwartete allerdings die Frau vom Mann die Erfüllung der versprochenen Heirat; bei Nichterfüllung und zumal bei begonnener Schwangerschaft sank sie herab zur ehrlosen Hure; denn Schwangerschaft – so die herrschende Meinung – war Folge zuvoriger Lustempfindung, daß also die Frau dem Verkehr zugestimmt hatte und nicht vergewaltigt worden war.[34] Nicht selten wird von einem Beieinanderliegen für Stunden oder für die ganze Nacht ohne Geschlechtsverkehr berichtet, was durchaus verständlich ist, wollte doch die Frau sich nicht mit zu raschem Nachgeben um ihren Ruf bringen und überdies in der Ernsthaftigkeit des Partners sicher gehen.[35]

Konsequent verfochten das Konsensrecht auch die hoch- und spätmittelalterlichen Papstgerichte: Wo immer ein Eheversprechen mit

Tücke, Alkohol, Verführung oder gar direktem Zwang herbeigeführt worden war, lautete der römische Entscheid auf Nichtigkeit. Daß am Ende des Mittelalters verführte Mädchen um ihrer Ehefreiheit willen bis nach Rom schrieben, zeigt deren gewachsenes Selbstbewußtsein;[36] zusätzlich zeigt sich, daß auch Frauen auf sexuelle Erfüllung beharrten, ja sie ausdrücklich einforderten. Als zu bekämpfende Unfreiheit galt den Papstgerichten ebenso die gerade bei Mädchen oft schon in Kinderjahren vollzogene Einweisung ins Kloster; kam doch eine solche ‚Einkaufung' ins Kloster den Eltern oft billiger als die Mitgift, weswegen manche Betroffenen – sobald herangewachsen – dem Kloster entflohen oder sich vom Liebhaber befreien ließen. Auch hier entschieden die römischen Instanzen für Freiheit.[37] Konsequent galt das Prinzip: „Ehen müssen aus freiem Willen geschlossen werden"[38].

Der Konsens wurde zuweilen nicht nur in hitziger Liebe, sondern auch in überstürzter Eile ausgesprochen, etwa auf dem Heimweg nach einem Tanzfeste, so bei dem 20-jährigen Heinrich Eggar und der gleichaltrigen Engela Altherin aus Eppenwäler (Bistum Konstanz); wobei ein gewisser Sennhuser als Animator mitwirkte: „Ich sich [sehe] wol, das ir enandur lieb haben. Was sol ich guotts dar zuo tuon?". Auf die Antwort, ja er solle etwas für sie tun, sprach er die Heiratsformel vor: „Wend ir enandern durch gott zuo der E[he]?". Die Antwort war Ja, beide gaben sich die rechte Hand, womit die Ehe geschlossen war.[39]

Religionssoziologische Perspektiven führen noch in andere Richtungen: Das Christentum überwindet mit dem Konsensrecht das patriarchische Erbcharisma, entwertet dadurch die religiöse Bedeutung der patrilinearen Abstammung. Für die Ehe hat das zur Folge, daß sie nicht der Ahnenreihe dient, wie etwa in China, wo die Frau einen Sohn gebären muss zur Fortsetzung der patrilinearen Ahnenverehrung; darüberhinaus scheint eine Parallelisierung von väterlichen und mütterlichen Verwandten auf, während in anderen Kulturen die Frauenseite außerhalb bleibt; daß zuletzt der Familienvater nicht als religiöses Oberhaupt erscheint, vielmehr zum sonntäglichen Kirchgang verpflichtet ist, während beispielsweise im Judentum der Hausvater als Eröffner der Sabbatfeier wirkt. Insofern wirkte der Konsens revolutionär und führte zur ‚gattenzentrierten Ehe', bei der nicht mehr die Abstammung, sondern die Paarbeziehung im Mittelpunkt steht.[40]

c) Rehabilitierung der Lust

Seit dem 12. Jahrhundert fällt der Blick stärker auf die Lebenswirklichkeit der Eheleute. Man wird sich bewußt, „daß Liebe (*amor*) – als sexuelles Begehren verstanden – eine nützliche Voraussetzung für eine Ehe und eine kaum auszuschließende Begleiterscheinung vieler Ehen darstellte“[41]. Um 1200 erscheint ein deutsches Gedicht, daß, wenn Eheleute sich ins Bett legen, „Gott sehr wohl unter ihrer gemeinsamen Decke der Dritte in der Gemeinschaft sein kann“[42].

Bei den Theologen preschte Abaelard vor: Ihm zufolge gibt es Freuden im Sexuellen, die so natürlich sind wie beim guten Essen und darum nicht als Sünde gelten können. „Wenn das Schlafen mit der Gattin oder das Essen selbst einer erfreulichen Speise vom ersten Tag unserer Schöpfung an, als noch ohne Sünde im Paradies gelebt wurde, uns erlaubt war, wer kann uns dann darin der Sünde anklagen?“[43]. Wenn weiter „das Empfinden von Freude unausweichlich ist, dann ist keiner natürlichen Freude des Fleisches eine Sünde zuzuschreiben“[44]. Ebenso wenig ist es Sünde, „eine Frau zu begehren, sondern [Sünde ist], der Begierde zuzustimmen“[45]. Oft kommt es ohne unsere Zustimmung und damit ohne Sünde vor, „daß wir [...] mit einer verheirateten Frau – erfreut durch ihr Äußeres – schlafen wollen“[46]. Abaelard nimmt die Lust für natürlich und nicht für verwerflich. Das Psalm-Wort: „In Sünde hat mich meine Mutter empfangen“ (Ps 51,7; Vulgata 50,7), wird nicht auf den Eheakt bezogen, sondern auf die allgemeine Verfluchung durch Erbsünde.[47] Schließlich beseitigt Abaelard die Pollutio, indem er die in den frühmittelalterlichen Bußbüchern vorgenommene Umdeutung der biblisch-patristischen Sexualnormen auf kultische Reinheit zurückstutzt: Bedeutungslos sind ethisch die unbewußten nächtlichen Ejakulationen, ebenso das Anschauen einer nackten Frau und das Begehren des Mannes nach einer Frau, sogar auch bei mit anderen Verheirateten, sofern nicht Ehebruch intendiert sei.[48] In Abaelards berühmten Briefwechsel (dessen Authentizität nach wie vor nicht letztgültig geklärt ist), erscheint Heloisa „als Symbolgestalt für die Unbedingtheit weiblicher Leidenschaft“[49], bekennt sie doch, sogar beim feierlichen Hochamt im Kloster überkämen sie die süßen, ja wollüstigen Wonnen der Liebe: „Die ich aufstöhnen müsste über das Begangene, seufze lieber nach dem Vergangenen“[50]. Die erotische Liebe übertrumpft die gottgebotene Reue.

Die Medizin urteilte eher pragmatisch und damit wohlwollender: Befriedigender Koitus garantiere psychisches Wohlbefinden und bewirke partnerschaftliche Harmonie, wozu notfalls auch medizinische Eingriffe erfolgen könnten. Die Brücke zur Theologie, schlug Petrus Hispanus, zunächst Arzt und später Papst Johannes XXI. († 1277).[51] Angeregt von arabischen und antiken Autoren gilt ihm die Geschlechtsvereinigung als Vergnügen, sowohl für Mann wie Frau; es beginne mit Küssen und libidinösem Spiel an den Brüsten, setzte sich mit möglichst intensiver Reibung von Scheide und Glied fort, bis der Orgasmus erreicht sei, der bei der Frau die Konzeption befördere.[52] Der Beischlaf – so sein Spitzensatz – ist ein „hochnobles Werk" (*noblissimum opus*).[53] Es mehren sich die Ratschläge, die Männer sollten die sexuellen Signale ihrer Frauen beachten, sollten mit dafür Sorge tragen, daß auch ihre Partnerinnen zum Orgasmus kämen. „Solche Ratschläge finden sich in Dutzenden von medizinischen Traktaten"[54].

Dem konnten sich die Theologen nicht länger entziehen, wenngleich sie weiter eher die Warnungen und Verbote betonten. Autoritativ wirkte Thomas von Aquin. Auch für ihn ist die Lust, wie schon bei Abaelard naturgemäß: „Wie nun die Nahrungsaufnahme ohne Sünde sein kann [...], so kann auch die geschlechtliche Betätigung ohne jede Sünde sein, falls sie auf rechte Weise und in rechter Ordnung geschieht, [...] indem sie dem Zweck der Zeugung dient"[55]. Lust wird bejaht, aber nur bei Einhaltung der Ehezwecke, denn „der Geschlechtsgebrauch ist [für] [...] die Erhaltung des Menschengeschlechts äußerst notwendig"[56]. So kann Thomas realistisch davon ausgehen: „Der Mensch liebt seine Gattin in erster Linie auf Grund der leiblichen Verbindung"[57]. Und dies bringe eine Erfreuung: „Aus diesem Grunde widerspricht die Überschwänglichkeit der im vernunftsgemäß vollzogenen Geschlechtsakt empfundenen Lust nicht der Tugendmitte"[58]. Denn Mann und Frau „vereinen sich nämlich nicht allein im Vollzug der fleischlichen Verbindung [...], sondern auch zur Gemeinschaft der ganzen häuslichen Unterhaltung"[59]. Das erlaubt ein klares Urteil: Bei Thomas avanciert die Sexualität „zum wichtigsten Faktor bei der Herausbildung der emotionalen Beziehung"; zuvor ist „keine ähnliche Aussage aus dem theologischen Diskurs bekannt"[60].

Aber dieser Lust sind von Natur aus Grenzen gesetzt. So sehr Thomas die „naturhafte Gutheit des Geschlechtlichen samt seiner Begierlichkeit und Lust"[61] herausstellt, bleibt doch viel Hergebrachtes: die verringerte Stellung der Ehe gegenüber der höheren Jungfräulichkeit,[62] die verbleibende Androzentrik in der Ehe,[63] sogar Nachklänge von Pollution. Augustinus bleibt für Thomas weiterhin „die entscheidende Autorität"[64]. Thomas wiederholt Augustinus' drei Ehegüter: „nämlich die Kinder, welche man zur Gottesverehrung bekommen und erziehen soll; die Treue, in der ein Mann einer Frau verbunden ist, und das Sakrament, demgemäß die eheliche Verbindung unauflöslich ist"[65]. Wo immer die für die Natur maßgebliche Vernunft durch sexuelle Erregung getrübt werde, „wächst die Macht der Begierde, und der Geist wird schließlich außer Kraft gesetzt"[66]. Und nicht nur wiederholt Thomas die Geistwidrigkeit der Sexualität, sondern hält vor allem an der Übertragung der Erbsünde durch die Lust fest.[67] Weitreichend war die Nachwirkung des Thomas in der Bewertung der vorehelichen Liebesbezeugungen: Kuß, Umarmung oder Berührung seien so lange keine schwere Sünde, sofern nicht Begehrlichkeit geweckt werde; wenn sie aber „wegen des Lustgewinnes geschehen, dann sind sie folglich schwere Sünde"[68]. Ein Mann dürfe sich nicht von so großem Begehren erfassen lassen, daß er in diesem Moment mit jeder anderen Frau schlafen würde; ebendann vollziehe er den ehelichen Koitus wie ein Ehebrecher, weil er die Grenzen der Partnerliebe überschreite.[69] Daß in Wirklichkeit ein Liebesspiel durchaus üblich war, erfahren wir aus der Kritik des Petrus Olivi († 1298) an einzelnen Beichtvätern: Unangemessen verhalte sich ein jeder von ihnen, der Ehefrauen zu Umarmungen und Schmeicheleien ihrer Männer zurate, ja die Unterlassung solcher Reizungen tadele.[70]

Neue Töne schlug auch der größte deutsche Volksprediger des Mittelalters an, der Franziskaner Berthold von Regensburg († 1272). Die Ehe dient der Kinderzeugung, darüberhinaus aber auch der Erfüllung gegenseitiger Liebe; die Frau soll dafür ‚duldsam' sein, das Zuhause ‚wirtlich' machen und ihren Mann, wenn er heimkehrt, umsorgend empfangen, ihm überhaupt alles Beschwerliche erleichtern. Jeglicher Hinweis auf einen negativen Charakter fehlt; vielmehr ist die Ehe heilig, läßt die Partner Zuverlässigkeit und Hilfsbereitschaft erfahren. Bei aller Warnung vor der Gefahr einer sich verselbstständigenden Wollust wird Sexualität unumschränkt akzeptiert, soll selbst dann gewährt werden, wenn der andere die Andacht in der Kirche unterbrechen müßte. Anerkannt ist hier: „Der personale Akt sexueller Liebe wird bejaht und von der Todsünde befreit; die erotische Liebe darf sich in der Ehe manifestieren"[71]. Aber auch die lustfreie ‚Josefsehe' fand weiterhin ihre Befürworter. Der Dominikaner Johannes Nider († 1438) erachtet als bessere Eheleute all solche, die sich vom Sexualbegehren freihalten, die ihre Ehe zwar fortsetzen, aber ohne Lustempfindung; ihnen sei der sechzigfältige Lohn verheißen.[72]

Von aller negativen Beurteilung freigemacht hat sich Duns Scotus († 1308): Der Ehevollzug ist eine ehrenhafte Handlung, und dem damit verbundenen Schwinden der Vernunft kommt keinerlei sittliche Bedeutung zu.[73] Ulrich von Pottenstein († 1409) deutete in seiner Katechese, der umfangreichsten des Spätmittelalters, die sexuelle Vereinigung in der Ehe als „die höchste Form liebender Verbundenheit"[74]. Dionysius der Kartäuser († 1471), eigentlich ein unbändiger Asket, urteilte unerwartet positiv: Hergebrachte Urteile wie ‚abscheulich', ‚unanständig' und ‚unerlaubt' beiseiteschiebend, sieht er die Eheleute gerade durch Lust zueinander hingezogen. „Die Freude des Koitus ist nicht in sich lasterhaft, sondern natürlich und von Gott eingesetzt"[75]; darum dürfen Verheiratete „sich mit fleischlicher Lust wechselseitig lieben [...]. Und so lieben sie sich wegen der Lust, die sie zueinander und voneinander haben, insoweit jene Lust natürlich und von der göttlichen Vorsehung dem ehelichen Akt beigefügt und auf den vorgesehenen Zweck ausgerichtet ist"[76].

Der in Paris lebende Schotte John Mayor († 1540) verzichtete in seinem 1508 erstmals erschienen Sentenzenkommentar darauf, lediglich die hergebrachten Aussprüche der Väter zu zitieren und die Auffassungen der *sancti doctores* zu tradieren. Unbefangen, ja mutig wirft er Ballast ab: Die Heiligen hätten mit einigem Grund hart und streng über den Geschlechtsvollzug gesprochen, nicht weil sie diesen für gänzlich schlecht hielten, sondern weil der Mensch dadurch leicht in Sünde falle. Man dürfe nun aber deren Aussprüche nicht ausweiten, sondern müsse sie einschränken, um nicht alle Eheleute zu verdammen und sie nicht unnötig zu belasten: Nur was eindeutig unsittlich sei, dürfe ihnen als Verbot auf das Gewissen gebunden werden. Die Theologen sollten sich gegenüber der Tradition die Freiheit des eigenen Urteils nicht nehmen lassen und nicht jeden Väterspruch für bare Münze nehmen. Getadelt wird der Kanonist Huguccio, ebenso Gregor der Große, der jeden Eheverkehr als mit Sünde behaftet verurteilt habe: „‚Seht, dieser sonst so vernünftige Mann ist bereit, dieser paar Worte wegen allen Leuten einen Strick um den Hals zu werfen! Ich würde statt dessen lieber, wenn mir keine Antwort einfiele, zehn Autoritäten vom Range Gregors für nichts erachten, als solche Behauptungen aufzustellen. Ich würde sagen: Gewiß, er behauptet das, aber er beweist es nicht. Und wo etwas der Wahrscheinlichkeit wiederspricht, bedarf es der mutigsten Prüfung!‘ Die Maxime Mayors lautet: ‚Wir Theologen dürfen das Gesetz Gottes gewiß nicht ausweiten, wir dürfen es aber auch nicht ohne Grund einengen‘“[77]. Größeres Echo hat Mayor allerdings nicht gefunden.

Zwischendurch hatte es aber Protest gegen das Gesamt der kirchlichen Ehemoral gegeben. Giovanni Boccaccio († 1375), der Dichter des berühmten ‚Decameron‘, bleibt zunächst religiös skeptisch, greift auf Ovids ‚Liebeskünste‘ zurück, distanziert sich von Augustinus’ Glückseligkeit im Himmel, verteidigt das Liebesglück auf Erden; nur die ganz Dummen folgten den Worten der Kleriker, die aber selbst verlogene Lüstlinge seien; gerade kluge Laien, Männer wie Frauen, verstehen sich „auf die Liebeskunst“, und zumal „Frauen spielen eine besondere Rolle bei der Suche nach der glücklichen Selbstverwirklichung“[78]. Nach einer religiösen Krise und dem Empfang der Niederen Weihen verficht er dann selbst einen moralischen Rigorismus und distanziert sich von seinen früheren Dichtungen.

Das sexuelle Leben löste sich im späten Mittelalter und der frühen Neuzeit nicht unerheblich von dem bis dahin propagierten Regelwerk und erhielt dadurch „einen, wenn auch begrenzten Spielraum zur Ausgestaltung des sexuellen Ehelebens“[79]. Überraschenderweise ist hier der Dominikaner Silvester Prierianus († 1527) zu nennen, der sonst nur als römischer Gegner Luthers bekannt ist: bei der Ehepflicht vermehrte Verweigerungsgründe, auch Verkehr ohne Missionarsstellung, Nichtbeanstandung von Lust innerhalb des ehelich Erlaubten, sogar bei Ehebruch der Frau ob Kinderlosigkeit die Frage, ob der Mann fremdblütigen Nachwuchs hinnehme; andererseits aber auch das Festhalten an angezauberter Zeugungsunfähigkeit und an der Verdächtigung des Badewesens.[80] Ihren Höhepunkt erreichte diese neue Sicht in der Ehelehre des schon dem Reformationszeitalter zuzurechnenden Thomas Sanchez († 1610); ihm ist „eine unerwartet weitgehende Liberalisierung der Sexualität zu attestieren“[81]. Es gab folglich im 15. und 16. Jahrhundert einen Trend zu größerer sexueller Freiheit.

d) Sünden ‚wider die Natur'

Maßgeblich für alle sexuelle Betätigung wurde im Hochmittelalter die ‚Natur'. Schon Paulus († ca. 62–68) hatte von ‚natürlichem' und ‚widernatürlichem' Verkehr *(contra naturam)* gesprochen (Röm 1,26). Thomas von Aquin erhebt die mittels Vernunft erkennbare Natur zum verbindlichen Maßstab: „Das Schlimmste auf allen Gebieten ist der falsche Ausgangspunkt, von dem alles andere abhängt. Ausgangspunkt der Vernunft ist die Naturgemäßheit"[82]. Die Scholastik machte zudem neu bewußt, daß nicht wie in den frühmittelalterlichen Bußbüchern ein Stoff, sondern allein die willentliche Zustimmung sündig mache, folglich auch ein Samenerguß ethisch zu bewerten sei; denn von Sünde dürfe nur bei wichtiger Sache und bewußter Verfehlung gesprochen werden. Als wichtige Sache galt der lebensträchtige Samen und als sündige Verfehlung dessen willkürliche Vergeudung. Anstelle der in den Bußbüchern vorherrschenden Befleckung wird die Samenvergeudung sogar als inchoativer Mord verstanden. Neben Ehebruch und Inzest radikalisierten sich dadurch sowohl der unterbrochene Eheverkehr wie zusätzlich die Masturbation, die Homosexualität und die Bestialität. Sie alle galten nun als verfehlte Samenvergeudung und bei bewußtem Vollzug als schwere Sünde.

Thomas von Aquin beurteilt den Ehevollzug ganz nach dem Maßstab der Natur: Jeder Samenerguß ohne die Verbindung von Ehemann und Ehefrau ist „widernatürlich"[83], denn von Natur aus ist der Samen dazu bestimmt, „daß er zum Zwecke der Zeugung ergossen wird, zu dem der Geschlechtsverkehr bestimmt ist"[84]. Geschlechtsverkehr ist folglich dann natürlich, wenn er sich auf Zeugung ausrichtet, wo nicht, ist er „wegen der Natur des Aktes Todsünde und nicht bloß wegen der ungeordneten Lustbegierde"[85]. Sündhafter Verkehr schadet zudem „dem Leben dessen, […] der aus einer solchen Verbindung hervorgeht"[86]. Als ‚Sünde wider die Natur' gilt konsequenterweise der unterbrochene Geschlechtsakt, „insofern die Zeugung von Nachkommern verhindert wird"[87]. Grundsätzlich ist jeder Samenerguß widernatürlich, „der in einer solchen Weise erfolgt, daß keine Zeugung folgen kann; und wenn dies vorsätzlich getan wird, ist es notwendig Sünde"[88]. Von hier aus erschloß sich eine klare Beurteilung, angefangen schon für die Masturbation. Die nächtliche unbewußte Befleckung ist an sich „keine Todsünde", bewirkt nur „eine Art körperlicher Unsauberkeit", mit dieser allerdings zum Altar zu schreiten, „ziemt sich nicht“[89]. In der ‚Summa gegen die Heiden‘ verdeutlicht Thomas noch für die Masturbation das Argument ‚gegen die Natur‘: „Wenn ohne jeden Geschlechtsverkehr, aus reiner Lust, Samenerguß herbeigeführt wird; dies heißt man Sünde der ‚Unreinheit‘ [*immunditia*], von einigen auch ‚Weichlichkeit‘ [*mollities*] genannt“[90]. Die Begründung zur Verurteilung dieser *mollities* fand man im Neuen Testament, wo Paulus die ‚Lustknaben‘ (1 Kor 6,9) verurteilt, was die Vulgata mit *molles* wiedergibt und woraus die Bezeichnung *mollicies* für Masturbation entstand – was aber nach heutiger Exegese nicht haltbar ist, denn die ‚Weichlinge‘ spielten im homosexuellen Verkehr den ‚weichen‘ Part. Zur Beichtthematik machte die Masturbation der berühmte Johannes Gerson († 1429), Kanzler der Universität Paris und Propagator einer neuen ‚Frömmigkeitstheologie‘, zugleich ein genialer Pädagoge mit Augenmerkt nun auch auf die *mollities*: Gegenüber Jungen empfehle sich im Beichtstuhl immer ein freundlicher Ton, aber doch auch die Frage, seit wann sich das Schamglied aufgerichtet und Lust bereitet habe.[91]

Vom Argument der Vergeblichkeit der Samenvergeudung her begründete Thomas die negative Herabstufung weiterer Vergehen: Es „liegt unter den Sünden gegen die Natur die ‚Unreinheit‘ [der Masturbation] an unterer Stelle, da sie nur in der Unterlassung der geschlechtlichen Zweiseitigkeit besteht“[92]. Noch tiefer aber liegt der „Geschlechtsaustausch mit dem falschen Geschlecht, d.h. eines Mannes mit einem Mann oder einer Frau mit einer Frau“[93], am tiefsten liegt als schwerste Sünde „die Unzucht mit Tieren“[94]. Diese jeweils tiefer herabgestufte Sündigkeit von Masturbation, Homosexualität, Bestialität gewann Allgemeingeltung.[95]

Eine körperliche Bestrafung für diese Vergehen fordert Thomas nicht, obwohl er doch für erwiesene Häresie die Tötung guthieß. Das aber sollte sich bald ändern; daß nämlich weltliche Gesetze die physische Bestrafung auch der genannten Sexualvergehen vorsahen.

e) Der Minnesang

Ob die frühere Periode des Mittelalters Liebe als wechselseitige emotionell-sexuelle Anziehung gekannt habe, ist bestritten worden: „Die Quellen des Frühmittelalters kennen Liebe in dem oben genannten Sinne nicht“[96]. Die Beurteilung dürfte eher ein Problem der Quellen als ein solches der Realität sein. Denn wer aus der Laienwelt konnte schon seine Gefühle in Worten ausdrücken oder gar niederschreiben? Tatsächlich hat man entgegengehalten, daß es auch „im früheren Mittelalter ‚Liebe' gab, die mehr war als ‚Sexualität oder habituelle Vertrautheit'"[97]. Vereinzelt lassen sich auch Frauenstimmen vernehmen: Roswitha von Gandersheim († um 980) beurteilt Sexualität danach, „ob sich mit der Lust Liebe verbinden lässt oder eben gerade nicht [...]. Ohne Liebe muss die Lust einfach zu Verderbnis führen"[98].

Das Hochmittelalter setzte neue Akzente. Die volkssprachliche Erzählliteratur des 12. und 13. Jahrhunderts bietet reichlich Belege dafür, daß eine Ehe nicht bloß aufgrund ökonomischer oder politischer Überlegungen, sondern rein aus Liebe geschlossen werden müsse. „Alleiniger Entscheidungsträger ist das eigene Herz, das eigene Gefühl (der Liebe), also subjektive Motive"[99]. Die Persönlichkeit der geliebten Person wird zum erotischen Ziel, was für die Frau eine Aufwertung bedeutet. Minnesänger besingen „die eheliche Gemeinschaft als eine von Erotik und Sexualität geprägte Mann/Frau-Beziehung"[100]. Nur eine ganz bestimmte Person will man heiraten, was auch die Konsens-Forderung beförderte. Eine glückliche Ehe erschien nur möglich, „wenn beide Partner sich liebten"[101]. Für die Laien wurde selbstverständlich, „daß sexuelles Vergnügen in der Ehe keine Sünde sei"[102]; von den anderen Ehemotiven, etwa Zeugung von Nachkommenschaft oder Vermeidung der Unzucht, „lesen wir nichts"[103].

Gottfried von Straßburg († Mitte 13. Jh.) dichtete in seinem ‚Tristan' revolutionär neu: „Aspekte keimhafter Selbstentfaltung bzw. erster individueller Liebesansprüche", die „Vision einer vollkommenen, selbstidentischen Frau", die Befähigung von ‚*edlen herzen*' „zu subtilen Empfindungen"; mit dem Ergebnis endlich, „dass zwei Einzelmenschen in synchronem Vorgang zu einer bis in den Tod währenden engen emotionalen Einheit verbunden werden, die mächtiger ist als alle anderen Bindungen"[104]. Hier begegnet uns jene irrationale Liebe, wie sie allgemein erst der neuzeitlichen Romantik unterstellt wird. Oswald von Wolkenstein läßt seine Frau erotisch jubilieren: „Mein Liebster, ich gurre vor Vergnügen, dein einzig Weib, es ist voll Lust, wenn deine Hand meine Brüstlein bedeckt"[105]. Die Lieder Neidharts von Reuenthal († um 1240) spielen doppelt: ein enthemmtes Sichsuchen der Geschlechter mit einerseits Aufsässigkeit der Mädchen gegen die übliche Ordnung und auch mütterlicher Warnung; andrerseits ein Don-Juan-artiges Zupacken eines Ritters; zuletzt dann aber das Werben des Minne-Ritters um Minnegunst.[106]

Doch ist die Kehrseite nicht zu vergessen. Wohl sollten sich Ritter nicht allein auf Waffendienst, sondern anstandshalber auch auf *höve-scheit* (Höflichkeit) verstehen, auf „den guten Ton vor allem gegenüber den Damen“[107]. Aber schon die intellektuelle Ausbildung der Männer blieb nachrangig, oft im Gegensatz zu den besser geschulten Frauen. In Wirklichkeit haben im Minnesang „die negativen Akzente der Frauendarstellung eine viel größere Rolle gespielt“[108]. Wiederum hatten die Frauen die Konsequenzen zu tragen: Verwahrung und Verdächtigung, Bloßstellung und Keuschheitsprobe, Quälereien und Schläge. „Für die fast unbeschränkte Verfügungsgewalt des Ehemannes über seine Frau bietet die höfische Epik viele Beispiele“[109].

Schutz und Zuflucht fanden die Frauen woanders, überraschenderweise bei Klerikern. Diese pflegten immer wieder die bestehende Diskrepanz offenzulegen: das Leben der Ritter nur zu oft als ein wüstes Treiben, auch Frauen gegenüber.[110] Tatsächlich dürften adelige Frauen „mehr und engeren Umgang mit Geistlichen gehabt haben als ihre Männer“[111], infolgedessen „die kirchlichen Lehren für das Selbstverständnis der Frauen von größerer Bedeutung waren“[112]. Bereits der Zisterzienser Aelred von Rievaulx († 1167) tat kund: „Und wenn auch die gottgeweihte Jungfräulichkeit den Vorrang vor ihnen [den Eheleuten] hat, so soll doch der Ehe Ehre nicht vermindert erscheinen“[113]. Das wirkte dann über die Frauen auch wieder auf die Männer zurück: Ein zeitgenössischer Ausspruch besagte: „Vom Kleriker ist der Ritter zum Minnediener gemacht worden“[114].

So muß es nicht erstaunen, daß das neue Ideal von Liebe gar nicht ausschließlich höfisch gewesen ist, sondern Kurt Ruh († 2002) zufolge sogar eher ‚monastisch‘: Bernhard von Clairvaux († 1153) (der freilich verheiratete Verwandte zur Aufgabe ihrer Ehe und zum Klostereintritt veranlaßte) hat auf die Liebe einen Hymnus angestimmt, „wie ihn die Geschlechterliebe kaum je anzustimmen vermochte“[115]. Die mystische Vermählung erläutert Bernhard anhand der Ehe und beschreibt diese in einer Form, wie sie genau im 12. Jahrhundert neuartig war: als Liebesehe.

„Ein wahrhaft geistlicher und heiliger Ehevertrag ist das. Vertrag? – das ist zu wenig. Es ist eine Umarmung. Ja, eine Umarmung, wo dasselbe wollen und dasselbe nicht wollen aus zweien einen Geist macht. Und wir sollen nicht fürchten, daß die Ungleichheit der Personen irgendwie die Übereinstimmung ihres Willens hinken mache; denn Liebe kennt keine Ehrfurcht. Liebe hat ihren Namen von lieben, nicht von ‚ehren' […] Die Liebe ist sich selbst reich genug; wo die Liebe eintritt, zieht sie alle anderen Gefühle an sich und nimmt sie gefangen. Eine Seele, die liebt, liebt einfach und weiß nichts anderes. Gott selbst, der aller Ehren würdig, des Staunen und der Bewunderung würdig ist, liebt es dennoch mehr als all das, geliebt zu werden. Bräutigam und Braut sind sie"[116].

f) Der Eheorden

Die von Augustinus konzipierte Paradiesehe bot die Basis, im Hoch- und Spätmittelalter eine neue Deutung vorzubringen, die vom ‚Eheorden'. Sie besagte, der Ehestand übertreffe den Ordensstand; denn die verehelichten Gläubigen bilden unter Gott als Abt und unter dem Evangelium als Regel einen Orden, den Gott selbst im Paradies gestiftet habe, während die üblichen Orden von Menschen gestiftet seien.[117] Am ausführlichsten äußerte sich der Dominikaner Wilhelm Peraldus († 1271), der die Ehe als geistige wie körperliche Vereinigung verstand, als „Sexualität und geistig-emotionale Verbundenheit"; ja wegen der fleischlichen Vereinigung werde die eheliche Liebe zur größten *(amor maximus)*.[118]

„1. Der Eheorden ist von Gott selber eingesetzt worden, während die anderen Orden von Menschen gestiftet wurden. 2. Er wurde eingesetzt an dem heiligsten Ort auf Erden, im Paradiese. 3. Er ist älter als alle anderen Orden. 4. Er ist eingesetzt worden, als der Mensch noch im Stande der Unschuld lebte. 5. Diesen Orden allein hat Gott in der Sündflut erhalten. 6. Die Mutter Gottes hat in diesen Orden eintreten wollen. 7. Christus hat ihn geehrt, indem er der Hochzeit zu Kana beiwohnte. 8. Bei dieser Gelegenheit hat der Herr sein erstes Wunder gewirkt. 9. Dazu kommt noch der feierliche Segen, den die Kirche in der heiligen Messe den Eheleuten spendet. 10. Zur Empfehlung des Ehestandes trägt die kostbare Frucht bei, die aus der Ehe hervorgeht. Aus ihr werden die Kinder dieser Welt geboren, die dann in der heil. Taufe Kinder Gottes werden. Wenn nun einer einen Weinberg hätte, der ihm jährlich 1000 Eimer Wein brächte, so würde er ihn sehr schätzen. Wie hoch ist daher die Ehe zu schätzen, aus der Kinder hervorgehen, von denen eines mehr wert ist als aller Wein auf Erden. Aus der Ehe werden zudem Jungfrauen erzeugt. Wenn aber die Jungfräulichkeit sehr liebenswert ist, dann auch die Ehe. 11. Die Ehe ist eines der sieben heiligen Sakramente. 12. Es kommt ihr eine besondere Kraft zu, indem durch sie ein Akt erlaubt wird, der sonst Todsünde wäre"[119].

Reihenweise belobigen spätmittelalterliche Prediger die Ehe als Paradiesesgabe.[120] Marcus von Weida († 1516), Lektor und Prediger bei den Leipziger Dominikanern, löst sich von jederlei Vorlage und beruft sich auf Erfahrungen; ausgehend vom Eheorden sieht er den Wert der Ehe darin, daß sie für Mann und Frau eine Erleichterung und Verschönerung des Lebens herbeiführt. Er „betrachtet die Liebe als Fundament der Ehe“[121].

Dennoch blieb vieles von den Altlasten, so von der Pollutio und den heiligen Zeiten, wobei Theologen wie Prediger oft Neues mit Altem mischten. Selbst Guilielmus Peraldus wollte weiterhin vor der Befleckung warnen.[122] Der Erfurter Magister Dietrich Engelhus († 1434), mehrerenorts Schuldirektor, vermied den Ordensvergleich, um die Ehe nicht doch noch gegenüber der allzeit höher geschätzten Jungfräulichkeit als unterlegen erscheinen zu lassen; für die Partnerwahl achtete er auf Entsprechung in Temperament, Besitz und Stand; für Mädchen empfiehlt er ein Alter ab vierzehn und für Männer ein solches von wenigstens 20; beim geschlechtlichen Zusammenleben hält er weiterhin an den verbotenen Zeiten fest, bei Warnung noch vor mißgebildetem Nachwuchs.[123] Tatsächlich begann sich das Alter der Heiratenden anzugleichen; die jungen Männer waren um die 25 und die jungen Frauen meist über 20 Jahre; das machte einen Altersunterschied von nur noch vier Jahren. Anders jedoch, wenn Witwer bei Neuverheiratung die jüngeren Frauen bevorzugten, wodurch sich der Altersunterschied auf über 10 Jahre steigern konnte.[124]

Paradies und Geschlechtlichkeit finden sich auch auf einem berühmten spätmittelalterlichen Altargemälde dargestellt, dem ‚Garten der Lüste‘ des Hieronymus Bosch († 1516).[125] Das Triptychon zeigt links den Garten Eden, mittig den Garten der Lüste und rechts die Hölle, in allen Teilen mit eindeutig erotischen Darstellungen.[126] Die Interpretation betrifft die Mitteltafel: Zeigt sie ein verlockend schönes und sündenloses Paradies, oder führt sexuelles Treiben stracks in die Hölle? Beide Deutungen sind vertreten worden: Es gehe um die Darstellung dessen, „was man als Frevelhaftigkeit im sexuellen Verhalten versteht“[127], während die positive Deutung ein ‚Phantasiebild‘ darstellen soll, was ohne den Sündenfall geschehen wäre, also die „Vision einer Menschheit im Paradies“[128].

g) Der Mann als Haupt

Gratian gibt in seinem Kirchenrecht das gesellschaftlich Übliche wieder: „Es ist natürliche Ordnung unter Menschen, daß Frauen den Männern dienen“, denn „der Mann ist das Haupt der Frau“, wobei er gegen die biblische Aussage, sowohl Mann wie Frau seien Abbild Gottes, behauptet, daß „die Gottesebenbildlichkeit nur bei einem vorliegt und somit die Frau nicht nach dem Bild Gottes geschaffen ist“[129]. Die großen Scholastiker entschieden angesichts der biblischen Gottesebenbildlichkeit auch der Frau und der Hauptfunktion des Mannes nie für Gleichheit, sondern immer für Überordnung des Mannes und für Unterordnung der Frau. Zum Topos wurde, daß die Frau aus der Rippe, also aus der Mitte des Mannes geschaffen sei (vgl. Gen 2,21), wodurch der Frau eine mittlere Stellung zukomme. Ein spätes Zeugnis liefert noch Johannes von Paltz († 1511), zeitweilig Professor in Erfurt: Die Gattin müsse vom Mann regiert werden, habe sie doch von ihm, von seiner Rippe, ihren Anfang genommen, aus der Mitte Adams:[130] „Es ist die Gattin […] nicht aus irgendeinem Glied [des Mannes] geschaffen, nicht aus dem Fuß, damit er sie tritt, nicht aus dem Haupt, daß sie ihn beherrsche, sondern sie kam aus der Nähe des Herzens, um kundzutun, daß er sie überaus liebe“[131].

Immer aber wurde der Frau die gleichberechtigte Heilsgewinnung zuerkannt und abgelehnt deren eschatologisches Mannwerden; verweigert wurden ihr die Lehrtätigkeit und die Priesterweihe, zugestanden aber die Erhebung des schwächeren Geschlechts zu höherer mystischer Befähigung.[132] Für Thomas von Aquin gilt, daß die Frau in ihrem Wesen und Gottesverhältnis dem Manne gleich ist: „Beide sind Ebenbild Gottes“; die dabei gleichwohl verbleibende Ungleichheit erklärt Thomas daraus, daß die Frau weniger Vernunft habe und sich deshalb der von Gott verfügten Unterwerfung unter den Mann beugen müsse.[133] Das ist Aristoteles mit dessen gleichberechtigter Freundschaft in der Ehe wie auch dessen Hauptfunktion des Mannes. Aufgrund der Freundschaft verlangt Thomas beiderseitige Treue, weswegen der Mann nicht mehrere Frauen haben könne, denn dann bestehe „keine freiheitliche Freundschaft der Frau zum Mann, sondern gleichsam eine sklavische“[134]. Zugleich bleibt für Thomas die Frau dem Mann „als ihrem Führer unterstellt“[135]. Diese Unterordnung erklärte sich von der Zeugung her: Erreiche diese wirklich ihr Endziel, werde ein Junge geboren, sonst ein Mädchen.[136]

Theoretisch stritt man darüber, ob sich die Hauptfunktion des Mannes aus dessen besserem Verstand erkläre, infolgedessen er sich auch besser beherrschen könne und die Frau als der schwächere Teil (1 Petr 3,7) verführbarer sei, oder ob umgekehrt der Mann ungestümer vorgehe und die Frau die sittlichere sei. Dabei zeigen sich zwei unterschiedliche Stränge, die lange Zeit nebeneinander herliefen: Daß allein nur Eva die Schuld am Sündenfall treffe, „findet sich fast ausnahmslos in volkssprachlicher (didaktischer) Dichtung bzw. in Frauenerziehungsschriften und in (lateinischen und volkssprachlichen) misogynen Texten"; daß Adam der Hauptschuldige sei oder wenigstens aber eine Mitschuld trage, behaupten „vor allem lateinische, gelehrte-theologische Traktate"[137]. Mit seiner klareren Ratio hätte der Mann widerstehen müssen. Aber diese Ratio begann man im Spätmittelalter auch der Frau zuzubilligen. So gestand beispielsweise Dionysios der Kathäuser († 1471) der Frau zu, „mit Hilfe der göttlichen Gnade und durch treffliche Exerzitien von äußerst tüchtigem Verstand, beständig und klug, auch maßvoll und Sieger über ihre Affekte zu sein"[138]. Die geringere Verstandeskraft ist demnach durch Schulung behebbar.

In Wirklichkeit erlaubte sich der Mann aufgrund der ihm zugesprochenen Hauptfunktion zuweilen unumschränkte, sogar brutale Dominanz. Selbst die höfische Epik, die doch den Rausch der Erotik mit Liebe verschmelzen konnte, bietet drastische Beispiele „für die fast unbeschränkte Verfügungsgewalt des Ehemannes über seine Frau"[139]. Der Mann konnte seine Frau öffentlich bloßstellen, ihr das Reden verbieten, sie für die Dauer seiner Abwesenheit, zuweilen jahrelang, einsperren, sie auch strafen, sogar regelrecht zusammenschlagen.[140] Als ganz normal bekundet Kriemhild im Nibelungenlied: „Siegfried, der treffliche, tapfere Held hat mich [...] tüchtig durchgeprügelt"[141]. In einer Flugschrift vom Ende des 15. Jahrhunderts heißt es: „‚Schlag sie, besonders morgens im Bett mit einer Gerte. Und will die Gerte nichts helfen, so besorge dir einen Prügel'"[142]. Aber auch umgekehrt kam es vor, daß Frauen ihre Männer schlugen; redensartlich ‚zogen sie die Hosen an', die im Mittelalter ein rein männliches Kleidungsstück waren.[143]

Im Ganzen aber blieb bei der körperlichen Züchtigung doch ein Unterschied; denn anders als etwa im Islam, wo der Mann laut Koran seine Frau schlagen darf, war christlicherseits das Prügeln zwar üblich und sogar von Augustinus gebilligt, keineswegs aber religiös legitimiert oder gar vorgeschrieben. Das führte zu einer Unterscheidung: zwar Prügel, aber keine Grausamkeit. Die Folge war, daß die Frau zwar Schläge hinnehmen mußte, aber gegen Grausamkeit klagen konnte. Vielerorts erhoben Frauen beim Stadtrat Klage ob solcher Grausamkeit.[144] Auch die Kirchengerichte – speziell die römischen – nahmen Frauen gegen schwere Misshandlungen in Schutz und verordneten die Trennung von Tisch und Bett.[145] Daß im späten Mittelalter sich verstärkter Einspruch gegen das Schlagen meldete, zeigt die zunehmende Gleichstellung von Mann und Frau; die Bezeichnungen verraten es: frô, Herr – frouwe, Meister – Meisterin, Monsieur – Madame, Signore – Signora, Mister – Mistress; alle europäischen Sprachen zeigen „eine Gleichordnung von Hausherr und Hausfrau und daran „waren Männer und Frauen gleichermaßen beteiligt"[146]. Das wirkte besänftigend; ein Mann dürfe nicht zum Prügel greifen, mahnte Dionysius der Kartäuser († 1471).[147]

Auch Erasmus († 1536), befaßte sich mit dem Prügeln. In seinem Traktat ‚Die Ehe', worin er die Frau im Beititel als ‚Hausdrachen' ankündigt, läßt er diese mit ‚Entsprechung' reagieren: ‚Wie er mir so ich ihm! Wenn er mit dem Prügel kommt, dann ich mit den Stuhlbeinen'. Eine Gesprächspartnerin kehrt die Ausgangslage um: Statt sich über des Mannes Saufen, Huren und Spielen zu empören und Schläge mit Gegenschlägen zu parieren, hänge es von der Frau ab, wie der Mann sich verhalte.[148] Zwar bezeichne Paulus den Mann als Haupt der Frau, aber nenne sie nicht seine Magd, zwar habe der Mann das letzte Wort, aber auch die Pflicht zur Liebe.[149] Von Anfang an sei Wohlwollen aufzubringen, alle Anstößigkeit zu vermeiden, die jeweilige Stimmung wahrzunehmen, einander möglichst zu ertragen: die Frau habe durchaus das Recht auf ein ernsthaftes Mahnwort, freilich nie außer Haus, überdies nie mit Schimpf oder Zank im Schlafzimmer.[150] Das Verlassen des Mannes mache die Frau zu einem armseligen Ding; dem Gatten müsse sie bleibend anhangen, zumal im Hinblick auf das Kind.[151]

Erneut wird deutlich: Weiterhin ist es die Frau, die für die bessere Verträglichkeit zu sorgen hat, weniger der Mann selbst; weiter, die Frau ist überhaupt für ihre Existenz auf den Mann angewiesen, hat für sich allein kein Auskommen. Das ist die bleibende Asymmetrie zugunsten des Mannes als dem Haupt und zuungunsten der Frau als der Untergebenen.

Den lautesten wie auch gelehrtesten Protest gegen Ungleichbehandlung hat eine verheiratete Frau vorgebracht: Christine de Pisan († 1429/30), Tochter eines italienisches Arztes am Pariser Königshof.

Die so oft ihr zuteilgewordene Misogynie läßt sie aufstöhnen: „Ach, Gott, warum ließest Du mich nicht als Mann auf die Welt kommen?“[152]. Drei Frauen-Gestalten erscheinen ihr, die Verkörperung von Vernunft, Gerechtigkeit und Rechtschaffenheit, und heißen sie, selbstbewußt die „Stadt der Frauen“ zu errichten. Dabei gilt, „daß die Frauen ebenso zum Volk Gottes gehören und zu den Menschenkindern gehören, wie die Männer“[153].

Gegen den fraulich-schwachen Geist mit dem so oft unterstellten Flennen und Schwätzen werden zahlreiche Frauen aus Bibel und Antike angeführt, die starken Geistes waren, mit der Konsequenz dann: „Wenn es üblich wäre, die kleinen Mädchen eine Schule besuchen und sie [...], genau wie die Söhne, die Wissenschaften erlernen zu lassen, dann würden sie genauso gut lernen [...]; je schwächer und je weniger geschickt sie zu gewissen Dingen sind, desto größere Klugheit und desto mehr Scharfsinn entfalten sie überall dort, wo sie sich wirklich ins Zeug legen“[154]. Gegen die Klage der Männer, das Eheleben sei wegen der Unbeherrschtheit und des Gejammers der Frauen allergrößtes Ungemach, stellt sie ihre eigene Ehe-Erfahrung, nämlich einen Mann gehabt zu haben, „wie du ihn dir besser nicht hättest wünschen können“[155]. Gegen die Behauptung, Frauen selber wollten vergewaltigt werden, beruft sie sich auf deren Erfahrung, daß „Vergewaltigung wirklich nicht das geringste Vergnügen, sondern den größten aller Schmerzen [macht]“[156]. Die offen angegangene Auseinandersetzung mit dem ‚Rosenroman‘ von Jean de Meun († um 1300) – für sie ein misogynes Pamphlet – ist die älteste literarische Fehde Frankreichs.

h) Das Debitum

Für Geschlechtergleichheit mußte das beidseitige Debitum wirken, hergeleitet von dem Paulus-Wort: „Der Mann soll seine Pflicht (*debitum*) gegenüber der Frau erfüllen und ebenso die Frau gegenüber dem Mann“ (1 Kor 7,3). Demzufolge haben beide Ehepartner ein Anrecht auf sexuelle Befriedigung. Hierdurch kehrt sich die oft unterstellte Sexualfeindlichkeit in ihr Gegenteil um, daß nämlich Sünde gerade darin bestehe, den Sexualverkehr abzulehnen.[157] Das stellte den Mann vor eine paradoxe Situation: zwar Haupt der Frau, aber doch ihrem Begehren unterworfen, also Gleichberechtigung der Frau im Sexuellen bei ansonsten beanspruchter Oberhoheit des Mannes. Bei tatsächlichem Widerstreit siegte für die Frau „das Prinzip der totalen *potestas* über den Körper des anderen“[158]. Das bedeutet: „Vom Mann als ‚Haupt der Frau‘ (*caput mulieris*) und als Inbegriff von *ratio* haben wir uns hier ganz weit entfernt“[159].

Angesichts der nie aufgegebenen Haupt-Funktion des Mannes drohte beim Debitum ein sexuelles Herrschaftsrecht des Mannes über die Frau. Die Kanonisten waren sich dessen offenbar bewußt. So sprach Ivo von Chartres († 1116) der Frau ein sexuelles Initiativrecht zu: „Wenn die Ehefrau einmal vom Verlangen nach sexueller Vereinigung überwältigt ist, soll sie es keinesfalls dem Ehemann verheimlichen; und der Mann soll gegenüber der Frau ja nicht Gewalt anwenden, in der Meinung, die ihm Untergebene schulde ihm jederzeit die Einwilligung zum Koitus“[160]. Auch Gratian betonte das gleichberechtigte Verlangen der Frau.[161] Für dieses Recht auf Beischlaf von Seiten der Frau wurden geradezu absurde Beispiele konstruiert: Sollte ein verheirateter Mann zum Papst gewählt werden, bedürfe er der Einwilligung seiner Frau für den bei Amtsübernahme obligaten Eheverzicht; verweigere die Frau wegen des ihr zustehenden Debitums die Zustimmung, habe der Gewählte zu verzichten.[162] Ein spätmittelalterlicher Traktat beantwortet die Frage, ob umgekehrt auch die Frau, wenn der Mann nicht bitte, den Beischlaf leisten müsse, mit: „Nein, weil in dieser Hinsicht Mann und Frau nicht gleich sind. Denn der Mann schämt sich von Natur aus *(naturaliter)* nicht wie die Frau, die eheliche Pflicht zu fordern“[163]. Eine Einstellung, die man auch zu erklären wußte: Viele Frauen wollten sich angesichts der Folgen des Geschlechtsverkehrs „gerne zurückziehen […], wenn sie könnten“[164]. Humanisten wiesen einen neuen Weg, indem sie das Debitum anders übersetzen, nämlich als ‚geschuldetes Wohlwollen‘.[165] Der Koitus, so nun die Ratschläge, soll nicht einseitig vom Begehren des Mannes dominiert werden, „sondern es soll eine freundschaftlich-intime Situation geschaffen werden“[166]. Beachtenswert auch das: „Ausgerechnet aus dem päpstlichen Rom des 16. Jahrhunderts ist […] die Verurteilung eines Mannes wegen Vergewaltigung in der Ehe belegt“[167].

Gegen die nie auszuschließende eheliche Vergewaltigung blieb die Frau keineswegs machtlos. Mochte ihr unterstellt werden, aus Scham ihr sexuelles Begehren erst gar nicht einzufordern und dadurch den Mann zur Gewalt zu verleiten, so blieben ihr doch auch Chancen: Die Frau konnte den begehrlichen Mann, der kanonistisch gesehen ja nicht fremdgehen durfte, mit Verweigerung hinhalten und ihm dabei Zugeständnisse und Zusicherungen entlocken. „Dies verleiht ihr Macht“[168].

Entsprechende Schilderungen wirken geradezu satirisch: Der Mann in glühendem Begehren und die Frau in berechnender Taktik: „Als sie ihm wieder Mund und Brust hinhält und ihn sexuell reizt, sagte er ihr alles“[169]. Sofern nur die Frau ihrer Sexualität mächtig bleibt, gewinnt sie. Die Prediger nutzten dies und ermahnten Frauen, mittels hinhaltendem Beischlaf ihre Männer positiv zu beeinflussen, also Erziehungsarbeit zu leisten vor dem Sex-Genuß. Die Allgemeinheit allerdings kannte nur Spott, wenn Männer sich im Bett erpressen ließen, ja man sah darin eine öffentliche Gefahr. Das Motiv des von sich her vernünftigen Mannes, der sich gleichwohl von einer Frau zum Reittier erniedrigen läßt, gehört mit mehr als 120 Zeugnissen vom 13. bis 16. Jahrhundert zu den wohl populärsten Beispielen für Frauenlist und ihre tatsächliche Macht in der Ehe.[170]

i) Die Ehegerichtsbarkeit

Für Fragen von Sexualität und Ehe gab es drei Gerichtsinstanzen: Einmal die Beichte mit ihrer Selbstanklage bzw. Befragung und dem abschließenden Bußurteil des Priesters, zum anderen die erst langsam sich herausbildende weltliche Gerichtsbarkeit für die mit der Ehe zusammenhängenden Vermögensfragen, zuletzt die kirchliche Gerichtsbarkeit in Fragen der Ehe-Gültigkeit. Die eigentlich moralischen Fragen gehörten zur Beichte, zum *forum internum.* Die Erb- und Vermögensfragen erledigte die weltliche Gerichtsbarkeit, dabei auch Witwen- und Kinderversorgung, hatte dabei aber die kirchlicherseits festzustellende Ehegültigkeit zu akzeptieren.[171] Vor den kirchlichen Gerichten ging es um die durch das Konsensrecht, so positiv dieses an sich zu bewerten ist, hervorgerufenen Unsicherheiten.

Wenigstens einmal jährlich, nämlich vor Ostern, hatte jeder Christ zu beichten. Die in Abermillionen ausgesprochenen oder erfragten Bekenntnisse sind verklungen. Worum es ging, ist aus den dogmatischen und moralischen Vorstellungen zu erschließen, den hochmittelalterlichen ‚Pönitentialsummen‘, den Anweisungen an beichthörende Priester. Behandelt sind Ehe und eheliche Treue, Samenvergeudung und abgebrochener Verkehr, Lust und Gewalt, die angemessene Häufigkeit und die rechte Position (Missionarsstellung), dazu Onanie, Homosexualität,

Bestialität und Inzest. Über die Langzeitfolgen der Beichte ist viel Streit entstanden. Positiv hat man sagen können, dadurch seien Moralität und Gesetzesbefolgung, ja mehr noch Gewissenhaftigkeit eingeübt, dazu auch Tröstung und Ermutigung zugesprochen worden.[172] Negativ wird eingewendet, daß hier Angst und Peinigungen verbreitet worden seien.[173] Halten wir uns an Max Weber († 1920): Bei der Höherentwicklung der Religion von Ritualität zum Ethos kommt alles an „auf die religiöse Arbeit an der eigenen Person"[174] und das hat das „Beicht- und Bußsystem", „die Christianisierung der westeuropäischen Welt mit einzigartiger Wucht durchgesetzt"[175].

Das obrigkeitliche Gericht befaßte sich mit der Regelung von Erbschaften, Renten, Werkstätten und Häusern, dazu mit Fragen der Erbberechtigung im Falle mehrerer Kinder von verschiedenen Müttern oder Vätern, dann auch, sofern ein Eheteil adelig war, mit Standeserhöhung. Bindende Gerichtsentscheide erforderten im Voraus Verschriftlichung; aber nur in den Städten setzten sich schriftliche Eheverträge und dort allein in den Oberschichten durch. Über die große Masse der mündlichen Absprachen wissen wir nichts. Zwei Dinge fallen auf: In den Verträgen „wird gefeilscht wie auf dem Basar"; gleichwohl ist die Mehrzahl dieser Verträge für Mann und Frau „streng symmetrisch angelegt"[176].

Daß seit dem 12. Jahrhundert eine spezielle kirchliche Ehegerichtsbarkeit entstand, erklärt sich aus der neuen Sakramentstheologie und mehr noch aus der Konsensforderung; letztere sollte in einem förmlichen Eheabschluss sichergestellt werden. Trotz des Verbots privater Eheabschlüsse schuf ein privat vollzogener Konsens immer eine gültige Ehe. In der Öffentlichkeit galt ein Paar, sofern beide in Verhalten und Beleumdung als Ehepartner zusammenlebten, als verheiratet, galten der Kirche als voll zugehörig und wurden nicht von der Kommunion ausgeschlossen.[177] Das waren die ‚klandestinen Ehen', die dann den Kirchengerichten schwer zu schaffen machten. Bei den Verhandlungen ging es allein darum, mit wem Sexualität gelebt wurde, nicht aber auf welche Weise.[178] Wo immer Mann und Frau sich den Willen zur Ehe bezeugten, war eine solche zustande gekommen; für den Abschluß genügten die gegenseitige Handreichung, die Übergabe eines Geschenks und vor allem die mündliche Absichtserklärung zur Heirat. Doch leugnete so mancher Mann im Nachhinein, trotz Zusage und sogar Schwängerung der Frau, die Ernsthaftigkeit seines Ehewillens.[179] In der Einklagung der Ehe waren Frauen verständlicherweise zahlreicher, aber dreimal weniger erfolgreich.[180] Die Männer schoben Tricks und Finten vor: „Von sozialer Verantwortung für ihr Handeln kaum eine Spur“[181].

Bei den klandestinen Ehen blieb die Frau allzu oft als Leidtragende sitzen. Die in den Diözesen geführten Prozesse schnellten im 15. Jahrhundert jäh empor und sind auf Zehntausende zu schätzen, so in Regensburg mit jährlich über 300. Protokolle von den Verhandlungen sind beispielsweise aus Xanten überliefert, wo der Propst als Archidiakon in Ehesachen zu Gericht saß. In der Regel war es der Mann, der zum Abschluß gedrängt hatte: ‚Wenn du noch unberührt bist, jetzt Geschlechtsverkehr erlaubst und sogar schwanger wirst, dann heirate ich dich‘.[182] Als Braut-Geschenke werden erwähnt ein Rosenkranz oder auch nur Nüsse, übergeben mit den Worten „Die nutte geuen ich V up truwe“; die Braut bewahrte die Nüsse bis zum Gerichtstermin auf und zeigte sie dort vor.[183]

Überdies konnten sich Kläger an Rom wenden, wo 6.387 schriftlich eingereichte ‚Bittschriften‘ (Suppliken) aus den spätmittelalterlich-deutschen Diözesen erhalten sind.[184] Der Eindruck, den diese im Ganzen machen, überrascht. Hervor kommt ein vielfach ganz unverklemmter sexueller Umgang, der vor der Ehe offenbar weithin üblich war, allerdings für junge Frauen mit der Erwartung, die ihnen zugesagte Ehe einzugehen. Weiter erstaunt die weitverbreitete Kenntnis des kanonischen Eherechts, sowohl mit dessen Pflichten wie mit dessen Chancen, so daß sich auch Frauen der Unterschicht, ob nun Bauerntöchter oder gar Mägde, von kirchlichen und auch den römischen Ehegerichten die Bestätigung des ihnen von Männern gegebenen Eheversprechens erwarteten oder wenigstens eine Entschädigung für Defloration und Alimente für geborene Kinder erhofften. Kein Zweifel, hier geschieht zum Vorteil der Frauen „eine Verschärfung der Sozialdisziplinierung“[185]. Hinzu kam, daß viele Paare sich nach klandestiner Konsenserklärung und nachfolgendem Beischlaf als Eheleute verstanden, wenn auch ohne kirchliche Einsegnung. Rom betrachtete solche Ehen als gültig, aber wegen fehlender Einsegnung als verboten und darum belastet mit der Exkommunikation; viele Eingaben bezogen sich auf die Befreiung davon.[186]

j) Die Impotenz

Viele Gesellschaften ermöglichen dem Mann bei Kinderlosigkeit der Frau die Ehescheidung, ein Problem, das auch im Mittelalter anstand. Zumal Adelige sahen ohne Stammhalter ihre Herrschaftsfolge gefährdet. Weil Kaiser Heinrich II. († 1024) seiner kinderlosen Frau Kunigunde († 1033) treu blieb, galt er bald als Heiliger, was man im Ordal der Kaiserin bestätigt fand, das noch Tilman Riemenschneider († 1531) dargestellt hat: die Kaiserin über die glühenden Pflugscharen gehend.

Ob Beischlafsfähigkeit über den Bestand der Ehe entscheide, war zunächst im Sinne einer generellen Untrennbarkeit beantwortet worden. Erst im Hochmittelalter setzte sich eine veränderte Auffassung durch, daß nämlich bei Unfähigkeit zur Kopulation die Ehe gar nicht zustande komme. Möglich wurde das durch die Unterscheidung vom zwar vollzogenen Konsens, aber noch nicht vollzogener Kopulation; da bei Impotenz gar keine Kopulation möglich war, konnte folglich auf Nichtigkeit der Ehe erkannt werden.[187] Gratian, der in seinem ‚Decretum' die Distinktion von Konsens und Vollzug vertrat, sprach der Frau bei Impotenz des Mannes die Möglichkeit einer Neuverheiratung zu: „Die Frau möge einen anderen Mann nehmen"[188].

Mit der Überprüfung von Potenz- bzw. Impotenzproben waren die Kirchengerichte befaßt.[189] Für impotente Männer wurden ehrbare Frauen bestellt, die dem Beklagten Küsse gaben und sein männliches Glied reizten, ob es sich bewege. Umgekehrt konnte ein Mann die Scheidenenge seiner Frau überprüfen lassen, bei Anwendung allerdings drastischer Verfahren. So verordnete Innozenz III. für den Fall einer Scheidenverengung, daß ein (anderer) Mann von angemessener Statur die eröffnende Kopula vornehmen solle, die ja als reiner Koitus ohne Konsens keine Ehe bewirkte.[190] Die Gerichte pflegten impotente Ehen als nicht zustande gekommen anzusehen,[191] oder aber Wartezeiten zu verordnen, ob die Impotenz heilbar sei.[192]

Die Kirchengerichte der englischen Metropolen Canterbury und York ließen bei männlicher Impotenz weibliche Geschworene eine Reizung *vornehmen*: ‚Die Geschworene zeigte ihre entblößten Brüste und streichelte mit zuvor gewärmten Händen das Geschlechtsglied und die Hoden des genannten Johannes und umfaßte sie; auch umarmte sie diesen Johannes und küßte ihn des Öfteren und reizte ihn, soweit sie konnte, die Männlichkeit und seine Potenz zu zeigen';[193]

bei Unfähigkeit, den Penis zu erheben, erging Schimpf und Schande über den Beklagten.

Impotenz konnte auch dämonisch verursacht sein. Lange schwang die Sorge mit, der Beischlaf könne teuflisch verhext werden. Selbst Größen der Scholastik wie Thomas von Aquin, Albert der Große († 1280), und Bonaventura († 1274) rechneten mit Teufelszauber im Ehebett, und unzählige Synoden haben davor gewarnt.[194] Noch der ‚Hexenhammer' Heinrich Kramers († 1505) hat ein Kapitel darüber, daß Hexen „durch Schadenszauber die Zeugungskraft oder auch den Geschlechtsakt hemmen"[195]. Wiederum erachteten die Kanonisten ein solch verhextes Verhältnis für nichtig und hielten, meist nach einer dreijährigen Wartezeit, eine Neuverheiratung für rechtens.[196]

Details bietet die Autobiographie Guiberts von Nogent († nach 1121), eines intellektuellen Aufsteigers. Seine Mutter hat er als schöne und tugendhafte Frau in Erinnerung, die übrigen Familienmitglieder bloß als Wesen ohne Gotteskenntnis und als mordende Krieger. Guiberts Geburt verlief so dramatisch, daß sein Überleben als Wunder erschien und er daraufhin dem geistlichen Stand versprochen wurde.[197] Die Mutter, besorgt um eine entsprechende Erziehung, fand einen Lehrer, der freilich statt Wissen mehr Schläge verabreichte, wobei die blauen Striemen die Mutter zu Tränen rührten, den Sohn aber nicht vom Lernen abhielten.[198] Im Rückblick erfahren wir, daß die Mutter jung verheiratet worden war, aber wegen Verhexung die Ehe zunächst nicht hatte vollziehen können, woraufhin eine Scheidung drohte.[199] Aber nach sieben Jahren löste sich der Bann. Während der Schwangerschaft geriet der Vater in normannische Gefangenschaft, kam wider Erwarten frei, starb jedoch alsbald. Die Witwe ließ aus Liebe zu ihrem Mann möglichst täglich die Messe für ihn feiern, erfuhr dabei dessen Vorgeschichte, daß er in der Zeit ihrer Verhexung zu Dirnen gegangen und ein von ihm gezeugtes Kind ohne Taufe verstorben war.[200] Zuletzt entschied sich die Mutter fürs Kloster, wie es auch ihr Sohn Guibert tat.

k) Die Prostitution

Die mittelalterliche Stadtbevölkerung war bis zur Hälfte unterschichtig, einmal die vielen Knechte und Mägde, die pekuniär keine Familie gründen konnten, dazu die Handwerksgesellen, die wegen des Zunftmonopols keine eigene Werkstatt eröffnen durften. Sie alle bildeten ein unbefriedigtes Sexualpotential, bei den jungen Männern mit Aggressivität und für die Frauen mit Belästigung.[201] Banden konnten sich bilden, welche Frauen der Unterschicht zu ehrlosen Personen erklärten und damit zu Freiwild machten. Dem suchten die Städte entgegenzuwirken und richteten Bordelle ein,[202] begründet mit der Kanalisierung der überschüssigen Sexualität der jungen Männer wie auch zum Schutz der ehrenwerten Bürgergattinen und deren Töchter.[203] Die Rechtfertigung hatten Theologen wie Augustinus und Thomas von Aquin ausgesprochen,[204] ebenso die Kanonisten: Prostitution, so verwerflich sie an sich sei, verhindere Schlimmeres, und das gezahlte bzw. angenommene Geld sei rechtens.[205] Für arme Frauen bot die Prostitution eine Alternative zu unbezahlter Ausbeutung. In Italien errichtete zuerst Venedig ein öffentliches Bordell (1360), dann Florenz (1403) und Siena (1421)[206]. Deutschland folgte mit einem Bordell in eigentlich jeder Stadt. Ein Profitinteresse seitens der Obrigkeiten wird an keiner Stelle erkennbar.[207] Die Zahlen der einwohnenden Frauen gingen selten über zehn hinaus;[208] entgegen vielerlei kolportierten Vorstellungen blieben Bordelle und Badestuben getrennt.[209] Daß unverheiratete Männer in den fünf bis zehn Jahren vor ihrer Ehe Kontakte mit Dirnen hatten, erscheint als weithin akzeptiert.[210] „Die damalige Gesellschaft erlaubte allen Unverheirateten den Verkehr mit Prostituierten“[211]. Ehemännern aber sollte der Zutritt verboten bleiben. Bei geistlichen Besuchern stand Dirnen zuweilen das Recht zu, ihnen die Wertsachen und Kleidungsstücke zu nehmen und sich dafür auszahlen zu lassen.[212] Als grausliche Rechtsüblichkeit galt zum Beispiel in Nürnberg, daß ein verschuldeter Mann sowohl Ehefrau wie Tochter einem Frauenwirt überlassen konnte, bis diese seine Schuld eingebracht hatten.[213]

Aufs Ganze gesehen war es „keine überschäumende Sinnenfreude, kein hemmungsloses Ausleben“[214]. Für ihre Person waren die Prostituierten verachtet, mußten sich kenntlich machen, durften in Kirche wie Öffentlichkeit nur rückwärtige Plätze einnehmen, waren aber geduldet und keineswegs rechtlos, also anders als im antiken Rom „nicht lebenslang infamiert“[215]. Eine klare Abgrenzungs- und Diskriminierungspraxis verfolgten die Zünfte, die eine Ehrbarkeit verlangten, und auf diese Weise die Prostituierten und deren Kinder stigmatisierten.[216] Das öffentliche wie kirchliche Bemühen zielte darauf, Dirnen zu verheiraten, wofür es eigene Mitgift-Stiftungen gab.[217]

Ein spätmittelalterliches Beispiel für die „Autonomie der Leidenschaft" schildert ausgerechnet ein Papst, nämlich Enea Piccolomini († 1464), ein brillanter Latinist und gelehrter Humanist mit einem gewaltigen Oeuvre und mit steiler Karriere bis zum Stuhl Petri.[218] Seine ‚Novelle von den zwei Liebenden' steigert die Erotik bis zum Außermoralischen: Junge Männer sollen sich sexuell austoben, denn im Alter mache man sich nur lächerlich damit. Eine andere Novelle, die im Bordell spielt, läßt zölibatäre Kleriker damit triumphieren, Venus sei niemandem holder als ihnen; stetig feierten sie Hochzeit und wollten doch eher sterben als heiraten; Trug herrsche gegen alle Treue, ob von Mann oder Frau. Solchem antik inspirierten „Epikurismus [ist] jegliche Ethik der Mitmenschlichkeit ausgetrieben"[219].

l) Die Infamie

Das mittelalterliche Kirchenrecht übernahm die Infamie, wandte sie auf alle möglichen kirchlichen Vergehen an, erklärte aber doch nicht die Dirnen und Ehebrecher für infam. Gleichwohl lebten die alten Ehrvorstellungen weiter. Christliche Prediger mußten immer wieder beklagen, daß die Männer für sich eine reine Braut verlangten, aber selber sich fortwährend durch sexuelle Freizügigkeit beschmutzten. Um Zeugen der Entjungferung beim ersten Koitus zu sein, umstanden im Mittelalter die Hochzeitsgäste während der ersten Nacht das Bett der Neuverheirateten, später begnügte man sich mit der Überprüfung des Blutflecks im Bettlaken. Noch Luther hat vor Zeugen mit seiner Katharina von Bora († 1552) das Ehebett bestiegen.

Für den Mann galt solche Ehrbarkeit nicht, konnte er doch bis zu der normalerweise um die 25 Jahre vollzogenen Heirat frei verkehren, so in der Alten Welt mit Dirnen, Sklavinnen oder Hetären, im Mittelalter mit Prostitutierten in den städtischerseits eingerichteten Bordellen. Ja, der Mann konnte mit seinem Machismo protzen, wie viele Frauen er „erlegt" hat. Gegenüber der Frau bedeutete das eine gravierende Disparität, denn sie verlor bei jedem Fehltritt ihre ‚Ehre' und ‚Scham'. Für ihr Nachgeben erwartete die Frau die vom Mann versprochene Heirat; bei Nichterfüllung dieses Versprechens und bei bereits begonnener Schwangerschaft sank sie herab zur ‚ehrlosen' Hure; denn Schwängerung – so die allgemeine Deutung – sei die Folge fraulicher Lustempfindung, daß die Frau eben doch dem Verkehr zugestimmt habe und nicht vergewaltigt worden sei. Jede unehelich Geschwängerte galt als gefallenes Mädchen und wurde vogelfrei.[220] Frauen hatten mit ihrer „‚Ehre' und ‚Scham' ein Kapital einzusetzen und zu verteidigen, das ganz wesentlich über ihr Schicksal entschied"[221]. Selbst bei tatsächlicher Vergewaltigung erfuhren solche Frauen eine persönliche Katastrophe: zuerst schon persönlich die Ahnungslosigkeit und dann die Gewißheit der Schwangerschaft, daraufhin das Verbergen des geschwollenen Bauches und die doch unvermeidliche Bloßstellung in der Öffentlichkeit, sodann die Angst vor der Geburt, oft das Ausweichen in fremde Orte, dazu das Gebären ohne Beihilfe, am Ende die verzweifelte Frage, ob Aussetzung des Kindes oder gar dessen Tötung.

Noch das erste moderne Recht im Deutschen Reich, die von Kaiser Karl V. († 1558) 1532 publizierte ‚Carolina', stellt unter Strafe: Entführung, Notzucht, Ehebruch, Blutschande, Bigamie, Kuppelei, Homosexualität, dazu Kindesaussetzung und Kindesmord.[222] Oft galten dabei weiterhin die uralten Ehrunterschiede, nämlich Prozeß-Ausschluß der ‚Ehrlosen', also der fahrenden Frauen, der Huren und aller Frauen von verrufenem Lebenswandel; hingegen Prozeßmöglichkeit für ‚unverleumdete' Frauen, freilich für sie mit dem schwer zu erbringenden Nachweis persönlicher Nicht-Zustimmung bei Vergewaltigung oder Ehebruch. Ein einziger Fehltritt vernichtet die Frau für immer: „Wenn sie, ganz betört, verlässt den dornig Weg, / um den süß`ren Pfaden ihrer Lust zu folgen / Dann kommt der Niedergang, die Reue und die Schande ohne Ende / Ein falscher Schritt vernichtet ihren Ruf / Vergebens alle Tränen, die den Verlust beweinen, / Vergebens jeder Blick zurück auf das, was sie einst war, / So sinkt sie, wie bei Sternenfall, um niemals wieder aufzugehen"[223]. Für Männer wog in der Gerichtspraxis der Verkehr mit einer ehrbaren Frau schwerer als mit einer ehrlosen. Trotz der für Männer durchweg höher angesetzten Strafen fielen diese für sie tatsächlich gelinder aus, während Frauen die volle Härte traf, für sie noch mit einer Kirchenbuße, vor allem dem öffentlichen Ausschluß von der Kommunion bzw. vom Abendmahl. Neu ist an der ‚Carolina', daß hier weltliche Gerichte über Sexualvergehen entschieden, was vorher, wenn man von Ehebruch absieht, privat im Beichtstuhl mit einer geistlichen Bußstrafe abgegolten wurde.

m) Die Ehelosigkeit

Frauen hatten, nicht anders als Männer, das Vater-unser und das Glaubensbekenntnis zu lernen, nur lehren durften sie nicht. Aber lesen und schreiben konnten zumindest adelige Frauen weit häufiger als Männer.[224] Die Frauenklöster, die diese Bildung vermittelten, zählten vor 1100 nur gut 200 gegenüber fast 3000 Männerklöstern, begannen dann aber der Zahl nach zu überwiegen,[225] nun mit überragender Bedeutung für Bildung und Sprache. Die Nonnen schrieben ihre geistlichen Erfahrungen nieder, wegen des ihnen zumeist fehlenden Lateins in den Volkssprachen, wodurch das Deutsche überhaupt erst zu einer differenzierten Hochsprache wurde.

Wie schwer es gerade Frauen hatten, sich für ein Klosterleben durchzusetzen, zeigt sich beispielsweise bei Christina von Markyate († ca. 1155): Ein Bischof hatte sie verführen wollen, und er rächte sich mit der Aufoktroyierung eines jungen Adeligen, den Christina ausschlug, woraufhin ihr Kirche und Kapelle versperrt und die Teilnahme an Gelagen und Lustbarkeiten aufgezwungen wurden; die Eltern ließen den Bräutigam in ihr Schlafzimmer, wo sie sich hinter einem Vorhang an einem Wandhaken hängend verbergen konnte; am Ende sollte sie mit Kaltwasser zur Vernunft gebracht werden, bis ein anderer Bischof entschied, sie nicht zur Heirat zu zwingen, was die Eltern aber nur zu weiteren Stockschlägen veranlaßte, bis Christina durch Bestechung von Dienstboten entfliehen konnte zu zwei Einsiedlern und sich bei ihnen versteckte.[226]

Als besonderes Beispiel sei das Kloster Helfta (bei Eisleben) vorgestellt, mit gleich vier bedeutenden Mystikerinnen: Mechthild von Magdeburg († 1282), die Schwestern Gertrud († 1291) und Mechthild von Hackeborn († 1299) sowie Gertrud die Große († 1302). In Helfta galt: „Wenn das Studium der Wissenschaft verloren geht, dann wird auch die Pflege der Religion aufhören“[227]. Mechthild von Magdeburg verstand sich als „vollerwachsene Braut“ und „wo sie ‚singt‘“, so Kurt Ruh, „treten uns Formen und Bilder entgegen, die ihre Welt- und Seelenerfahrung in einer für das Mittelalter sonst nicht bezeugten Unmittelbarkeit spiegeln“[228]. Gertrud die Große gilt als „eine große Denkerin und Theologin“[229]; sie beherrschte Latein, verfügte über breite Bibelkenntnisse, kannte sich bestens auch bei Kirchenvätern und zeitgenössischen Theologen aus.[230] Von Gott, der „das Schwache in der Welt erwählt hat, um das Starke zuschanden zu machen“ (1 Kor 1,27), wußten sich die Frauen mystisch erhoben, und das eröffnete ihnen einen „Erfahrungsbereich ohnegleichen“[231]. Die in den hochmittelalterlichen Frauenklöstern gepflegte Mystik „erreicht im 13. [Jahrhundert] ihren Höhepunkt und bleibt im ganzen Mittelalter und darüber hinaus für die mystische Spiritualität ein Erfahrungsbereich ohnegleichen“[232].

Dabei war diese Mystik keineswegs unerotisch, freilich in geistlicher Brautschaft. Für das im Mittelalter häufigst kommentierte Bibelbuch, das ‚Hohe Lied der Liebe‘, sind am berühmtesten die Predigten Bernhards von Clairvaux, sprachlich ein Kunstwerk und allegorisch in der Auslegung. Die für alle Allegorese ‚reale‘ Ausgangsbasis bleibt dabei so wirklichkeitsnah, daß die beschriebene Erotik und die Liebesbezeugungen gradezu aufreizend wirkten. „Pflegen etwa die Küssenden einander etwas anderes zu reichen als den Mund?“[233] Es folgen Koseworte, In-die-Augen-Schauen, Sich-Berühren, Saugen an den Brüsten, Umschlungensein. Im Zitat: „Wenn jemand durch den Mund Christi auch nur einmal den geistlichen Kuß empfangen hat, erschüttert ihn gewiß, was ihm widerfahren ist“[234]. Oder: „Die leidenschaftlichste Liebe harrt; sie läßt sich weder durch Einsicht mäßigen noch durch Schamgefühl zügeln und unterwirft sich nicht der Vernunft“[235]. Bis zum Geschlechtertausch wird die Allegorese fortgeführt: „Zwei Brüste hat der Bräutigam, und zwei Beweise seiner wesenhaften Sanftmut sind in ihm: daß er geduldig auf den Sünder wartet und den Reumütigen voll Milde wieder aufnimmt“[236]. Die Kirchen-Oberen sollen beherzigen: „Lernt, daß ihr die Mütter, nicht die Herren eurer Untergebenen sein sollt“[237]. Die Frauen erscheinen in besonderem Licht: Obwohl Mädchen „[weniger] erfassen, da ja ihre Weisheit geringer ist“[238], läuft die Braut, die glühend liebt, „behender und kommt schneller ans Ziel“[239] und sie wird vom Bräutigam „immer wieder angesprochen und geküßt“[240].

Von hierher versteht man, daß sich gerade Frauen zur bernhardischen Mystik hingezogen fühlten und tatsächlich ‚behende‘ in die Klöster eilten, um von ihrem Bräutigam ‚geküßt‘ zu werden.[241] Es muß nicht überall so gewesen sein, wie Jakob von Vitry († 1246) es beschreibt, daß nämlich die Gottesbräute liebeskrank auf ihren Betten lagen und tagelang in Verzückung seufzten.[242] Männer, die sich nun gleichfalls als Bräute Christi verstehen sollten und auch wollten, waren gezwungen, eine Frauenrolle zu spielen, sich dabei den Frauenkörper vorzustellen und weibliche Gefühle zu wecken, sogar Brüste zu haben und schwanger zu werden. Den Frauen war die Braut-Erotik wesensgemäß und hat sie auch „aufs stärkste beeindruckt“[243]. Männer mußten sie imaginieren; nicht verwunderlich, daß Männer im 13. und 14. Jahrhundert von Frauen geistlich fasziniert waren.[244]

Die intensivste Vergegenwärtigung Gottes – gemeint ist Jesus Christus – schildert Mechthild von Magdeburg als Liebeseinigung. „Nun geht die Allerliebste zu dem Allerschönsten in die verborgenen Kammern der unsichtbaren Gottheit. Dort findet sie der Minne Bett und Gelaß und Gott übermenschlich bereit. Da spricht unser Herr: Haltet an, Frau Seele! (Seele:) Was gebietest Du, Herr? (Gott:) Ihr sollt nackt sein! (Seele:) Herr, wie soll mir dann geschehen? (Gott:) Frau Seele, Ihr seid so sehr in mein Wesen gehoben, / Daß zwischen Euch und mir nichts sein kann. / Es ward kein Engel je so geehrt, / Dem das wurde eine Stunde gewährt, / Was Euch von Ewigkeit ist gegeben. / Darum sollt Ihr von Euch legen / Beides, Furcht und Scham / Und alle äußeren Tugenden. / Nur die, die von Natur in Euch leben, / Sollen Euch ewiglich erregen. / Dies ist Euer edles Verlangen / Und Eure grundlose Begehrung. / Die will Ich ewig erfüllen / Mit Meiner endlosen Verschwendung. (Seele:) Herr, nun bin ich eine nackte Seele [...], / Und Du in Dir selbst ein reichgeschmückter Gott. / Unser zweier Gemeinschaft / Ist ewiges Leben ohne Tod. / Da geschieht eine selige Stille / Und es wird ihrer beider Wille. / Er gibt sich ihr, und sie gibt sich ihm. / Was ihr nun geschieht, das weiß sie, / Und damit tröste ich mich. / Aber dies kann nie lange sein./ Denn wo zwei Geliebte verborgen sich sehen, / Müssen sie oft abschiedslos voneinander gehen. / Lieber Gottesfreund, diesen Minneweg habe ich dir geschrieben. Gott möge ihn deinem Herzen erschließen! Amen“[245].

Ehelosigkeit galt ebenso in den Männer-Orden. Alle herausragenden Theologen des Mittelalters lebten ehelos, ja waren zumeist ordenszugehörig. Das Unverheiratetsein bestimmte lange auch die Universitäten: Professoren wie Studenten hatten unverheiratet zu sein. Erst im Spätmittelalter erscheinen verheiratete Professoren, vornehmlich in Medizin und Jura. In Oxford und Cambridge galt das Unverheiratetbleiben bis 1877 (!).[246]

n) Am Ende

Der Diskurs über mittelalterliche Sexualität bewegt sich in Spannungen, ja in direkten Gegensätzen. Bis heute werden Verurteilungen ausgesprochen, auch jenseits aller erweislichen Fakten. So heißt es in einer ‚Kulturgeschichte der Sexualität' (zu der Alexander Mitscherlich († 1982) die Einleitung schrieb): Die Kirche habe mit der Zeit in einem solchen Maße sexuelle Enthaltsamkeit erzwungen, daß daraus eine Vielfalt mentaler Störungen erwachsen seien, man übertreibe kaum, „daß das mittelalterliche Europa beinahe einem großen Irrenhaus glich"[247]. Oder, die Stellung der Frau sei „im Mittelalter und überhaupt in den meisten [...] vergangenen Zeiten eine sehr schlechte" gewesen, hervorgerufen durch „die starke Sexualfeindlichkeit des Christentums" und „seine negative Einstellung zu den Frauen"; immerhin „galten aber die Frauen im Mittelalter wenigstens als Menschen"[248]. In seinem ‚Prozeß der Zivilisation' hat Norbert Elias († 1990) ein rohes, ja brutales Bild gezeichnet: Wie in jeder Kriegergesellschaft hätten sich die Männer einen direkten Zugriff auf die Frauen angemaßt, bis die höfische Gesellschaft die Frau emporgehoben und den Männern jene affektive Verfeinerung auferlegt habe, „die wir Liebe nennen"[249]. Eingewendet wird, daß Religion, religiöses Denken und Empfinden für Elias „schlicht kein Thema"[250] gewesen seien. Der heute als Linksaufklärer apostrophierte Jos van Ussel stellt andersherum das Mittelalter als Epoche ganz unbefangener Freizügigkeit dar: Den Sexualtrieb habe man allgemein anerkannt und auch praktizieren dürfen, schon der Gesundheit wegen, darum auch die Einrichtung städtischer Bordelle. „Die Körperlichkeit wurde in einer Weise praktiziert, die wir heute verlernt haben. Man berührte sich, streichelt und umarmt sich, küßt sich; Ammen und Eltern masturbieren kleine Kinder, um sie ruhig zu halten. Ältere Menschen haben Kontakte zu Jugendlichen, die wir heute als sexuell bezeichnen würden"[251]. Das Christentum trage, so van Ussels Folgerung, weniger Schuld an der mittelalterlichen Antisex-Einstellung als durchweg angenommen; eine solche sei in Wirklichkeit erst mit der neuzeitlichen Verbürgerlichung aufgekommen.[252] Schärfste Proteste gegen das undisziplinierte Mittelalter legte Hans Peter Duerr aufgrund seiner These von der allüberall gegebenen Genitalscham ein, „daß die menschliche Körperschau, ungeachtet kultureller und historischer Unterschiede der ‚Schwellenhöhe', nicht *kultur*spezifisch, sondern charakteristisch für die menschliche Lebensform überhaupt zu sein scheint"[253]. In einem an sich umsichtigen Übersichtsartikel über ,Die kulturelle Bedeutung der Sexualität im Mittelalter'[254] übergeht Albrecht Classen alle soziologisch und medizinisch beengenden Einschränkungen, bringt nichts über das frühe Heiratsalter, die hohe Mütter- und Kindersterblichkeit, das Vordringen der Pollutio-Vorstellungen, die faktische Machtposition der Männer und die daraus folgende Abhängigkeit der Frauen, auch nichts über die Bestrafung von Ehedelikten durch Obrigkeiten, verwunderlicherweise ebensowenig über die Prügelstrafe; aber alle paar Seiten folgt die Klage über die höchst negative Einschätzung der Sexualität in der ,Katholischen Kirche' (welche Bezeichnung überhaupt erst nachreformatorisch ist). Ein kürzlich erschienenes Taschenbuch über Lust und Liebe im Mittelalter deutet demgegenüber bereits modern: „Viele der mit dem modernen Eheleben verbundenen Merkmale waren bereits im Mittelalter keimhaft oder sogar voll erblüht vorhanden"[255]. Im Rückbezug zur Antike sieht Wolfgang Reinhard von der *patria potestas*, der alten Dominanz des Mannes, „kaum etwas übrig geblieben"; schon für das Frühmittelalter müsse der Status der Frauen für „mancherorts weit besser als lange angenommen" gelten; im Spätmittelalter war „eine erwachsene unverheiratete Frau im größeren Teil Deutschlands weitgehend geschäftsfähig"[256]. Ein unerwartetes Urteil bietet Albrecht Diem, seit langem befaßt mit Klosterleben und Sexualität, aufgrund einer Beobachtung aus seiner Alltagsumgebung, einer amerikanischen Provinzuniversität: „Jede durchschnittliche Highschool-Filmkomödie und jede Stunde MTV im Fernsehen enthalten in all ihrer postulierten Freizügigkeit mehr Unterdrückung, Angstmacherei, Körperfeindlichkeit, Normierung und Moralisierung von Sexualität als alle päpstlichen Enzykliken der letzten fünfhundert Jahre zusammen"[257].

Das Urteil des bestausgewiesenen Spezialisten, des Germanisten Rüdiger Schnell, ist differenziert, zuweilen in den Aussagen auch gegenläufig: Einmal „sexuelles Verlangen als eine für die Vernunft zerstörerische Macht, der man repressiv begegnen muß", dann „sexuelles Verlangen und Handeln als ein positiver Faktor, der das Zusammenleben der Eheleute günstig beeinflusst"[258]. Die Negativseiten seien bereits hundertfach bekräftigt worden, nämlich die mittelalterliche Kirche, die einerseits die geistig-seelische Gemeinschaft von Eheleuten als Abbild der Vereinigung von Christus und der Einzelseele idealisiert und gepriesen habe, die andererseits aber die sexuelle Gemeinschaft der Eheleute verdächtigt und nur unter bestimmten Voraussetzungen gebilligt habe: „Als sündelos galt nur der eheliche Akt, der lediglich um der Zeugung willen oder aus Pflicht oder zur Vermeidung außerehelicher Aktivität ausgeführt wurde. Wer aus bloßem sexuellen Begehren heraus und um der eigenen Lust willen den Geschlechtsverkehr suchte, beging eine (Tod-)Sünde“[259]. Insgesamt bleibe festzuhalten, „daß Lust, die den sexuellen Akt begleitet, stets verdächtigt wurde und stets entschuldigt werden mußte (durch die *bona coniugii*)“[260]. Insofern werde mit den angeführten mittelalterlichen Termini für eheliche Liebe „fast nie eine erotisch-sexuelle Liebe angesprochen, sondern fast immer eine fürsorgend-karitative Liebe, Nächstenliebe, eine Art brüderlich-schwesterlicher Liebe zwischen Eheleuten“[261]. Konsequenterweise „zielt das in theologischen Eheschriften ständig wiederholte Liebesgebot für Eheleute (‚Ihr Männer, liebet eure Frauen; Frauen, liebet eure Männer‘) meist nicht auf eine sexuell-erotische Liebe in der Ehe“[262]. Aber dann überraschend auch eine andere Seite: „Doch mit ebenso gutem Recht wird man die diskursive Verbindung von Liebe und Ehe für das Mittelalter behaupten können“[263]. Dafür stünden die Aussagen der volkssprachlichen Erzählliteratur des 12. und 13. Jahrhunderts; denn „dort finden sich zahlreiche überzeugende Belege für eine Verbindung von Liebe und Ehe“[264]. Schon gar nicht sei von Leibfeindlichkeit zu sprechen: „Nicht einmal die Differenzierung von (positiv konnotiertem) Körper und (pejorativem) ‚Fleisch‘ läßt sich für das mittelalterliche Textmaterial durchgängig beobachten“[265]; vielmehr bleibt umgekehrt festzuhalten, „daß im Mittelalter der Körper keineswegs a prori und stets verdammt wurde“[266]. Mit seinen Ergebnissen möchte Schnell dazu beitragen, „die heute noch vorherrschende Auffassung von der generellen Sexualfeindlichkeit des Mittelalters zu relativieren“[267], obendrein auch kritisieren, daß der dem Mittelalter zugesprochene „sexuelle Liberalismus um 1960/70 zum Vorbild“ genommen wurde.[268]

8. Die Anderen: Griechisch-Orthodoxe – Juden – Muslime

a) Die griechische Orthodoxie

Der Seitenblick auf die Ostkirche zeigt für die Ehe und speziell ihre Scheidung zusätzliche Aspekte. Angesichts des in der Alten Kirche immer hochgehaltenen Scheidungsverbots galt dies grundsätzlich auch hier. Unter Berufung auf „einige seltene Zeugnisse für eine großzügigere oder tolerantere Handhabung" leitete man ab, unrechtmäßige Gatten seien, sofern sie sich nicht trennen könnten, „nach Ableistung der öffentlichen Buße unbehelligt zu lassen"[1]. Maßgeblich wurde dafür das Prinzip der ‚Oikonomia', das dem Kaiser, den Bischöfen, ja auch einzelnen Beichtvätern die Möglichkeit einräumte, nach jeweiliger Prüfung des Einzelfalls bei reuigen Sündern „Nachsicht walten zu lassen und ihnen Strafdispens oder Verzeihung zu gewähren"; durch Anpassung an die Realität sei „Schlimmeres zu verhindern", selbst bei einem „Verstoß gegen die ‚akríbeia' (genaue Einhaltung bestehender Vorschriften)"[2]. Es handelt sich also um eine Sonderform, „um eine aus Gründen der Billigkeit und Milde angewandte Ausnahmeregelung, die nicht zur Norm werden darf"[3].

Schaut man des Näheren auf die theologische Begründung, gilt als Erstes, „daß das Dogma von einer Oikonomiaentscheidung unberührt bleiben muß"[4]. Was die Ehescheidung angeht, neigen römisch-katholische Vertreter dazu, daß durch Anwendung des Oikonomia-Prinzips „Ehen in der orthodoxen Kirche geschieden und zweite Eheschließungen erlaubt würden"[5]; dadurch wurde die Oikonomia „zur ‚Zauberformel' instrumentalisiert, die alles vermeintlich begründet und legitimiert"[6]. In Wirklichkeit sind die Oikonomia-Entscheidungen „Einzelfallentscheidungen und schaffen nicht neues Recht“[7]. Letztlich soll die Oikonomia dem Seelenheil dienen und „steht hier als Synonym für eine an der Menschenfreundlichkeit Gottes ausgerichtete barmherzige Normapplikation“[8].

Festzustellen bleibt: In der Christenheit gab es eine Großkirche, die trotz des Ehescheidungsverbots Jesu in Einzelfällen dennoch Gnade walten ließ und eine Wiederheirat ermöglichte.

b) Das Judentum

Wie die Christen gegen das rabbinische Judentum Gegentexte verfaßten,[9] so formulierte das rabbinische Judentum gegen das sich verselbständigende Christentum eine ‚Ketzerbitte‘, die als 12. in das ‚Achtzehn-Gebet‘ einging und sich zunächst auf alle möglichen Abweichler, aber später auch auf Christen bezog.[10] „Es mögen Nazoräer (nosrim) in einem Augenblick vergehen! Sie seien aus dem Buch der Lebendigen getilgt, und mit den Frommen sollen sie nicht aufgeschrieben werden“[11]. Im Talmud erscheinen ‚Gegengeschichten‘ und deren auffälligstes Merkmal ist „Sex, genauer sexuelle Promiskuität“[12]. Die jüdische Gegenerzählung zur Behauptung des Neuen Testaments, daß Jesus von einer Jungfrau geboren sei, die mit einem Abkömmling aus dem Hause Davids verlobt war, ist eindeutig: Der von den Christen verehrte Gottessohn sei in Wirklichkeit der Sohn einer gewissen Miriam und ihres Liebhabers Pandera, sei also unehelich geboren und somit ein Bastard, der gar nicht in die Gemeinde des Herrn aufgenommen werden darf (vgl. Dtn 23,3); die ehebrecherische Mutter verdient nach biblischem wie talmudischem Recht die Steinigung.[13] Eine andere Gegengeschichte betrifft Jesu Ablehnung der Reinheitsvorschriften, die sarkastisch mit direktem Bezug auf ein Jesus-Wort als Anrede an ihn beantwortet wird: Wenn „nur das, was aus dem Mund kommt, verunreinigt; nun, dann magst du auf ewig in deinen eigenen Exkrementen sitzen, damit du am Ende begreifst, daß auch das verunreinigt, was in den Mund hineingeht und aus dem Magen wieder herauskommt“[14]. Nicht wenige moderne Autoren bezichtigen das rabbinische Judentum als voll von antichristlicher Polemik und daß dafür die Entfaltung des Christentums als ein entscheidender Faktor gewirkt habe.[15]

Für das mittelalterliche Judentum ist Avraham Grossmann zu wiederholen. Am auffälligsten ist für die jüdische Position das unterschiedliche Verhalten zur Ein- und Vielehe; in islamischer Umgebung und so auch in Spanien lebten die Männer polygam, im Gebiet des heutigen Frankreich und Deutschland hingegen monogam. Während die jüdische Frau in islamischer Umgebung mehr oder weniger im Haus eingesperrt blieb, erfreute sie sich in christlicher Umgebung einer bemerkenswerten Bewegungsfreiheit und konnte sogar geschäftlich tätig werden. Im Ganzen aber bezog sich ihre Rolle auf Familie und Kindererziehung. Positiv veranschlagte man das Gebären der Kinder und deren Erziehung zur Tora und zu guter Lebensführung. Ein Initiativrecht hat die Frau zur Scheidung, kann andererseits nicht gegen ihren Willen geschieden werden. In diesem Punkt also besaß die Frau gleiche Rechte. Doch äußerten sich jüdische Talmud-Ausleger oft negativ zur Frau. In der Familie übte der Mann das Züchtigungsrecht aus. Verstärkt galten die Vorschriften zur Menstruation. Im Religiösen verblieben Frauen auf dem zweiten Platz, in der Synagoge wie ebenso im Talmud-Unterricht. Obwohl einzelne Frauen von besonderer Gelehrsamkeit bezeugt sind, hat keine jüdische Frau im Mittelalter ein literarisches Werk hervorgebracht, was möglicherweise auch daraus zu erklären ist, daß Frauen, weil sie als unrein galten, keine heiligen Bücher berühren durften.[16] Während sich im Christentum Frauen in der Mystik hervortaten und Bücher verfaßten, herrscht hier jüdischerseits Stille. Rebellische Frauen, wie im Christentum zum Beispiel Christine de Pisan, haben keine Entsprechung.

Insofern die Beschneidung als Gottesbund verstanden wurde, hatten die Männer vollen Anteil daran, während die Frauen ausgeschlossen blieben und auch nur einen Nebenraum in der Synagoge hatten.[17] Jungen, die vor dem achten Tag gestorben waren, wurden dennoch beschnitten, damit sie so am ewigen Leben teilhaben konnten.[18] Auf den christlichen Einwand, daß Juden nur Männer beschneiden würden, während die Christen Männer und Frauen tauften, wußten die Rabbiner keine rechte Antwort.[19] Überdies sahen rabbinische Autoren wegen der Beschneidung die jüdischen Männer als den christlichen sexuell unterlegen.[20] Auch fürchtete das Judentum die Onanie, benannt nach jenem Onan, der keine Schwagerehe eingehen wollte und darum „den Samen zur Erde fallen“ ließ (Gen 38,9). Daraus entwickelte sich das Verdikt, wer immer den Samen zwecklos vergieße, verdiene die Todesstrafe, zwar nicht wegen verbotener Lust, sondern wegen der Ertötung des lebensschaffenden Samens.[21]

Nehmen wir zur Verdeutlichung die Einstellung des Moses Maimonides († 1204), dessen medizinische wie auch religiöse Äußerungen über Geschlecht und Begattung. Den Geschlechtsverkehr bespricht er mit ungewohnter Direktheit: Der in Lust vollzogene Koitus stärkt den Penis, der in Unlust vollzogene schwächt ihn; der Verkehr ist sowohl ein emotionaler wie physischer Prozeß.[22] Man kann den Penis für eine kräftige Erektion mit Salbe einreiben, was das Vergnügen im Verkehr erhöht.[23] Die Entspannung durch Sexualverkehr ist ein Erfordernis der Gesundheit.[24]Aber auch das gilt: Zu häufiger Verkehr schwächt, ebenso der mit ältlichen, menstruierenden oder kranken Frauen, dazu auch mit vorpubertären Mädchen.[25] Eine Frau kann sexuelle Befriedigung auch ohne Mann haben, nämlich im nächtlichen Schlaf, so wie der Mann bei der Masturbation.[26]

Eine lange Liste zeigt, was alles verboten ist. Wer als Mann mit einem Mann zusammenliegt, ist zu steinigen; geschieht es mit einem Kind jünger als 9 Jahre, trifft die Strafe nur den Erwachsenen.[27] Bei Verkehr mit einem Tier sind beide zu steinigen.[28] Wer Geschlechtsverkehr hat mit einer Frau innerhalb des verbotenen Personenkreises, ob nun mit den Lustorganen oder nur mit lustvoller Umarmung und Küssen, ist auszupeitschen.[29] Gestattet ist dem Mann, eine unverheiratete Frau auf ihre Jungfräulichkeit und auf ihren Heiratswillen hin zu überprüfen, aber ohne ehebrecherischen Blick.[30] Ebenso sind innerhalb des verbotenen Personenkreises anzügliche Gesten mit Händen oder Beinen wie auch anzügliche Witzeleien mit Auspeitschung zu bestrafen, sogar schon das lustvolle Anblicken eines Fingers oder der Haare einer Frau, erst recht Anhören ihres Singens.[31]

Und so geht die Liste der Verbote weiter: Der Mann darf seine menstruierende Frau zwar mit Herzenserfreuung anschauen, aber nicht mit ihr verkehren, ja sich nicht einmal dazu versuchen lassen.[32] Bedienung durch eine fremde Frau ist dem Mann verboten, gleich ob sie erwachsen oder minderjährig, Sklavin oder Freigelassene ist; auch nicht für die Waschung des Gesichts, der Hände und der Füße, nicht einmal für die Weineinschenkung.[33] Ein Vater darf seine Tochter umarmen und küssen, sogar mit ihr im selben Bett samt Körperberührung liegen; ebenso die Mutter mit ihrem Sohn; sofern herangewachsen haben Sohn und Tochter die Kleider anzubehalten und elterlicherseits sind deren Schamgefühle zu respektieren.[34] Lesbische Akte sind verboten; solche Frauen müssen zwar nicht ausgepeitscht werden, allenfalls wegen Ungehorsams; die Ehemänner sollen ihre Frauen davor bewahren.[35] Der Mann kann mit seiner Frau in jeder ihm gefälligen Weise umgehen, ob er nun Geschlechtsverkehr mit seiner Frau wünscht oder jedes Organ seiner Frau küssen will; nur darf er nicht den Samen vergeuden, der den Verkehr fruchtbar macht und die Nachkommenschaft vermehrt.[36] Die Weisen missbilligen den sexuellen Exzess; weswegen die Verminderung der Sexuallust erübt werden soll.[37] Preiswürdig ist jeder Mann, sofern er seine Ehepflicht nicht ohne Zustimmung der Frau vernachlässigt; nach nächtlicher Pollution darf er die Torah nicht ohne zuvorige Selbstabwaschung lesen.[38] Den Weisen zufolge ist dem Mann Sexualverkehr verboten, wenn er dabei im Herzen an eine andere Frau denkt oder den Verkehr gegen den Willen der eigenen Frau vollzieht, was zu degenerierten Kindergeburten führt.[39] Wo hingegen die Frau zudringlich und schamlos Sexualverkehr fordert, den Mann sogar verführt oder ihn zur Heirat veranlassen will, hat sie sich zur Abtrünnigen gemacht und verdient die Trennung.[40] Auszupeitschen ist jeder Mann, der Geschlechtsverkehr öffentlich auf Straßen oder Plätzen vollzieht, um jedem Verdacht von Hurerei auszuschließen.[41] Der Mann darf Verkehr nicht in einem Gasthaus, nicht im Haus des Schwiegervaters, nur zu Hause haben.[42] Die Töchter, ob verheiratet oder ledig, sollen nicht barhäuptig auf die Marktplätze gehen.[43] Verboten ist, den Mannessamen sinnlos zu vergeuden, so durch Schlagen (des Gliedes) für eine Ejakulation, was ein strikt verbotener Akt ist, weil der Tötung eines Menschen gleichkommend.[44] Schon eine Erektion oder obzöne Gedanken, die zur Samenvergeudung führen könnten, sind verboten, weswegen der Mann nicht auf dem Rücken und nur mit dem Gesicht nach oben schlafen darf.[45] Kein Mann soll auf Haus- oder Wildtiere schauen, wenn sie sich begatten, wiewohl brünstige Tiere in ihrem Tun zu belassen sind.[46] Verboten ist ebenso, auf eine sich zum Waschen bückende Frau oder auf deren bunte Kleider zu schauen, um keine unzüchtigen Gedanken hochkommen zu lassen.[47] Flegelhaft wird ein Mann, der auf der Straße hinter der Frau hergeht und nicht den gebührlichen Abstand zur Tür der Dirnen hält.[48] Ein Unverheirateter darf seine intimen Körperteile nicht unterhalb des Nabels berühren, um nicht unkeusche Gedanken zu erregen; wenn er uriniert, darf er sein Glied nicht anfassen.[49] Dem Mann ist grundsätzlich nicht erlaubt, ohne eine Frau zu bleiben, darf deswegen auch keine unfruchtbare oder fürs Gebären zu alte Frau heiraten, demgegenüber eine Frau das Recht auf Unverheiratetsein oder auf Heirat eines Eunuchs hat.[50] Mit seiner geschiedenen Frau soll der Mann nicht im selben Haus wohnen bleiben, ein Priester nicht mit ihr in derselben Gasse; bei gebrochener Verlobung kann die Frau den Mann vor Gericht ziehen.[51] Ein Mann darf nicht eine Frau in dem einen Land heiraten und in einem anderen Land eine andere, denn dann könnte später sein Sohn seine Schwester heirateten.[52] Nicht darf ein Mann eine lepröse oder epileptische Frau heiraten, weil diese Krankheiten erblich sind.[53] Eine Frau soll nach dem Tod zweier Ehemänner nicht wieder heiraten.[54] Niemand soll die Tochter einer ungebildeten Person heiraten, weil die Kinder wegen der Unwissenheit der Mutter ungebildet bleiben; auch soll niemand seine Tochter an einen ungebildeten Mann verheiraten, was der Auslieferung an ein Tier gleichkäme; eher soll der Vater sein Vermögen hergeben für die Verheiratung seiner Tochter mit einem Gelehrten.[55] Nie habe irgendeine Gesellschaft verbotenen Geschlechtsverkehr zugelassen.[56] Wer solchem Verlangen nachgibt, schändet sich selbst in seiner Heiligkeit, seinem reinen Denken und seiner Sexualdisziplinierung.[57] Männer sollen sich überhaupt weghalten von allem Leichtsinn, von Trunkenheit und leichtfertigem Gerede; hingegen bewirkt Verheiratetsein Reinheit.[58]

Ziehen wir das Fazit: ‚Rabbinischer Androzentrismus und Patriarchalismus mag uns enttäuschen, aber sollte uns nicht überraschen'[59]; das rabbinische Judentum war eine „man-dominated culture"[60]. ‚Love-marriages' waren nicht die Norm.[61] Zahlreiche rabbinische Texte, ob nun rechtlich oder homiletisch, philosophisch oder mystisch, antik oder mittelalterlich, gar auch modern, unterstellen, „daß Männer die Norm sind und Frauen Anomalitäten, deren Existenz erklärt und deren Status begrenzt werden muß"[62].

c) Der Islam

Der Koran bejaht Ehe und Familie: Zu Gottes Schöpfung gehöre, „dass Er euch aus euch selbst Gattinnen erschaffen hat, damit ihr bei ihnen wohnt. Und er hat Liebe und Barmherzigkeit zwischen euch gemacht" (30,21). Für die Männer sind die Frauen wie „Saatfelder" (2,223); zu meiden sind sie während der Menstruation (2,222), in den Tagen des Fastens (2,187) und der Wallfahrt (2,197). Enthaltsamkeit gilt auch vor der Heirat (24,33), was das Verbot von Unzucht (6,151), Prostitution (24,33) wie auch der Homosexualität (4,16; 7,80 f.) einschließt. Zu heiraten ist religiöse Pflicht (24,32); Aufgabe der Ehe ist die Zeugung von Kindern (16,72). Härtestens bestraft wird der Ehebruch, sowohl für Männer (70,29; 23,5; 24,33) wie für Frauen (24,33), nämlich mit Steinigung. In der Familie ist der Mann Patriarch, mit dem Recht auf sogar vier Frauen (4,3), die er allerdings gleich zu behandeln hat (4,3). Erlaubt ist es dem Mann auch, die Frauen zu schlagen oder sie sogar zu entlassen, allerdings nur nach dreimalig bekräftigter Verstoßung und bei hinreichender Versorgung (2,229 f.). Zu resümieren ist: Die Ehe soll von Liebe und Zuneigung bestimmt sein (30,21) und eigentlich gleichberechtigt gelebt werden (2,228; 4,19). Gleichwohl hat die islamische Frau „ihre vornehmste Aufgabe darin, die Partnerin des Mannes, die gute Hausfrau, die Mutter und Erzieherin der Kinder zu sein“[63].

In Wirklichkeit aber sind der Frau nicht die gleichen Rechte wie dem Mann zugestanden. Ihr Sexualverhalten wird strenger überwacht und ihr Fehlverhalten stärker bestraft. Zwischen Koran und Alltagswelt besteht eine Kluft: „Das traditionelle Erscheinungsbild betont die Ungleichheit von Mann und Frau“[64]. Das beginnt schon bei der Beschneidung der Frauen, die seit alters her mit deren größerem Sexualappetit erklärt wird. Die Wirklichkeit ist jedoch viel brutaler, zumal in manchen Ländern die extremste Form der Frauen-Beschneidung vorgenommen wird, nämlich die Entfernung auch der Klitoris. Zu konstatieren ist: „Die Beschneidung ist ein Zeichen der Freisetzung für den Mann und der Unterwerfung für die Frau“[65]. Hinzu kommt die Reinheit, die insbesondere von der Frau gefordert wird. Der Koran schreibt vor: „Ihr, die ihr glaubt, kommt nicht zum Gebet, während ihr betrunken seid, bis ihr wisst, was ihr sagt, und auch nicht sexuell verunreinigt – es sei denn, ihr geht vorbei –, bis ihr euch gewaschen habt. Und wenn ihr krank oder auf Reisen seid, oder wenn einer von euch vom Abort kommt oder wenn ihr die Frauen berührt habt und ihr kein Wasser findet, dann sucht einen sauberen Boden und streicht euch über das Gesicht und die Hände. Gott ist voller Verzeihung und Vergebung“ (4,43).

Hören wir auch einen für den Islam herausragenden Vertreter, nämlich den letzten philosophisch argumentierenden Theologen Al-Ghazālī († 1111). Das Schlußkapitel seines Ehetraktates wirkt wie ein Gefängnis, in das Frauen eingesperrt sind, um den Verdächten der Männer zu entgehen. Das wird auch ausgesprochen: „daß die Heirat eine Art Sklaverei bedeutet und daß die Frau die Sklavin des Mannes ist“[66]. Ins Paradies gelangt die Frau nur, wenn sie die täglichen Gebete verrichtet, ihren Leib rein bewahrt und ihrem Gatten gehorsam ist, aber – so ein Diktum – dafür sind nur wenige Frauen geschaffen.[67] Die Frau hat dem Mann, wenn er sie begehrt, zur Verfügung zu stehen, selbst auf dem Rücken eines Kamels.[68] Bei Abwesenheit des Mannes gelten besonders strikte Regeln: Im Innern des Hauses bleiben und am Spinnrad sitzen, mit den Nachbarn möglichst nicht reden, nicht zum Umhersehen aufs Dach steigen, stets ihren Mann im Sinn haben, in allen Dingen ihm Freude bereiten, beim Ausgehen abgetragene Kleider tragen, dabei wenig begangene Wege wählen und nicht auf Märkte gehen; nie darf sie sich an einen Freund des Mannes wenden, hat sich vielmehr unkenntlich zu machen und den Kontakt zu verweigern, indem sie ihn an der Tür abweist.[69] Nach Rückkehr des Mannes soll sie „zu heiterem Frohsinn und allem, was Freude macht, zurückkehren“[70].

Verpflichtet sind die Menschen zuallererst zum Dank an Gott für „den mächtigen Trieb, den er in sie gelegt, der sie mit Gewalt zwingt, sich fruchtbringend zu betätigen“[71]. Dies ist „ein Hilfsmittel für das Seelenheil und den Teufeln ein Greuel“[72]. Heirat erbringt die „Freundschaft Gottes“[73]. Der Unverheiratete erliegt dem Verkehr mit einer Sklavin, der Masturbation oder der Unzucht.[74] Der Geschlechtstrieb ist das Anlockungsmittel für die männliche Samenausstreuung und dessen weibliche Aufnahme.[75] Der von Gott geschaffene Geschlechtsapparat zielt auf Zeugung, weswegen Verhinderung der Empfängnis „eine Art Kindermord ist“[76], der zudem das eigene von Adam sich herleitende Geschlecht „aussterben“ läßt,[77] und bei Kinderlosigkeit das Gebet für den Vater zunichte macht.[78] Dennoch soll sich der Mann „nicht allzu sehr über die Geburt eines Knaben“ freuen und über „die eines Mädchens nicht übermäßig traurig sein“[79]. Zweitens dämpft die Ehe beim Mann die Gefahren der Sinnlichkeit und sichert ihm bereits „die Hälfte seines Seelenheils“[80], denn die Geschlechtslust verweist „auf die im Paradies verheißenen Wonnen“[81]. Andererseits bildet die Geschlechtslust „die stärkste Waffe des Teufels“[82], besonders sinnlich veranlagte Naturen sollen „noch weitere Frauen dazu nehmen bis zu vier“[83]; je nach Grad der Sinnlichkeit des Mannes ist „die größere oder geringere Anzahl der Frauen zu bemessen“[84]. Es gibt freilich auch Leute, die ihre Freude an der Natur haben „und keiner weiblichen Unterhaltung und Liebkosung bedürfen“[85]. Aufopferung erfordert vom Mann die von den Frauen herrührenden Lasten: „ihre Sinnesart zu ertragen, sich von ihnen manches bieten zu lassen, sie zum Guten anzuhalten“[86]. Bei allgemeiner Widersetzlichkeit der Frau soll der Mann „die Frau strafen und mit Gewalt zum Gehorsam zurückbringen“; er soll „sie schlagen“, „aber nicht so, daß ihr ein Knochen gebrochen wird oder sie blutet“[87]. Das bedeutet für den Mann eine Anstrengung wie im Krieg: „Es mit Frau und Kindern auszuhalten gilt ebenso viel, wie im heiligen Krieg zu kämpfen“[88]. Vorbild ist Mohammed, der „trotz seiner neun Frauen ganz im Dienste Gottes“ aufging; ja sogar eine Offenbarung empfing, „als er im Bette seiner Frau lag“[89].

Doch bleiben die Frauen nicht unberücksichtigt. Der Ehekontrakt erfordert die Erlaubnis des Vormunds, aber auch – sofern volljährig – die Einwilligung der Braut, dazu die Gegenwart zweier Zeugen. Zu empfehlen ist, „daß der Bräutigam die Braut vor der Heirat zu Gesicht bekommt“[90]. Dabei ist zu achten auf die Religion; sonst wird „sie ihrem Mann Schande machen und ihn vor den Leuten in schlechten Ruf bringen"; geht dagegen der Mann mit heiligem Zorn gegen sie vor, „so hat er eine ewige Not und Plage"[91]. Eine Frau, „die immer kränkelt oder krank tut, führt [...] nicht zum Guten"[92]. Der Reiz ihrer Schönheit erhöht die Frau, so „daß die Sympathie und die Liebe zumeist auf ihr beruht"[93], wiewohl klar ist, „daß man durch Augenschein nicht den Charakter und die Frömmigkeit einer Frau erkennen kann"[94]. Wichtig ist, „daß die Frau den Mann lieb gewinnt, mit ihm vertraut wird und so die ersten Eindrücke von dem, was Liebe heißt, empfängt"[95]. Hat die Frau Erfahrungen mit anderen Männern, muß sie sich „in höherem Maße die Liebe des Mannes sichern", denn „die erste Liebe ist zumeist auch die dauerndste"[96]. Der Heiratsvermittler hat der Frau zuliebe auf den guten Charakter des ausersehenen Mannes zu achten: kein „Sünder, Ketzer oder Weintrinker"[97]. Die gute Behandlung der Frau und die Ertragung mancher ihrer ‚Widerwärtigkeiten' sollen den Mann nachsichtig machen „wegen ihres schwachen Verstandes"[98]. Umgekehrt erfährt jene Frau Belohnung, „welche den schlechten Charakter ihres Mannes geduldig erträgt"[99]. Überhaupt soll der Mann „nicht nur das Unangenehme von den Frauen ertragen, sondern auch mit ihnen scherzen, kosen und tändeln, denn solches haben die Frauen gern"[100]. Bei mehreren Ehefrauen muß der Mann „alle gleich halten"[101], mit der Möglichkeit jedoch, daß „eine der Frauen ihre Nacht an eine ihrer Genossinnen mit Zustimmung des Mannes abtritt"[102], weil ja der Gottgesandte „in einer Nacht bei seinen sämtlichen Frauen die Runde machte"[103]. Beim Geschlechtsverkehr soll der Mann „kosende Worte und Küsse vorrausschicken"[104]. Im Verkehr selbst, in der Erwartung des Höhepunktes soll der Mann „warten, bis die Frau gleichfalls ihren Höhepunkt erreicht", denn „der gemeinsame Höhepunkt ist für die Frau höchst beglückend"[105]. Erlaubt bleibt dem Mann, „durch die Hand der Frau zum Samenerguß zu kommen"[106]. Der abgebrochene Geschlechtsverkehr ist dagegen „etwas Ungehöriges"[107]. Die Abtreibung der Leibesfrucht, wenn ihr bereits die Seele eingehaucht wurde, ist „verabscheuungswürdig"[108]. Eine schlimme Sache ist, „wenn eine Frau das Heiraten unterläßt, „weil sie keinen Mann über sich haben will, und selbst männliche Manieren annimmt"[109]. Die Entlassung der Frau ist zwar erlaubt, aber „Gott am meisten verhaßt"[110]; der Mann soll „bei der Begründung der Scheidung schonend verfahren"[111]. Dem folgen allerdings wieder Sätze wie: „Wer seiner Frau in dem, was sie begehrt, zu Willen ist, den stürzt Gott in die Hölle"[112]; Gott hat „die Frau in die

Hand des Mannes gegeben", und darum darf dieser sich nicht in die Hand der Frau begeben, sonst „stellt er die Dinge auf den Kopf"[113]; denn „die Mehrzahl der Frauen ist von schlechtem Charakter und schwachem Verstand"[114]. Wie schon in der Ehe sind die Frauen auch zurückgesetzt im Religiösen. Wiewohl der hochgebenedeite Prophet den Frauen erlaubt hat, die Moscheen zu besuchen, ist es gegenwärtig besser, „es nur den alten Frauen zu gestatten, den übrigen aber es zu untersagen"[115]. Belehren soll der Ehemann die Frauen „betreffs der Bestimmungen über [die] Menstruation"[116], denn dann „braucht die Frau nicht auszugehen, um bei Gelehrten Rat zu holen"[117].

Erkenntlich wird: An erster Stellte steht die Zeugung von Nachkommen, an zweiter die sexuelle Befriedigung primär des Mannes, allerdings mit dem Zugeständnis, daß auch die Frau zum Orgasmus kommt. Während sich im Islam der Mann an der Sexualpraxis Mohammeds orientiert, hat Jesus ehelos gelebt und bildet daher kein entsprechendes Vorbild. Oder auch die wechselseitige Verfüglichkeit: Im Islam „nimmt sich der Ehemann sein Recht, die Frau erfüllt ihre Pflicht"[118]. Das mag in der christlichen Praxis oft nicht anders gewesen sein, verdeutlicht aber die alte Tendenz der Kanonisten, gerade hier der Frau ein Initiativrecht zuzugestehen. Daß nach christlicher Auffassung im Himmel nicht geheiratet wird (vgl. Mk 12,25), hat gleichfalls Folgen. Im Islam bereiten die Huris, die sexuellen Gespielinnen im Jenseits, den Männern himmlische Freuden; der Frau ist nur verheißen, „ins Paradies zu kommen, wenn sie ihren Mann vollkommen zufrieden gestellt hat"[119]. Wie die islamische Frau schon auf Erden keine Kultgleichheit hat und darum nicht am Freitagsgebet teilnimmt, so bleibt sie auch im Himmel zurückgesetzt. Angesichts vieler Entsprechungen mit dem Christentum wird umso deutlicher, daß der Islam offenbar keinen Argumentationsstrang im Sinne der Konsensehe kennt. Gerade der im Christentum formulierte Konsens hat die Ehe revolutioniert und wesentlich das westliche Modell der Gleichberechtigung von Mann und Frau mitgeschaffen.

d) Am Ende

Trotz vieler Gleichartigkeiten verbleibt im Judentum wie im Islam, daß beide zwar sexualfreundlicher sind, aber immer zugunsten der Männer. Allgemein schon ist in den christlichen Kulturen – wie Michel Foucault sagt – eine Verschiebung wahrzunehmen, daß man aus einer wesentlich männlichen Landschaft „in eine andere umgezogen ist, die von Gestalten der Weiblichkeit und des Verhältnisses zwischen den beiden Geschlechtern bestimmt ist“[120]. Zu bezweifeln ist indes, ob nur Europa – wie Foucault stereotyp behauptet – eine Diskussionskultur über den Sex hervorgebracht hat, andere Kulturen hingegen eine Kultur der Erotik.[121] Tatsächlich ist bereits das Urteil gefällt worden, welches das christlich Besondere hervortut: „Doch dürfte es kaum eine andere abrahamitische Religion geben, die in solchem Umfang Frauen einen solchermaßen ‚öffentlichen‘ Raum zugestanden hat“[122]. Dieser Befund wird von Vertretern der Gender-Forschung bestätigt. Wie Judentum und Islam kennt auch die christliche Religion Geschlechterrollen, ordnet diese aber stärker aufeinander hin. „Auf eine einfache Formel gebracht, ließe sich sagen, dass im Christentum die Ehe sakralisiert wird, während es im Judentum und Islam der weibliche Körper ist“[123], was dort bedeutet, daß statt des christlichen Ein-Fleisch-Werdens die Frau zum Objekt des männlichen Begehrens wird. Die Spätfolge des christlichen Konzepts ist die Liebesehe. Die Forderung nach der Liebesehe ist ein direkter Abkömmling des sakralisierten Ehe-Ideals der christlichen Kirche. „Wir neigen nur dazu, die christliche Vorgeschichte zu vergessen“[124].

9. Frühe Neuzeit

a) Die Renaissance

Die Renaissance, die ‚Wiedergeburt der Antike', führte neue Ausrichtungen herbei: zuerst den auf Bildung bedachten Humanismus, dann den Rückbezug auf die antiken Künste, zuweilen auch schon Zweifel an der christlichen Religion, dazu Kraftmeierei im Sexuellen.

Stimulierend wirkte der Humanist Poggio Bracciolini († 1459), der am Konstanzer Konzil teilnahm und in einer Klosterbibliothek, wohl in Fulda, die vieltausend Verse des antiken Lukrez († 55v.Chr.) ‚Von der Natur' wiederentdeckte. Neben der antiken ‚Atom'-Lehre finden sich darin direkt gegenchristliche Gedanken: das Universum hat keinen Schöpfer, entwickelt sich durch ‚kleine Abweichungen', ist nicht wegen oder für Menschen geschaffen, bleibt empfindungslos gegenüber dem Menschenschicksal, kennt keine unsterbliche Seele, bietet auch keine Hoffnung auf ein Leben nach dem Tod; Religionen sind darum abergläubische, ja grausame Täuschungen; Ziel des Menschen kann nur die Steigerung des Genusses und die Verringerung des Leidens sein. Und für unsere Thematik: Lukrez zufolge ist die Suche nach geschlechtlicher Lust „nicht unvernünftig", vielmehr „eine der natürlichen Freuden des Körpers"[1], und „selbst im Akt der Umarmung schwankt die Leidenschaft der Liebenden, wendet sich hierhin und dorthin. Sie können sich nicht entscheiden, was zuerst sie mit Händen und Augen genießen sollen; fest umklammern sie das Objekt der Begierde, verursachen körperlichen Schmerz, schlagen oftmals die Zähne in die Lippen des anderen und pressen Mund auf Mund. Sie leitet nicht reiner Genusstrieb, sondern ein heimlicher Stachel"[2].

Der Humanismus wollte Bildung für möglichst viele, auch für Frauen und Mädchen. Berühmt ist die Erziehung, die Thomas Morus († 1535) seinen Töchtern angedeihen ließ. In seiner ‚Utopia' lernen alle, auch Frauen, ein Handwerk,[3] denn nicht soll jeweils die Hälfte der Männer oder

der Frauen faulenzen, weder die Standespersonen noch die Bettler, erst recht nicht die frommen Ordensbrüder; nur bei Arbeit aller bleibe Zeit für geistige Bedürfnisse, für „das wahre Glück des Lebens“[4]. Und daran sollen Frauen vollen Anteil haben, sogar am Priesterstande.[5] Auch wollte Morus vor der Ehe eine Nacktprobe; an den als vorbildlich hingestellten Utopiern lobt er: „Eine würdige und ehrbare Matrone führt nämlich das zur Hochzeit begehrte Weib […] nackend vor, und entsprechend stellt ein ehrenwerter Mann dem Mädchen den Freier nackend vor“[6]. In Augsburg heiratete der Humanist Konrad Peutinger 1498 Margarete Welser als seine ‚gelehrte Gefährtin‘ (*socia docta*), deren erst vierjährige Tochter Juliana 1504 vor Kaiser Maximilian eine lateinische Begrüßung aufsagte.[7] Die Liebe sollte sich fortan an eine und nur eine Person binden, in Sorge freilich stets um die Treue. Die jetzt vermehrt erhaltenen Liebesbriefe bekunden es.

Beispiele aus dem Italien des 15. Jahrhunderts: „Laß es dir genug sein, sicher nach Hause zurückkehren zu können! Auch geht das Gerücht, daß in Rom elegante Mädchen wohnen, doch solche, die schändlich heiß von sittenlosem Feuer sind. Schönheit, Leib und Schamgefühl verkaufen sie. Sieh dich vor, daß du dich durch ihre Lockungen nicht fangen läßt! Aber wenn dich solche angenehmen Fesseln nicht schon gefangen hielten, würdest du den langen Aufschub gar nicht ertragen. Denn ich erinnere mich, wie du mir schworst, du könntest in deinem Leben nicht lange ohne Atem und ohne mich sein. Doch du lebst, Castiglione, und ich möchte, daß du noch glücklicher lebst“[8]. Oder nochmals „Aber was klage ich? Gerade, während ich dies schreibe, kommt dein Brief, ein erfreulicher Brief, wenn ich nur deinen Worten sicher vertrauen kann. Danach bist du matt vor Sehnsucht nach mir und willst deinen Fuß so rasch wie möglich zum heimatlichen Herd zurücklenken und leidest Folterqualen wegen des Aufschubs, und nur die Befehle Leos des Großen haben deine Rückkehr schon so lange verhindert. Als ich dies durchgelesen hatte, lebte ich auf deine Worte hin so auf, wie nach sommerlichen Regengüssen das Gras sich wieder zu erheben pflegt“[9].

Mit dem Humanismus entstand eine neue Kunst, sogar mit verstärkter erotischer Komponente. Die Künstler-Biographien Giorgio Vasaris († 1574) zeigen es. Der berühmte Raffaele Santi († 1520) „war den Frauen sehr zugetan“[10]; bei Aufträgen wohnte seine Geliebte mit ihm, denn er „frönte […] maßlos den Liebesfreuden“[11]. Oder auch der Florentiner Benvenuto Cellini († 1571), als Künstler tätig für Päpste, Kaiser, Könige und die Medici. Er bietet das klassische Inbild männlicher Potenz, sogar noch religiös überhöht: „Er unterscheidet streng zwischen der Befriedigung von Fleischeslust, die fast alles erlaubt, und der Erzeugung von Nachkommen, zu der es des Verkehrs mit jungfräulichen Mädchen und Frauen bzw. der Ehe bedarf. Ganz zentral ist die Vaterrolle, hier wird die Gottebenbildlichkeit des guten Mannes in hervorragender Weise deutlich"[12].

Aus seiner Biographie erfahren wir: sowohl körperliche Gewalt gegen persönliche Feinde wie sexuelle Befriedigung mit Mädchen, Frauen und Knaben, auch mit einer 13-Jährigen; 1556 wegen Gewalttätigkeit und ein Jahr später wegen Sexualverkehr mit Werkstattgesellen zu Kerkerhaft verurteilt, freilich mit alsbaldiger Begnadigung, dann der Entschluß zum Geistlichwerden mit wiederum alsbaldiger Dispensierung, zuletzt die Heirat mit seiner Haushälterin, zunächst klandestin, dann öffentlich.

Bellini steht nicht allein. Ja – so hat man sagen können – „in der Renaissance wurden die frauenfeindlichen Stimmen nicht etwa leiser"[13]. Zu oft bestätigten auch Humanisten die Patriarchenrolle des Mannes: dessen höheres Alter, seine größere Lebenserfahrung, seine bessere Ausbildung, oft auch sein Studium: Wie das Haupt den Körper ziere, wie der Fürst die Stadt regiere und Gott die Schöpfung beherrsche, so auch der Mann seine Frau. Noch ein John Locke († 1704), der die Tyrannei der Herrschenden beschneiden wollte, sah die Frau der Herrschaft des Mannes unterstellt.[14] Beim Züchtigungsrecht allerdings drang man in der Spätrenaissance „zunehmend auf gewaltfreie Beziehungen"[15].

Entsprechende Veränderungen sind auch im Norden zu verzeichnen. Aus Deutschland sei der Frühhumanist Johannes von Tepl († vor 1420) zitiert, Notar im böhmischen Saaz, berühmt wegen der Klage gegen den Tod seiner verstorbenen Frau. Leben und Liebe war sie ihm gewesen.

„Ja, Herr, ich war ihr Liebster, sie meine Aimée. Ihr habt sie hingerafft, meine süße Augenweide; […] Hin ist hin! Da stehe ich armer Ackermann allein. Verschwunden ist mein heller Stern am Himmel, zur Ruhe gegangen ist meines Heils Sonne, auf geht sie niemals mehr. Nicht mehr auf geht mein strahlender Morgenstern, versunken ist sein Glanz; keinen Leidvertreib habe ich mehr, die finstere Nacht ist allenthalben vor meinen Augen"[16]. Wie reich hatte er sich mit ihr beschenkt gefühlt. „Wen Gott mit einer reinen, anständigen und schönen Frau begabt – diese Gabe heißt Gabe und ist auch eine Gabe mehr als jede irdische, äußerliche Gabe"[17]. Ethisch ist die Frau die überragende: „Wer in den

Frauen Dienst ist, der muss jeder Untat entsagen“[18]. Die Frau ist mehr Seele als Leib. „Ehre, Anstand, Reinheit, Milde, Treue, Besonnenheit, Fürsorge und Umsicht lebten stets an ihrem Hof. Die Scham hielt ihr stets den Ehrenspiegel vor Augen. Gott war ihr gütiger Schirmherr. Er war auch mir gütig und gnädig um ihretwillen“[19]. Bewegend noch die Totenfürbitte: „Laß sie, Herr, woher sie gekommen ist, wohnen, in Deinem Reich bei den ewigen, seligen Geistern. Mich schmerzt Margaretha, meine auserwählte Frau“[20]. „Wüßte ich, daß mir eine Ehe glückte wie ehedem [vor dem Tod der Frau], in ihr wollte ich leben, solange ein Leben mein Leben wäre“[21].

Albrecht von Eyb († 1475), von adeliger Herkunft und der bedeutendste Frühhumanist auf deutschem Boden, war ewiger Student in Italien gewesen (für 16 Jahre!), hatte sich eine reiche Bibliothek erworben, wußte sich befähigt zu volkssprachigen Publikationen, auch eines Ehetraktates. Die Frau ist ihm nicht mehr ein geistig unmündiges Geschöpf, sondern – wie er an Beispielen der Antike und weniger der Bibel aufgezeigt – „ein Wesen von geistiger Individualität“[22].

Die im Titel des Ehetraktates gestellte Frage, ob ein Mann überhaupt heiraten solle, wird ‚paradiesisch‘ beantwortet: Zwei Geschlechter habe Gott geschaffen, beide im Paradies bestimmt zu geschlechtlichem Verkehr in heiliger Ehe, dazu mit des Mannes wie der Frau Liebe, Treue und Freundschaft.[23] Es gebe Frauen mit fröhlichem Angesicht, mit feinen Gliedern und schmalen Leib, im Charakter züchtig, neckisch, schamvoll und gesittet,[24] freilich auch solche mit ‚kleffigen‘ Reden und mangelnder Verschwiegenheit;[25] stets hat eine jüngere Frau die größere Liebe, läßt sich wie Wachs formen.[26] Für die Ehe ergehen handfeste Ratschläge: Einmal zur Frau genommen, muß der Mann sie behalten, ob unleidlich, zornig, hoffartig, dumm oder klug;[27] zu viel Mitgift der Frau schaffe Ungemach, zu geringe mache sie abhängig vom Mann; Adeligkeit wecke Dünkel, Schönheit errege Verdacht.[28] Das Altwerden vergrößere Verdruß und Schmerz;[29] was aber dem Leib abträglich ist, dient der Seele zum Heil.[30] Am Ende steht Lob: „Die Frauen sollen gelobt werden durch ihre Keuschheit, durch die Liebe und Treue zu ihren Männern, durch die Güte und Milde, durch Stärke und Großmut“[31].

Erasmus, der große Humanist der beginnenden Moderne, geht aus von dem Paulus-Wort: „nicht Mann und Frau“ (Gal 3,28) und befürwortet darum die Frauenbildung, auch gegenüber deren Kritikern.[32]

Die gebildete Frau Magdalia läßt er mit dem tumben Abt Antronius streiten: „Magdalia: […] warum mißfällt dir mein Bücherbord? Antronius: Weil die Frau sich mit Spindel und Rocken waffnen soll. Magdalia: Muß eine Mutter nicht ihren Haushalt versorgen und die Kinder erziehen? Antronius: sicher. Magdalia: Glaubst du denn, etwas so Großes lasse sich ohne Weisheit ausrichten? Antronius: Nein. Magdalia: Aber gerade meine Bücher lehren mich diese Weisheit. [...] Antronius: Ich jedenfalls wollte keine gelehrte Frau. Magdalia: Und ich gratuliere mir, daß mir ein Mann zuteil wurde, der dir nicht ähnelt. Denn unsere Kenntnisse machen ihn mir und mich ihm umso lieber. [...] Magdalia: Übrigens sind belesene Frauen gar nicht so selten, wie du meinst. In Spanien und Italien gibt es viele besonders vornehme Frauen, die sich mit jedem Manne messen können, in England die Frauen aus dem Hause des Morus und in Deutschland die Familien Pirckheimer und Blarer. Wenn ihr euch nicht vorseht, wird die Sache so überhand nehmen, daß wir in den Theologenschulen präsidieren, in den Kirchen predigen und euch eure Mitren entreißen. Antronius: Das möge Gott verhüten! Magdalia: Nein, an euch ist es, das zu verhüten. Aber wenn ihr so weitermacht, dann mögen die Gänse eher zu predigen anfangen, als euch stumme Hirten länger ertragen. Ihr seht, die Weltbühne ist schon durcheinander geraten. Entweder muß jeder Spieler seine Rolle spielen oder abtreten“[33].

Die Befürwortung der Bildung ist freilich „das Kühnste, was Erasmus über die Frau gesagt hat“[34]. Im Ganzen bleibt auch er bei deren Untertänigkeit. Die paulinische Hauptfunktion (Eph 5,22–25) verpflichtet den Mann zur Leitung, freilich auch zur Liebe. Wörtlich: „Paulus will, daß die Frau ihrem Mann gehorsam sei“[35]. Verräterisch ist auch, wie Erasmus den persönlichen Bezugskreis umschreibt: „Du achtest die Eltern; Du liebst den Bruder; du liebst die Kinder; du schätzt den Freund“[36]. Das ist der männliche Freundeskreis des Gebildeten – seine Ehefrau wird nicht erwähnt. Weiter, ohne am Scheidungsverbot zu rütteln, sei doch zu bedenken, ob bei schwerer Zerrüttung und unheilbarer Krankheit Gott nicht trennen wolle, was der Teufel zusammengebunden habe. Unstreitig bleibt die Aufgabe, „gute und gesunde Kinder aufzuziehen“[37]. Von ferne klingt auch Augustinus nach: „Die fleischliche Begierde ist die Eva in uns, deren Augen die schlaue Schlange täglich reizt“[38], weswegen auch die Ehe gefährdet bleibt: „Du liebst sie nur deiner eigenen Wollust wegen“[39]. Aber die Begierde nähert uns, „die wir Geschöpfe Gottes sind, nicht nur dem Kleinvieh, sondern auch den Schweinen, Böcken, Hunden, den unvernünftigsten der unvernünftigen Tiere gleichmacht“[40].

Zum Schluß noch Agrippa von Nettesheim († 1535), ein Mann nicht ohne Selbstgefälligkeit; der die Rolle der Geschlechter direkt umkehrte: die Überlegenheit des weiblichen und Unterordnung des männlichen.[41]

b) Obrigkeitliche Ehezucht

Die von den Humanisten vorgebrachten Ideen drängten auf Umsetzung: sexuelle Zucht als öffentliche Pflicht. Bereits im Spätmittelalter begannen neben den Kirchengerichten auch die weltlichen Obrigkeiten, ob nun König, Landesherr oder Stadtrat, nicht nur in ehelichen Vermögensfragen, sondern auch in moralischen Eheangelegenheiten zu urteilen. Vom Ansatz her ging es um die Ausrottung des Gottesfrevels, der himmlischen Zorn gewärtigen lasse, gerade auch wegen ungeregelter Sexualität. Was einstmals in der Antike Kaiser Augustus begonnen hatte, nämlich staatliche Ehegesetze zu erlassen, begann nun von neuem, freilich religiös begründet.

Städte in Italien verboten jungen Männern die Kopulation in Kirchen und auf Friedhöfen, ebenso das Gaffen nach Frauen in der Kirche oder das Hinüberwechseln auf die Frauenseite, weiter das unehrenhafte Anfassen von Frauen auf der Straße, deren Belästigung durch ins Haus geholte Handwerker, Ärzte, Barbiere und Schneider. Bei Sex mit Mädchen unter zehn Jahren drohte sogar die Todesstrafe;[42] Lakaien, die sich von ihren Herrinnen zum Beischlaf verlocken ließen, sollten gleichfalls hingerichtet werden;[43] laut den Statuten von Piacenza wurde eine Ehebrecherin bis zum Gürtel entkleidet und mit Gerten ausgepeitscht;[44] Mailand verurteilte Entführung einer Ehefrau mit dem Tode;[45] römisch-päpstliche Statuten bestraften Inzest und Vergewaltigung ebenfalls mit Hinrichtung;[46] das Umarmen und Küssen einer fremden Ehefrau führte zu körperlichen Züchtigungen oder Gefängnisstrafen.[47] In Florenz sind für die Zwanzig Jahre von 1495 bis 1515 sind 49 Fälle von Vergewaltigung dokumentiert, davon die Hälfte mit Mädchen unter 14 Jahren und sogar mit Kindern.[48] Venedig verbot die Prostitution von Mädchen unter 12 Jahren;[49] auf den Adel entfiel dort, obwohl nur sieben Prozent der Bevölkerung, mehr als zwanzig Prozent der Sexualstrafen.[50] In Frankreich wurden illegitime Schwangerschaften öffentlich bekannt gemacht, um Kindstötungen zu verhindern;[51] Verheiratete Männer, die ins Bordell gingen, wurden öffentlich bestraft.[52]

Oder auch Beispiele aus Deutschland: Der Stadtrat von Basel bedrohte 1448 ehebrecherisch Zusammenlebende mit Stadtverweis und 1457 mit öffentlicher Bestrafung; seit 1498 wurden Fluchen, Falschschwören, Spielsucht und gerade auch Ehebruch geahndet; seit 1506 für unehelich beieinander Lebende der Zunftausschluß verhängt.[53] In Köln wurde ein Bigamist an den Pranger gestellt und mit Ruten zur Stadt hinausgetrieben; zumeist wichen die Beklagten in andere Städte aus und ließen dann

Frau und Kind allein; bei Entführung einer Frau drohte dem Mann die Hinrichtung mit dem Schwert; die Frau erhielt bei Sexualvergehen eine Brandmarkung oder wurde vertrieben; wer sich gleichzeitig mit zwei jungen Frauen verlobte, kam ins Gefängnis; ein überführter Ehebrecher konnte nicht Mitglied des Stadtrats werden, unter Zwanzigjährige verloren, wenn bei Eheabschluß die elterliche Zustimmung fehlte, ihren Erbanspruch.[54] Viele Städte begannen, speziell auch die Sodomie zu verfolgen, die Homosexualität mitsamt dem ‚tierischen' Analverkehr. Wegen widernatürlicher Verletzung der göttlichen Schöpfungsordnung fürchtete man gerade hier die Rache Gottes. Reich dokumentiert ist das Vorgehen Venedigs. Ausgehend von dem theologischen Delikt der Samenvergeudung endeten die insgesamt 500 Prozesse mit 70 Enthauptungen und Einäscherungen, freilich ohne Bestrafung von Samenvergeudung in der Onanie.[55] Dirnen, die, um einer Schwängerung zu entgehen, Analverkehr praktiziert hatten, wurden vertrieben.[56]

Im Zuge dieser öffentlichen Disziplinierung geschah zuletzt ein grundsätzlich neuer Schritt: Weil die Sexualvergehen den Gotteszorn erregten, mußten sie öffentlich bestraft werden. Voran ging der Jurist Johann von Schwarzenberg († 1528), ein früher Anhänger Luthers und Verfasser der ‚Bambergischen Ratsgerichtsordnung' von 1504; darin billigte er die längst übliche Ketzerhinrichtung und sah zusätzlich Körperstrafen für Sexualvergehen vor. Nicht mehr untersucht hier ein kirchliches Verfahren, ob Gottesfrevel vorliegt, sondern die weltlichen Gerichte befinden darüber aus eigener Zuständigkeit. Die Bamberger Bestimmungen gingen in die 1532 von Karl V. reichsweit erlassene ‚Carolina' ein und seien daraus zitiert. Gottesschwörer und Gotteslästerer, die Gott und die Jungfrau Maria in Wort und Tat schänden, „sollenn durch die Amptleute oder richter von Ambtswegen angenomen, jngelegt vnd darumb ann leip, leben oder gliedern [...] gestrafft werden"[57]. Als physische Strafen für Sexualvergehen werden verordnet: die Verbrennung für widernatürlichen Verkehr unter Gleichgeschlechtlichen oder mit Vieh, die Hinrichtung mit Schwert für Vergewaltigung, ‚peinliche Strafe' für Ehebruch und Bigamie, Ertränkung der Mütter bei Kindstötung, Strafe an Leib und Leben für Kindsaussetzung, das Schwert bei Abtreibung gleich wie bei Totschlag.[58]

Zur Verbindung von geistlichem und weltlichem Recht hatten insbesondere zwei Rechtsfälle gedrängt: der Ehebruch und die Abtreibung.

Bei Ehebruch kannte das weltliche Recht kein Zögern: „Wer eine Frau oder ein Mädchen vergewaltigt [...], und die, die im Ehebruch ergriffen werden, denen soll man den Kopf abschlagen"[59]. Bei Abtreibung der Leibesfrucht galt kirchlicherseits seit den Anfängen: „Du sollst ein Kind nicht abtreiben"[60]. Lange wurde diskutiert, wann die Beseelung des Fötus eintrete, denn erst dann könne man von Mord sprechen.[61] Die ‚Carolina' zeigt als Ergebnis: „Item so jemandt einem Weibsbilldt durch bezwangk, essen oder drencken ein lebending kindt abtreibt, Wer auch mann oder weibe vnfruchtbar macht, so sollich vbell fursatzlicher vnnd bosshafftiger weise beschicht, soll der man mit dem Schwert, alls ein todtschleger, vnnd die fraw, so sy es auch ann jr selbs thet, ertrennckt oder sunst zum tod gestrafft werden"[62].

Die Verfolgung und Tötung der ‚Sexualtäter' bestätigt nochmals, daß sie „weitgehend von den städtischen Gemeinwesen betrieben wurde" und daß die kirchliche Inquisition bis zu Beginn des 16. Jahrhunderts bei Sexualdelikten „im Reichsgebiet keinen aktiven Anteil an Folter-, Verstümmelungs- und Hinrichtungsmaßnahmen hatte"[63]. Zuvor waren zur Abbüßung nur geistliche Strafen üblich gewesen, wie es dem altchristlichen Grundsatz der Gewaltlosigkeit entsprach. Das verdient angesichts der oft in vielen Kulturen und so auch im Alten Testament weithin geübter körperlicher Bestrafung gegen sexuelle Sonderlichkeiten und Abarten durchaus Anerkennung. Dem Einwand, daß die Theologie aber doch „den Nährboden für das sodomiterfeindliche Ausrottungsdenken in Mittelalter und Neuzeit"[64] geschaffen habe, steht entgegen, daß die Theologie lange dem Neuen Testament folgte und bis zum Spätmittelalter der alttestamentlichen Todesstrafe fern blieb, und erst zu Beginn der Neuzeit entsprechend dem religionsgeschichtlichen, aber nicht christlichen Urgesetz, für jede Form des Gottesfrevels den Tod forderte. Mit der im Spätmittelalter üblich gewordenen physischen Bestrafung der Sexualvergehen endete ein wesentliches Stück altkirchlicher Gewaltlosigkeit.

c) Die Reformation: Ehe als weltlich Ding

Martin Luther († 1546) gilt zunächst und zuerst als Zeuge „von der gesunden Urkraft der Lust"[65]. Entsprechende Äußerungen sind überdeutlich: „Ein Mädchen (wo nicht die hohe, seltene Gnade da ist) kann eines

Mannes ebenso wenig entraten als essen, trinken, schlafen und andere natürliche Notdurft. Wiederum auch also, ein Mann kann eines Weibes nicht entraten. Ursache ist die: Es ist ebenso tief der Natur eingepflanzt, Kinder zu zeugen, als zu essen und zu trinken“[66]. Die eheliche Lust wird gepriesen: „Denn wenn solten die leut ehelich werden, wenn sie nicht lust und liebe zusamen hetten? ja darumb hat Gott solche brunst braut und breutgam eingegeben, sönst würde jderman den ehestand fliehen und meiden“[67]. Überhaupt konnte Luther sich warmherzig über Frauen äußern: „Denn unter dem Frauenvolk sind unser aller Mütter, Schwestern, Weiber, Töchter, [...] welcher Ehre unser Ehre, und ihre Schande unsere Schande ist“[68]. Bei seiner eigenen Heirat mit der entflohenen Nonne Katharina von Bora folgte Luther allerdings dem alten Schema, daß die Liebe erst in der Ehe folge: „Ich liebe meine Frau nicht, aber ich schätze sie“[69]. Doch die Heirat muß ihn gepackt haben; denn nur wenige Monate später verfaßte er eine bald als anstößig empfundene erotische Briefpassage an seinen Freund Spalatin: „Du sollst, wenn Du mit Deiner Catharina schläfst und sie umarmst, dabei so denken: Dieses Menschenkind, dieses wunderbare Geschöpf Gottes, hat mir mein Christus geschenkt“[70]. Der Mönch Martin, der zunächst noch Jahre lang am Zölibat festhielt, entdeckte offenbar „in der Ehe die Sexualität“[71], so daß er gleich nach der Eheschließung „von der ‚Hölle des Zölibats‘ sprach“[72]. Die Heirat mit einer Klosterfrau weckte indes sofort Häme und Unterstellungen, sogar von dem sich aber bald korrigierenden Erasmus: „Die Ehe hat gut angefangen [...]; wenige Tage hat die jung Verheiratete ein Kind geboren“[73].

Der positive Grundtenor Luthers – angesichts der reformatorischen Verdächtigung der menschlichen Natur durchaus erstaunlich – zielte auf eine Neubewertung der Geschlechtlichkeit, wie sie im Spätmittelalter schon begonnen hatte: Zur menschlichen Grundausstattung gehört Sexualität, und die Ehe bietet dafür die rechte, aber auch die einzige Möglichkeit. Für Luther stellte die Ehe „die allein gottgefällige Lebensweise dar“ und ihre Vermeidung sei „an sich schon sündhaft“[74]. Dabei griff Luther auch aufs Mittelalter zurück, so mit der Bezugnahme auf den ‚Eheorden‘, aber jetzt nicht, um die Ehe in ein besseres Licht zu stellen, sondern um sie zu verabsolutieren: Vater und Mutter zu sein wie auch Kinder zu zeugen, sei „heiliger orden“[75]. Die biblisch gleichwohl hochgeschätzte Ehelosigkeit erachtete Luther als von Gott geschenkt, nicht aber als von Menschen selbst wählbar.

Grundsätzlich positiv und doch auch einschränkend beurteilte Luther den Konsens. In einer ersten Stellungnahme von 1524 verficht er zum einen, „daß die Eltern die Kinder zur Ehe zu zwingen kein Recht haben"; wo immer ein Vater sein Kind zur Ehe dränge, ohne dessen Lust und Liebe, „da übertritt er [...] seine Gewalt"[76]; ebenso wenig dürfen Eltern ihre Kinder zur Keuschheit zwingen „und sie in die Klöster verstoßen"[77]. Zugleich bekämpft Luther die klandestinen Ehen, „daß ein Kind nicht soll verehelichen noch verloben ohne Willen und Wissen seiner Eltern"[78] – also bei aller Freiheit der Partnerwahl doch auch Hören auf die Eltern. Harsch klingt die Aufforderung zum Kindergebären: „Ob sie sich aber auch muede und tzu letzt todt tragen, das schadt nicht, laß nur todt tragen, das schadt nicht, sie sind drumb da"[79], was heutige Kommentierungen als religiöse Verharmlosung von Geburtsschmerz und Kindbettsterblichkeit kritisieren.[80] Endgültig ausgereift ist Luthers 1530 publizierte Schrift ‚Von Ehesachen'. Nicht anders als Kleider und Speise, als Haus und Hof ist die Ehe „ein äußerlich weltlich Ding"[81]. Sie ist kein Sakrament, bleibt gleichwohl „ein öffentlicher Stand, von Gott geordnet und nicht ein Winkelgeschäft"[82]. Nochmals geht es gegen die klandestinen Ehen: Junge Leute würden nur zur Leichtfertigkeit verlockt, indem einer für eine Metze entbrenne und sich verlobe, aber frühere Verlöbnisse flugs vergesse; solche treiben „mit dem Namen und Schein der Ehe große, schändliche Laster"[83]. Voll bejaht Luther die Stellung des Mannes als Haupt, bestreitet indessen das Züchtigungsrecht: „Also soll man auch die weyber regieren, nicht mit großen knüppeln, flegeln oder ausgezogenen messern, sondern mit freundlichen worten, freundlichem geberden und mit aller sanftmut"[84]. Früh äußerte sich Luther auch zur Ehescheidung, schon in ‚Vom babylonischen Gefängnis der Kirche' von 1520 heißt es zur Ehescheidung: „Ich hasse die Scheidung gar sehr"[85]; eine Scheidung wird nur im „Fall des Ehebruchs" unter Berufung auf die matthäische Ehebruchklausel zugelassen.[86]

Auffällig bleibt, daß nicht wenige der geistlichen Heiratskandidaten, ob nun den Zölibat aufgebende Kleriker oder die monastischen Gelübde brechende Mönche, sich zu rechtfertigen suchten. Bei Priestern konnte es die Legalisierung bereits bestehenden Konkubinats sein, bei Mönchen die Überzeugung, daß Luther zufolge die monastischen Gelübde menschlichen Ursprungs seien. Deswegen sollte die Priester- bzw. Mönchsehe „Signalfunktion" erhalten, sogar „als universales Heilmittel für die ganze Kirchengesellschaft"[87]. Man könne, so wird heute noch gesagt, „den Protestantismus geradezu definieren als die Kirche ohne Mönche, ohne Nonnen und ohne Zölibatäre“[88].

Früh verabschiedete Luther die kultische Reinheit, die er närrisch und papistisch nannte: „Kein Weib soll das Altartuch waschen, darauf der Leichnam Christi gehandelt wird, und wenn es eine Nonne wäre, es wäre denn vorher von einem reinen Priester gewaschen [...], und sündigt ein Laie nicht daran, wenn er den Kelch oder den Leichnam Christi mit den Händen anrührt“[89]. Damit übertrumpfte Luther selbst noch Erasmus, der Priester immer noch dafür tadelte, „mit denselben Händen eine ekelhafte Hure zu berühren und abscheuliche Gemeinheiten zu betasten, mit denen du in Gegenwart der Engel jenes unaussprechliche Geheimnis vollziehst“[90].

In nicht unwesentlichen Positionen ist Luther allerdings ins Mittelalter und noch dahinter zurückgefallen.[91] Mit seinem Preis der Natur wollte er der Ehe doch nicht zuerkennen, „daß keyn sunde da sey, ßondern ich sage, das fleysch und blutt, durch Adam verderbt, ynn sunden empfangen und geporen wirt, lautts des 50. psalm, Und das keyn ehepflicht ohne Sund geschicht, aber Gott verschonet yhr auß gnaden“[92]. Hier kehrt Luther – so ist zurecht kritisiert worden – über Thomas von Aquin hinweg „zu Gregor [dem Großen] zurück“[93], zu dessen Einschätzung aller Lust als Sündigkeit. Menschliche Wollust erregt für Luther den göttlichen Zorn: Gott sei vor der Sintflut durch die Sünde der Wollust herausgefordert worden, aber dieses schreckliche Zornesgericht bedeute nicht, daß Gott die Verbindung von Mann und Frau verdamme, sondern die Fortpflanzung des menschlichen Geschlechts durch sie wünsche.[94] Noch 1532 predigte Luther über Psalm 51, daß Empfängnis des Kindes, dessen Heranwachsen und Ernährung im Mutterleib „korrupt“[95] seien: „Alles ist also in Sünden geschehen. ‚Ich‘ gehöre also zur ‚massa perditionis‘“[96] – diese pessimistische Ausdeutung von Psalm 50 hat Luther immer wieder vorgetragen.[97]

Ebenso hielt er am traditionellen Konzept der verderblichen Erbsünde fest: „Da wurden sie genaygett zu hoffart, unkeuschait, wollust des flaischs und zu allen sunden“[98]. In einer 1532 gehaltenen Vorlesung übernimmt Luther „traditionale Auffassungen ohne jede Kritik“[99]. Im Paradies seien alle durch die erste Sünde Adams gestraft worden, mit der Folge der Erbsünde: „Wir bringen sie mit uns von unsern eltern her, und wirt uns nit weniger zu gerechnet, denn als heten wir sie selbst gethan“[100]. Noch böser klingt eine Predigt von 1532: „Meine mutter hat eitel sundlich fleisch und blut da zu gebracht und der Vater […] ist auch nicht rein und also beide durch böse lüst und unreine natur zu samen gethan […] Darumb kan auch nichts reines an mir sein“[101].

Noch in anderen Punkten bleibt Luther dem Mittelalter verhaftet, nämlich in der Bewertung der Onanie und der Homosexualität.[102] Schon in seinem Römerbrief-Kommentar von 1515/16 übernimmt er die spätmittelalterliche *mollities*-Deutung, samt der nach heutiger Kenntnis falschen Exegese: „Vom Apostel erhielt dies Laster den Namen Unreinheit und Weichlichkeit [*mollities*]. So heißt es in 1. Kor. 6,9: ‚Weder die Hurer, noch die Ehebrecher, noch die Weichlinge, noch die Knabenschänder werden das Reich Gottes ererben‘. […] Die ‚Unreinigkeit‘ aber oder die Weichlichkeit ist jede absichtlich gewollte und auf den einzelnen beschränkte Befleckung, die […] durch die allzu heiße Brunst schändlicher Gedanken, durch Reiben mit den Händen oder Berührung eines Körpers, zumal eines weiblichen […]. Und es gibt keinen besseren Sieg über die Brunst des Fleisches als Flucht und Abkehr des Herzens in demütiges Gebet“[103]. Mit Berufung auf die Sünde des Onan kennt Luther auch das Argument der Samenvergeudung: „Samen zu produzieren, eine Frau zu erregen und sie im selben Moment zu frustrieren“[104]. In seinem Römerbrief-Kommentar von 1538 bekräftigt Luther die schon 1518 geäußerten Verurteilungen: „Die *immundicia* [Unreinheit] aber oder die *mollicies* [Onanie] ist jede absichtlich gewollte und auf den einzelnen beschränkte Befleckung (*pollutio*) […], [bewirkt] durch die zu heiße Glut schändlicher Gedanken, durch das Reiben mit den Händen oder die Berührung eines Körpers, zumal eines weiblichen, oder durch unzüchtige Bewegungen […], wenn es zum Geschlechtsverkehr innerhalb desselben Geschlechts oder mit dem anderen Geschlecht kommt, dann trägt diese Befleckung einen anderen Namen“[105]. Luthers früher Mitstreiter Karlstadt († 1541) verschärfte noch und erklärte die Onanie zum niedrigsten Laster: „Durch den Samenerguß begeht ihr ein Verbrechen, das unvergleichlich schlimmer als Hurerei und Ehebruch ist“[106]. Überdies bleibt stets der Teufel im Spiel. Nicht daß Luther noch einer dämonischen Verhexung des Ehebetts das Wort geredet hätte; wohl aber rechnete er mit dem Neid des Teufels gegenüber glücklichen Eheleuten, die dieser auseinander treibe und ihr Leben zur Hölle mache.[107]

Luthers zunächst positive Einschätzung der Frau führte dazu, daß einzelne von ihnen in der Reformation Karriere machten.[108] Die mit 29 Jahren 1555 verstorbene Olympia Morata, eine tiefgläubige Protestantin, hätte die erste *poeta laureata* Deutschlands werden können. Oder die Straßburgerin Katharina Zell († 1562), verheiratet mit dem 20 Jahre älteren Straßburger Münsterprediger Matthäus Zell († 1548), die an dessen Seite für die evangelische Sache stritt, dabei auch als ‚Gelehrte' und Schriftstellerin hervortrat,[109] aber dann doch, weil Frau, zurückgewiesen wurde. So verdienstlich Luthers Hervorhebung des Allgemeinen Priestertums gewesen ist, den Frauen eröffnete es keineswegs den Zugang zum geistlichen Amt.[110] An ein Universitätsstudium war ohnehin nicht zu denken. Die gern als erste evangelische Theologiestudentin bezeichnete Anna Maria van Schurman († 1678) erkämpfte sich in Utrecht die Zulassung als ‚Gasthörerin', freilich plaziert in einem in den Hörsaal eingebauten hölzernen Verschlag.[111]

Mit der Reformation kamen auch neuartige Praktiken und schwärmerische Vorstellungen hoch. Schwerste Ungelegenheiten bereiteten Luther und Melanchthon der geheime Beichtrat, der Philipp von Hessen († 1567) eine Doppelheirat ermöglichte.[112] Der Landgraf – wichtigster politischer Promotor der Reformation – sah sich von Gott so geschaffen, daß er sich nicht mit nur einer Frau begnügen könne. Die reformatorische Hochschätzung der Ehe habe Philipp dazu genutzt – wie ironisierend gesagt worden ist – „für sich selbst lieber mehr als weniger Ehe haben zu wollen"[113]. Die im Täuferreich zu Münster praktizierte Polygamie ist damit erklärt worden, die große Zahl lediger Frauen habe in einen Haushalt eingegliedert und einem Hausherrn unterstellt werden müssen – letztlich wieder eine Bestätigung des „patriarchalischen Potentials der Ehe"[114]. Im Fränkischen endlich gab es Täufergruppen, die sich durch göttliche Stimmen zur Wahl neuer Geschlechtspartner aufgerufen wußten, also jetzt „nicht mehr durch den Trieb gesteuert, sondern vom Geist gelenkt"[115].

Luther hatte Schulen nicht nur für Jungen, sondern auch für Mädchen gewollt. „Vor allen Dingen sollte in den hohen und niedern Schulen die vornehmste und gemeinste Lektion sein die Heilige Schrift und den jungen Knaben das Evangelium. Und wollte Gott, eine jegliche Stadt hätte auch eine Mädchenschule, darinnen des Tags die Mägdlein eine Stunde das Evangelium hörten, es wäre zu deutsch oder lateinisch"[116]. Dennoch waren die Langzeitwirkungen keineswegs glorios. Die sich im weiteren Luthertum entwickelnde Erbauungsliteratur für Frauen und

Mädchen predigte Bewahrung und Bewährung: „Ihre Keuschheit ist ihr bester Schatz, der bis zur Heirat bewahrt werden muß, bis sie sicher in die Obhut eines guten Ehemannes gestellt werden kann. Die Literatur kann dazu beitragen, daß sie eine keusche Jungfrau, eine attraktive Partie und eine gute Hausfrau und Mutter wird“[117]. Weiterhin wurde dem Ehemann, sofern sich seine Frau permanent widersetze, das Züchtigungsrecht zugebilligt, mit allerdings ‚moderaten Schlägen‘.[118] Den Pastor in Ehesachen um Hilfe zu bitten, konnten die Ehehäupter nur als ein Zeichen eigener Schwäche deuten.[119] Der Übergang von seelsorgerischem Bemühen und versöhnlichem Zureden blieb darum fließend. Manch eine Ehefrau, der zunächst gütlich oder ermahnend zugeredet worden war, erhielt dann aber doch von den Kirchenoberen die Anweisung, innerhalb einer bestimmten Frist zu ihrem Mann zurückzukehren, wobei es doch oft die Ehefrauen waren, die den ehelichen Haushalt verlassen hatten, wenn ihnen die Ehe nicht mehr erträglich erschien.[120]

Daß die Eltern bei der Eheschließung ihrer Kinder immer noch Obacht geben sollten, konservierte in der Langzeitentwicklung „einen patriarchalischen Zug“[121]. Zahlreiche städtische Testamente bekunden weiterhin, „daß die Testamentsvollstrecker bevollmächtigt seien, die Tochter oder Töchter des Erblassers nach ihrem alleinigen Ermessen zu verheiraten“[122]. Trotz des in Humanismus und Reformation zusätzlich geweckten Personbewußtseins blieb es selbst in Akademikerkreisen wie auch in den großen Handelshäusern üblich, daß „der Vorschlag der dafür in Frage kommenden Frauen von außen an den zukünftigen Bräutigam herangebracht“[123] wurde; zumal ein Witwer erhielt, natürlich je nach Reputation, von befreundeten Familien bzw. Vätern sofort Töchter oder Witwen „angeboten“[124].

d) Die protestantisch-obrigkeitlichen Ehegerichte

Indem Luther wie auch die anderen Reformatoren die Sakramentalität der Ehe ablehnten und vom kirchlichen zum weltlichen Ehegericht überwechselten, möchte man eine theologisch grundsätzliche Wende zu einem entsakralisierten Verständnis unterstellen. Tatsächlich bestimmten fortan staatlich-säkulare Juristen zusammen mit den Predigern über die Ehezucht, sogar über den Ausschluß vom Abendmahl wie noch über den

Tod. Das bedeutete eine „weltliche Theologie des Geschlechterverhältnisses“[125]. Dennoch, trotz des reformatorischen Übergangs zur weltlichen Ehe-Gerichtsbarkeit[126] blieben die Rolle von Religion und Kirche auch in Ehesachen weiterhin prägend;[127] übernommen wurden beispielsweise die Ehehindernisse des Inzests und der Impotenz; neu war allerdings die Möglichkeit der Scheidung.[128]

Weltlich verfuhren insbesondere die zwinglianischen Städte. Zürich errichtete sofort ein Ehe- und Zuchtgericht. Der Rat übernahm die ehemals dem Konstanzer Bischof zustehende Ehegerichtsbarkeit, machte aus dem kanonischen Gericht ein ziviles und schuf insofern eine „Theokratie“[129]. Als Richter fungierten zwei Mitglieder aus dem großen und zwei aus dem kleinen Rat, dazu zwei Leutpriester. Zusammen bestimmten sie über die Strafen, die auch den Tod bedeuten konnten. Darüberhinaus verhängten sie auch den Kirchenbann, also den Ausschluß vom Abendmahl.[130] Ein Ratsedikt von 1526 gebietet, daß Ehebrecher, wenn nach vielerlei gütlichen Mahnungen keine Besserung erfolge, „ane gnad, ertränkt werden“[131], daß weiter auch die hergebrachten Kirchenstrafen, so das entehrende Stehen vor der Kirche oder unter der Kanzel. Unter den in Zürich wegen Gottesfrevels Belangten waren 1544/45 bei 182 Verurteilungen 29 Sexualdelikte; in der Folgezeit blieb ein Schwanken von einem Viertel bis zu einem Drittel.[132]

Mit gleichartigen Ehegerichten folgten Nürnberg (1526), Straßburg (1529), Basel (1529), Ulm (1530), Konstanz (1531), Augsburg (1537), zuletzt Wittenberg (1539). Nirgends sonst ist die Ehezucht so konsequent betrieben worden wie in Konstanz, wo in den drei Jahren von 1532 bis 1534 mindestens 1.200 Personen von den 5.000 Einwohnern der Stadt in irgendeiner Form damit zu tun bekamen.[133] Wiederum beanspruchte der Rat die Sittenzucht, also auch hier eine weltliche Behörde mit geistlicher Gerichtsbarkeit, wobei aber die Kirchengemeinde ein Mitspracherecht bei der Exkommunikation behielt.[134] In Basel suchte Johannes Oekolampad († 1531) als Bann-Instanz die Kirchengemeinde hervorzuheben.[135] In Straßburg bestanden gleich mehrere Gerichte, einmal für Ehe und Sitten, dann für Wiedertaufe, obendrein eine ‚Synode' für Glaubensfragen, wo Ratsherren und Prediger zusammensaßen, aber keine Exekution aussprechen durften.[136] In Nürnberg mahnte zuerst der Pfarrer zum Ausschluß vom Abendmahl, wobei die Obrigkeit bei „ziemlicher Strafe“ den Ausschluß verhängte.[137] In Genf urteilte das Konsistorium, woran auch die Geistlichkeit mitwirkte.[138] Immer wurde der Ehebruch bestraft, aber bei Männern nicht „im vollen schwerwiegenden öffentlichen Sinn“[139]. Überall schalteten sich die Zünfte ein, aus wohlerwogener Absicherung ihrer familiär organisierten Handwerksbetriebe.

Anerkannt blieb der Mann als Haupt der Frau, auch bis zum Züchtigungsrecht;[140] wenig verwunderlich, daß die Ehegerichte die Gewalt nicht aus der Ehe zu verbannen vermochten.[141] Als kalvinisches Beispiel sei für Deutschland Emden angeführt. Die dortige Eheordnung blieb ‚konservativ': die entscheidende Mitsprache beider Partner-Familien beim Eheabschluß, kein vorehelicher Beischlaf nach der Verlobung, Beibehaltung der kanonischen ehehindernden Verwandtschaftsgrade, öffentliche Proklamation und verschriftlichte Dokumentation der Eheschließung, Errichtung eines Ehegerichtes mit drei gräflichen, zwei städtischen und einem geistlichen Kommissar, bei deren Urteilen aber nur selten Scheidungen und um so häufiger die Trennung von Tisch und Bett verordnet wurden. Im Gesamt der Gerichtsurteile konnten Ehe- und Familien-Fälle ein Drittel ausmachen, wovon wiederum ein Drittel Streit und Gewalt betrafen, bei dominierendem Männer-Anteil.[142] Für die Ehegerichte gilt insgesamt, was man für das maßgebliche von Zürich gesagt hat: Sie sind für die Ehedisziplinierung „ein großer und starker Volkserzieher geworden"[143].

Die von Luther rezipierte Versündigung durch Masturbation, Homosexualität und Bestialität verschärfte sich in der weltlichen Justiz. Der sächsische Jurist Benedict Carpzov († 1666) entschied rabiat: Die Masturbation sei mit Landesverweis, die widernatürliche Homosexualität mit Köpfung, die Bestialität mit Verbrennung zu bestrafen.[144] In Nürnberg wurden 1594 zwei Sodomiten hingerichtet, der eine mit dem Schwert, der andere durch Verbrennung.[145] Noch der berühmte Philanthrop Johann Bernhard Basedow († 1790) nannte anhand der spätmittelalterlich-theologischen Aburteilung Masturbation abscheulich, Homosexualität noch abscheulicher und Bestialität am abscheulichsten.[146] Im Zuge der bald einsetzenden Verurteilung der Selbstbefriedigung erachtete dann der englische Theologe und Prediger Richard Capel († 1656) ‚die Unkeuschheit an sich selber' für verderblicher als jede andere Sünde.[147]

e) Die neue Ehezucht

Die öffentliche Justizialität der Ehe kam in der europäischen Neuzeit zur vollen Geltung. Die Obrigkeiten drängten auf Ehezucht, nicht zuletzt wegen des befürchteten Gotteszornes. Der neue Ansatz entsprach voll dem reformatorischen Verständnis von der Ehe als einem ‚weltlich Ding', wirkte aber zugleich überkonfessionell und gesamtobrigkeitlich: obligate Bestrafung von Ehebruch und Kindsmord, Pflicht zu förmlichem

Eheabschluß, dazu Sorge für die Kinder. Hier überall kannten die geistlichen wie weltlichen Obrigkeiten „fast keine Grenzen“[148]. Hinzukam, daß das Ehealter sich anglich; beide Partner waren jetzt normalerweise über 25 Jahre alt, zumeist mit zwei Jahren mehr für die Männer: „Die breiteren Schichten des Abendlandes gewöhnten sich von nun an daran, eine gleiche und vom Leben gereifte Frau zu heiraten“[149].

Vor Gericht galten für Frauen Sonderbedingungen, die sich von der Ehre her verstanden, nämlich Prozeß-Ausschluß der ‚Ehrlosen‘, also der fahrenden Frauen, der Huren und solcher von verrufenem Lebenswandel, hingegen Prozeßmöglichkeit für ‚unverleumdete‘ Frauen, freilich mit dem für sie schwer zu erbringenden Nachweis persönlicher Nicht-Zustimmung bei Vergewaltigung. In der Gerichtspraxis wog für Männer der Verkehr mit einer ehrbaren Frau schwerer als mit einer ehrlosen. Trotz der für Männer durchweg höher angesetzten Strafen fielen diese für sie tatsächlich gelinder aus, während Frauen die volle Härte traf, meist zusätzlich noch mit einer Kirchenbuße, zumal dem öffentlichen Ausschluß von der Kommunion bzw. vom Abendmahl. Allein die Frauen betraf die Kindstötung; sie galt in der Carolina „als eines der schwersten Verbrechen überhaupt“[150]. In Nürnberg wurden Kindsmörderinnen im 16. Jahrhundert ertränkt, seit 1580 stattdessen enthauptet, wobei deren Köpfe zur „allgemeinen Abschreckung an das Schafott genagelt“ wurden.[151] Das mag tatsächlich abschreckend gewirkt haben. Jedenfalls sind für das Kurfürstentum Hannover im späteren 18. Jahrhundert jährlich ganze sechs Kindsmord-Urteile zu verzeichnen.[152] Im Zuge der Aufklärung wurde die ursprünglich vorgesehene Todesstrafe in Zuchthaus umgewandelt und die Bestrafung der Vergewaltigung von Hinrichtung über Geldzahlung bis zuletzt dem Freiheitsentzug abgemildert.

Auch auf Kleidung und Wohnung nahm die obrigkeitliche Sexualdisziplinierung Einfluß. Gerügt und verboten wurde das Nacktschlafen, was eine „Zivilisation des ‚Schlafanzuges‘“[153] herbeiführte. Verboten wurde weiter das Zusammenschlafen der Geschlechter in einem Raum, erst recht in einem Bett; Jungen und Mädchen sollten ab dem vollendeten dritten Lebensjahr nicht mehr im gemeinsamen Bett, nach dem siebenten Lebensjahr nicht mehr in derselben Kammer schlafen.[154] Ein je eigenes Zimmer für die einzelnen Familienmitglieder ist erst eine „Errungenschaft der allerjüngsten Zeit“[155]. Bei der Kleidung war darauf zu achten, daß die Hosen der Männer bis über die Hüften hoch reichten und vorne

‚ehrbar' geschlossen waren; bei den Frauen hatten die Röcke die Waden bis halb hinunter zu bedecken.[156] Die Männer hatten auf ihren Protzsack, der das erhobene männliche Glied anzeigte, zu verzichten, und die Frauen hatten Unterwäsche anzuziehen, damit ihnen nicht einfach der Rock hochgehoben werden konnte,[157] weswegen man von einer „Entstehung einer konfessionell erzeugten und vertriebenen Damenunterwäsche"[158] hat sprechen können. Trotz allem blieb der Geschlechtsverkehr nicht immer intim, konnte weiterhin vor den Augen anderer geschehen.[159] Noch bei einem wegen Geschlechtsverkehr beklagten katholischen Geistlichen kann es im 17. Jahrhundert heißen: „auffm heu, auf seinem stohl, sonsten wan und wohe gekönt"[160].

f) Die bittere Realität

Die Realität blieb hart genug. Jede Frau, die gebar, rang mit dem Tod, ob nun mit dem eigenen oder dem ihres Kindes. Welches Weib – so der Humanist Erasmus – „wollte mit einem Manne noch etwas zu schaffen haben, wenn es um die Gefahren und Schmerzen des Gebärens und die Plage des Aufziehens wüßte"[161]. Um die zehn Prozent aller Frauen sind weiterhin an der Geburt gestorben.[162] Der Tod wütete so rasant, daß zum Beispiel ein Mann zwischen 1523 und 1527 drei Frauen hatte, die alle bei der Entbindung verstarben.[163] Einmal soll eine Frau 36 Kinder geboren haben.[164] Im Italienischen Pistoia starben im 15. Jahrhundert 18 Prozent der Kinder bis zum 4. Lebensjahr, 11 Prozent bis zum 9. und 11 Prozent bis zum 14. Lebensjahr.[165] Einzeluntersuchungen informieren über die ‚Kindsnot' der Gebärenden mit ihren schreienden Schmerzen und den verbleibenden Traumata, aber auch über die Solidarität der (Nachbar-) Frauen bei jeder Geburt, auch bei den illegitimen, sodann über die Nottaufen und die Beerdigung Ungetaufter auf einer speziellen Friedhofsecke, zuletzt das Verbringen vermeintlich Totgeborener zu Muttergottesbildern in der Hoffnung auf ein Zeichen von Lebendigkeit, um noch die Taufe zu vollziehen.[166] Gebete beim Gebären konnten lauten: „Gib meinem Herzen Kraft, o Herr, daß es die Schmerzen der Niederkunft ertrage, […] die Du wegen der Sünden der ersten Frau an unserem Geschlecht übst. Daß ich um dieses Fluches willen […] und wegen meiner eigenen Sünden in der Ehe die schlimmsten Schmerzen freudig erdulden möge"[167]. Bei gutem Ausgang folgte das ‚Weibergelage' und zuletzt die Aussegnung der Frau in der Kirche.[168] Aber auch die Ehemänner waren betroffen. Oft wußten sie nicht mehr, wie viele Kinder sie gezeugt hatten oder wie viele Fehl- und Totgeburten ihre Frauen durchlitten hatten. „Die ‚Ersetzung' eines Ehepartners nach dessen Tod war darum kein großes emotionales Problem"[169].

Spezialuntersuchungen haben für die Eheanbahnung heute kaum mehr begreifliche Andersartigkeiten zutage gefördert: Der Mann hatte Haus und Hof, bzw. Haus und Gewerbe vorzuweisen, die Frau eine Aussteuer. Gerade die junge Frau mußte mit ihrem erotischen Kapital sparsamst umgehen, hatte sich jedem unehrenhaften oder gar libidinösen Antrag strikt zu widersetzen.[170] Ein Nachgeben ihrerseits blieb immer angewiesen auf die Zusage des Mannes zur Ehe: „Einem tatsächlichen Geben der Frau [stand] ein lediglich versprochenes Bekommen entgegen"[171]. Gleichwohl mußte ein Kennenlernen möglich sein, und dafür gab es das ‚Fensterln', mit Zugang zur Schlafkammer und sogar zum Bett der jungen Frau, aber – anders als wir heute zu vermuten geneigt sind – ohne sexuelle Vereinigung: „Der Mann legte sich ‚im Gewand' an die Seite der Frau [...], und sie verbrachten mehrere Stunden, vielleicht auch die ganze Nacht miteinander"[172]. Erst wenn neben der Erotik auch die ökonomische Ehemöglichkeit geklärt war, folgte als letzte Probe die geschlechtliche Vereinigung, um in der Gebär- und Kinderfähigkeit der Frau sicherzugehen. Nicht wenige Paare heirateten erst nach der Schwängerung, so daß auf voreheliche Konzeption eine eheliche Geburt folgte.[173] Das heißt: „Nächtliche Besuche jugendlicher Freier und die Aufnahme sexueller Beziehungen vor der ‚offiziellen' Heirat" waren ein allgemein übliches Verhaltensmuster",[174] was aber keineswegs bedeutete, voreheliche Affären seien einfachhin üblich gewesen und geduldet worden.[175]

Wie Männer einen Beruf oder Hof einzubringen hatten, so die Frauen eine Mitgift. Angehörige der Unterschichten oder Mädchen vom Land verdingten sich zur Erwirtschaftung derselben oft als Hausmägde in der Stadt. Wenn dann ein Mann sie trotz zugesagter Heirat oder nach ihrer Schwängerung verließ oder sie gar vergewaltigte, war die Frau ehrlos und wurde zum Freiwild. Im westfälischen Münster hat sich allerdings gezeigt, daß Frauen sich „eines relativ guten rechtlichen Schutzes erfreuten"[176]. Vielerorts konnten Dienstboten aus ökonomischen Gründen überhaupt nicht heiraten; mangelnde Subsistenz verurteilte sie „zu lebenslänglicher Enthaltsamkeit“[177]. Der Sexualdruck richtete sich in den Unterschichten gegen Frauen um die Mitte der Zwanzig, zu 80 Prozent nun gegen Dienstmägde, aber geschwängert nicht nur von ihren Dienstherren, sondern auch von Knechten, Gesellen und Soldaten.[178] Die Verführte verfällt der Schande, verliert ihr soziales Bezugsfeld, während der Verführer sich auf und davon macht; das Kind stirbt zumeist, oder die Mutter tötet es. Kindsmord bzw. Kindstötung zählt zu den häufigsten strafrechtlichen Vorwürfen gegenüber Frauen.[179] Für den Mann war es ein kurzes Liebesglück und für die Frau oft ein lebenslanges Leidensgeschick. Geschlechtsspezifisch waren auch die Bestrafungen, und zwar wiederum: Für den Mann verhängte das Gericht in der Regel nur eine kurze Schandstellung; denn ein Bauer oder Handwerker, weil für den Hof/Betrieb und die Familie verantwortlich, konnte nicht für länger behelligt werden.[180] Die von ihrem Arbeitgeber verführte oder zum Geschlechtsverkehr gezwungene Magd erhielt oft Freiheitsentzug und Arbeitsverpflichtung ohne Rücksicht auf das Neugeborene, wurde also „wesentlich härter bestraft als der Mann“[181].

Es zeigt sich: Für junge Frauen bestand eine nur brutal zu nennende Asymmetrie, indem sie „das primäre Risiko vorehelicher Beziehungen trugen“[182]. Dabei war die den jungen Menschen abgeforderte Moral nicht zuerst eine kirchliche; ausschlaggebend waren die ökonomischen Gegebenheiten. Sich „‚fleischlich vereinigen‘“ ist in der Gesellschaft des 17. und 18. Jahrhunderts „keine nur sexuelle Interaktion“, „sondern Teil eines umfassenderen sozialen Transaktionsprozesses“[183].

Für das Münsterland liegen vom Ende des 16. Jahrhunderts bis zur Französischen Revolution die Protokolle von 19.000 Sendgerichtsfällen vor, den vor Ort durchgeführten Sittengerichten mit ausführlicher Wiedergabe der Verhandlungen und Urteile. Zunächst einmal wird klar: Ehen waren „nicht Lieblosigkeit und Gefühlskälte“; ohne Emotion und nur aus Besitzinteresse hatten sie „wenig Aussicht auf Erfolg und waren nicht die Regel“[184], wobei aber von der Frau „uneingeschränkte Arbeitsleistung und sexuelle Verfügbarkeit“[185] erwartet wurde. Anders als im Gesamttrend gestalteten sich die Strafen: „Die andernorts drakonisch durchgeführte Todesstrafe bei schweren Vergehen wie Inzest, Sodomie oder Kindestötung kannte das Fürstbistum [Münster] nicht“[186]. Schichtübergreifend und zumal auf den Bauernhöfen bestand man auf ehelicher Fruchtbarkeit, was die hohe Zahl vorehelicher Konzeptionen erklärt, nämlich bis zu einem Drittel.[187] Weiter, gegen das im Mittelalter schon überwundene Zustimmungsrecht des Adels zur Ehe ihrer Hörigen vermochten die Sendgerichte das kirchliche Konsensrecht nicht durchzusetzen.[188] Einzelurteile zeigen Brutalität rohester Art: Schläge und Fußtritte gegen eine Schwangere mit der Folge einer Fehlgeburt, oder aus dem Kindbett herausgeprügelt zur Feldarbeit mit Blutsturz und Tod.[189] Aber das ahndete man „zunehmend strenger"[190]. Dann das ewige Problem mit den abhängigen Frauen; die Protokolle „zeigen die Brutalität, die Drohungen und die Versprechungen, mit denen Mägde an der Grenze der Vergewaltigung oder darüber hinaus gefügig gemacht wurden"[191]. Die Bestrafung indes blieb wiederum ungleich, wurde doch „die öffentliche Schandstrafe bei Sexualdelikten fast nur an Frauen vollzogen"[192], etwa sonntags vor der Kirchtüre stehen oder 36 mal beichten und kommunizieren, oder gar des Ortes verwiesen zu werden; demgegenüber erscheint kaum ein Fall von öffentlicher Kirchenbuße eines Mannes. Wohl bestätigte das Sendgericht Alimentsklagen, sozusagen „als Mindestmaß an Barmherzigkeit"[193]. Geschwängerte Frauen gingen aus Scham und Schande zur Geburt oft ins Nachbardorf oder ins nächste Territorium.[194]

Zusammenfassend ist zu sagen: Bei der Wahl eines Heiratskandidaten bzw. einer -kandidatin standen nicht primär romantische Liebeswünsche im Vordergrund, sondern sozioökonomische Motive: „Besitz, Vermögen, Erbschaft und Arbeitsfähigkeit waren neben der ‚Ehre' einer Person und dem Ansehen des elterlichen Hofes wesentliche Kriterien der Partnerwahl"[195]. Die Liebe mußte ‚nachwachsen'; erst die positiv empfundenen „Charakterzüge und Verhaltensweisen des Partners bzw. der Partnerin ließen ‚ein sonderliches Gemieth und Lieb' entstehen und sexuelle Begierde aufkommen"[196].

g) Die abgeschaffte Prostitution

Ein radikales Ende verordnete die Reformation den Bordellen, statt deren zuvoriger Üblichkeit nun die sofortige Schließung. Die dabei vorgebrachten Vorwürfe werfen noch einmal einen – gewiß polemischen – Blick zurück: Die Kupplerinnen seien die wahrhaft Schuldigen, und die Bordellwirte hätten die Frauen an ihrer Besserung behindert; schon Zwölfjährige seien dort ein- und ausgegangen; die Kleriker und Mönche hätten auf diese Weise ihre Gelüste befriedigt, und die Papstkirche habe noch Einkünfte daraus bezogen.[197]

Aber die Prostitution ließ sich nicht unterdrücken. Sie war und blieb ein städtisches Phänomen, dazu für alle sich anbietenden Frauen ein Problem der Armut. Rom galt um 1500 als „Welthauptstadt der Prostitution'"[198]. Die Papststadt zog Kleriker, Pilger und viele Sonstige an, hatte immer einen beträchtlichen Männerüberschuß. Zehn Prozent der Einwohnerschaft sollen vom Lustgewerbe direkt oder indirekt profitiert haben. Neben den allgemeinen Dirnen bot sich die ‚cortigiana' an, die ‚Hofdame', sie mit gebildeten Unterhaltungskünsten und entsprechend gesteigerten Geldforderungen. Nach dem Sacco di Roma, der Ausplünderung der Stadt im Jahre 1527, sollte dieses sündige Treiben beendigt werden. Die Päpste diktierten radikale Einschränkungen, so mit Zwangspredigten und Zwangskasernierung,[199] doch nur mit „begrenztem Erfolg"[200]. Andere Städte blieben liberal, etwa Venedig; dort sollen es um 1500 bei 100.000 Einwohnern fast 12.000 Prostituierte gewesen sein,[201] weswegen hier von einem Sextourismus zu sprechen ist;[202] in den Slums abseits des Rialto die gewöhnlichen Huren, in vornehmen Apartments die Kurtisanen, elegant in der Kleidung und versiert in Dichtkunst wie Musik.[203]

Paris zählte im 18. Jahrhundert 600.000 Einwohner und darunter zehn- bis fünfzehntausend Prostituierte, bei der 1810 vorgenommenen Erstregistrierung genau 19.000. Für das mit 675.000 Einwohnern noch größere London wird die Zahl weit niedriger auf 3.000 geschätzt.[204]

In Amsterdam, dessen Bevölkerung im 18. Jahrhundert von 59.000 auf 240.000 emporschnellte, sollten es 800 bis 1000 Prostituierte gewesen sein, bei der Registrierung im Jahre 1811 genau 700.[205] Beim Übergang zum Calvinismus waren 1578 die Bordelle verboten worden, wozu die Kirchengremien mahnten und wofür die städtische Polizei kontrollierte (wozu die Stadt sogar eine Straßenbeleuchtung einrichtete). Wieder war es das alte Argument, die ehrbaren Frauen und Töchter vor Übergriffen zu schützen.[206] Aber ein Totalverbot erwies sich in einer Hafenstadt als nicht durchführbar. Für Kontakte empfahlen sich die ‚Spielhäuser', eine „Kombination von Musik, Tanz und sexueller Verlockung"[207], jeweils mit ganz unterschiedlichem Niveau, ob etwa mit unterhaltsamen Kurtisanen oder billigen Huren. Dabei wirkte viel Urtümlich-Hergebrachtes weiter, so die Beurteilung von ehrenhaft/ehrlos wie ebenso von rein/beschmutzt. Die Männer-Ehre forderte von der Frau voreheliche Keuschheit wie auch makellose Treue; ein zu ehelichendes Mädchen mußte unberührte Jungfrau sein, sonst galt sie als ‚unehrlich'. Der Ehebruch galt als schlechthin größtes Vergehen, nun auch für den Mann; ein Bordellbesuch ruinierte ihn ob des Verlusts der Ehre und der Unmöglichkeit einer Amtsübernahme. Die Frauen traf es vielfältiger: die unehelich geschwängerte Frau als ‚schmutzige Braut', ihre Prostitution als ‚unehrliches Gewerbe', die Syphilis als ‚unreine Krankheit', das Bordell als ‚schmutziger Ort' und als ‚Latrine', Bordellwirt und Bordellmutter als ‚dreckige Personen'. Die von den Gerichten verhängten Strafen wurden oft mit Maßnahmen zur Resozialisierung kombiniert und blieben „relativ moderat“[208].

Die Folgen der Freizügigkeit zeigen sich in den schon seit der Antike von Christen organisierten Findel- und Waisenhäusern.[209] Die von Männern geschwängerten Frauen konnten dort ihre unehelich geborenen Kinder abgeben. Heute noch steht in der Nähe des Vatikans das von Papst Innozenz III. gegründete und von Sixtus IV. († 1484) ausgebaute Findelhaus, bis heute noch mit der äußeren Drehlade, mittels derer die Kinder unerkannt abgegeben werden konnten. Florenz eröffnete 1445 sein berühmtes Ospedale degli Innocenti, das als eine von sieben Anstalten die ungewollten Kinder der Florentiner Bürger aufnahm; die Eröffnung ließ die Zahl der abgegebenen Kinder in die Höhe schnellen, mit Anfang des 16. Jahrhunderts über 900 Kindern, dem noch die in anderen Anstalten Untergebrachten hinzuzufügen sind.[210] Bei aller Fürsorge erlagen aber die dort abgegebenen Findeln einer deutlich höheren Sterblichkeit.[211]

Für Mailand legte schon 1844/45 der damalige Leiter des Mailänder Findel-Hauses Zahlen vor, welches seinerzeit jährlich etwa 2.700 Kinder aufnahm, was ein Drittel der Neugeburten in der Stadt ausmachte. Zurückgerechnet bis zur Gründung des Hauses im Jahre 1659 bis 1900, ergibt sich die Zahl von 343.406 registrierter Findeln, davon für die Zeit zwischen 1810 und 1869 mehr als die Hälfte der Gesamtzahl, wobei aber auch Kinder von Verheirateten aus Armut abgegeben wurden.[212] Ähnlich ist der Befund in Paris, wo im ersten Drittel des 18. Jahrhunderts jährlich 7.000 Kinder aufgenommen wurden.[213] In London waren es, nachdem das Parlament 1740 eine besonders großzügige Regelung geschaffen hatte, täglich 100 und mehr Kinder, in den Jahren bis 1760 zusammen fast 15.000.[214] Für die Mitte des 19. Jahrhunderts ist in Europa eine Gesamtzahl von 356 Häusern mit 460.000 Pfleglingen zu unterstellen, was die Gesamteinschätzung nahelegt, „daß in den Dezennien um 1850 jährlich an die 100.000 Kinder und manchmal sogar noch mehr ausgesetzt wurden. Im ganzen 19. Jahrhundert dürften es mehrere Millionen gewesen sein“[215].

Auch im Norden wurden Findelhäuser eingerichtet, in Göttingen übrigens mit einem altkirchlichen aber unprotestantischen Motiv, daß nämlich die Zöglinge für ihre Wohltäter beten sollten.[216] Weil in der Fürsorge das ‚Heimatprinzip‘ galt, also die Versorgung am Herkunftsort, gab es oft ein Hin- und Hergeschiebe, dazu unversorgte Krankheitsfälle und Kinderbettel.

Für die in den Bordellen tätigen Frauen ergab sich im Laufe des 18. Jahrhunderts ein Umschwung in der Beurteilung. Grund dafür war einmal der aufklärerische Trend zur Anerkennung des Vollmenschseins auch der Frau, dazu deren religiöse Höherstellung in der Sittlichkeit. Galten zuvor die Frauen oft als unersättlich wollüstig, die dann arglose Männer zur Sexualität verführten, so jetzt umgekehrt: Die Frauen und zumal die Prostituierten seien Opfer männlicher Verführung, gäben sich im Bordell nur aus Not hin.[217] In einem englischen Gedicht heißt es: „Bewein das Unglück einer elend' Jungfrau/ Die einem Manne Ruf und Gesundheit opferte/ Die für Liebe, Wahrheit und Vertrauen nichts erhielt/ als Not und Gram, Krankheit und Schande ohne Ende"[218].

h) Der Pietismus

Jenseits der festgefügten Konfessionen taten sich neue Horizonte auf, so bei den Quäkern, Methodisten und Evangelikalen. Man hat hier die „Anfänge der modernen Liebesehe" entdecken wollen.[219] Max Weber, der den durch Calvins Prädestinationslehre ausgelösten Disziplinierungsschub und die dadurch geprägte ‚protestantische Ethik' dargestellt hat, übergeht die Sexualität. Dieselben Prediger aber, welche zu der von Weber hervorgehobenen Verfleißigung antrieben, behandelten auch die Ehe: Die sexuellen Triebe der Männer seien durchaus beherrschbar, und die Frauen sollten von ihrer liebenswerten Seite her genommen werden.[220] Als Belege dienten alttestamentliche ‚Sprichwörter': „Freu dich der Frau deiner Jugendtage […]. Ihre Liebkosung mache dich immerfort trunken, an ihrer Liebe berausche dich wieder. Warum solltest du dich an einer Fremden berauschen?" (Spr 5,18 ff.). Webers Kronzeuge, der Prediger Richard Baxter († 1691), preist eheliche Liebe als Freude und Ergötzen, als Feuer und Kraft, als Gegenteil des üblichen Lauwerdens: Die Frau sei der werteste Schatz; selbst bei körperlicher Häßlichkeit dürfe sich das Entzücken nicht mindern; erst Beständigkeit verschaffe langfristiges Glück; anstatt aufwühlender Erotik solle allein die gesittete Liebe herrschen, die jede Untreue abweise. Die Wirkung war tatsächlich echt weberianisch; langfristig gewann „das Wohlgefallen einen Vorrang gegenüber der Erregung"[221]. Gleichwohl blieb eine Hierarchie: „die Männer als die Häupter, die Frauen als die Leiber", aber doch „mit körperlicher Intimität und erotischem Vergnügen auf beiden Seiten“[222]. Hatte zuvor die Frau oft als schwach und sinnlich gegolten, so wurde sie jetzt zum Inbegriff von Tugendhaftigkeit; ja mehr noch, das neue Bestreben zielte nicht mehr nur auf Züchtigkeit der Frauen und Töchter, sondern nun auch auf die „Reinheit der Söhne“[223].

Der Pietismus stellte Sexualität und Ehe in eine christologische Dimension und fand dafür Bestätigung in der mittelalterlichen Brautmystik, konnte doch die Christusfigur – wie schon bei Bernhard von Clairvaux – „weibliche Züge tragen“[224]. Der Begründer der Herrnhuter Brüdergemeinde, Nicolaus Ludwig von Zinzendorf († 1760), theologisierte allerdings bevorzugt die Männlichkeit: Jesus selbst als „Erz-Mann“[225] und für die Gemeinde der „Ehe-Man“[226].

In die Welt eingetreten, ist Jesus ‚Mann in allen Stücken‘, ersichtlich an einem männlichen Geschlechtsorgan, weswegen die Beschneidung die ‚erste heilige Wunde‘ ist: „Deine heilige erste wunde / Helf uns zur beschneidung des herzens!“[227]. Infolgedessen habe die Menschwerdung Jesu die seit dem Sündenfall auf den Genitalien liegende Scham aufgehoben, so daß man den Bereich der Sexualität nicht schamvoll verschweigen müsse.[228] Der Gekreuzigte sei durchaus nackt darzustellen, soll „blos hängen“[229]. Neues Licht fiel dabei auf die Ehe: Die geschlechtlichen Organe sind „heilig“[230], sowohl die männlichen wie – wegen der unbefleckten Empfängnis Mariens – auch die weiblichen. Die Frauen sollen ihre Männer, weil diese ihr Geschlechtsglied mit Jesus Christus als „theure[s] zeichen“[231] haben, mit „innigster Geborgenheit veneriren“[232]. Umgekehrt sollen die Männer in Erinnerung an Jesu Geburt von der Jungfrau Maria ihren Frauen begegnen mit „immerwährende[r] Veneration“[233]. Dadurch werde die eheliche Sexualität ein Abbild der geistlichen Ehe zwischen Christus und der Kirche,[234] wobei der Mann Jesus Christus und die Frau die Gemeinde darstelle.[235] Der als „Vice-Christ“[236] fungierende Mann ermöglicht es seiner Frau, sich an ihm „das Bild des Heilands“ vorzustellen, während es der Frau zukommt, die Pflege der Zärtlichkeit in der Gemeinde „als Vorgeschmack der Seligkeit zu ‚genießen‘“[237]. Nun könnte man bei solchem Eheleben immer noch den Mann als ‚Haupt der Frau‘ argwöhnen, doch geschieht im Himmel die endgültige Umkehr: Dort behält die Frau ihre volle Weiblichkeit, während der Mann – um endgültig seine Brautfunktion vollziehen zu können – sein Geschlecht verliert![238] Somit ist alle irdische Männer-Autorität letztlich transitorisch. „Im Christ ist kein geschlecht“[239].

i) Katholisch: Versagen und Chancen

In direktem Gegensatz zu Max Webers ‚Protestantischer Ethik' leistete der Katholizismus nur eine „erfolglose Disziplinierung"[240]. Während die Protestanten sich der Reinheit sowohl ihrer Seele wie auch ihres Leibes rühmten, galt die katholische Lebensweise insgesamt als ‚säuisch'. Die Auswirkungen reichten über das Religiöse hinaus bis ins Hygienische, im Protestantismus sogar mit herabgesetztem Kindbett-Tod und verminderter Säuglingssterblichkeit. Das bereits zeitgenössische Allgemeinurteil über die Laschheit katholischer Südländer hat die neuere Forschung bestätigt: Italien „als sexuell sehr liberales Land", Spanien „als Land, dessen Einwohner ihre sexuellen Triebe frei ausleben lassen konnten"[241]. Der Geschlechtsverkehr konnte oft weiterhin öffentlich geschehen, vor den Augen anderer, auch der Kinder.[242] Die katholische Unzucht wurde sofort auch konfessionell ausgeschlachtet: Ein nach Amsterdam übergesiedelter und konvertierter Italiener empörte sich über die ‚unkeusche Zusammenrottung der römischen Huren';[243] solche benützten ihr Katholisch-Sein, um mit ihren Verehrern in die Messe und zur Beichte zu gehen, was sie alle wieder rein mache. In Italien konnte es sich noch immer gehören, dem Gast mit dem Bett auch die Frau anzubieten.[244]

Das ethisch unregulierte, ja ungehemmte Sexualverhalten hat noch Carlo Levi in seinem berühmten Buch ‚Christus kam nur bis Eboli' beschrieben: „Die Liebe oder die sexuelle Anziehung wird von den Bauern als eine so starke Naturkraft angesehen, daß kein Wille sich ihr widersetzen kann. Wenn ein Mann und eine Frau in einem Raum allein zusammen sind, so kann nichts sie daran hindern, sich zu umarmen; weder gegenteilige Vorsätze noch Keuschheit noch irgendeine andere Schwierigkeit können dagegen ankommen; und wenn die beiden es zufällig nicht tun, dann ist es doch so gut, als hätten sie es getan. Allein zusammen sein bedeutet, sich der Liebe hingeben. Die Allmacht dieser Gottheit ist so groß und der natürliche Drang ist so einfach, daß eine eigentliche sexuelle Moral nicht bestehen kann und ebensowenig eine wirkliche soziale Mißbilligung unerlaubter Liebschaften [...] Wenn nun aber keine moralische Hemmung gegen die ungezügelte Heftigkeit der Begierde bestehen kann, so springt hier die Sitte ein und erschwert die Gelegenheiten. Keine Frau darf mit einem Mann zusammenkommen, außer in Gegenwart von anderen Leuten"[245].

In Spanien ließ sich das Trienter Dekret ‚Tametsi' nicht wirklich durchsetzen.[246] Man hielt die sexuellen Kräfte des Mannes für letztlich unbeherrschbar, seien vielmehr dessen Wille und Stärke. Wohl hatte der Ehemann seine Familie zu unterhalten, aber nie mit weiblichen Arbeiten; eigene Fehltritte waren natürlich, sollten freilich anonym bleiben; die an sich physisch schwächere Frau erweise sich im Alltag als resistenter, aber im sexuellen als emotionaler, was sie lasterhaft mache; vor der Heirat war ihre Unberührtheit und nachher ihre Treue obligat; ein Nachgeben vor der Ehe oder eine Fremdeinlassung machten sie ehrlos.[247] Dirnen waren in Spanien „allgegenwärtig“[248]. Die Fernwirkung des früheren Machismo glaubt man noch fürs heutige Südspanien feststellen zu können: Kein „Macho kann eine Frau vorrübergehen sehen, ohne sie mit den Augen zu essen“[249].

Dem in den Sudlandern verbreiteten Laxismus scheinen freilich die Zahlen der illegitimen Geburten zu widersprechen: Vor allem Italien zeigt extrem niedrige Werte,[250] fast wie im calvinistischem Genf mit dort 0,12 Prozent. Der Grund liegt jedoch nicht in einer Disziplinierung, sondern in der Fortsetzung althergebrachter Verhaltensmuster: Keuschheit der Frau vor der Trauung und Treue nachher, zu verstehen als „spezifisch männerrechtliche Denk- und Verhaltensmuster“.[251]

Mochte der Katholizismus in der Disziplinierung zurückbleiben, so entwickelte er doch auch eine positive Seite. Das protestantische Bemühen um das Wort Gottes evozierte die Katholiken; auch bei ihnen sollten alle das nötige Glaubenswissen haben und die Christengebote kennen. Dafür erschienen Katechismen, als besonders erfolgreicher der ‚Catechismus Romanus‘ und derjenige von Petrus Canisius († 1597). Eingeführt wurde die sonntagnachmittägliche Christenlehre, gedacht besonders für Knechte, Mägde und Kinder. Effektiver wirkte der allgemeine Schulunterricht, der freilich im Dorf, wenn überhaupt, nur zur Winterzeit stattfand. Eine systematisch und mehrjährig aufgebaute Ausbildung leisteten für Jungen die Gymnasien der Jesuiten und für Mädchen die der Englischen Fräulein, die es den Jesuiten gleichtun wollten, auch mit Unterricht in den Freien Künsten und in lateinischer Sprache; ähnlich die Ursulinen, die ebenfalls höhere Mädchenbildung anboten. Immer widmeten sich diese Orden auch den Unterschichten, die Jesuiten durch Aufnahme begabter Unbemittelter und mehr noch durch Volkskatechesen, die Ursulinen mit kostenlosem Unterricht für die Allgemeinheit. Auf Dauer freilich wurden die beiden Frauen-Orden innerkirchlich angegriffen und mußten zurückstecken, die Englischen Fräulein sogar mit Verbot.[252]

Bei den Ursulinen gehörten ‚berühmte Frauenzimmer' zum Prüfungsstoff, vor allem die biblischen Gestalten, vorweg aus dem Neuen Testament Maria, aus dem Alten Testament Rahab, die als Dirne die Eroberung Jerichos durch die Israeliten ermöglichte (Jos 2; 6,22–25), oder die Richterin Deborah, die dem kenitischen Gegner einen Zeltpflock durch die Stirne trieb (Ri 4,1–24), zusätzlich auch Frauen aus der christlichen Geschichte, wobei diese Vorbildfrauen zeitgemäß umstilisiert wurden, so in der Aufklärung als „kluge Frau" (Sir 25,8) und ohne „Frauenbosheit" (Sir 25,13), im beginnenden Nationalismus dann als tapfere Vaterlandsverteidigerinnen wie Rahab und Deborah.

Angesichts der bislang „auffälligen Vernachlässigung katholischer (Mädchen-) Bildungskonzepte"[253] verdienen diese speziellen Initiativen besondere Beachtung.[254] Schon daß sich hierbei Frauen hervortaten, geschah ungeachtet des paulinisch gebotenen ‚Schweigens der Frauen in der Kirche' (vgl. 1 Kor 14,34): Gott habe auch die Frauen mit Verstand und Gedächtnis begabt, freilich beim männlichen Geschlecht reicher für dessen auch wichtigere Aufgaben. Während im protestantischen Bereich die Frau sich auf Ehe und Familie fixierte, präsentierten katholischerseits die neuen Orden ein verstärktes Bildungsangebot für Mädchen. Ordensfrauen vermochten dank ihres Unverheiratetseins, ob nun klösterlich oder semireligiös organisiert, ein innovatives Potential zu entfalten: Unterricht mit acht Stunden im Kloster wie in Außenschulen, Verzicht auf Schulgeld aufgrund der Ordensarmut, in der Organisation mit Klassenunterricht und über die religiöse Erziehung hinaus auch Unterweisung in nutzbringenden Fächern. Dieses neue Modell katholischer Mädchenbildung „hatte im protestantischen Bildungswesen keine Entsprechung"[255]. Im Ganzen blieb es gerade auch katholischerseits bei der Überlegenheit des Mannes, freilich nun mit neuen Akzenten zugunsten auch der Frau: sie mit einem weitreichenderen und auch feineren Empfinden, vor allem mit einem größeren Schamgefühl, was die Tabuisierung der Sexualität bestärkte und das Postulat fraulicher Unschuld verstärkte.[256]

Für die katholische Disziplinierung, so sehr sie hinter der protestantischen zurückblieb, läßt sich überraschenderweise auch der Zölibat anführen. Nicht nur, daß er jetzt konsequenter gelebt wurde, er erwies sich auch als Indikator für ein erhöhtes Sittlichkeitsempfinden in den Gemeinden, selbst bei Dorfbewohnern. Zuvor hatte man den Pastor wegen seiner Konkubine und seinen Kindern wenig behelligt, sofern er nur seine rituellen und seelsorgerischen Pflichten erfüllte; Kritik setzte erst ein, wenn er die Amtsgebühren erhöhte und diese auch noch zur Ausstattung seiner Kinder verwandte. Jetzt aber im 18. Jahrhundert setzte Kritik schon ein, wenn der Pastor zwar Keuschheit predigte, sie aber selbst nicht einhielt. Wer als Sittenrichter auftrat und sich zugleich als Delinquent erwies, dem verweigerte das Dorf die weitere Teilnahme an seinen Predigten und an der Sakramentsspendung;[257] die spirituelle Doppelzüngigkeit des Pastors zerstörte jetzt seine „‚Erbaulichkeit' für die Pfarrgemeinde“[258].

j) Jansenistischer Rigorismus

Jahrhundertelang, ja fast bis zur Gegenwart, diskutierte die katholische Moraltheologie, ob Verstöße gegen das sechste Gebot nicht allesamt Todsünden seien, oder ob es auch ‚kleine Vergehen' gebe, solche von nur läßlicher Sündigkeit; ob Küsse, Berührungen und Umarmungen zu jener erotischen Lust drängten, die auf Sexualverkehr abziele oder beim Mann einen Samenerguß auslöse. Wo immer solches Lustwollen direkt aufkam, wurde Todsünde angesagt, und nur wo diese Lust weniger weit vordringe, eine läßliche. Die Argumentationsbasis kam von Thomas von Aquin her: Küsse, Umarmungen und Berührungen sind – sofern landesüblich – „ihrer Natur nach keine schwere Sünde“; sollten sie aber wegen des Lustgewinns geschehen, „dann sind sie folglich schwere Sünde“[259]. Alle libidinösen Handlungen deuteten die Rigoristen als bereits eingeleiteten Geschlechtsakt und speziell beim Mann als eingeleitete Selbstbefleckung.

Frankreich ist überdies eine Sonderstellung zuzusprechen: Unter den katholischen Ländern ist hier die Trienter Reform noch am konsequentesten durchgeführt worden.[260] Das mag auch mit dem Jansenismus, einem innerkatholischen ‚calvinistischen Rigorismus', zusammenhängen. Betroffen war vor allem die Sexualität. Wenn Paulus – so die jansenistische Argumentation – es nicht für gut hielt, eine Frau zu berühren (1 Kor 7,1), dann müsse solches doch etwas Böses sein; folglich seien sinnliche Lustgefühle allesamt verdammenswert und nur bei Absicht der Kinderzeugung gerechtfertigt; ebenso wird die Pollutio verurteilt.[261] Von Augustinus her wird der eheliche Geschlechtsverkehr rein negativ nur als Heilmittel gegen Begehrlichkeit beurteilt.[262] Der Begründer Cornelius Jansenius († 1638) wörtlich: „Das ist das Ideal christlicher Eheführung, die dem geschlechtlichen Verlangen wehrt, sich mit der menstruierenden, der schwangeren, der gänzlich unfruchtbaren oder durch Alter gebärunfähig gewordenen Frau zu verbinden [...]. Nicht das Geringste darf geschehen um der geschlechtlichen Lust willen“[263]. Deutlich genug wird hier: Eheliche Liebe und menschliche Geschlechtlichkeit sind nicht aufeinander bezogen.[264] Diese Auffassung griff tief ins Religiöse ein, so in die Beichtpraxis und den Kommunionsempfang; denn vor dem Empfang der Eucharistie geboten sich sexuelle Reinheit und Enthaltsamkeit.[265] Nur mit Erstaunen nehmen wir heute zur Kenntnis, daß Blaise Pascal († 1662) der jansenistischen Richtung zuneigte.

k) Am Ende

Wie schon für andere Epochen differieren wiederum die Urteile. Heinz Schilling nennt Luthers „ausnahmslose Verbindung von Sexualität und Ehe radikal neu“[266]. Die Aussagen, das Verlangen des Mannes nach der Frau sei Schöpfung Gottes, seien – so Bernd Moeller – im Licht der Kirchengeschichte „außerordentliche Sätze“, mit dem Zusatz sogar, „ob derart unbefangen und unverstellt überhaupt jemals geredet worden war“[267]; die Verknüpfung mit gnostischer oder platonischer Leibfeindlichkeit habe sich dadurch „aufgelöst“[268]. Heiko Obermann sieht gar „einen Epochensprung“: „Das überraschende – auch im 16. Jahrhundert höchst anstößige – Element ist das Bekenntnis zum Sexualtrieb als Gotteskraft; ja sogar als Gottes vitale Präsenz“[269]. Luther habe sich, so Obermann weiter, von dem klerikalen Bild der Frau als der sexuell unersättlichen Hyäne befreit, wie es die Inquisitoren laut ‚Hexenhammer‘ neu eingepaukt hätten.[270]

Zu diesen Superlativen gibt es Gegenaussagen. Das von Obermann aus dem ‚Hexenhammer‘ hergeleitete Bild von der Frau als fleischeslüsternem Monstrum, steht in Wirklichkeit „in einem ziemlich krassen Gegensatz zu ihrer Stellung in der sonstigen rechtstheologischen Literatur“[271]. Überdies sind Luthers Äußerungen über die ‚scheußliche Wollust‘ und ‚sinnliche Begierde‘ unzählig.[272] Insbesondere verkennen die Positiv-Urteile die von Luther lebenslang widerholte Aussage aus Psalm 50 (Vulgata), der Mensch sei in Sünden geboren. Nur nebenbei wird für

Luther zugegeben, es finde sich „bei ihm weiter die biblische Anschauung von der Sündhaftigkeit ehelicher Beziehungen"[273]. Otto H. Pesch, Kenner sowohl des Thomas von Aquin wie auch Martin Luthers, hält fest, daß für Luther selbst in der Ehe der sexuelle Verkehr „nicht ohne Sünde ist"[274]. Keine Anweisungen für Schlafkammer und Ehebett gegeben zu haben, entsprach einer bereits im Spätmittelalter vorbereiteten Tendenz, ist also kein Verdienst Luthers.

Andere Urteile lauten direkt negativ: „Im 16. Jahrhundert verschlechterte sich die Rechtsstellung der Ehefrau [...] eklatant"[275]. Die Absolutsetzung der Ehe habe die Jungfräulichkeit verschwinden lassen, denn deren Hochschätzung habe dazu beigetragen, „daß sich eine spezifisch weibliche Religiosität entfalten konnte"[276]. Diese Entfaltungsmöglichkeiten waren der Frau nun genommen; sie wurde zur Hausfrau. Frauen seien nun doppelt eingesperrt gewesen, familiär wie spirituell. In der protestantischen Ehe habe sich die Macht des Patriarchen zur Anmaßung gesteigert: „Er und er allein, war der Gebieter über seine Frau, Erzeuger der Kinder, Priester, Beichtvater und Papst, Abgesandter der Gottheit in einer Person"[277]. Im Blick auf das reformatorische Verbot der Bordelle werden eine zuvorige ‚regulierte Toleranz der Katholiken' und ein ‚protestantischer Rigorismus' unterstellt.[278] Selbst in grundlegenden Beurteilungen bleiben konfessionelle Differenzen. So kann es heißen, die katholische Moraltheologie sei „nicht eigentlich ‚sexualfeindlich'", vielmehr „körper- und affektfeindlich"[279], wie umgekehrt behauptet werden kann, verfehlt sei der Rückschluss, „dass Leibfeindlichkeit und Angst vor Sexualität sozusagen konstitutiv zum Christentum" gehörten.[280]

Der Katholizismus hinkte hinterher. Trotz des in Frankreich verbreiteten Jansenismus blieb das Land amourös, mehr noch die Südländer in Italien und Spanien. Einen Auftrieb leisteten die Orden, sie freilich oft mit der Devise, im sechsten Gebot sei alles schwere Sünde.

10. Die Aufklärung

Die aufklärerische Debatte um Sexualität und Ehe eröffnete neue Argumentationen und Perspektiven. Die Lust gilt als angeboren, ist von Gott zur Erfreuung geschaffen, wird eingegrenzt nur durch die mögliche Schädigung des Anderen. Je nach Gewissen soll man sich entscheiden, nicht nach religiösen Geboten oder Verboten, auch nicht den biblischen. Die Moral des Herzens ist die einzige und darum alle Sexualität eine Privatangelegenheit. Für diese Freiheit entsteht im 18. Jahrhundert eine zuvor unbekannte Pornographie, oft auch bebildert. Ein geschärfter Blick für die Gleichheit der Geschlechter hebt die Stellung der Frau, beseitigt die rechtliche Benachteiligung der zuvor ‚liederlichen' Frauenpersonen, ja gewährt der Frau Initiativen auch im Sexuellen. Die neuen Momente zeigen sich zuerst in den Oberschichten, im gehobenen Bürgertum wie auch im Adel, nun mit gleichgearteter Ausbildung auch der Mädchen, für diese freilich nur im Privaten und nicht an den Universitäten. Als Instrument dieser Veränderungen drängt der Staat vor.[1] Dabei veränderte sich auch die Ehe, zunächst freilich mit viel Hergebrachtem: „er das Haupt – sie das Werkzeug"[2].

a) Erziehung zur Ehe

Die vorgegebenen Zwänge fielen keineswegs sofort alle dahin. Die hohe Kindersterblichkeit erforderte weiterhin hohe Geburtenzahlen; ein Drittel bis ein Viertel der Geborenen verstarb vor der Mündigkeit. Aber erstmals wurden hygienische Maßnahmen ergriffen. In Schweden nutzte man die von den Predigern für die Bibellektüre erzwungene Lesefähigkeit dazu, medizinische Vorschriften für Geburt und Kinderaufzucht allgemein zu verbreiten.[3] Ein Durchbruch war die Bewältigung des Kindbettfiebers durch Ignaz Semmelweis († 1844).[4] Für die Allgemeinheit wurden Gebärstationen eingerichtet.[5] Dank der medizinischen Hygiene und speziell der Pockenimpfung erhöhte sich die Lebenserwartung. Die Folge war „die demographische Revolution“[6].

In der staatlicherseits vorangetriebenen Ehezucht hatte sich speziell das absolutistische Frankreich hervorgetan: der Mann als Haupt und die Frau als Untergebene. Körperliche Züchtigung blieb dem Mann zwar unbestritten, doch – wie seit jeher – nicht mit Grausamkeit oder gar Todesfolge; solches wurde ausnahmslos bestraft.[7] Sexuelles Fehlverhalten der Frau galt „primär als Ausbrechen aus der Autorität des Ehemannes und als Akt der Aufsässigkeit“[8]. Das ist der Hintergrund, vor dem Jean Jacques Rousseau († 1778) seinen Erziehungsroman ‚Emile‘ verfaßte. Was Eheleute „gemein haben, [ist] gattungsbedingt und alles Unterschiedliche geschlechtsbedingt“[9]. Die Frau „muß alles besitzen, was der Konstitution ihrer Gattung und ihres Geschlechts entspricht“[10], was tatsächlich aber zugunsten des Mannes ausschlägt, „daß die Frau eigens dazu geschaffen ist, dem Mann zu gefallen“, ja „sich zu unterwerfen“[11]; denn „ihre zarten Muskeln [haben] keine Widerstandskraft“[12]. Gleichwohl hat die Frau auch Macht über den Mann: „Ihre Macht liegt in ihren Reizen und mit ihnen muß sie ihn zwingen“[13], was um so leichter geschieht angesichts „der Leichtigkeit der Frauen, die Sinne der Männer zu erregen und auf dem Grund ihres Herzens die Überbleibsel einer schon fast erloschenen Liebesfähigkeit wieder zu erwecken“[14]; es ist „eine übliche List der Frau, diese Ungewißheit zwischen ihr und ihm immer bestehen zu lassen“[15]. Historisch zeige sich, „wie das Physische uns unmerklich zum Geistigen führe und wie aus der rohen Vereinigung der Geschlechter allmählich die süßesten Gesetze der Liebe entstehen“[16]. Das Endergebnis ist: „Der freiste und süßeste aller Akte läßt keine wirkliche Gewalt zu“[17]. Gleichwohl, „gesunder Menschenverstand ist beiden Geschlechtern gleichermaßen eigen“[18]. Und doch ist dieser Verstand jeweils anders: „Die Männer können besser über das menschliche Herz philosophieren, die Frau aber kann besser im menschlichen Herzen lesen“[19] Immer muß die Liebe vorangehen, nämlich „einander zuerst zu lieben, ehe man sich vereinigt“[20]. Der Ehebruch führt wechselseitig zur Scheidung, aber mit größerer Schuld der Frau: „Jeder untreue Gatte, der seine Frau des einzigen Lohns für ihre strengen Pflichten beraubt, ist ein ungerechter und barbarischer Mensch; die untreue Gattin aber geht noch weiter, sie löst die Familie auf"[21]. Denn für den unglücklichen Vater ist es ein ganz ‚schrecklicher Zustand', wenn er „bei der Umarmung seines Kindes zweifelt, ob er nicht das Kind eines anderen umarmt"[22].

In seinen ‚Bekenntnissen', der postum erschienenen Autobiographie, sind erotische Verzückungen empfindsamst beschrieben, sowohl mit betonter Prinzipienfertigkeit wie doch auch blamablem Versagen. In Venedig beabsichtigte er als junger Mann zunächst, mit einem Freund gemeinsam eine Dirne zu halten, wofür ihnen eine kaum Zwölfjährige angeboten wurde, der sie beide dann aber, statt deren Liebesdienste in Anspruch zu nehmen, eine musikalische Ausbildung bezahlten. Die Künste zweier Kurtisanen berückten ihn; bei der letzten, die ihn nach der ersten Begegnung als zu kühlen Mathematik-Geist hinauskomplimentiert hatte, füllte sich dann aber sein „Herz voll von ihren Reizen"; doch war sie da schon abgereist.[23] In Paris begegnete ihm die Tochter einer Wäscherin, die Geisteseinfalt mit Herzensgüte vereinte; mit ihr zeugte er fünf Kinder, die allesamt ins Findelhaus kamen, worin er „nichts Schlimmes sah", sondern „das Beste oder was ich dafür hielt"[24]. Dieser dunkelste Punkt in Rousseaus Leben brachte ihm die hämische Verachtung beispielsweise von Voltaire ein.[25]

Neu war das Problem ‚wie sage ichs meinem Kinde', was nämlich bei Zeugung und Geburt geschehe. Rousseau empfahl als klügere und treffendere Antwort bei einem Jungen, der selber beim Urinieren einen Stein ausgestoßen hatte: „Die Frauen pissen sie [die Kinder] unter Schmerzen heraus, die sie manchmal das Leben kosten"[26]. Deutlicher wurde Johann Basedow, er durchaus mit wahrer Benennung von Zeugung und Geburt; denn das Gerede vom Klapperstorch errege nur Abscheu: Mutter sei, wer ein Kind geboren habe; das Gebären geschehe nie ohne zuvorige Schwangerschaft und die Begattung nie ohne Mann, wofür es geschlechtliche Organe gebe, und das alles sei Kindern in züchtiger Weise nahe zu bringen.[27] Wer aber allzu offen davon spreche, die eigene Frau zu streicheln, sie zu küssen und mit ihr zu tändeln,[28] solle gegenüber den Heranwachsenden zurückhaltend bleiben und dürfe nichts über das realistische Zeugungsgeschehen sagen, um keine vorzeitigen Anreize zu wecken;[29] überhaupt seien stimulierende Lektüre, laszives Gerede und ‚unverschämte' Gemälde zu meiden.[30] Also: zur rechten Zeit alles Nötige und Nützliche – aber niemals zur Weckung von Neugierde und Begehrlichkeit.

b) Die ‚Krankheit' der Onanie und der Homosexualität

Von der Aufklärung möchten wir für die Onanie das Gegenteil erwarten von dem, was sie tatsächlich propagierte, nämlich die totale Perhorreszierung, aber nun nicht mehr als Sünde, sondern als medizinische Selbstruinierung: die Vergeudung des Samens als des wichtigsten Körpersafts mit der Folge von Austrocknung des Hirn- und Rückenmarks. Die Onanie wurde zum bedrängensten Männerproblem, oft in Tagebüchern nur verklausuliert als Versagensfälle angedeutet, auch noch mit Folgen für die Frauen ob deren mutwilliger ‚Selbstbefleckung'.[31]

Zum epocheprägenden Thema machte die Onanie der schweizerische Arzt Simon-André-David Tissot († 1797):[32] Der Mensch, ein Geschöpf Gottes und zugleich eine Maschine der Körpersäfte, erleidet, wenn er zu viel Samen vergeudet, die verdrießlichsten Übel; eher soll sich der junge Mann mit Frauenpersonen abgeben als der Onanie verfallen; denn diese – so wird fortan stetig wiederholt – okkupiere das Einbildungsvermögen, mindere die Gedächtniskraft, ja schwäche die Seelenstärke.[33] Die aufklärerische ‚Encyclopédie' häuft eine Unzahl solcher Übel auf: Übermüdung, Abgespanntheit, Schwindelgefühl, Abmagerung, Harnbrennen, Albträume, Gicht in den Gelenken und Rheuma im Rücken; gestraft wird der Onanist „durch Gewissensbisse, Ängste und Verzweiflung", „die Gedanken stumpfen ab, das Gedächtnis wird schwächer"[34]. Selbst Immanuel Kant († 1804) stimmte in diese Bedrohlichkeit ein: Onanie, sei „Mittel der Befriedigung tierischer Triebe", eine „Verletzung der Menschheit", eine „Unnatürlichkeit" und ein Laster, das selbst „das des Selbstmordes noch zu übergehen scheint"[35].

Die Medizin untermalte die alle Gesundheit ruinierende Masturbation mit schaurigsten Beispielen und forderte rabiate Gegenmaßnahmen. Schon bei Kleinkindern lasse sich ein Aneinanderreiben der Schenkel mit erigiertem Penis beobachten; der Heranwachsende müsse beim Schlaf auf der Seite und nie auf dem Rücken liegen; nötigenfalls seien die Hände an den Bettkanten festzubinden. Aber nicht genug damit; mit möglichst eiskaltem Wasser sei der Erektion zuvorzukommen, gegebenenfalls ein kalter Schwamm in einem Tragebeutel um das Glied herumzubinden. Wenn das alles nicht helfe, so mit Sicherheit die Infibulation.[36] Johann Heinrich Campe († 1818), Pädagoge, Sprachforscher und Verleger, zeitweilig Hauslehrer der Humboldts und offizieller ‚Educationsrath', fügte einem von ihm verlegten Anti-Onanie-Buch an, daß er die eigene Vorhaut mit einem Nagel durchschlagen und mit einem messingenen Draht durchzogen habe: „Erstlich macht er die Selbstschändung schlechterdings unmöglich; zweitens verhindert er auch die bloße Erektion durch den Schmerz"[37]. Ohne das Wort Onanie zu gebrauchen, warnt auch Rousseau die Erzieher: „An Euch ist es, ihn vor sich selbst zu schützen. Bleibt Tag und Nacht in seiner Nähe, schlaft wenigstens in seinem Zimmer: er soll sich nur vom Schlaf übermannt zu Bett legen und sofort, wenn er aufwacht aufstehen"[38]. Der Pädagoge Johann Basedow warnt nicht nur vor Zoten, sondern schon vor dem Benennen von Braut und Bräutigam, um bei Kindern nicht sinnliches Interesse zu wecken; vermieden wissen will er den Anblick von Bildern halb- oder vollnackter Personen, ebenso alle erotisch erregenden Lieder und Fabeln.[39] Ein züchtiger und schamhafter Mensch bedeckt bei sich sorgsam alle Körperteile, „deren Anblick das fleischliche gegenseitige Verlangen beider Geschlechter [...] zu erregen pflegt"[40]. Noch der berühmte Mediziner Virchow († 1902) forderte staatliche Maßnahmen gegen die Onanie.

Jungen wurde verboten, ihre Hände in die Hosentaschen zu stecken, um unnötige Berührungen zu vermeiden. Als Kleidung empfahlen sich luftige Matrosen-Anzüge mit ihren weiten und taschenlosen Hosen, die einer Erwärmung und Reizung der Genitalien vorbeugen sollten; am besten habe die Hose nur hinten eine Öffnung, dazu mit einem Schloß abschließbar, das nur ein anderer sie zu öffnen vermöge und damit das unvermeidliche Urinieren überwache.[41] Erstkommunikanten und Konfirmanden erhielten lange noch solche Matrosenanzüge.

Die Perhorreszierung der Masturbation medizinisch im aufklärerischen Bürgertum und konfessionell im erziehungsbeflissenen Protestantismus beginnen zu lassen,[42] verkennt die Einwirkung des Katholizismus, hier zumal der Jesuiten. Sie entwickelten, obwohl von den Jansenisten als Laxisten verunglimpft, eine subtile Kasuistik, empfahlen zugleich auch geistliche Gegenmittel. Der seit 1559 an dem römischen Jesuiten-Kolleg lehrende Francisco de Toledo († 1596), dessen Theologie 70 Auflagen erreichte, wußte alle Arten von Onanie (*mollities*) genauestens zu unterscheiden und ebenso genau deren Sündigkeit zu taxieren.

Das entscheidende Argument war erneut die Samenvergeudung. Eine solche bleibt sündenfrei im vollen Schlaf, ebenso bei im Schlaf unwillkürlich vollzogenen Bewegungen; der im Erwachen geschehende Samenerguß sei möglicherweise keine schwere, aber sicherlich eine läßliche Sünde, wie auch der nächtliche Samenerguß dann sündhaft werde, wenn man ihn sich gewünscht oder zuvor stimulierende Speisen oder Getränke genossen oder im Bett bewußt begünstigende Positionen eingenommen habe; endlich sündige auch, wer dem zu erwartenden Samenerguß nicht entgegenwirke, so etwa im Bett eine aufreizende Lage nicht verändere; sündig mache noch die nachherige Erfreuung an einem spontanen Erguß; zulässig sei nur die Freude über das Gefeitsein vor weiteren Reizungen. Zu meiden ist alles zum Samenerguß Aufreizende, so Küsse und Umarmungen. Gesteigert wird die Verwerflichkeit, wenn man bei der Onanie an eine Frau denke; bei einer jungen Frau bedeute das deren Entjungferung, bei einer verheirateten Frau den Ehebruch, bei einer Nonne ein Sakrileg und bei einer Verwandten den Inzest. Zuletzt wird mit der Hölle gedroht; die Onanisten dürften angesichts der weiten Verbreitung dieses Lasters sogar die Mehrzahl der Verdammten sein. Eine Ausnahme wird allein der Medizin zugebilligt, sofern die Zurückhaltung des Samens die Gesundheit schädigen könne.

Zur Bekämpfung wurde ein wöchentlich dreimaliges Beichten empfohlen,[43] darüberhinaus auch Vorbild-Gestalten von besonderer Reinheit vorgestellt. Eine erste Vorbild-Gestalt bot sich in dem 1583 dem Jesuiten-Orden beigetretenen Fürsten-Sohn Aloysius von Gonzaga († 1591), der 1726 heiliggesprochen und 1729 zum Patron der (studierenden) Jugend erhoben wurde. Er galt als von ‚engelsgleichem' Leben: allen Wollüsten ausweichend, sogar mit niedergeschlagenen Augen vor der eigenen Mutter. Verehrt werden sollte er mit den ‚aloysianischen Sonntagen', nämlich an sechs aufeinanderfolgenden Sonntagen zur Kommunion zu gehen. In heutiger, auch von derzeitigen Jesuiten vertretenen Sicht erscheint Aloysius als ‚Typus eines ewigen Langzeitkindes', behaftet mit einem ‚Reinheitskomplex'.[44] Ein anderes Vorbild, Stanislaus Kostka († 1568), ein polnisch-adeliger Jesuitenschüler und 1726 heiliggesprochen, soll von so zartem Gewissen gewesen sein, „daß er ohnmächtig niedersank, so oft er ein zu freies Wort, ein minder anständiges Gespräch anhörte"[45].

Der jesuitisch erzogene Benediktiner Joseph Jais († 1822) sieht den Masturbanten verstrickt in heftige und süße Triebe, bis er sich zuletzt täglich sogar mehrmals befriedigt, so zu beobachten im verzärtelten Stadtbürgertum mit den dort üblichen unreinen Betastungen und ausschweifenden Liebkosungen, hervorgerufen auch durch die dort zur Aufreizung gelesenen Romane oder gezeigten Bilder. Anders als die protestantischen Aufklärer will Jais nicht nur eine einfache und harte Erziehung, sondern fordert für die Heranwachsenden eine glückliche Unwissenheit und eine Aufklärung erst bei der Mannbarkeit. Anders als die protestantisch Aufgeklärten verbietet Jais jede schrittweise Erläuterung des Geschlechtlichen, fordert vielmehr dessen gänzliche Tabuisierung: Mit Kindern ist darüber nicht zu sprechen.[46] Und so blieb es im Katholizismus bis ins 20. Jahrhundert.

Wie schon die Masturbation so wurde jetzt auch die Homosexualität schärfer verfolgt. Dänemark setzte 1683 auf Homosexualität die Todesstrafe.[47] Ausgerechnet in den ‚aufgeklärten' Niederlanden belangte man zwischen 1730 und 1811 insgesamt 228 Männer und Frauen, wobei 115 Männer zum Exil und 16 zum Galgen verurteilt wurden; die Begründung lautete verfehlter Samenerguß.[48]

c) Die aufklärerische Ehegesetzgebung

Zuerst entschloß sich Österreich zu einer aufklärerischen Ehegesetzgebung. Sofort schon hob Kaiserin Maria Theresia († 1780) die nichteheliche Unehrbarkeit auf und verordnete „Ehrbriefe" für alle, die „sich fleischlich vergangen" hatten, ebenso für alle aus einer „unehelichen Beiwohnung gebohrnen Personen"; damit war die alte Unehrbarkeit der unehelichen Mütter wie ihrer Kinder beseitigt.[49] Desweiteren sollten Kindsmörderinnen, die ihre Schwangerschaft verleugnet und ihr Kind getötet hatten, nicht mehr öffentlich, wohl aber „leidentlich" bestraft werden; die aber ihre Schwangerschaft nicht vertuscht hätten, seien „nebst ihrem Kinde durch Ertheilung eines Diploms wiederum in den Stand der Ehre herzustellen"; Männer, die Frauen mit dem Eheversprechen zum Beischlaf verlockt und sie nachher „boshaft" verlassen hätten, seien zu ‚herrschaftlicher Arbeit' zu verurteilen.[50] Andererseits ist in den Theresianischen Kriminalitäts-Kodex die Masturbation aufgenommen, ohne freilich eine strafrechtliche Verfolgung.[51] Ein Paukenschlag war das ‚Ehepatent' Josefs II. († 1790): Ehe jetzt verstanden als „bürgerlicher Vertrag" und „landesfürstlichen Gerichtsstellen" unterstellt, alle sind zur Ehe befugt, sofern die beiderseitige Einwilligung vorliegt, dazu eine unzertrennliche Gemeinschaft erstrebt wird und die Bereitschaft zur Kinderzeugung besteht. Abgeschlossen wird die Ehe weiterhin vor dem Pfarrer oder dem Popen, im Beisein immer auch von Zeugen. Eine Trennung ist möglich, „wenn zwischen den Eheleuten eine Hauptfeindschaft, oder eine unüberwindliche Abneigung entstanden ist". Mit letzter Bestimmung ist erstmals das Zerrüttungsprinzip formuliert, wobei eine tatsächliche Scheidung allerdings nicht bei Katholiken, wohl aber bei Protestanten möglich war.[52]

Die Französische Revolution ging weiter, schuf erstmals „den reinen Typ eines staatlichen Eherechts", eröffnete eine ganze Skala von Scheidungsmöglichkeiten, dabei auch „die Unvereinbarkeit der Gemüter und Charaktere"[53]. Der ‚Code Napoléon' machte Einschränkungen, demzufolge weiterhin die Scheidung bei Verlangen beider Ehepartner möglich blieb, aber nicht mehr auf Verlangen eines einzigen. Mit der Restauration kehrte in Frankreich die Unscheidbarkeit zurück, ließ nur die altkanonische Trennung von Tisch und Bett zu. Da aber das napoleonische Recht im linksrheinischen Deutschland bis 1900 weitergalt, überlebte hier ein Stück revolutionären Eherechts in Gestalt des beidseitigen Trennungsverlangens. Herausragend ist die Rolle Preußens. Das 1794 erlassene ‚Allgemeine Landrecht' war „von einer unzeitgemäßen Fortschrittlichkeit"[54]; wohl erscheint viel Altbekanntes, so der Mann als Haupt der Frau, weiter als Ehezwecke die Erzeugung und Erziehung von Kindern so wie die wechselseitige Unterstützung.[55] Beibehalten wird die ständische Schichtung, daß Adelige keine ‚Weibspersonen' aus dem Bauern- oder Bürgerstand heiraten durften, was erst 1861 dahinfiel. Eine entschlossene Wende vollzog Preußen auch mit der Beseitigung aller Unehrenhaftigkeit der unehelichen Frauen und ihrer Kinder, ausdrücklich mit Zuerkennung ihrer Vollbürgerlichkeit.[56]

Die Aufklärung verstärkte das staatliche Eherecht, hob die Stellung aller Unehrenhaften an, auch der Prostituierten, führte zuletzt das Zerrüttungsprinzip ein. Weil wir die Aufklärung als Beginn der Moderne verstehen, muß das geradezu besessene Vorgehen gegen Onanie wie gegen Homosexualität komplett überraschen.

11. Das Jahrhundert der Prüderie

a) Die romantische Liebe

Mit dem 19. Jahrhundert kam die ‚romantische Liebe', die Liebe auf den ersten Blick als schicksalhaftes ‚Füreinander-Bestimmt-Sein'. Im Rückblick auf den mittelalterlichen Gottfried von Straßburg und dessen Liebeskonzept ist indes die romantische Liebe keine gänzliche Neuerfindung, wohl aber geschah jetzt deren allgemeine Ausbreitung.

Viel zitiert ist die Definition von Niklas Luhmann († 1998). „Die Liebe entsteht wie aus dem Nichts"[1], ist augenblicks da, wird zur „Liebe gegen die Vernunft"[2] und „zum Versinken im unbegrenzten Moment"[3], eben dadurch zum „großen heroischen Abenteuer"[4]. Liebe wird „nicht mehr dirigiert durch gesellschaftliche Mächte"[5]; nur eine von Leidenschaft geprägte Liebe kann die Partnerwahl bestimmen: „‚Liebe um Liebe' wird zur Existenzformel"[6]. Das Leben zu zweit wird zum Gleichschritt, denn das Glück liegt „für beide in genau den gleichen Handlungen"[7]. Diese Wechselseitigkeit will beiderseitige Steigerung; dadurch wird die „Einzigartigkeit des Individuums"[8] erweckt, zugleich als „Prinzip der natürlichen Vervollkommnung"[9]. Wirkliche Erotik erfährt man „nur von einer bestimmten Frau (und nicht [...] von jeder)"[10]. Allerdings kann die Situation entstehen, „daß sexuelle Beziehungen Liebe erzeugen und daß man weder nach ihr leben noch von ihr loskommen kann"[11]. Das ist „die Erfahrung der Inkommunikabilität"[12]. Liebe muß es dann übernehmen, „Glück und Unglück in der Ehe zugleich zu erklären". Die Tragik ist einprogrammiert: „Die persönlichen Beziehungen werden mit Erwartungen eines auf die Person Abgestimmtseins überlastet, woran sie oft zerbrechen, was aber die Suche danach verstärkt"[13]. Überschätzt ist, was zum Beispiel Friedrich Schlegel († 1829) wollte: Die Liebe ist Gott, und das heißt folglich: „Die Liebe ist Ehe"[14].

Die Ehe soll Gleichrangigkeit und Herzlichkeit erweisen, ersichtlich am jetzt füreinander üblichen Du. Ziel ist die mit- und füreinander zu erringende Selbsterfüllung, nun als „persönliches individuelles Glück"[15]. Die Frau kann, ja soll möglichst ihre Art steigern, wird sogar vergöttert, oder emphatisch: „Die Frauen sind zart, schwach, delikat, nervös, leicht kränklich, leiden zumal an Kopfschmerzen"[16]. Für die Ehe wurde es die „empfindsamste Revolution"[17]. Die Rollenverteilung von ‚männlich – draußen' und ‚fraulich – drinnen' mußte sich verfeinern. Die weiblich bestimmte Hauskultur erforderte Musik, Theater, Literatur, dazu Französisch, alles angeboten in höheren Töchterschulen. In den Unterschichten ging es härter zu; aber das ‚Hausmädchen', das die ‚gnädige Frau' nun anstelle der früheren Magd hatte, transportierte die neue Liebe mitsamt ihrer Hauskultur ins Allgemeinverhalten. Das Ergebnis ist als „erstaunlich und weltgeschichtlich unerhört" bezeichnet worden, „daß sich ein soziales System bildet, welches sich den Luxus leistet, individuelle Autonomie, Privatheit, Sich-selbstausdrücken als Werte anzuerkennen, und damit die Gemeinschaft, die auf Bindung und Distanz, Autorität und Heiligkeit beruht und so Identität und Stabilität und Nicht-Entfremdung erhält, annagt und untergräbt. Aber in unserem Zeitraum war die soziale Disziplin – der Kinder, der Frauen, der unteren Schichten – noch so in der Sitte fixiert oder wurde durch die neue Moralisierung so eingeprägt, daß die Kohäsion der Gesellschaft nicht litt"[18].

Eröffnend wirkte Goethes ‚Werther'. Das darin geschilderte Verständnis von Liebe als Passion und Begehren hatte unabsehbare Folgen: „Die Liebe war mit einem Schlag ein ‚Kulturthema' geworden […]. Werthers Liebe ist das Drama der tödlichen Einsamkeit", und „es wird zum Vorbild für eine Unzahl von Liebesgeschichten in Europa"[19]. Napoleon soll ‚Werther' ein Dutzend Mal gelesen haben. Die gewiß als aufklärerisch zu bezeichnende deutsche Klassik hatte fürs Ganze an der althergebrachten Aufteilung festgehalten: Bindung der Frau an Haushalt und Familie und Ausrichtung des Mannes auf Öffentlichkeit, auf Recht und Staat blieben „als grundlegendes, unabänderliches Muster gesellschaftlicher Arbeitsteilung festgeschrieben"[20]. Hierüber hinaus aber strebten die Romantiker: Für Frauen suchten sie „die Schranken der Häuslichkeit zu überwinden" um sie „an der ‚Gelehrsamkeit'", an Kunst, Wissenschaft und Philosophie teilhaben zu lassen.[21]

Friedrich Schlegel, seit 1808 katholisch, philosophierte über die unendliche Fülle in unendlicher Einheit, erachtete beides als nie realisierbar, aber doch andeutend erfahrbar in der Ehe. Sein 1799 veröffentlichter Roman ‚Lucinde' dient zur Erläuterung: „Eine ewig und einzig Geliebte in vielen Gestalten"[22], die süße Glut der Hingabe als „romantische Verwirrung"[23] und „ohne Zergliedern der Begriffe"[24]; das Wesen der Geliebten als „Eins und untheilbar"[25]; nach Versterben des Partners „nicht überleben wollen"[26]; Liebe als „intensive Unendlichkeit, Unzertrennlichkeit ohne Zahl und Maaß"[27]; die Männer, weil immer heiß oder kalt, bedürfen der Frauen, denn diese „haben Sinn für Wärme jeder Art"[28]; das Mädchen weiß in „ihrer naiven Unwissenheit"[29] schon alles, noch vor dem „Blitz der Liebe"[30]; darum ist „mit kindischer Lust [zu] wetteifern, wer den andern [Partner] täuschender nachäffen kann"[31]; der verführerische Anblick wecke „bey dem Jünglinge und Frauen ein süßes Feuer"[32]. Und zuletzt: „Nur in der Antwort seines Du kann jedes Ich seine unendliche Einheit ganz fühlen"[33].

Clemens Brentano († 1842), „der wohl klangreichste Lyriker in der deutschen Sprache" verwandelte „Texte erotischer Sprachkraft in Gedichte geistlich-mystischer Liebessehnsucht"[34]. Die Worte flossen ihm leicht aus der Feder, in Balladen, Sonetten und Terzinen, auch in Romanen und Romanzen, noch in Volkspoesie und Kirchenliedern. Joseph von Eichendorff beschreibt Brentanos Äußeres als „‚klein, gewandt und südlichen Ausdrucks, mit wunderhaft schönen fast geisterhaften Augen', ja ‚wahrhaft zauberisch'"[35]. In den eigenen Liebesbeziehungen scheiterte Brentano: zuerst eine kirchlich ungültige Ehe, dann die Ehe mit der katholischen Auguste Bußmann († 1832), zwischendurch eine Verliebtheit in die konvertierte Pastoren-Tochter Luise Hensel († 1876), dann mehrere Jahre bei der Visionärin Katharina Emmerick († 1824) im westfälischen Dülmen. Entsprechend wechselhaft intonierte Brentano Erotik und Mystik, mit Verführung und Bekehrung, mit Dirnenliebe und Marienlyrik, dabei er selbst als kindliches Ich und als selbstsicherer ‚Satanist'.

Für seine Person bekennt er ein Schwanken: „Ich hab ein Gelübd getan, / Kein andres Weib zu küssen / Gewaltig, regt es sich in mir, / Zu leben und zu lieben, / [...]Versäumnis muß ich büßen"[36]. Die Erotik ist Versinken und Aufsteigen: „Ich sinke ewig unter / Und steige ewig auf, / Und blühe stets gesunder / aus Liebes-Schoß herauf"[37]. Oder: „Scherzend war dein Aug / Und deine Lippe so tröstend – / Dein Herz lag gereift / In der liebenden Brust"[38]. Stetig ist die Liebe: „Doch diese liebe Hand, / Die ich in tiefer freudenheller Stunde / an meinem Herzen fand / Die hat Bestand"[39]. Maria, die ewige Jungfrau, beschwört er ikonologisch: „Was ihres Busens keuscher Flor verhehle / Und ihre Hand in stillem Fleiße lenket, / Die Lilie an ihrer Seite denket, / Das Täubchen dir in ihrem Schoß erzähle"[40]. Demgegenüber steht das „lüderliche Weib": „In ekelhafter Küsse Rausch vollbracht / Fluch über jede gottvergeßne Nacht [...] Ich mein den Teufel, Weib, der deine Seele reitet“[41]. Sogar das Bordell bedichtet er: „Ich kenn ein Haus, ein Freudenhaus, / Es hat geschminkte Wangen“[42]. Das erklärt seine „Vorliebe des Zurückrettens gefallener Mädchen“[43] mit Zügen „einer religiösen Bekehrung“[44], möglicherweise mit eigenen Liebesabenteuern, daß also „seine Dirnengeschichten einen konkreten biographischen Erfahrungshintergrund haben“[45], wofür rechtfertigend Maria Magdalena steht.[46] Vergessen will er auch nicht die dort gezeugten Kinder: „O Jesus! du gemordet Kind, / Du hast ja auch verziehen!“[47]. Für dauernd bleibt ein Schwanken zwischen Versuchung und Erlösung, wegen des ‚sündigen Bluts‘ und seiner ‚glühenden Welle‘; als Verkörperung steht dafür die Sirene, betörend schön als verführte Verführerin, dargestellt in der Lore Ley: „Sie war so schön und feine [...] / Und brachte viel zu schanden / Der Männer ringsumher“[48]. Doch leuchtet Hoffnung: „Und daß die Schuld nicht mehr erwacht, / Will ich da ewig singen“[49]. Das Leben changiert zwischen Kreuz und Vollendung: „In Trauer begonnen, / In Reue vollendet / Zum Kreuz gewendet / Mit Tränen beronnen“[50]. Die Rettung geschieht in eucharistischer Erlösung. „Er ist für dich, für mich, für alle uns gestorben“[51].

Als „fast romantische Ehe“[52] gilt die von Achim von Arnim († 1831) und Bettina († 1859), der Schwester des Clemens Brentano. Beide hatten sich zuvor anderweitig verliebt; ihre Eheschließung rührte aus dem romantischen Blitz. Die Einschränkung auf nur ‚fast romantisch‘ erscheint eher noch zu positiv: sie gerne in Berlin mit offenem Salon – er lieber auf Gut Wiepersdorf mit Landwirtschaft, sie immer einen Schritt weiter als schicklich und angemessen – er konservativ und haushälterisch. Trotz aller Schwüre ‚du allein‘ folgten beide je eigenen Lebensentwürfen,[53] auch mit erotischen Seitenblicken. Dabei war er zusammen mit Clemens Brentano Autor von ‚Des Knaben Wunderhorn‘, blieb aber sonst schriftstellerisch erfolglos, während sie ihr Goethe-Verhältnis als ‚Briefwechsel mit einem Kind‘ publizierte: Als junge Frau hatte sie sich Goethe aufgedrängt und das machte sie jetzt publik: „Ich sagte plötzlich: hier auf dem Sopha kann ich nicht bleiben, und sprang auf. – Nun! sagte er, machen Sie sich‘s bequem; nun flog ich ihm an den Hals, er zog mich auf‘s Knie und schloß mich an‘s Herz. – Still, ganz still war‘s, alles verging“[54]. Mit ihrer Veröffentlichung kam sie zu ungeahntem Erfolg.

Wirklich romantische Liebe ist ausgerechnet zwei Preußen-Königen nachzurühmen, nämlich Friedrich Wilhelm III. († 1840) und Friedrich Wilhelm IV. († 1861). Beide wußten sich vom Blitz der Liebe getroffen, wie sie andererseits beide auch entsetzt waren über die Metzeleien der napoleonischen Kriege. Alle zuvorigen Regenten Preußens hatten politisch arrangierte Ehen eingehen müssen. Friedrich Wilhelm II. († 1797) war seiner zweiten Frau vor der Heirat nicht einmal ansichtig gewesen, fühlte sich von ihr körperlich wie geistig angewidert, bevorzugte die bürgerliche Wilhelmine Encke, alias Gräfin Lichtenau († 1820). Sein Nachfolger Friedrich Wilhelm III. schwor sich solches radikal ab: nur eine in Liebe gewählte Partnerin. Die Begegnung mit Luise von Mecklenburg-Strelitz († 1810) verwandelte ihn, der in Gehabe und Benehmen eher hölzern wirkte: „Ich fühle mich als der glücklichste Sterbliche auf der Erde"[55]. Die Liebesbriefe sind „Zeugnisse einer Annährung, wie sie in der Geschichte Preußens nur selten vorkommen"[56]. Ihre Heirat 1793 führte sie nicht mehr in das redensübliche politisch ‚kalte Ehebett'; beide boten sich sofort – zum Entsetzen des Hofes – das Du an. Zu übergehen sind hier die von Luise miterlittenen Katastrophen von Jena und Auerstädt, ebenso die dramatische Begegnung mit Napoleon auf dem Floß in der Memel. Nicht zu übergehen ist indes Luisens durchaus erotische Begeisterung für Zar Alexander I. († 1825) (dem Berlin seinen ‚Alex' verdankt). Als Luise 1810 34-jährig verstarb, hatte sie 10 Kinder geboren. Nur im Nebenbei auch ein Blick auf das Schicksal von Luisens Schwester Friederike († 1841), die beide der Bildhauer Schadow als so inniges Geschwisterpaar dargestellt hat; die Jüngere schon mit 15 Jahren verheiratet, dabei leichtsinnig, verantwortungslos und amourös. Anders wiederum der als Romantiker auf dem Preußenthron betitelte Friedrich Wilhelm IV.; er erfuhr den ‚romantischen Blick' in München bei der Begegnung mit der Wittelsbacherin Elisabeth († 1873), obwohl er doch keine Katholikin hatte heiraten wollen und sollen. Während vier Jahren gab es nur wenige und ganz kurze Begegnungen; beide aber wußten sich fest füreinander bestimmt und heirateten 1829.[57]

Dennoch, trotz alles „zornigen Kampfes gegen die adlige Libertinage"[58] existierten die Bordelle weiter, und sie zogen Besucher an, deren Renommee solches nicht hätte erwarten lassen. Zum Beispiel Wilhelm von Humboldt († 1835), Schöpfer des bis heute beschworenen Universitätsmodells von Forschung und Lehre, Ehemann einer Frau, die ihn mindestens an Kunstverstand übertraf; nach beiderseitiger Bezeugung muß ihr Verhältnis geradezu elektrisierend gewesen sein, dazu mit sechs Geburten gesegnet; dennoch ging Wilhelm in Bordelle, der Fünfzigjährige als preußischer Gesandter in London täglich von 12 bis 2, währenddessen seine Frau in Rom lebte, dort mit offenem Haus für viele nachher berühmte Künstler und nicht ohne erotische Ausstrahlung.[59] Wilhelm verstand unter Sexualität, wie er selbst einmal schrieb, „daß das Weib ganz aufgehe in dem Mann und gar keine Selbstständigkeit mehr habe"[60]. Wenn heute den beiden „eine offene Ehe" zuerkannt wird, „in der Liebesbeziehungen mit Dritten grundsätzlich akzeptiert waren"[61], so daß die Humboldts „als Prototyp des getrennt zusammenlebenden

Paares gelten“ könnten und hierfür „frühe moderne Europäer“[62] seien, bleibt gleichwohl die Frage nach den von Wilhelm zeitweilig täglich aufgesuchten Dirnen.

b) Auf's Neue: männliches Draußen – frauliches Drinnen

Die Ehe wandelte sich im 19. Jahrhundert zu einem „heiligen Nahverhältnis“[63], zur „Familienreligion“, und die Gesellschaft wurde zur „Familiengesellschaft“[64], mit freilich weiterhin patriarchalischer Ordnung, aber doch anwachsender Partnerschaftlichkeit. Die Frau bildet die „kompensatorische Ergänzung zur Einseitigkeit des Mannes“[65], sie geht auf in der Eltern/Kind-Beziehung, bleibt auch „deutlich kirchennäher“[66]. Singles spielen keine Rolle. In den Unterschichten bleibt die Emotionalität „sparsam und spröde“[67]. Zu distinguierter Rollenverteilung gerann die bereits von der Aufklärung propagierte Verschiedenheit von Mann ‚draußen‘ und Frau ‚drinnen‘: der Mann als ‚Verstand‘ und die Frau als ‚Gefühl‘, der ‚Außenmann‘ mit Beruf und Arbeit und die ‚Binnenfrau‘ mit musischer Geselligkeit und sozialen Diensten; der Mann mit Leistung zur Befriedigung seines Ehrgeizes, die Frau mit Gefühlswärme und anmutiger Einfalt; sie im stillen Lebenskreis der Familie, er dort nur für erquickliche Viertelstündchen.[68] Diese Aufteilung bestätigen selbst auch Frauen: „Was wäre die Liebe eines Weibes ohne die größte Verehrung und das freudige Anerkennen für des Mannes Überlegenheit?‘“[69] Oder: „Was werde ich noch an mir arbeiten müssen, um eine wirklich brauchbare Frau zu werden?‘“ Theodor Fontane (†1898) zeigt es am Beispiel der Kommerzienrätin Jenni Treibel: sich verstehend „was man so gebildet zu nennen pflegt“, sich haltend auf „Vornehmheit“, sich gönnend gerade „auch das Ideale“[70]. Dank der durch die Medizin gesteigerten Lebenserwartung überlebten jetzt Frauen oft ihren Mann, dem sie aber – so die allgemeine Erwartung – in ‚ewiger Liebe‘ verbunden bleiben sollten, weswegen sie die Wohnung behielten, sein Andenken pflegten, sogar – etwa bei Akademikern – Unpubliziertes herausbrachten. Der feine Unterschied lag darin, daß verwitwete Männer in der Regel erneut heirateten.[71]

In der Sexualität zeigte sich ein „neuer Rigorismus“[72]. Die Sorge um deren Gelingen war „jahrhunderttypisch“[73]. Die Schamgrenzen wurden spürbar enger gezogen; die Meisterung des Lebens bedeutet „Beherrschung der Sexualität"[74] – so bei Christen wie bei Nicht-Christen. Dieser Antihedonismus hatte durchaus seinen „humanen Sinn"[75] und ist heute nicht nur als sexualfeindliche Herrschaftsmoral zu deuten. „Die Sexualität mit den Kernelementen der Selbst-Beherrschung des Mannes und der Virginität der Frauen vor der Ehe, der Bindung der Sexualität an personale Liebe und institutionelle Ehe, die absolute Geltung der Normalität (also der Heterosexualität), das war das Natürliche, war das Vernünftige, war das Gesunde"[76]. Die schlimmsten Verstöße waren „der Ehebruch, der voreheliche Geschlechtsverkehr und die heimliche Sünde der Jugend, das Masturbieren"[77]. Über Intimes wurde erst gar nicht gesprochen. Der berühmte Historiker Friedrich Meinecke († 1954) hat in seinen Lebenserinnerungen nur den einen Satz: „Das Intime meiner Verliebung, Verlobung und Verheiratung [...] behalte ich für mich"[78]. Die Frau des noch berühmteren und nicht mehr christgläubigen Theodor Mommsen war nach Auskunft einer ihrer Töchter „bis in ihr Alter von einer rührenden mädchenhaften Schüchternheit"; als die Geburt eines Enkelkindes bevorstand, rieten ihr die eigenen Töchter: „Sie dürfe nun wirklich davon reden, wir glaubten nicht mehr an den Klapperstorch'"[79].

Einer Mutter konnte 1900 die Hausärztin empfehlen: „Man erziehe Mädchen und Knaben zu wahrer Züchtigkeit, indem man ihnen Berührungen der Geschlechtsteile als etwas Verbotenes und Häßliches darstellt und auf einen reinen Ton im Hause hält. Aus so geleitetem Hause gehen dann herzensreine und keusche Menschen hervor. Bei noch unvernünftigen Kindern sehe man darauf, daß sie nachts die Hände immer auf der Bettdecke halten [...], onanierende Kinder sind Verirrte, aber keine Verbrecher, oft leider schon sehr kranke Menschen"[80].

Die Sexualität behielt dämonische Züge. Tabuisierend wirkten Ermahnungen wie ‚unschön', ‚abscheulich' und ‚unsauber'. Sogar Vorschläge zur Reinigung der Bibel von allen Obszönitäten wurden unterbreitet.[81] Für die Erziehung wußte man nur: ‚Es schickt sich nicht'. Das Wissen über eheliches Geschlechtsleben „wurde den meisten Mädchen bis zur Hochzeit ferngehalten"[82]. Weil die Frau vor der Heirat nichts wissen durfte, wirkte schon das Hören davon wie ein Schock: „Als ich das erste Mal von geschlechtlichen Beziehungen von Mann und Frau hörte, erklärte ich das für unmöglich"[83]. Die bekannte Schauspielerin Tilla Durieux († 1971), in den zwanziger Jahren der KPD zugeneigt, erinnert sich: „Der Storch oder der Engel, je nach Wahl, brachte die Kinder, so lange, bis man sich in der Ehe überzeugen konnte, daß dem nicht so ist“[84]. Wenn dann der Mann seine zuvorigen Erfahrungen mit Prostituierten auch in der Ehe auslebte, war der Schock perfekt: Er mit tierischer Animalität – sie in degradierter Rolle als Sexualobjekt.[85]

Ein Anstandsbuch der Jahrhundertwende von 1900, betitelt als der ‚Gute Ton in allen Lebenslagen‘, publiziert in 10. Auflage, versehen mit Goldschnitt und gedacht für bürgerlich-protestantische Kreise, betitelt das Kapitel ‚Verlobung und Brautschau‘ „als Inbegriff der höchsten Wonnen und peinlichsten Sorgen“[86]. Letztere erfordern ein striktes Reglement. „Der Freier hat bei den Eltern seiner Erkorenen [...] in großer Toilette zu erscheinen“, nämlich „im Frack, in weißer Kravatte, hellen Handschuhen und mit dem Cylinderhute“[87]; sein offizieller Antrag ist indes mehr nur gebotene Form und führt, sofern der Vater der Auserkorenen einwilligt, baldigst zur Verlobung. Gestattet ist dem Verlobten, täglich einige Stunden bei seiner Verlobten zu verkehren, sich auch – wenn Fremde nicht dabei sind, seiner Verlobten mit einem Kusse zu nähern; aber sonst ist alles Alleinsein tunlichst zu vermeiden, erlaubt nur im Beisein der Mutter oder sonstiger Verwandter; erst in nächster Nähe zur Hochzeit „wird in ihrem alleinigen Beisammensein dann niemand mehr etwas Unpassendes erblicken“[88]. Nicht wird hier religiös argumentiert, sondern anstandshalber, wobei jede Frau, die sich nur mit einer gesetzlichen Ziviltrauung begnügen würde, kein Herz zeige für das Höchste, die Religion.[89]

Das heutige Urteil über die Prüderie ist abfällig: „Wer von uns wollte noch unter jenen Gesellschaftsbedingungen mit ihrer Prüderie, ihren Milieuzwängen und -eintönigkeiten und ihrer Doppelmoral leben“, nämlich „ohne Liberalisierung im Verhalten der Geschlechter zueinander, ohne die Emanzipation der Frau, ohne das Verständnis der Ehe als Lebensgemeinschaft“[90]. Wir können es nicht, weil wir es nicht mehr brauchen. Die ganze Prüderie resultierte daraus, daß es wirksame Verhütungsmittel noch nicht gab, man folglich eine Frau nicht schwängern sollte, ohne ihr fest verbunden zu sein. Insofern ist diese Prüderie der gebührliche Respekt vor der Frau.

Katholischerseits galt alles als Sünde, was diese Prüderie gefährden konnte. Der Abwehr diente auch die Marien-Verehrung: Maria als die reine unberührte Jungfrau. In zahlreichen Pfarreien bestanden marianische Jungfrauen-Kongregationen, zu deren Programm gehörte, „die Standestugend, die heilige Reinheit und Keuschheit, sorgfältig zu erhalten“[91]. Aber auch die katholischen jungen Männer wurden angesprochen. Im katholischen Schülerbund ‚Neudeutschland' war das Fest der unbefleckten Empfängnis Mariens am 8. Dezember das Bundesfest, gefeiert als marianische Reinheit. Wenn der Philosoph Hans Blumenberg († 1996), der kurz vor seinem Tod im Jahre 1996 bekannte, zwar den Glauben verloren zu haben, aber nicht die Liebe zur Kirche, dabei die Mariologie als theologisch erstrangig bezeichnete und beifällig notierte, daß 1995 in der Elterngunst der Name Maria auf den ersten Platz gesprungen sei, dürfte das aus eigener Erfahrung der im Bund Neudeutschland eingeübten Marienverehrung herrühren: „Ich wünsche [...] einer nicht ganz gottverlassenen Welt ein Stück Mariologie"[92].

c) Ehre und Geschlecht

Die altständische Aufteilung in Leute geringeren und höheren Standes lebte fort, wenn auch oft nur inoffiziell. Immer noch hatte der Mann die Familienehre zu verteidigen, die Frau weiterhin ihre Unberührtheit aufzuweisen. Der preußische Justizminister von Savigny († 1861) beschwor als allgemeines Gefühl, daß „der Mann in seiner Stellung, in seiner Ehre ungleich tiefer verletzt sei durch den Ehebruch der Frau, als umgekehrt"[93].

Auch nach der aufklärerischen Beseitigung aller fraulichen Unehre aus den Gesetzen blieb es bei der „Norm von Virginität der Frau vor der Ehe"[94]. Der berühmte Philosoph F. W. Hegel († 1831) wiederholte in seiner Rechtsphilosophie, daß ein Mädchen in der sinnlichen Hingabe die eigne Ehre aufgebe, was „beim Mann nicht so der Fall ist"[95]. Eine kritische Durchsicht der Gerichtspraxis hinterläßt den Eindruck, daß ein Mädchen, das sich hatte verführen lassen oder sich gar mehrfach einließ, geradezu vogelfrei wurde.[96] Immer noch wirkte hier das uralte Schema: „Die Frau verlor ihre Ehre durch einen Ehebruch, der Mann nicht"[97]. Die Verstöße der Frau waren nach wie vor „unverzeihlich"[98], aber bei Männern nur „läßlich"[99]. Noch das uneheliche Kind von Karl Marx suchten die Sozialisten zu „verleugnen"[100]. Der letztlich nur zu vermutende Ehebruch der Effi Briest zwingt ihren Mann Instetten zur bedingungslosen Befolgung der ‚Spielregeln des Ehrenkodexes',[101] wodurch er selbst, freilich bei Risiko des Duell-Todes, die eigene Ehre wiederherstellt, aber die Ehre seiner Frau für allemal vernichtet. Ferdinand Lasalle († 1864), der

Begründer der Sozialdemokratie, verkehrte mit vielerlei Frauen, darunter mit Helene von Dönniges († 1911), die er, als sie sich ihm hingegeben hatte und sie ihm gleichwohl die Verlobung aufkündigte, in ehrverletzender Weise als „verworfene Dirne" bezeichnete, was ihm sein tödliches Duell einbrachte.[102] Noch zur Zeit der Weimarer Republik forderte der Verein der Post- und Telegraphen- Beamtinnen, dem mehrheitlich unverheiratete Frauen angehörten, die Entlassung einer Kollegin wegen deren unehelichem Kind, was aber der Reichspostminister ablehnte.[103]

Mit der allgemeinen, aber keineswegs neutestamentlich vorgegebenen Ehre konnte auch die kirchliche Moral argumentieren. So schrieb 1925 der Münchner Kardinal Faulhaber: „Kommt nicht mit den Scherben zerbrochener Ehre zum Traualtar"[104]. Christlicherseits heiratete man in Ehren, bei verlorener Ehre sollte katholischerseits der Brautsegen unterbleiben; evangelischerseits war es der Myrtenkranz, welcher der Braut erst den Zutritt zum Traualtar erlaubte, was aber schon 1890 bei der Mehrzahl der Bräute entfallen mußte.[105] Friedrich W. Foerster († 1966) beklagte noch 1954 die Auflösung der weiblichen Ehre, als stamme diese aus dem Anspruch des Mannes, seine Frau als unberührtes Eigentum besitzen zu wollen, wo doch in jedem unverdorbenen Weibe sich tiefes Schamgefühl dagegen wehre, die geschlechtliche Vereinigung zum obersten Ziel zu machen.[106]

Der ‚gefallenen' Mädchen und Frauen nahmen sich im 19. Jahrhundert katholischerseits Schwestern-Orden und evangelischerseits die Diakonissinnen an, dazu auch staatliche Besserungsanstalten. Die Umerziehung orientierte sich zunächst stark religiös: Buße für die begangenen Sünden und dementsprechende Gebete und Bußübungen zur Wiederherstellung der Ehre vor Gott und den Menschen. Bei freiwilligem Eintritt mochte das angemessen und beförderlich sein, nicht aber bei Einweisung aufgrund der bald erlassenen ‚Zwangserziehungsgesetze', die auch Strafmaßnahmen mit körperlicher Züchtigung für ‚kriminelle Neigungen', ‚Aufsässigkeit', ‚Gewalttätigkeit', ‚Unsauberkeit', ‚Vergnügungssucht' und ‚sexuelle Triebhaftigkeit' ermöglichten.[107]

Man sieht hier: Die voreheliche Jungfräulichkeit galt lange noch allgemein und war keineswegs nur christlich oder gar typisch katholisch. Sie galt vielmehr als ‚Ehrensache' und ist als solche sowohl in den vergangenen Kulturen wie noch in säkular-bürgerlichen Kreisen gefordert gewesen. Inzwischen sind diese Ehrvorstellungen zerstoben. Während 1967 noch 64

Prozent der katholischen Kirchenmitglieder die Unberührtheit der Braut vor der Ehe idealisierten, löste sich diese Vorstellung in kürzester Zeit auf; in den 90er Jahren wußten 80% nichts mehr damit anzufangen.[108]

d) Die katholische Moraltheologie

Allgemein waren sich die katholischen Moraltheologen des 18. und 19. Jahrhunderts darin einig, daß ungeordnete – und das hieß für sie außereheliche Geschlechtsbetätigungen – nur die zerstörerische Lust steigere und sowohl die Ehe wie die Kindererziehung schädige. Was in dieser Moral freilich fehlt, ist das Romantische, dem aber höchste Bedeutung zugesprochen wurde und wird: die Sexualität als Element der persönlichen Liebesbeziehung.

Nur einige Beispiele. Bei Alphons von Liguori († 1787) erscheint das Motiv ‚Bestärkung der ehelichen Liebe' „nur beiläufig"[109]; dem Benediktiner Maurus von Schenkl († 1816) ist immerhin „das Motiv der Liebe für die eheliche Vereinigung nicht ganz fremd"[110]; der Franziskaner Pius van der Velden († 1857) kennt bei aller sonstigen Offenheit nicht „das Motiv der ehelichen Liebe"[111]; der Tübinger Moraltheologe Anton Koch († 1915) kennt ebenso wenig die geschlechtliche Vereinigung „als Ausdruck besonderer Verbundenheit"[112]; dem Brixener Seminarprofessor Joseph Ambrosius Stapf († 1844) zufolge hat „die eheliche Beiwohnung [...] für sittsame und religiös gebildete Gatten immer etwas, was ihrem angebornen und zart gepflegten Schamgefühl widerstreitet"[113]; der schweizerische Jesuit Viktor Cathrein († 1931) sagt „über geschlechtliche Vereinigung als Ausdruck der Liebe [...] nichts"[114]; der Innsbrucker Moraltheologe Hieronymus Noldin († 1922) bringt für eheliche Liebe und geschlechtliche Vereinigung nach der Ausgabe von Noldin-Heinzel nur ein „Zitat der Enzyklika Casti connubii"[115].

Am ehesten noch fand die ‚romantische Liebe' zu Beginn des 19. Jahrhunderts ein Echo, dann erst wieder 100 Jahre später. Der Benediktiner Anton R. Reyberger († 1818) erachtete reine Triebbefriedigung als mit der Würde des Menschen unvereinbar und anerkennt als erster „das Motiv der Liebe für die eheliche Vereinigung an"[116]. Der Tübinger Johann Baptist Hirscher († 1865) bewertet „die fehlende seelische Vereinigung als ernsten Mangel"[117] und sieht die geschlechtliche Gemeinschaft erst „durch ihre Humanität geheiligt"[118]. Der französische Jesuit an der päpstlichen Universität Gregoriana Jean-Pierre Gury († 1866) stellt dem ehelichen Verkehr das Motiv der Liebe vornan.[119] Nachdrücklicher noch verstand der eben dort lehrende belgische Jesuit Arthur Vermeersch den „Geschlechtsverkehr als Ausdruck der Hingabe“[120]. Solcherart Betonung richtete sich jetzt auch gegen die Propagierung der ‚Probe-‘ oder ‚Kameradschaftehe‘. Der münstersche Moraltheologe Joseph Mausbach (†1931) würdigte „Liebe und Treue als Motive für die eheliche Vereinigung“[121]. Vollauf romantisch argumentierte der Jesuit Hardy Schilgen (†1941): Zwar unterscheiden sich die Naturtriebe bei Mann und Frau, aber immer ergänzend: „Normalerweise sehnt sich das Mädchen, das sich der Schwäche der weiblichen Eigenart wohl bewußt ist, nach einem mutigen, kräftigen, unternehmenden, geistig ihm überlegenden Manne, an den es sich anschmiegen, zu dem es hinaufschauen, in dessen Schutz es sich sicher fühlen kann“[122]. Die Verschiedenheiten ergänzen sich, daß Mann und Frau nur in der Begegnung zur Gänze kommen, und eben das geschieht in der Ehe. „Das eigentliche, letzte Ziel, das Gott mit dem in den Menschen gelegten Geschlechtstrieb erstrebt, ist – das Kind“[123]. Auf diese Weise ließen sich der Endzweck der Kinderzeugung und der Endzweck der gegenseitigen Ergänzung harmonisieren. Der Bonner Moraltheologe Fritz Tillmann (†1953) erachtete die geschlechtliche Vereinigung als „Sinn der tiefsten unter Menschen möglichen personalen Hingabe“[124]; mit dieser personalen Hingabe schuf er als erster ein fortan stetig wiederholtes Argument. Der Jesuit Joseph Fuchs (†2005), auch er an der päpstlichen Universität Gregoriana, spricht von „liebendem Sich-Verschenken“, will aber den Zeugungszweck ‚innerlich‘ mit einbezogen wissen.[125] Heinrich Klomps schließt seine maßgebliche Untersuchung über den katholisch-jansenistischen Rigorismus mit einer dringlichst ausstehenden Neuorientierung: Das lange und leidige Kapitel der christlichen Lustfeindlichkeit müsse endlich beendet werden, sei doch die menschliche Geschlechtlichkeit dazu berufen, „in das Leben integriert zu werden“[126].

e) Am Ende

Die romantische Liebe schuf eine sogar einzigartige Ehe, die für Mann wie Frau das Leben neu begründete: in Liebe für immer. Ermöglicht wurde diese neue Ehe durch die gewandelten Lebensbedingungen: nahezu gleiches Alter der Partner, Bildung sowohl für Mann wie Frau, dazu die bessere medizinische Versorgung bei Geburt und Kindern. Das war neu und intensivierte den erotischen wie geistigen Austausch, zielte letztlich auf das Glückserlebnis beider Ehepartner.

Bemerkenswert ist bis heute die Beurteilung der romantischen Ehe durch die Schriftstellerin Ricarda Huch (†1947), die in Deutschland eine der ersten promovierten Frauen war und 1908 mit zwei Bänden über die Romantik hervortrat. Ihr zufolge führt die romantische Ehe zu einer geschlechtlichen Wechselwirkung: „Am Manne sollten seine weiblichen, an der Frau ihre männlichen Eigenschaften ausgebildet werden“[127], und „nicht nur Liebe und Ehe sollten eins sein, sondern auch sinnliche und seelische, ja auch himmlische und irdische Liebe“[128]; bei gänzlicher Versenkung in das geliebte Wesen könne man sogar „Gott finden“[129]; entrüstet habe die Romantiker, „daß die Individualität der Frau durch die des Mannes, später durch die der Kinder aufgesogen wurde“[130]. Aber dann auch Huchs Einwand: „Die Liebe, diese dämonische Gewalt, der der schwache Mensch preisgegeben ist“[131], eben diese wecke auch „teuflische Gelüste“[132], nämlich „die Liebe durch Liebe zu Tode zu hetzen“[133]. Und dann? „Wiegen die Tränen eines liebenden Paares schwerer als die Tränen verlassener Frauen, verlassener Kinder?“[134] Die Ehe sei eben auch Familie, nämlich Mann, Frau und Kind in innigster Wechselwirkung mit „täglich darzubringendem Opfer“[135]. Heute wird gern bezeugt, daß wir nicht hinter die romantische Ehe zurück könnten. Aber die damit verbundenen Probleme zeigen sich in den hochgeschnellten Scheidungszahlen.

12. Die Industrie-Gesellschaft

a) Im Deutschen Reich

Nach der Reichseinigung von 1871 und der jetzt voll einsetzenden Industrialisierung veränderte sich die gesamte Sozialsituation: Der zuvorige Pauperismus verschwand dank neuer Arbeitsmöglichkeiten. Die überschüssige Zahl der Gesellen drängte in die Industrie, die Bauernsöhne rodeten die Wald- und Heidegebiete. Die letzten Heiratsbeschränkungen entfielen, alle konnten und wollten heiraten. Parallele Prozesse verliefen in allen sich industrialisierenden Ländern. Auch den Frauen eröffneten sich neue Chancen. Die höheren Bürgertöchter drängten in die höhere Bildung, die Mädchen der Unterschichten in die Fabriken. Die dank der Aufklärung und Romantik obligate Bildung der Frau drängte aber weiter zu einem möglichen Universitätsstudium wie ebenso zu einer möglichen politischen Teilhabe. Um jedoch das Universitätsniveau auf männlich gebührlicher Höhe zu halten, wollte man allenfalls Frauenakademien zulassen und die politische Mitbeteiligung der Frau auf das Soziale beschränken. Der Widerstand war heftig; man berief sich auf das angeblich kleinere Hirn der Frauen: Männer als Träger des Intellekts – Frauen nur als Trägerinnen des Gefühls.

Der weit in bürgerliche Kreise hineinwirkende Historiker Heinrich von Treitschke († 1896) deutete die deutsche Reformation als „einseitig männlich“[1], ebenso den preußische Staat: „Es giebt keinen Staat, der so wenig Weiberherrschaft gesehen hätte wie der preußische“[2]. Die dem Mann zuerkannte Erstrolle hatte zur Folge, daß ‚Vater Staat‘ keine Beteiligung von Frauen zulassen konnte, nicht einmal bei den Wahlen. So lehnte der damals gleichfalls vielgelesene, nationalliberale Historiker Heinrich von Sybel († 1895) das allgemeine Wahlrecht ab, weil das Wählenkönnen gebildeter Damen sofort die Gewährung an unkultivierte Männer nach sich ziehe; das aber sei „weder ein Gewinn für den Staat noch die Frauen"[3]. In den angesehenen ‚Preußischen Jahrbüchern' warnte 1912 ein Artikel vor aller Lockerung in der Ehe, denn dahinter „steht die denkbar tiefste Erniedrigung des weiblichen Geschlechts, die freie Liebe, und hinter den weiblichen Berufen […] steht die Forderung des weiblichen Wahlrechts mit allen Widrigkeiten des Suffragettentums"[4].

Um die Jahrhundertwende erreichte ein Buch mit dem Titel ‚Über den physiologischen Schwachsinn der Frau' acht Auflagen mit Aussagen der folgenden Art: „daß die männlichen und die weiblichen Geistesfähigkeiten sehr verschieden sind"[5], daß die für das geistige Leben wichtigen Hirnteile „beim Weibe schlechter entwickelt sind"[6]; daß der weibliche Instinkt „das Weib tierähnlich, unselbstständig, sicher und heiter"[7] mache; daß es zwar unrichtig sei, „die Weiber unmoralisch zu nennen", aber sie seien „moralisch einseitig und defekt"[8]; daß die Mädchen zwar in Musik und Malerei ausgebildet würden, wo aber sei „der weibliche Componist"[9] und wo eine Malerin mit mehr als nur einer „mittelmäßigen Technik"[10]. Wegen der Hilfsbedürftigkeit der Kinder verlange die Natur von der Frau „mütterliche Liebe und Treue"[11]; ja wenn „die weiblichen Fähigkeiten den männlichen gleich entwickelt würden, so würden die Mutterorgane verkümmern"[12]. Die wahre Aufgabe der Frau, ihr Talent, bleibe die „Anlage für Liebesangelegenheiten"[13] und darin erweise sie sich „oft als genial"[14]. Der Autor rühmt sich, er habe „auch weiblichen Beifall erhalten"[15].

Zum großen Erfolgsbuch wurde August Bebels († 1913) ‚Die Frau und der Sozialismus', noch 1946 in Ostberlin in 55. Auflage nachgedruckt. Der Ton ist siegesgewiß, mit dem Schlußakkord noch: „Dem Sozialismus gehört die Zukunft. Das heisst in erster Linie – dem Arbeiter und der Frau"[16]. Absicht und Ziel der über 600 Seiten sind klar: Um der Frau zur persönlichen Unabhängigkeit zu verhelfen, muß sie wirtschaftlich selbstständig werden; darum Arbeitsbeschaffung für Frauen sowie Entlastung von der Kindererziehung; aufzubauen sei die Einrichtung eines sozialistischen Erziehungswesens,[17] mit „Umwandlung des häuslichen Lebens"[18] und mit „Einrichtung einer kommunistischen Küche"[19]. Die Religion brauche man den Leuten nicht aus dem Herzen zu reißen, denn sie verschwindet von selbst.[20]

Als dann 1912 die Sozialdemokraten zur stärksten Fraktion im Reichstag aufstiegen, entstanden Ängste im bürgerlichen Lager. Es bildete sich der ‚Deutsche Bund zur Bekämpfung der Frauenemanzipation', mit sogar einem Viertel weiblicher Mitglieder. Die Diskussion erfaßte auch die Konfessionen. Widerstand gegen die Emanzipation kam aus der protestantischen Orthodoxie.[21] In konservativ evangelischen Kreisen wurde gern an das paulinische Schweigegebot erinnert (1 Kor 14,34).[22] Spannungen interkonfessioneller Art kamen hoch, als Elisabeth Gnauck-Kühne († 1917), die Gründerin der Evangelisch-Sozialen Bewegung, zum Katholizismus übertrat und dort im Katholisch-Deutschen Frauenbund programmatisch weiterwirkte.[23] Um die 1907 in Preußen durchgeführte Mädchen-Schulreform, die auch den Realschülerinnern den Universitätszugang eröffnete, entfachte sich eine heftige Diskussion. Auf katholischer Seite hatte sich schon vorher der Münsteraner Moraltheologe Joseph Mausbach hervorgetan, mit zwei Vorträgen über ‚Frauenbildung und Frauenstudium'.

Angesichts des Widerstreits von „geistiger Schaffenslust und Mutterberuf"[24] bleibt die Familie der „normale Wirkungskreis des Weibes"[25]; mag der Mann in der Kraft des Denkens „einen Vorsprung behaupten"[26] so würde doch die Welt veröden ohne „das weibliche Walten in der Familie"[27]. Wie sollten die heranwachsenden Töchter neben der Ehe noch andere Möglichkeiten erwägen? Möglicherweise seien nach der Mädchenschul-Reform die Anforderungen in Mathematik und Bürgerkunde doch „zu hoch"[28]; Frauentugend trage bei „für die Wohlfahrt des Volkes, die soziale Versöhnung"[29]; nach Zutritt zu akademischen Ämtern hätten Frauen „an schöpferischer Fruchtbarkeit die Männer nicht erreicht"[30]. Dennoch, es gebe „sogar im konservativen Münster Neuheiten unerhörter Art, den gemeinsamen Besuch der Universität durch Studenten und Klosterschwestern"[31]. Diese gemäßigt konservative Position schalt der Antifeministische Bund, als ‚klerikalen Feminismus'.[32] Der mit dem Aufbruch ins 20. Jahrhundert emporschießende Reform-Katholizismus beargwöhnte die Feminisierung der katholischen Frömmigkeit, befürwortete ‚mehr Männlichkeit', kritisierte den Zölibat als geistige Kastration, drohte zuletzt in Männlichkeitswahn und Rassismus abzugleiten.[33]

Die hier feststellbare anti-emanzipatorische Einstellung beschränkte sich keineswegs auf Konfessionen und Kirchen; sie war ‚bürgerlich'. Noch Thomas Mann († 1955) beargwöhnte 1925 „die Verselbstständigung und Befreiung der radfahrenden, chauffierenden, studierenden, starkgeistig gewordenen, in gewissem Sinne vermännlichten Frau"[34].

b) Die katholische Moraltheologie

Nach dem Ersten Weltkrieg begann eine neue Debatte. Bezeichnend ist dafür der Bestseller des niederländischen (Frauen-)Arztes Theodor van de Velde (†1937) ‚Die vollkommene Ehe'. Das Buch bot eine umfassende medizinische Information über Geschlecht und Geschlechtsverkehr, warb obendrein für eine Hochehe, verstanden als geschlechtliche Liebeseinigung und enthielt sich jeder antikatholischen Polemik.[35] Auch Mausbach war sich der nach dem Ersten Weltkrieg gewandelten Situation bewußt. Als 1919 das Frauenwahlrecht kam, mußte er deutlicher Stellung beziehen: Dieses Recht sei nicht durch die Sozialdemokratie aufgezwungen worden, lasse sich theologisch besser aus der für beide Geschlechter gleichen Gotteskindschaft begründen, überdies auch aus der modernen Kulturentwicklung. Der Weltkrieg habe die „‚Herren der Schöpfung' […] nicht in so überwältigender Größe offenbart, daß die Frauen vor dieser Herrlichkeit staunend versinken müssen"[36]. Ziel müsse eine ‚Ergänzung' der männlichen Gesellschaftsarbeit sein, „daß wir getrost auch weibliche Abgeordnete in die Nationalversammlung schicken können"[37]. Insofern Ehe und Mutterschaft den natürlichsten Beruf der Frau ausmachten und die politische Verantwortung eine Gefahr für die Häuslichkeit darstellten, könnten „Konflikte zweier Lebenskreise auch sonst wohl vorkommen"[38]; für „würdige, gesittete Frauen" aber sei eine politische Tätigkeit „sicher nicht gefährlicher, als die tägliche Arbeit vieler Frauen in den Fabriken"[39].

Die christliche Ehe bezeichnet Mausbach, weil monogam, unauflöslich und fruchtbar, als die „höchste, lauterste und inhaltsreichste [Form], welche die Geschichte kennt"[40]. Auch bejaht er Lust und Leidenschaft, die er als Reiz und Motiv nicht ausschließt.[41] Brisant wird es bei der Kinderzahl; es bestehe keine Pflicht der Ehegatten, „eine bestimmte Anzahl von Kindern zu zeugen"[42]. Das klingt schon fast nach elterlichem Gewissensentscheid. Doch verwirft die kirchliche Moral „die volle Herrschaft des Lustprinzips in der Form der Vereitelung der Fortpflanzung"[43], verurteilt deswegen die Verwendung mechanischer Schutzmittel, die ‚Gummiwaren', kennt für den vorehelichen Geschlechtsverkehr „ein absolutes, ausnahmsloses Verbot"[44]. Eine gewisse Berechtigung hat die „fakultative Sterilität"[45], nämlich des Eheverkehrs an Tagen mit unwahrscheinlicher Empfängnis. Mausbach zitiert zu seiner Bestätigung Katholikinnen von größerer öffentlicher Bekanntheit: Vor Gott könne kein Kompromiß bestehen, und dies „müssen wir katholischen Frauen mit allen Konsequenzen für unser Leben erkennen und anerkennen“[46].

Daß in Wirklichkeit auch Katholiken Verhütung betrieben, zeigt eine Vorbemerkung des Medizin-Historikers Robert Jütte, der sein Buch über die Geschichte der Empfängnisverhütung mit einer persönlichen Vorbemerkung beginnt, daß er, aufgewachsen im erzkatholischen Sauerland, im Schlafzimmerschrank seiner Eltern eine Broschüre über Verhütungsmethoden entdeckte – ein zufälliger Beweis dafür, daß auch Katholiken Verhütung betrieben, erweisbar an den sichtlich zurückgehenden Kinderzahlen.[47]

c) Die Enzyklika ‚Casti connubii‘

Das 1917 in Geltung gesetzte Rechtsbuch der katholischen Kirche definierte: Der erste Ehezweck ist die Zeugung und Erziehung von Kindern und der zweite Zweck die gegenseitige Hilfe und das Heilmittel gegen die Sinnlichkeit, was heute als einseitig-biologisches Eheverständnis kritisiert wird.[48] Die Enzyklika ‚Casti connubii‘ von 1930 bestätigte diese Auffassung anhand der altbekannten drei Segensgüter: das Kind, die Treue und das Sakrament, also die augustinische Ehedefinition. Zum Erstzweck Kind heißt es: „Der Hauptzweck der Ehe ist die Zeugung und Erziehung des Kindes“[49]. Zwecke zweiter Ordnung sind die „wechselseitige Hilfe“ und die „Betätigung der ehelichen Liebe“[50]. Die eheliche Treue basiert auf der „Einhaltung des Ehevertrages“[51], erfordert die Einehe, verbietet den Ehebruch, sieht als „Ordnung der Liebe“[52] den Mann als „Haupt“[53] und die Frau als „Herz“[54], weswegen die Frau dem „Mann untertan sein und gehorchen“[55] soll, aber doch „nicht nach Art einer Dienerin“[56], denn beide Gatten haben „Menschenwürde“[57]. So sehr der Ehevertrag „Rechtsgleichheit“ gebietet, würden doch die „Persönlichkeitsrechte und die Menschenwürden“ übertrieben angesichts einer notwendigen „Ungleichheit und Abstufung [...], wie sie das Familienwohl und die notwendige Einheit und Festigkeit der häuslichen Gemeinschaft und Ordnung fordern“[58]. Missbraucht ist die Ehe, wenn „etwas innerlich Naturwidriges zu etwas Naturgemäßem“[59] erklärt wird. Die Erwähnung

Onans erinnert, ohne es allerdings zu gewichten, an das Argument der Samenvergeudung.[60] Die als verbindlichst herausgestrichene Gesamt-Konsequenz lautet: „Jeder Gebrauch der Ehe, bei dessen Vollzug der Akt durch die Willkür der Menschen seiner natürlichen Kraft zur Wekkung neuen Lebens beraubt wird, verstößt gegen das Gesetz Gottes wie der Natur; und die solches tun, beflecken ihr Gewissen mit schwerer Schuld“[61]. Denn die Eltern stellen sich mit der Zeugung neuen Lebens „in den Dienst der Allmacht Gottes“[62]. Protest ergeht gegen die Sterilisierung und Eugenik.[63] Die Ehe-Vorbereitung erfordere eine keusche Jugendzeit, weil die „vor der Ehe in allem sich selbst und ihren Eigennutz suchten, die ihren Begierden [...] nachgaben, [...] ernten müssen, was sie [zuvor] gesät haben“[64]. Der Staat wird ermahnt zur familienentsprechenden Entlohnung; belobigt wird auch die Übernahme des kanonischen Eherechts durch den italienischen Staat.[65]

Der ‚Jone‘, ein bis zum Zweiten Vatikanum in 17 Auflagen erschienenes Handbuch, wollte den Seelsorgern speziell fürs Beichthören als „Pflichtenlehre“ dienen. Das sechste und neunte Gebot werden nach (neu-) scholastischer Theologie und den päpstlichen Enzykliken, zumal ‚Casti connubii‘, abgehandelt: „Jede direkt gewollte geschlechtliche Lust ist außerhalb der Ehe immer eine schwere Sünde“, selbst „wenn die Lust noch so unbedeutend und kurz ist“[66]. Dementsprechend ist der freiwillige Geschlechtsverkehr zwischen ledigen Personen „schwere Sünde“; die unmittelbar den Geschlechtsverkehr vorausgehenden oder nachfolgenden Worte, Blicke und Berührungen brauchen bei der Beichte freilich nicht eigens angegeben werden, aber nicht, weil sie belanglos sind, sondern weil sie zusammen mit dem verbotenen Verkehr eine Sünde ausmachen.[67] Wer den Samen in ein verkehrtes Gefäß, nämlich außerhalb der Vagina oder in Kondome ergießt, begeht eine schwere Sünde; wer nicht zur Meidung willens ist, „kann nicht absolviert werden“[68]. Berührungen, Küsse und Begierden mit fremden Personen gelten als „ehebrecherisch“[69]. Insgesamt ist jede „direkt gewollte geschlechtliche Regung [...] immer schwer sündhaft“[70]. Die Körperteile werden in ehrbare (Gesicht, Hände, Füße) und unehrbare (Geschlechtsteile) unterschieden,[71] wobei Küssen der unehrbaren Teile ‚Todsünde‘ ist,[72] hingegen das Anschauen des eigenen Körpers nur erlaubt ist, sofern nicht Lust erregt wird. Brautleuten ist „an sich nicht mehr [erlaubt] als den übrigen Ledigen“[73]; denn es könne niemandem zugemutet werden, eine ganz unbekannte Person zu heiraten, wobei sie aber möglichst nie allein miteinander sein sollen.[74]

Die von ‚Casti connubii‘ verordnete Lustfeindlichkeit setzte sich bis zum Zweiten Vatikanischen Konzil fort.

d) Homosexualität und Onanie

Homosexualität galt, wie das ‚Lexikon für Theologie und Kirche' der 30er Jahre des vorigen Jahrhunderts festhält, als „Widernatur", bei Freiwilligkeit als „schweres sittliches Vergehen", wofür alt- wie neutestamentliche Verurteilungen angeführt werden. Wenn die derzeitige Sexualwissenschaft Homosexualität als „Naturanlage" hinstelle, fehle dafür der letztgültige Nachweis, weswegen eine Entschuldigung als Krankheit „ganz falsch" sei. Die Homosexualität als normal zu betrachten, sei ein „Zeichen sittlichen Verfalles"; nur unwiderstehlicher Zwang entbinde „von der persönlichen Verantwortung", hebe jedoch „die Freiheit und Verantwortlichkeit nicht [gänzlich] auf"[75]. Erziehungsanstalten, Kasernen, Gefängnisse und Arbeitslager böten förderliche Milieus.

Gewunden gibt sich der Artikel in der Ausgabe der 60er Jahre. Biologisch-soziologisch ergebe sich ein förderliches Milieu bei intellektuell Minderbegabten, heterosexuellen Strichjungen, zumal bei Psychopathen; Erbanlage sei nicht erweisbar, eher schon neurotische Störungen. Moraltheologisch werden erneut die entsprechenden Bibelstellen wie auch Thomas von Aquin angeführt. Homosexuelle würden infolge subjektiver Vorbedingungen „nicht schuldiger vor Gott als Heterosexuelle durch Sünden innerhalb der natürlichen Triebrichtung"; Inhaber höherer Weihen „sind zu suspendieren". Rechtlich überwögen die Gründe für Beibehaltung der Bestrafung, freilich bei Schonung von Tätern ohne kriminelle Haltung.[76]

Strikt sündhaft blieb auch die Onanie. Für die Beichtpraxis galt: Jede direkt gewollte Pollution ist „immer schwer sündhaft", die unabsichtliche sündhaft nur bei „freiwillig[em] Wohlgefallen", nicht sündhaft bei „lästigem Jucken"; Frauen, weil keinen Samen vergeudend, trifft wegen unerlaubten Lustgenusses die gleiche Sündenschwere.[77] Die Begründung ist in den theologischen Lexika nachzulesen, wiederum in den verschiedenen Auflagen des ‚Lexikons für Theologie und Kirche'. Die Ausgabe der dreißiger Jahre erklärt im Rückgriff auf die Ehe-Enzyklika ‚Casti connubii' jeden Geschlechtsakt, der die Werdung neuen Lebens verhindert, als das Gewissen befleckend und infolgedessen die Masturbation als sündhaft. Zur biblischen Begründung werden die ‚Lustknaben' des ersten Korintherbriefes angeführt (1 Kor 6,9). Die ‚stumme Sünde' bewirke körperlich-charakterliche Schwäche, sei mit den übernatürlichen Mitteln des Gebets und des Sakramentsempfangs zu bekämpfen; Beichtväter sollten bei gegebener Anklage mit unerschöpflicher Geduld der Niedergeschlagenheit der Onanisten entgegenwirken und deren Selbstvertrauen stützen; reine Abschreckungsargumentation sei verfehlt.[78] Die Ausgabe desselben Lexikons in den 60er Jahren registriert die neue Exegese, daß die ‚Weichlinge' keine Masturbanten sind, daß zwar das Neue Testament jede sexuelle Unlauterkeit verwerfe, aber die Onanie nicht erwähne; zitiert werden päpstliche Verurteilungen bis zu Pius XII. († 1958), ohne noch das Argument der Samenvergeudung zu wiederholen; die Bezeichnung ‚Selbstbefleckung' sei zu vermeiden und Sündhaftigkeit liege allein bei selbstgetätigter Ausübung vor.[79]

Das Onanie-Verbot bestimmte total das Leben in den kirchlichen Internaten, den Ordensschulen und Priesterseminaren: keine Illustrierte mit anzüglichen Fotos, keine Literatur mit verführerischen Szenen, erst recht keine erotischen Filme, auch kein Besuch von Familienbädern, sogar Beschränkung der Ferienzeiten, um nicht zu Hause zu viel böse Welt zu erfahren. Bei der Priesterweihe sollte die Onanie ausgestanden sein; noch bis vor kurzem brach die Mehrzahl der Priesteramtskandidaten ihren Weg ab, weil sie es gegen die Onanie nicht geschafft hatten.[80] Der seit dem Kinsey-Report bekannte Tatbestand, daß praktisch alle unverheirateten jungen Männer onanieren, läßt die kirchlich empfohlenen Heilmittel als absurd erscheinen und mußte die Betroffenen nur demütigen: wegen Todsünde kein Kommunionempfang, darum immer neues Beichten und doch wieder Scheitern, ‚ein Teufelskreis', wie Eugen Drewermann es genannt hat, „daß die Sünde als ein Verstoß gegen die Schöpfungsordnung *naturnotwendig* traurig, nervös und apathisch mache"[81]. Oder der Würzburger Moraltheologe Bernhard Fraling († 2015) zur Onanie: „Fast nirgendwo sonst ist nachweislich die Divergenz von Verhalten und Norm so groß wie hier."[82]

Jüdischerseits folgte man weiterhin der bürgerlichen Angst und begründete die Beschneidung im 19. Jahrhundert auch mit einer dadurch bewirkten Minderung der Onanie-Reizung. Die Nachwirkungen reichen bis in die Gegenwart. Georges-Arthur Goldschnidt, von deutsch-jüdischer Herkunft und in Frankreich als Nietzsche-Übersetzer bekannt geworden, berichtet in seinen Lebenserinnerungen, wie sein Vater und seine Mutter ihn in den zwanziger Jahren des vorigen Jahrhunderts abends „irgendwie ungewöhnlich" zu Bett geleiteten: „Auf einmal ergriff die Mutter meine Hände, und mein Vater, der sich genierte, zog einen Bindfaden aus der Tasche, mit dem meine Mutter mir die Hände an einen der Stäbe des Bettes zu binden versuchte"; der beigezogene Hausarzt „strich mit dem Finger den Leisten entlang und sagte; ‚Was du da tust, das tun nur die ganz Bösen, und wenn Du so weiter machst, wird man dich operieren müssen'"[83].

e) Am Ende

Die katholische Sexualmoral blieb rigide. Wer sich nachträglich umhört, erfährt eine Fülle von Klagen und Anklagen. Zuerst schon über die Beichtpraxis: Ein 1980 geweihter Priester berichtet von einer Beichte im ersten Theologie-Semester, bei der er sich keiner Unkeuschheitssünde anklagte, weswegen der Beichtvater mehrmals nachfragte und dabei die Vergehen gegen das 6. Gebot als schwere Sünde bezeichnete; der Student ermannte sich zum einzig Richtigen: Er verließ den Beichtstuhl.[84] Der Beichtvater konnte sich die Beichte eines jungen Mannes offensichtlich nicht ohne Onanie-Anklage vorstellen. Den Eheleuten drohte die Absolutionsverweigerung im Falle mangelnder Bereitschaft zu weiteren Kindern, dazu die Nachfrage nach unterbrochenem Geschlechtsverkehr, ebenso das allgegenwärtige ‚allein oder mit anderen', sodann die Homosexualität als Schwerstvergehen und die Onanie als Todsünde. Bestürzende Fakten kommen hervor, daß Frauen bei der so und so vielten Schwangerschaft ins Wasser gingen oder ein offenes Bein bekamen mit nachfolgender Amputation. Die Mutter des hier Schreibenden, die fast hundert Jahre alt geworden ist und jeden Tag den Rosenkranz betete, mußte ihrem geistlichen Sohn noch auf dem Sterbebett sagen: ‚Was die Pastöre früher den Frauen im Beichtstuhl gesagt haben, das war verkehrt'.

13. Die Welt-Gesellschaft

Seit dem Zweiten Weltkrieg hat sich die Welt vernetzt mit Fernsehern, Internet und Handys. Die großen Waren- und Finanzströme erfordern internationale Abmachungen, mehr noch die Probleme von Krieg und Frieden, zusätzlich der Klimaschutz und die Ressourcen. Dabei drängt auch die in der westlichen Welt entwickelte Medizin vor, ermöglicht die Bekämpfung von Seuchen und Krankheiten, ebenso die Beförderung von Gesundheit und Lebensverlängerung. Die ideelle Grundlage bilden die Menschenrechte, so mit dem Verbot der Sklaverei und der Emanzipation aller Unterprivilegierten. Sexualität und Ehe sind gleichfalls betroffen, wird doch die Mütter- und Kindersterblichkeit zurückgedrängt und dank der Verhütungsmittel eine Familienplanung ermöglicht. Dadurch hebt sich die Stellung der Frau. Der nach 1948 vorgelegte Kinsey-Report stellte statistisch unterfüttert dar, wann, wie, wo und mit wem Sex betrieben wird. Eine zuvor nie für möglich gehaltene Revolution löste die Empfängnis verhütende Pille aus: Sie machte den Sexualverkehr physisch folgenlos. Das wirkte, zumal für die Frauen, befreiend. Angesichts der neuen Freiheit schoß ruckartig eine Empörung über die früheren Restriktionen empor und verzerrte zurückblickend die alte Moral, indem man die früheren Gegebenheiten, welche die Restriktionen bedingt und zwingend gemacht hatten, nicht mehr verstand. Zum Welt-Exportartikel ist inzwischen die ‚romantische Liebe' geworden.

a) Die Pille und ihre Folgen

Die von Alfred Kinsey († 1956) 1948 publizierten Bücher ‚Das sexuelle Verhalten des Mannes' wie ‚Das sexuelle Verhalten der Frau' erzwangen einen neuen Blick. Anhand von 20.000 befragten Personen zeichnete sich ein versachlichtes Bild der sexuellen Realität ab, klassifiziert nach Alter, Bildung und Sozialschicht, aufgeschlüsselt nach Wann, Wie und Wo, verzeitlicht nach erstmals oder regelmäßig, ausgeleuchtet überhaupt nach allen denkbaren Aspekten. Deutlich wurde, daß die gelebte Moral anders aussah als die üblicherweise vorausgesetzte. Das ließ die Freigeister aufjubeln. Aber auch die Konservativen konnten beruhigt sein ob der nun klar erwiesenen Disziplinierung von Seiten der Religionszugehörigen. Für die gleichwohl gespaltene Problematik nur ein Zitat: „21 Prozent der streng katholischen Frauen hatten ihren ersten Orgasmus erst mit fünfunddreißig Jahren erreicht, obwohl die meisten von ihnen in diesem Alter verheiratet waren und regelmäßigen ehelichen Koitus hatten. Von den inaktiven Katholikinnen hatten nur 2 Prozent in diesem Alter noch keinen Orgasmus erlebt“[1].

Eine Erstreaktion bot Helmut Schelsky mit seinem in 200.000 Exemplaren verkauften Taschenbuch ‚Soziologie der Sexualität‘. Das Erscheinen fiel zwischen die zwei epochemachenden Ereignisse, nämlich nach dem Kinsey-Report und vor der Anti-Baby-Pille. Die Richtung Schelskys ist klar: Angesichts der menschlichen Instinkt-Reduktion und gleichzeitiger Ablösung von festen Brunstzeiten ist der Überbau entscheidend: Die kulturelle Überformung der sexuellen Antriebe gehört, weil sonst die Lustempfindungen vom Gattungszweck ablösbar würden, zu den ursprünglichsten Kulturleistungen. Nicht sei die Ehe primär eine sexuelle Institution zur Befriedigung erotischer Bedürfnisse; sie entspringe vielmehr dem ‚spezifischen Fürsorgeverhältnis‘ zwischen Mutter und Kind, das weitaus länger andauere als bei allen Tieren und zudem die Solidarität des Mannes erfordere.[2] Als Konsequenz zitiert Schelsky: „Alle Stabilität der Geschlechtsbeziehungen scheint also wesentlich aus nichtsexuellen Tatbeständen zu stammen“[3]. Wenn auch dem Mann oft die größere Freiheit zugebilligt worden sei, monopolisierten sich die Geschlechterbeziehungen notwendigerweise zur Einehe. Als Höhepunkt dieser kulturellen Entwicklung erachtet Schelsky: „Der Begriff der Liebe, wie er heute verstanden wird, ist in Europa geschaffen worden“[4]; ja, „erst in der Einehe der abendländischen Kulturtradition sind die hohen Gefühls-, Gemüts- und Persönlichkeitsansprüche an den Liebespartner entwickelt worden, jene verfeinerte Erotik des amour passioné“[5]. Überhaupt gelte grundsätzlich: „In allen Gesellschaften nehmen […] diese Normen mit tiefer Notwendigkeit den Charakter des Absoluten an“[6]. Was aber zugleich auch Gefahren heraufbeschwört: Die Höchstplatzierung des erotischen Erlebnisses führt beim polygamen Mann zu erlaubten Nebenbeziehungen oder schafft Ventilsitten wie die Prostitution. Dennoch, die leitenden kulturellen Normen zu erschüttern führe unversehens ins moralisch ‚Natürliche', wie es Kinsey beschrieben hat: Jeder tue, was alle tun.[7] In Wahrheit bleibe Verzicht gefordert: „In der Askese, besonders der geschlechtlichen, schafft sich der Mensch eine der Trieberfüllung entgegen gerichtete Antriebstruktur, deren Bestand wir als Grundlage aller höheren sozialen und kulturellen Organisation ansehen müssen"[8]. Der zeitgenössische Trend verfahre zu kurzschlüssig: zwar die Vorteile einer hohen Kultur genießen und zugleich die sozial erzwungene sexuelle Enthaltsamkeit abschaffen.[9] Obwohl die hier benutzte Ausgabe von 1977 ist, werden zwar empfängnisverhütende Mittel, nicht aber die durch die Pille herbeigeführte Sexualrevolution behandelt. Deren Wirkung ist aber für Schelsky schon absehbar: „Erst wenn eine geschlechtliche Vereinigung zweier Menschen nicht mehr von der Wahrscheinlichkeit der Empfängnis begleitet ist, hört sie auf, eine primär soziale und kollektive Angelegenheit zu sein und wird privat"[10]. Insofern hält Schelsky, wie er vorweg schon im Vorwort schreibt, daran fest: „Jene altmodische Ansicht ist die einzig richtige"[11].

Dem katholischen Helmut Schelsky ist anzuschließen der marxistische Max Horkheimer († 1973). Er warnte noch viel deutlicher: „Selbst die Liebe, die erotische Sehnsucht, ist aufgrund des technischen Fortschritts überholt, denn geschlechtlicher Genuß wird durch die Pille leichter erfüllbar als der Appetit durch kultivierte Nahrung"[12].

b) Der Katholizismus

Seit Anbruch des 20. Jahrhunderts begann ein Rumoren gegen die traditionelle Ehezweck-Lehre; verstärkt suchte man das personale Liebesverhältnis voranzustellen. Angesichts des allzeit argwöhnischen Lehramtes griff eine Unaufrichtigkeit um sich, die bezweifeln läßt: „Was geschrieben werde, repräsentiere tatsächlich das, was alle Theologen dachten"[13]. Der anzuwendende Trick bestand darin, einen Punkt der hergebrachten Lehre so zu bestätigen, daß in Wahrheit etwas Neues dabei herauskam.

Als Beispiel sei der Moraltheologe Herbert Doms (†1977) angeführt. Zum Ausgangspunkt nahm er aus ‚Casti connubii' den Satz: „Die Liebe muß ebenfalls alle anderen Rechte und Pflichten des Ehelebens beherrschen, so daß es nicht allein ein Gesetz der Gerechtigkeit ist, sondern auch als Norm der Liebe gelten möge, was der Apostel sagt: ‚Der Gattin leiste der Gatte die Pflicht'"[14]. Historisch gesehen sind von Doms „zum ersten Male in einer päpstlichen Urkunde der eheliche Akt und die Liebe miteinander in Verbindung gebracht"[15]. Daraus folgerte er weiter, „daß nicht nur die Ehe, sondern der eheliche Verkehr ein Weg der Heiligung sei"[16], denn im „vollkommenen, menschenwürdigen Sexualakt erfassen sich die Partner gegenseitig in intimer Liebe, das heißt geistig, und schenken sich in dieser Liebe einander in einem Akte, der die Hingabe und den Genuß der ganzen Personen, nicht bloß eine isolierte Organbetätigung, beinhaltet"[17]. Auf diese Weise konnte sich erstmals eine Theorie entwickeln, „die von der des heiligen Augustinus abwich"[18] und die zugleich im ehelichen Akt die „höchste Verwirklichung der wechselseitigen Anteilgabe der Gatten an ihrem Leben"[19] sah. Noch in einer zweiten Hinsicht gebührt Doms Dank: Als studierter Zoologe entmächtigte er das Argument der Samenvergeudung. Bei jeder Ejakulation des Mannes werden 100 bis 200 Millionen Spermien ausgestoßen, und in jeder Frau befinden sich gegen 2 Millionen Eizellen, die sich bis zur Pubertät auf 30. bis 40.000 reduzieren. Die Natur selbst also vergeudet Spermien und Eizellen. Zusätzlich hat Doms noch pointiert unterschieden zwischen dem ganz außerhalb des Bewußtseins verlaufenden und erst im 19. Jahrhundert medizinisch geklärten Befruchtungsvorgang und der personalen Einswerdung im Liebesakt: „Während die Geschlechtszellen der beiden Geschlechter physiologisch final *aufeinander* hingeordnet sind […], sind die Kopulationsorgane und ihre Funktion final wechselseitig auf die *Person* des Geschlechtspartners hingeordnet"[20]; der Befruchtungsvorgang ist „*grundsätzlich* nicht an einen so tief die Personen der Gatten betreffenden Akt gebunden, wie es beim Menschen *tatsächlich* der Fall ist"[21]. Beklagt wird die „jahrtausendealte Naturmetaphysik"[22], weswegen die Sexualmoral bis vor kurzem nicht aus dem die ganze Person prägenden Hingabeziel erklärt worden sei, „sondern meist ausschließlich aus den sozialen Forderungen der Zeugung"[23]; tatsächlich könnte der eheliche Verkehr normalerweise viel öfter stattfinden „als die Empfängnis von Nachkommen"[24]. Nur insofern hält Doms am ersten Ehezweck der Kinderzeugung fest, als Eheleute hier einer Pflicht unterliegen, sind doch Kinder „für die Erhaltung des Menschengeschlechts, für Staat und Kirche, schlechthin notwendig“[25].

c) Das Zweite Vatikanische Konzil

Zu den neu aufgeworfenen Ehefragen mußte natürlich die inzwischen weltweit verbreitete Katholische Kirche Stellung nehmen. Einen Anlauf dazu machte das Zweite Vatikanum in der Pastoralkonstitution ‚Gaudium et spes‘: Die Einzelnen wie die Gesellschaft sind in das Wohlergehen der Ehe- und Familiengemeinschaft eingebunden, was aber durch Polygamie, Ehescheidung und freie Liebe entstellt werde. Gelten soll vielmehr: „Die innige Gemeinschaft des Lebens und der Liebe in der Ehe, vom Schöpfer begründet und mit eigenen Gesetzen geschützt, wird durch den Ehebund, d.h. durch ein unwiderrufliches personales Einverständnis, gestiftet“[26]. Die Braut- und Eheleute sollen „in keuscher Liebe ihre Brautzeit [...] gestalten und in ungeteilter Liebe ihre Ehe durchhalten“[27]. Die menschliche Liebe erfordere eine frei bejahte Zuneigung; diese umgreife die ganze Person, verleihe den leib-seelischem Ausdrucksmöglichkeiten eine eigene Würde, ja adelt sie als Zeichen der ehelichen Freundschaft. Hier klingen neue Töne an, solche sogar der romantischen Liebe. Weiter dann zur Fruchtbarkeit der Ehe: Ihrem Wesen nach ist die Ehe „auf die Zeugung und Erziehung von Nachkommenschaft hingeordnet“[28]. In menschlicher und christlicher Verantwortlichkeit sollen die Eheleute im Hinhören auf Gott und in gemeinsamer Überlegung über ihr eigenes Wohl wie das ihrer Kinder, der schon geborenen wie der zu erwartenden, das Urteil im „Angesicht Gottes [...] selbst fällen“[29]. Sofern die Zahl der Kinder, aus welchen Gründen immer, nicht vermehrt werden darf, könnten die eheliche Treue und die Erziehung gefährdet werden. Von Verhütungsmitteln verlautet nichts.[30]

Das waren neue Töne: Die Ehe umgreife die ganze Person und verleihe der leibseelischen Vereinigung eine eigene Würde. Geradezu jubelnd urteilte der Konzils-Peritus Joseph Ratzinger: „Weder die Redeweise vom Erstzweck der Kinderzeugung noch diejenige vom ehelichen Ethos ‚gemäß der Natur‘ taucht darin auf [...] Der *generativen* Betrachtung tritt eine *personale* entgegen“[31]. Otto H. Pesch sekundierte, daß „der personale Aspekt der Ehe beherrschend“[32] geworden sei; bei der Zeugung der Nachkommenschaft geschehe freilich nur „ein halber Schritt“[33]: zwar erfolge ein „eindeutiges Plädoyer für Familienplanung“, enttäuschend aber bleibe die Frage nach „den Methoden der Familienplanung“[34]. So sehr die Konzilserklärung neue Töne anschlägt, bleibt sie in der drängendsten Frage unentschieden, nämlich in der Benutzung von Verhütungsmitteln, zumal angesichts der neuen Pille. Der Bonner Moraltheologe Franz Böckle († 1991) berief sich auf die tatsächliche Praxis, „daß in unseren Gegenden schätzungsweise 90–95 % aller fruchtbaren Ehepaare in ihrer Praxis defacto mehr oder weniger häufig gegen die strengen Normen der Moral verstoßen“[35].

Der an die katholische Universität Freiburg (Schweiz) berufene Dominikaner Stefan Pfürtner († 2012) nahm das Konzil beim Wort und ging in seiner Antrittsvorlesung am 13. Januar 1967 das Ja oder Nein zur Anti-Baby-Pille direkt an: Die planlose Zeugung entspreche nicht der katholischen Auffassung, sondern nur die ‚verantwortliche Elternschaft‘, was zur Frage führe, ob antikonzeptionelle Mittel ein Verstoß gegen die Natur- und Schöpfungsordnung wie auch gegen das kirchliche Lehramt seien; letztlich gehe es um die geschlechtlich-eheliche Liebe „als Ausdruck personaler Zuwendung, Fürsorge und Liebe“[36], weswegen es schwer werde, die Gutheit der Zeitwahl und die Verwerfung antikonzeptioneller Mittel evident zu machen.[37] Viel weiter noch ging Pfürtner in seinem 1971 in Bern gehaltenen Vortrag: Masturbation zeuge eher von gewissem Versagen bei der Ichbildung in der Pubertätszeit, vorehelicher Geschlechtsverkehr könne die totale Annahme des Anderen bezeugen und der erlebte Orgasmus ein hervorragendes Medium personaler Beziehung werden.[38] Seinen Berner Vortrag hielt Pfürtner nach Erscheinen der am 25. Juli 1968 publizierten Enzyklika ‚Humanae vitae‘, welche die ganze Diskussion bekanntlich beendete und dann zum ‚Fall Pfürtner‘ führte.

Am deutlichsten wurde der Jesuit Bruno Schlegelberger. Er postulierte 1970 als klares Ziel die ganzheitliche leib-geistige Vereinigung und Ergänzung in der Ehe, weil diese allein der Personenwürde voll gerecht würden. Die Situation habe sich für Nicht-Verheiratete seit der empfängnisverhütenden Pille total verändert, entfalle doch jetzt die Sorge, eine Frau zu schwängern, ohne verheiratet zu sein. Die daraus zu ziehenden Konsequenzen lauten auf Verbot und Gebot. Negativ: „Daher ist eigentlich außerehelicher Geschlechtsverkehr, bei dem grundsätzlich auf die ganzheitliche Annahme des Partners verzichtet wird, sittlich nicht zu vertreten“; und positiv: „Vorehelicher Verkehr muß den Prozeß personaler Integration nicht notwendig kompromittieren", zumal „den Moraltheologen bisher kein überzeugender Beweis dafür gelungen ist, daß Geschlechtsverkehr in *jedem* Falle der Ehe vorbehalten sein muß"[39]. Anders als bei Pfürtner entstand kein ‚Fall Schlegelberger'.

d) Die Enzyklika ‚Humanae vitae'

Um zu einem Entscheid in der Verhütungsfrage zu kommen, hatte Paul VI. († 1978) eine zuletzt 60-köpfige Bischofskommission einberufen, die mehrere Dokumente erarbeitete und mehrheitlich bei der Empfängnisverhütung für den elterlichen Gewissensentscheid plädierte, wobei dann Kardinal Ottaviani († 1979) ein Spezialgutachten nachreichte, das letztlich maßgeblich wurde: das Verbot aller kontrazeptiven Mittel.[40] Entscheidend war das Argument, die Unfehlbarkeit des Lehramtes kontinuierlich durchzuhalten.

Die am 25. Juli 1968 publizierte Enzyklika ‚Humanae vitae' beschwört die rechte Ordnung der Natur des Eheaktes, und demzufolge gilt in Wiederholung der Enzyklika ‚Casti connubii', „daß ‚jeder eheliche Akt' von sich aus auf die Erzeugung menschlichen Lebens hingeordnet bleiben muß"[41]. Die Weitergabe menschlichen Lebens ist eine „überaus ernste Aufgabe"[42], denn die Gatten sind dabei „freie und bewußte Mitarbeiter des Schöpfergottes"[43]. Angesichts veränderter Verhältnisse seien tatsächlich neu zu bedenken: der „Unterhalt einer größeren Zahl von Kindern", die „Auffassung von der Persönlichkeit der Frau",[44] die Bedeutung des ehelichen Verkehrs „für die Harmonie und gegenseitige Treue der Gatten", nicht zuletzt das „gesteigerte Verantwortungsbewußtsein des heutigen Menschen"[45]. Die gesundheitliche, wirtschaftliche, seelische und soziale Situation rechtfertigt eine verantwortungsbewußte Elternschaft, in der „zeitweise oder dauernd auf weitere Kinder" verzichtet wird.[46] Indem der Geschlechtsakt die Gatten aufs engste verbindet, verpflichtet er grundsätzlich zur Zeugung neuen Lebens „entsprechend den Gesetzten, die in die Natur des Mannes und der Frau eingeschrieben sind"[47]. Wer aber die Gabe Gottes einerseits genießt und andererseits Sinn und Ziel dieser Gabe ausschließt, „stellt sich damit gegen Gottes Plan und heiligen Willen"[48]. Verboten bleiben darum die Abtreibung als „Abbruch einer begonnenen Zeugung", sowie „die dauernde oder zeitlich begrenzte Sterilisierung“[49]. Als „völlig irrig“ wird die Meinung bezeichnet, ein absichtlich unfruchtbar gemachter Verkehr könne im Blick auf das gesamteheliche Leben gerechtfertigt werden.[50] Empfohlen wird, „den ehelichen Verkehr auf die empfängnisfreien Zeiten zu beschränken“[51].

Paul VI. bekannte wenige Tage nach der Veröffentlichung sein „Empfinden einer sehr schweren Verantwortung“, das ihm ein „nicht geringes geistiges Leiden“ verursacht habe,[52] was heute kommentiert wird als ein Leiden gerade für die Gläubigen, ja für die ganze Kirche.[53] Nach ‚Humane vitae‘ wurde vielfach die Sorge ausgesprochen, das Lehramt verliere angesichts des so deutlich ausgesprochenen Widerstandes aus dem Kirchenvolk allen Kredit,[54] wo doch unsere Gesellschaft dringend angewiesen sei auf „eine starke moralische Autorität, die den Mut hat, die Menschheit auf ihre Verantwortung aufmerksam zu machen, die ihr mit jedem neuen Schritt der technischen Machbarkeit zuwächst“[55]. Der Publizist Walter Dirks († 1991) prophezeite, den höchsten Preis wird „der Papst selber bezahlen müssen“[56]. Was sich inzwischen bestätigt hat; in einem für Ostern 2015 gegebenen Interview stellt der Freiburger Moraltheologie Eberhard Schockenhoff schlichtweg fest: „‚Humane vitae‘ hat zu einer Entfremdung zwischen Gläubigen und Amtskirche geführt“[57].

Die deutschen Bischöfe reagierten am 30. August 1968 mit der ‚Königsteiner Erklärung‘: Einerseits stehe jeder Katholik vor der Aufgabe der Annahme eines lehramtlichen Entscheids; andererseits müsse jeder anders denkende Katholik „sich nüchtern und selbstkritisch in seinem Gewissen fragen, ob er dies vor Gott verantworten kann“[58]. Die Diskussion überschlug sich. Von katholischen Medizinern wurde zu bedenken gegeben, die ärztliche Kunst habe gegen die oft grausame Natur das Überleben zu ermöglichen;[59] wenn dabei pathologische Unfruchtbarkeit medizinisch behoben werde, warum dann nicht ebenso bei zu großer Fruchtbarkeit entsprechende Gegenmittel, also die Pille anwenden, zumal die Enzyklika das Problem der Überbevölkerung ausspreche.[60]

Es folgte noch eine weitere Papst-Enzyklika, nämlich ‚Familiaris consortio‘ von Johannes Paul II. († 2005). Sie setzt durchaus neue Akzente, bleibt aber beim Verhütungsverbot. Hervorgehoben werden die sozialen und kulturellen Wandlungen,[61] sowohl die ansteigenden Scheidungen[62] wie aber auch die förderlichen Humanismen.[63] Ausgangspunkt ist die Gottebenbildlichkeit von Mann und Frau sowie deren beider Berufung zur Liebe, was die biologische Sphäre in ein Gefüge von personalen Werten transponierte und eine Ganzhingabe verlangte,[64] wobei das gegenseitige Sich-Gehören die „Beziehung Christi zur Kirche" sakramental vergegenwärtigt.[65] Mit der Gottebenbildlichkeit verleiht Gott „dem Mann und der Frau in gleicher Weise personale Würde und gab ihnen jene unveräußerlichen Rechte und Verantwortlichkeiten, die der menschlichen Person zukommen"[66]. Diese gleiche Würde und Verantwortlichkeit rechtfertigen „voll den Zugang der Frau zu öffentlichen Aufgaben"[67], so daß die Anmaßung männlicher Vorrechte reiner ‚machismo' sei.[68] Als Beeinträchtigung der menschlichen Würde wie der Gerechtigkeit verurteilt die Kirche offiziell alle Aktivitäten, die privater- oder staatlicherseits die Freiheit der Eheleute, über die Nachkommenschaft selbst zu entscheiden, einschränken. Als Mitwirkende an Gottes Lebenserschaffung stellen sich die Ehegatten „unter Gottes Plan und vollziehen die Sexualität in ihrer ursprünglichen Dynamik der Ganzhingabe, ohne Manipulation und Verfälschungen"[69].

Erhellend ist ein Vergleich der genannten Papst-Enzykliken. ‚Casti connubii' von 1930 beginnt mit einer Zeitklage und hämmert in klarster Entschiedenheit die altscholastische Ehe-Doktrin mit ihren drei Bestimmungen ein: Nachkommenschaft, Treue und Sakrament. ‚Humanae vitae' beginnt mit den heutigen Schwierigkeiten, betont die personale Liebe, verbleibt aber bei der Natur des Zeugungsaktes, der, weil mitwirkend an der Lebenserschaffung, nicht manipuliert werden darf. ‚Familiaris consortio' beginnt gleichfalls mit der heutigen Situation und beruft sich auf die Menschenwürde, wiederholt zuletzt das Manipulationsverbot im Zeugungsakt. Doch gibt es auch Weiterführendes. Während ‚Casti connubii' unter Berufung auf Pauli Wort vom Mann als Haupt der Frau (vgl. 1 Kor 11,3) die volle Gleichberechtigung der Frau als Widerspruch zur natürlichen Ordnung hinstellt, übergeht ‚Familiaris consortio' diese Stelle, stützt sich stattdessen auf den Epheser-Brief mit der Hingabe des Mannes an die Frau nach dem Vorbild Christi und hebt die gleiche Würde der Frau hervor, auch mit deren öffentlich politischer Betätigung, was als Reflex des Engagements Johannes Paul II. für die Menschenrechte zu deuten ist. Doch stellen sich auch Anfragen. Könnte nicht wie die Haupt-Funktion des Paulus auch dessen Stelle vom widernatürlichen Verkehr der Homosexualität (vgl. Röm 1,26 f.) übergangen werden, dies umso mehr, als heute Homosexualität weniger als Sünde denn als Veranlagung verstanden wird?

Die entscheidende Rückfrage betrifft das Manipulationsverbot beim Befruchtungsakt. Wenn dank der modernen Medizin die Neugeborenen gegen Sterblichkeit geschützt sind, wenn zudem zum Bestand der Ehe

‚gesunder Sex' gehört, wie ist da noch die Natur des ehelichen Aktes primär auf Kinderzeugung hin festzuschreiben? Eben das steht zur Frage. Das Lehramt blieb und bleibt hartnäckig. Proteste, wie auf dem Essener Katholikentag 1968 mit ‚sich beugen und zeugen', verhallten. „*Humanae Vitae* ändert sich nicht"[70]. Die lehramtliche Begründung lautet, Eheleute seien in der Zeugung an Gottes Schöpfungshandeln mit beteiligt, was die Zeugung als Erstzweck der Ehe bestätigt. Andere hingegen argumentieren für den Erstzweck gegenseitiger Liebe und sprechen von einer Mitschöpfung der Ehepartner in und an der Liebe: „Das Ja zu einem Menschen ist als unbedingtes ein Mitsprechen von Gottes Ja zu ihnen"[71].

e) Neudeutung von Homosexualität und Onanie

Die jüngste Ausgabe des ‚Lexikons für Theologie und Kirche' aus den 80er Jahren des vergangenen Jahrhunderts zeigt die Wende. Das eigentlich theologische Problem besteht darin, wie eine neutestamentliche Aussage von unbezweifelbarer Grundsätzlichkeit angesichts heutiger medizinischer und human-wissenschaftlicher Erkenntnisse auszulegen ist. Paulus hat der Homosexualität, weil gegen die Natur verstoßend, die „schärfste Absage" erteilt.[72] Heute stellt sich die Frage, wie ‚Natur' zu beurteilen ist, sofern Menschen von Natur aus homosexuell veranlagt sind. Die Antwort lautet: „Die heutigen humanwissenschaftlichen Kenntnisse lassen eindeutig erkennen, daß die homosexuelle Orientierung neben der Heterosexualität durchaus als eine eigene anthropologisch gegebene Grundposition menschlicher Sexualität betrachtet werden muß und als solche keine wie auch immer geartete Affinität zu psychopathologischen Entwicklungen aufweist"[73]; Sexualität ist zu verstehen als „Ausdrucksform der Hingabe und als bindungsverstärkender Faktor einer sich in Fürsorge und Bergung aufbauenden Partnerschaft"[74]. Der Blick in die Exegese der maßgeblichen Paulusstelle zeigt, „daß hier noch nicht die *Verfaßtheit*, die homosexuelle Disposition, in den Blick genommen wird"[75]; wer sich zur Bewertung homosexuellen Tuns auf die Heilige Schrift berufe, müsse die geschichtliche Bedingtheit berücksichtigen; denn niemand käme heute noch auf die Idee, unter Berufung auf Gen 1–3 das kopernikanischegaliläische Weltbild zu vertreten.

Die Humanwissenschaften präsentieren heute als Ergebnis, „daß Homosexualität nicht mehr mit den Kategorien ‚natürlich' / ‚unnatürlich' […] sachgemäß erfaßt werden kann"[76]. Vielmehr ist davon auszugehen, daß homosexuell empfindende Menschen sich als solcherart Veranlagte vorfinden, ihre Orientierung auch nicht frei wählen und auf ihre Weise liebes- und bindungsfähig sind. Kann man nun angesichts solcherart Veranlagung eine entsprechende sexuelle Betätigung als Verstoß gegen die Natur des Zeugungsaktes betrachten? Oder könnte man homosexuellen Paaren, wie bei unfruchtbaren Ehepartnern, eine Billigung zusprechen? Die lehramtlichen Verlautbarungen bleiben bei der ‚objektiven Ordnung': „Nach der objektiven sittlichen Ordnung sind homosexuelle Beziehungen Handlungen, die ihrer wesentlichen und unerläßlichen Zuordnung beraubt sind. Sie werden in der Heiligen Schrift als schwere Verwirrungen verurteilt"[77]. Der ‚Katechismus der Katholischen Kirche' bleibt bei einer Verurteilung: Homosexuelle Handlungen „sind in keinem Fall zu billigen"; doch wird die Veranlagung dazu „als nicht selbstgewählt" deklariert, weswegen sich ihnen gegenüber Achtung, Mitleid und Takt gebieten; von den Homosexuellen selbst aber wird Keuschheit verlangt.[78]

Bei der Onanie wird in der Letztauflage des ‚Lexikons für Theologie und Kirche' historisch für das frühe Mittelalter – fälschlicherweise – nur leichte Sündhaftigkeit registriert und für die hochmittelalterliche Bewertung das Argument der Samenvergeudung angeführt, sodann infolge des puritanisch-calvinistischen Rigorismus und mehr noch infolge der aufklärerischen Pädagogik die totale Verwerflichkeit dargestellt. Während die kirchenamtliche Lehre mit Berufung auf ‚Casti connubii' weiterhin bei schwerer Verfehlung bleibe, seien nunmehr modifizierende Umstände zu berücksichtigen, daß aufgrund ganzheitlich-personaler Beziehung die Onanie weniger als punktuelle Handlung, sondern als Symptom für eine gegebenenfalls gestörte Beziehungssituation zu verstehen sei; die noch von Pius XII. verbotene therapeutische Samengewinnung könne sich aus Gesundheitsgründen durchaus rechtfertigen. Die neue Beurteilung begründe sich dank moderner psycho-physischer Evidenzen: Neugier und Selbstentdeckung des eigenen Körpers, Abbau sexueller Spannungen, notwendiges Verhalten im Übergang zur Autonomie.[79] Hingegen verurteilt die Masturbation weiterhin der 1993 veröffentlichte ‚Katechismus der Katholischen Kirche' als „absichtliche Erregung der

Geschlechtsorgane, mit dem Ziel, geschlechtliche Lust hervorzurufen"; nie habe das kirchliche Lehramt gezögert, die Masturbation „als eine in sich schwere ordnungswidrige Handlung zu brandmarken", weil „der frei gewollte Gebrauch der Geschlechtskraft, aus welchem Motiv er auch immer geschieht, außerhalb der normalen ehelichen Beziehung seiner Zielsetzung wesentlich widerspricht"; der um ihrer selbst willen gesuchten Geschlechtslust fehle die von der sittlichen Ordnung geforderte Beziehung, „die den vollen Sinn gegenseitiger Hingabe als auch den einer wirklich humanen Zeugung in wirklicher Liebe realisiert"; zu berücksichtigen seien allerdings affektive Unreife, eingefleischte Gewohnheiten und gesellschaftliche Faktoren, „welche die moralische Schuld vermindern oder sogar aufheben"[80].

14. Die sexuelle Revolution

a) Die 68er

Die dank der Pille ermöglichte Freiheit nutzten die 68er für ihre sexuelle Revolution. Zur Rechtfertigung berief man sich auf wissenschaftlich begründete Theorien, vornehmlich auf Wilhelm Reich, hervorgegangen aus der Schule Freuds und zugleich marxistisch orientiert. Sein Kampf galt der ‚Zwangsehe': Einerseits könne der Sexualtrieb nicht länger mit der traditionell aufgezwungenen Sexualmoral befriedigt werden; andererseits befestige die materielle Abhängigkeit der Frau und der Kinder vom Mann die traditionelle Eheform,[1] wobei die kirchlichen und faschistischen Ideologien, trotz evidenter sozial- und sexualgestörter Folgen, nur zu legitimieren wüßten. Tatsache sei, daß Menschen für orgiastische Befriedigung bei „monogamen Beziehungen bedeutend fähiger sind"[2]; eine nur für eine Nacht währende Beziehung zeige evidenten „Mangel an zärtlichem Interesse"[3]. Andererseits dauere diese monogame Haltung nur solange fort, „wie die sexuelle Übereinstimmung und Befriedigung anhält"[4], weswegen niemand verbieten könne, „daß ein *geliebter* Partner einen anderen umarmt"[5]. Gerade außereheliche Keuschheit und innereheliche Treue seien „die beiden Eckpfeiler der reaktionären Sexualmoral"[6]; überdies habe die Jugend vom Eintritt der Geschlechtsreife bis zur Heirat „das Recht völlig freien Geschlechtsverkehrs"[7]. Ja schon das Kind ist von Zwängen zu befreien und darum jedem Erwachsenen zu widerstehen, „der das Kind an der Entfaltung seiner Sexualität behindert"[8]; sonst erfahre das Kind, weder die eigenen Geschlechtsorgane zeigen zu können, noch die bei anderen betrachten zu dürfen, woraus nur Schuldgefühle und lüsterne Neugier entstünden.[9] Als Ergebnis formuliert Reich: Die patriarchalische Familie „erzeugt den autoritätsfürchtigen, lebensängstlichen Untertanen und schafft derart immer neu die Möglichkeit, daß Massen durch eine Handvoll Machthabender beherrscht werden können"[10].

Mit diesen seinen Thesen hat Reich die Studentenbewegung befeuert: Freie Sexualität befreit vom Faschismus wie noch vom Postfaschismus der Adenauer-Zeit; zusätzlich befreite die Pädophilie von autoritären Familienstrukturen. Das inspirierte zur Revolution: „Die Gesellschaft befreit sich durchs Vögeln"[11]. Zur Ikone der proklamierten Sex-Befreiung wurde ein Photo aus der Berliner ‚Kommune I', wo Männer und Frauen sich nackt gegen eine Wand lehnen; im Nachhinein bekannten die Beteiligten, man habe sich als durchaus verklemmter Haufen empfunden und sich beim Photografieren zum ersten Mal nackt gesehen; zuletzt sei man froh gewesen, sich wieder anziehen zu können.[12] Oder das Busen-Attentat: Als Theodor W. Adorno am 22. April 1969 in der Frankfurter Universität seine Vorlesung beginnen wollte, stürmten Studentinnen vor, öffneten ihre Blusen und umringten den Professor mit ihren nackten Busen: Schamgefühle seien als Relikte einer vergangenen Bürgerkultur abzutun. Als damaliger Augenzeuge und heutiger ZEIT-Redakteur berichtet Ulrich Greiner, daß die Attentäterinnen nachher Stillschweigen und Anonymität vereinbart hätten, aus dem offensichtlichen Bewußtsein heraus, „dass sie mit der Aktion die Grenze des Erlaubten und Anständigen überschritten hatten"[13].

Im ‚Kursbuch' berichtete 1969 Eberhard Schultz aus der Kommune 2 in Berlin, wie ein kleines Mädchen den ‚Pimmel' zum Steifwerden gestreichelt habe.[14] In den empfohlenen Kinderläden gab es Zimmer für Doktorspiele und von Daniel Cohn-Bendit wie noch anderen entsprechende Hosenlatz-Bekenntnisse wie ‚Guck mal, erigierter Penis'. Das damals von Hans Magnus Enzensberger herausgegebene ‚Kursbuch' vermeldete: „Eine positive Einstellung zur kindlichen Sexualität bedeutet für uns nicht nur, dass man den Kindern offen die Sexualfunktionen erklärt, sondern dass man die von den Genitalien ausgehenden Lustempfindungen der Kinder affektiv bejaht"[15] – alles mit Berufung auf Wilhelm Reich, demzufolge die Kinderläden zu Brutstätten des ‚neuen Menschen' werden sollten: „Die Kinder sollten politisiert und mithilfe von repressionsfreier Erziehung und der Psychoanalyse fit für den Klassenkampf und die Erschaffung des ‚neuen Menschen' gemacht werden"[16]. Das fand bekanntlich politisches Echo bei den Grünen, nicht nur bei Daniel

Cohn-Bendit oder Jürgen Trittin, die sich später dafür entschuldigten.[17] Helmut Kentler, Hochschullehrer für Sonderpädagogik, Präsident der Deutschen Gesellschaft für Sozialwissenschaftliche Sexualforschung und Beirat der Humanistischen Union, veröffentlichte einen propädophilen Artikel in der ZEIT vom 7. Februar 1969:[18] Die Nationalsozialisten hätten die Sexualität unterdrückt; wer sich davon freimache, emanzipiere sich von dem postfaschistischen Konservatismus seit 1945 wie obendrein vom Faschismus selbst – also die sexuelle Befreiung als antifaschistischer Kampf.[19] In Deutschland hatte die Pädophilie eine alte Tradition, so bei den Wandervögeln und der bündischen Jugend, dazu in der Pädagogik mit viel bewunderten Größen wie Gustav Wyneken († 1964) und Hartmut von Hentig, was alles sich dann in der Odenwald-Schule entlud und mehr noch in der Politik. Zeitweilig wollten auch die Grünen den Sex mit Kindern nicht mehr ahnden.[20]

Inzwischen werden diese bösen Irrlichter kritisiert, zumal die politische Instrumentalisierung der Sexualität. Der Göttinger Politologe Franz Walter hat die Liberalisierung der Pädophilie untersucht: Die treibenden Kräfte kamen aus dem linksliberalen Bürgertum, von den Jungdemokraten, zeitweise auch von den Grünen und aus der Humanisten Union. Als Sprachrohr agierte dafür auch DIE ZEIT: Bei Kindern seien nachweislich sexuelle Wünsche gegeben und die unterstellten psychischen Verletzungen damit nicht nachweisbar; Gegenmeinungen entsprängen den Ängsten der ‚Spießer' und deren Vorstellungen von einer züchtigen Gesellschaft. Zur Devise wurde: „Erotische Elemente in Erziehungsprozessen sind sicher höchst wertvoll"[21]. Der 2008 verstorbene Kentler wurde in der TAZ als „verdienstvoller Streiter für eine erlaubende Sexualmoral"[22] und seitens der Humanistischen Union gefeiert als „Leuchtturm unseres Beirats"[23]. Bis dann die Amerikanerin Dagmar Herzog nachwies, daß die NS-Bewegung eine durchaus promiskuitive Erotik propagiert habe und damit den antifaschistischen Sexualkampf zerplatzen ließ.[24]

Fälle von Pädophilie sind aus Schulen und Sportvereinen zu vermelden, aber auch aus der katholischen Kirche. Zuerst wurden Mißbrauchskandale von Priestern und Ordensleuten aus der angelsächsischen Welt bekannt, dann auch aus Deutschland. Den Tatbestand stellte der Direktor des Kriminologischen Forschungsinstituts Niedersachsens im Magazin der SZ dar: Nach Auskunft von 24 Diözesen ergeben sich 197 tatverdächtige Priester, im Durchschnitt pro Bistum 4,9; demgegenüber steht für die Jahre zwischen 1995 und 2008 die Zahl von 138.000 polizeilich erfaßten Tatverdächtigen.[25] Die erfaßten Priester machen demnach 0,1 % der Gesamtfälle aus, so daß ein Generalverdacht falsch ist. Mögen die Zahlen minimal sein, so ist der Schaden maximal: „Verlorenes Vertrauen", schreibt der Jesuit Klaus Mertes. Tätig am Berliner Jesuiten-Gymnasium, veröffentlichte Mertes angesichts von mehr als hundert und um 30 Jahre zurückliegenden Fällen am 20. Januar 2010 einen Brief an die Ehemaligen, sprach die durch ihre Lehrer sexuell Verletzten direkt an, ebenso die mit Kolleg und Kirche Brechenden; sie alle bat er um Verzeihung, bot Rücksprache und therapeutische Behandlung an.[26] Die Öffentlichkeit stürzte sich auf diesen Brief, begieriger als sonst bei Pädophilie-Fällen, weil eben die Kirche „hohe moralische Grundsätze formuliert"[27]. Viele Katholiken reagierten mit: „Das ist nicht mehr meine Kirche"[28].

b) Die Rückwirkungen auf die katholische Moral

Die lehramtliche Reaktion der katholischen Kirche auf die Pille wirkt hilflos: Wiederholt werden die alten Positionen. Zu einer die neue Situation aufarbeitenden oder gar in die Zukunft weisenden Klärung fehlte die Kraft. Wo noch geschieht eine katholische Trauung, bei der die Partner nicht vorher zusammengelebt haben? Die ältere Generation faßt sich an den Kopf: Was bei ihnen Todsünde war, nehmen die jungen Leute heute für normal. Infolge des Zusammenbruchs der allgemeinen Beichtpraxis, bei der zuvor immer die Verweigerung der Absolution gedroht hatte, infolge auch des nunmehr oft als peinlich empfundenen Redens über kirchliche Sexualmoral ist weithin Schweigen eingetreten. In der Tat, die empfängnisverhütende Pille ermöglicht den Frauen einen nie zuvor gekannten Schutz vor ungewollter Schwangerschaft. Wen kann es verwundern, daß Frauen die ihnen dank der modernen Verhütungsmethoden eröffneten Möglichkeiten ergreifen, um von der Jahrtausende alten Rolle der ‚Gebärmaschine' loszukommen? Junge Menschen reizt es dazu, sofort bei Geschlechtsreife erotisch-sexuelle Kontakte aufzunehmen; denn das bis dahin überzeugendste Argument, eine Frau nur erst nach Heirat schwängern zu dürfen, ist dahingefallen. In den Schulen ist Sexualkunde-Unterricht obligat, gerade auch mit Informationen über Verhütung, womit alles frühere Beschweigen überwunden ist.[29] Derzeit beziffert sich die Differenz zwischen den ersten sexuellen Erfahrungen und der Heirat international wie folgt: Deutschland 18 und 31, die USA 17 und 28, in China 22 und 24, Türkei 18 und 18, Brasilien 17 und 24, Rußland 19 und 23, Nigeria 21 und 24.[30] Ventiliert wird, angesichts der hohen Scheidungszahlen die Verlobung zu reaktivieren, um ein Zusammenleben auszuprobieren vor dem sakramentalen Eheabschluß.

Speziell die katholische Moraltheologie muß sich nun die Frage stellen lassen, ob die alten Begründungen überhaupt noch stimmig sind. Während im Frühmittelalter die von Jesus überwundene (kultische) Reinheit/Unreinheit vorherrscht, gibt sich die Scholastik wissenschaftlicher und wirkt damit bis heute nach. Leitend war ihr das Argument der Samenvergeudung, das schon in der antiken Philosophie vorformuliert war, dann im Judentum absolute und im Islam beiläufige Bedeutung innehatte: Den männlichen Samen, weil Lebensträger, zu vergeuden bedeute in Wirklichkeit eine Art Mord, was entsprechend zu bestrafen sei. Die Scholastik stigmatisierte wegen der Samenvergeudung den unterbrochenen Eheverkehr wie auch jeweils tieferstufend die Onanie, die Homosexualität und die Bestialität. Zu Recht ist gesagt worden: „Die herkömmliche Sexualmoral legt den Focus auf den Samenerguss“[31]. Heute aber ist das Argument der Samenvergeudung hinfällig. Diese Befunde hat erst die Medizin im 19. Jahrhundert zu klären vermocht. In Wirklichkeit spielt sich der Befruchtungsvorgang völlig unbewußt ab; was die Geschlechtspartner tatsächlich erfahren, ist die sexuelle Ekstase und darüber hinaus ein in Liebe wachsendes Zusammengehören, begründet zusätzlich in der Verantwortung für die Kinder.

Geht man die von dem Argument der Samenvergeudung her begründete Moral näherhin durch, sind die Anfragen unabweisbar. Schon der zur Verhinderung der Sameneingießung unterbrochene Eheverkehr erscheint nicht mehr als begründeter Naturverstoß, weil tatsächlich nicht der Mensch, sondern die Natur selbst vergeudet. Der Versuch Papst Paulus VI., an dem hergebrachten Verbot empfängnisverhütender Mittel festzuhalten, ist praktisch gescheitert, ja hat zu einer Entfremdung der Gläubigen vom Lehramt geführt. Weiter dann die Frage nach der Homosexualität. Auch hier überzeugt das Argument der Samenvergeudung nicht mehr. Wenn heute die gleichgeschlechtliche Ausrichtung bei einer bestimmten Anzahl von Menschen als Veranlagung aufzufassen ist, also zu ihrer Natur gehört, dann kann man ihnen sexuelle Betätigung nicht mehr mit dem Argument der Samenvergeudung verbieten, wie es aber zuvor juristisch und moraltheologisch geschehen ist. Das offizielle Lehramt hält weiterhin an dem Verbot fest, praktizierte Homosexualität verstoße gegen die rechte Ordnung, obwohl doch lehramtlich der eheliche Geschlechtsverkehr bei von Natur aus Unfruchtbaren immer zugelassen worden ist. Warum dann nicht auch bei solchen, welche die Natur gleichgeschlechtlich ausgerichtet hat? Aber ‚Veranlagung' und ‚Natur' stellen auch eine Gegenfrage, wie es denn mit den von Natur aus zur Pädophilie Veranlagten steht. Sie nämlich müssen auf ihre Veranlagung verzichten. Oder entscheidet hier, das Faktum, ob Erwachsene aus freiem Entschluß Homosexualität praktizieren oder aber mitbeteiligte Kinder vergewaltigt werden? Und zuletzt noch die Frage – wiederum an das kirchliche Lehramt: Warum hat es nicht gegen die im 18. Jahrhundert kulminierende Tötung von Homosexuellen protestiert, wie doch das Papsttum sich damals von der Hexen-Tötung distanziert hat?

Weiter, die Onanie als nutzlose Samenvergeudung hinzustellen, kann gleichfalls als erledigt gelten. Wobei hinzukommt, daß die neutestamentliche Begründung dafür, nämlich die Identifizierung der „Weichlinge" (1 Kor 6,9) als Onanisten für viele Jahrhunderte und sogar konfessionsübergreifend einer falschen Bibel-Deutung folgte, denn nicht Onanisten sind bei Paulus gemeint, sondern die den weichen Part in der Homosexualität Mitspielenden. Diese Falschexegese hat die Scholastik wie auch Thomas von Aquin und ebenso Martin Luther bestimmt; noch bis ins 20. Jahrhundert blieb dieses Argument geläufig. Darum hier die Frage direkt an das Lehramt: Wie konnte diese Falschexegese lehramtlich unkorrigiert bleiben?

c) Und die romantische Liebe?

Die romantische Liebe lebt fort, jedenfalls als Leitvorstellung: „Das Ideal der Liebesehe ist seitdem nicht mehr verschwunden"[32]. Die derzeitige Situation ist beherrscht von zwei Postulaten: „Die Liebe ist wichtiger denn je" und „Die Liebe wird schwieriger denn je". Oder konkreter noch: „Die Sucht nach Liebe ist *der* Fundamentalismus der Moderne", nämlich

„Hoffnung auf Jenseits im Diesseits“[33]. Aber diese Neureligion hat ihre Teufelskralle: „Die Romantik hat gesiegt, die Therapeuten kassieren“[34]. Frauen bleiben durch ihre Doppelrolle zwischen einerseits der Freisetzung zur Eigenständigkeit und andererseits dem Rückbezug zur Mutterschaft „hin- und hergerissen“[35]. Die Männer mögen mit ihrem Kopf die Gleichheit vertreten, bleiben aber „in ihren Reaktionen geteilt“[36]. Diese komplett neue Situation hatte wenig Zeit zur Eingewöhnung, steht erst seit der letzten Generation an: „Einerseits werden Männer und Frauen auf der Suche nach einem ‚eigenen Leben‘ aus traditionellen Formen und Rollenzuweisungen *freigesetzt*. Auf der anderen Seite werden die Menschen in den ausgedünnten Sozialbeziehungen in die Zweisamkeit, in die Suche nach dem Partnerglück *hineingetrieben*“[37].

In der ZEIT-Beilage vom Juni 2013 mit dem Titel ‚Philosophie‘ ist die „Liebe, wie wir sie in Westeuropa einige Jahrhunderte lang kannten, […] tot“[38]. Das traditionelle Modell, wie es vom 12. Jahrhundert bis zum 20. Jahrhundert vorherrschte, habe auf dem Vorbild der christlichen Liebe beruht; nun aber sei Sex „zur Wahrheit des Subjekts und der Liebe selbst geworden“. Am Ende kann sich die Autorin freilich „die Frage einfach nicht verkneifen, ob wir nicht das, was wir an Freiheit und Lust gewonnen haben, an Potential für das Erhabene verloren haben“[39]. Nachfolgend verkündet ein weiterer Artikel, eine Gesellschaft, die nicht in der Lage sei, „Kindern das Gefühl zu geben, das erwachsene Leben habe einen Sinn […], wird scheitern“[40]. Das vergötternde Element der romantischen Liebe hat sich gesteigert zu (Pseudo-)Religion: Liebe als unverhofftes Aufblitzen eines Götterfunkens, Liebe als göttlicher Wahnsinn: sich unsterblich ineinander verlieben, dabei den Verstand verlieren, wie im Rausch ineinander fallen, das ist der Letztsinn des Lebens. Aber diese Liebe hat ihr Verfallsdatum. Als Abgötterei ist sie nicht durchzuhalten, weil vergötternder Egoismus zu zweit.[41]

Die Neigung zu einer festen Beziehung ist in Deutschland weiterhin unverändert hoch; für über 90 Prozent bleibt der Wunsch nach einer stabilen Zweierbeziehung.[42] Alleinlebende, die im Familienlebensalter freiwillig und für längere Zeit auf eine feste Partnerschaft verzichten, „sind ein absolutes Minderheitenphänomen“[43]. Die Zahl der strikten Ehegegner bleibt begrenzt: Nur jeder Vierte, dabei mehr Frauen als Männer, hält die Ehe „für eine überholte Einrichtung“[44]. Von der Institution Ehe distanzieren sich besonders höher gebildete Frauen und „plädieren für neue Formen der Partnerschaft“[45]. Eine der Folgen sind die nichtehelichen Partnerschaften, deren Zahl sich in den letzten 20 Jahren auf insgesamt

2,8 Millionen unverheiratet zusammenlebender Menschen verdoppelt hat.[46] Dabei sind partnerlose Frauen meist glücklicher und zufriedener mit ihrem Leben als partnerlose Männer.[47] Die Zahl der Singles steigt, jeder fünfte lebt in einem Einzelhaushalt; unter den 25–44 Jährigen ist die Zahl der Alleinwohnenden seit 1961 von 700.000 auf 4 Millionen hochgeschnellt, bedingt auch durch Studenten und am Arbeitsplatz Zweitwohnende. [48] Die Analyse zeigt, „dass das normative Klima in einem Land mit darüber entscheidet, wie zufrieden verheiratete Eltern mit ihrem Leben sind“[49], wobei „bildungsgleiche Partnerwahl“[50] bevorzugt wird. Die Wunschbilder für die Partnerwahl scheinen festgefügt; von Seiten der Frau: „Er soll intelligent, kultiviert und humorvoll sein, und man muss sich auf ihn verlassen können“; von Seiten des Mannes: Sie soll „eine jüngere, attraktive, häusliche Frau“[51] sein. Überraschend wirkt: „Die unbewusste Einstellung gegenüber dem Partner prognostiziert besser als jedes bewusste Urteil, ob die Beziehung lange halten wird“[52].

Die Auskünfte zur praktizierten Sexualität überraschen ebenfalls: Heute hat Sex im Leben der Menschen „nicht mehr den Stellenwert, der ihm einst zugeschrieben wurde“[53]. Befragt, wie oft die Probanden in den letzten vier Wochen Sex hatten, kommt heraus, daß die Partner maximal einmal pro Woche, fast jeder Fünfte überhaupt keinen Sex hatte,[54] so daß jeder dritte Mann nur noch so häufig verkehrt wie in den 1970er Jahren. Und weiter noch, jeder fünfte Mann mittleren Alters könne sich eine Beziehung ohne Sex vorstellen.[55] Auffallend ist der Anstieg der Masturbation, auch bei glücklichen Paaren. Abnorme Praktiken wie Sex zu dritt oder Partnertausch werden gerade von zwei Prozent der Bevölkerung gut geheißen.[56] Sexuelle Treue steht hoch im Kurs, doch ist jede zweite Ehe mit Fällen von Untreue belastet.[57] Weiterhin bestätigt sich das Uralt-Schema: „Männer [wollen] vor allem Sex und Frauen vor allem Liebe“[58]. Was die früher unterschätzte Intelligenz der Frau betrifft, ist das heutige Ergebnis eindeutig, „dass in fast allen Kulturen Männer und Frauen im Schnitt gleich intelligent sind“[59]. Die Scheidung grassiert. In Deutschland werden fast 40 Prozent der Ehen irgendwann geschieden. Gefeit sind dagegen traditionelle Ehen, die dem Mann weiterhin das Draußen und der Frau das Drinnen zuweisen; stabil sind ebenso die bildungshomogenen Ehen, so bei Akademikern.[60] Wenn Bekannte ihre Ehe auflösen, steigt das Risiko der Ansteckung für eine eigene Ehescheidung, wobei Kinder stabilisierend wirken,[61] sich aber deren Verlassen des

Elternhauses als auflösend wirken kann. Und abschließend: Treibende Kraft hinter dem Wandel von Partnerschaft, Ehe und Familie ist „die veränderte Rolle der Frau“[62].

d) Die ‚neue Familie‘

Die neue Sexualität, wie sie durch die Pille und durch die romantische Ehe möglich geworden ist, hat revolutionäre Auswirkungen auf die Familie, die inzwischen schon als ‚Auslaufmodell‘ oder als ‚Leitbild vor dem Ende‘ bezeichnet wird. Dabei gilt wie seit jeher: „Zeugung, Schwangerschaft, Geburt, frühkindliches Umsorgtwerden durch die Eltern und die damit einhergehenden oder dadurch bewirkten Bedingungen zeigen, dass diese Lebensform tiefe Wurzeln in natürlichen Gegebenheiten hat“[63]. Dies wird weiterhin auch so empfunden: „Liebe als Grundlage, die Freiheit bei der Wahl des Partners und der Lebensform, das solidarische Einstehen füreinander in guten und belastenden Phasen sowie die Bejahung der Solidarität der Generationen als Kern des familialen Ethos sind – das haben zahlreiche Untersuchungen bestätigt – nach wie vor anerkannt“[64]. Gleichwohl liegen die derzeitigen Gefährdungen offen zutage: das Ansteigen der Ehescheidungen und das Absinken der Geburtenrate, im wohlhabenden Deutschland auf 1,3 Kinder.[65] Die neuen Tendenzen zeigen sich weiter in den nichtehelichen und in den sukzessiven Partnerschaften. Sie resultieren aus der Sorge um den lebenslangen Bestand der Beziehung und tendieren dazu, das Kind, weil eine Dauerverpflichtung, auszuschließen. In Wirklichkeit aber wirken Kinder ehestabilisierend. „Ich habe jetzt entschieden, zu Hause zu bleiben und mich um die Kinder zu kümmern“[66].

Die tatsächlichen Anforderungen sind hoch. Zu verzichten ist auf jede Reziprozität: ‚Ich putze immer das Klo, du könntest wenigstens auch mal…‘[67]. In der Liebe aber „dürfen solche Erwartungen nicht formuliert werden“[68]. Ansprüche und Klagen zerstören nur. Andererseits gilt, wer alles willenlos mitmacht und immer nur nachgibt, gibt seine Eigenrolle als aktiv Liebender auf. Der Austausch erfordert eine höhere Ebene: „Der Gabenaustausch ist gewissermaßen die Vergegenständlichung der Liebe“; er umfaßt „alle Aufmerksamkeiten, Gesten, Vertrauens- und Liebesbeweise, sofern sie über das normativ Erwartbare hinausgehen“[69]. Das heißt: nicht egoistisch ‚aufrechnen‘, sondern partnerschaftlich ‚hochrechnen‘.

Überdies vermittelt das Elternhaus den Kindern eine bleibende Moral. „Ob jemand bei derselben Ausprägung an Psychopathie zum Verbrecher oder zur erfolgreichen Führungskraft wird, entscheiden Elternhaus, frühe Erfahrung und Ernährung, Intelligenz, ökonomische Ausstattung des Elternhauses"[70]. Die deutsche Nachkriegsentwicklung ist dadurch gekennzeichnet, daß Frauen, auch Akademikerinnen, nach der Heirat ihren Beruf aufgaben und sich der Familie widmeten. Das hat eine ganze Generation positiv geprägt. Aber genau diese familial geprägte Generation entscheidet sich heute oft für Kinderlosigkeit. Eine zentrale Frage unserer Zukunft ist – so vor Jahren schon der Soziologe Franz Xaver Kaufmann – „ob es uns noch gelingt, verläßliche Beziehungen zwischen den Geschlechtern und Generationen auf Dauer zu stellen"[71]. Thilo Sarrazin hat ein stilles Versterben prophezeit: „Deutschland wird nicht mit einem Knall sterben. Es vergeht still mit den Deutschen und mit der demographisch bedingten Auszehrung"[72]. Nottut eine Rückbesinnung auf Urpflichten, wie sie das Bibelwort ausdrückt: „Umsonst habt ihr empfangen, umsonst sollt ihr geben" (Mt 10,8). Ohne eigenes Zutun, also umsonst, haben wir unser Leben erhalten, freilich mit großen Opfern seitens der Eltern.

Papst Franziskus bleibt handfest: „Die Familie ist der Ort der ganzheitlichen Erziehung, wo sich die verschiedenen Momente der persönlichen Reifung ausformen, die eng miteinander verbunden sind. In der Familie lernt man, um Erlaubnis zu bitten, ohne andere zu überfahren, ‚danke' zu sagen als Ausdruck einer aufrichtigen Wertschätzung dessen, was wir empfangen, Aggressivität oder Unersättlichkeit zu beherrschen und um Verzeihung zu bitten, wenn wir irgendeinen Schaden angerichtet haben"[73].

e) Geschieden und wiederverheiratet

Im Christentum, das im stetigen Festhalten an der Konsens-Ehe die romantische Liebe mit hervorgebracht hat, scheitern heute wie allgemein zahlreiche Ehen. Im Katholizismus, der an der Unauflöslichkeit des Ehebandes strikt festhält, wird geradezu verzweifelt nach Lösungsmöglichkeiten gesucht. Schon gleich nach dem Zweiten Vatikanum setzte die Suche ein, ob in der christlichen Geschichte nicht doch bislang übersehene und nunmehr pastoral verwertbare Lösungen auffindbar seien. Der als patristische Autorität geltende Henri Crouzel († 2003) fand keine pastorale Anknüpfungsmöglichkeit und warnte vor Aktualisierungsdruck.[74]

Die Wiederverheiratet-Geschiedenen befinden sich laut amtskirchlicher Weisung in einer dem evangelischen Scheidungsverbot widersprüchlichen Situation, bleiben aber als Getaufte dem Gottesvolk zugehörig, müssen auf die Kommunion und die Wahrnehmung bestimmter Aufgaben verzichten, sollen aber die Hoffnung auf das ewige Heil nicht aufgeben.[75] Für die Praxis ist eine hochgradige Unsicherheit entstanden: Können Wiederverheiratete zur Kommunion zugelassen werden? Das Kirchenrecht verordnet Kommunionverweigerung bei schwerer Sünde. Aber wie sollen Priester, die auch hier an das Beichtgeheimnis gebunden bleiben, die zudem ein irriges Gewissen zu respektieren haben, sich nun entscheiden? Ist der austeilende Priester wirklich in der Lage zu urteilen? Das behebt die Möglichkeit, einen in objektiv schwer in Sünde Lebenden „an der Kommunionbank zu übergehen“[76].

Das Problem ist zuerst ein exegetisches, sodann ein pastorales. Dem Evangelisten Matthäus (Mt 5,31 f.; 19, 3–9) zufolge geht es darum, „daß das 6. Dekaloggebot erfüllt wird: Scheidung kommt für ihn einem Ehebruch gleich“; im Hinblick auf die alttestamentlichen Scheidungsurkunden entspricht Jesu Forderung „dem ursprünglichen Gotteswillen“[77]; insofern gilt für Matthäus „Jesu Scheidungsverbot als in seiner Gemeinde gültige Ordnung“[78]. In seinem ökumenischen Kommentar zum Matthäus-Evangelium bezieht sich Ulrich Luz sowohl auf die katholische Praxis wie die evangelische: „Die *katholische Position*, welche die Möglichkeit einer Trennung von Tisch, Bett und Wohnung bei bleibendem vinculum der Ehe vorsieht, kommt m.E. der matthäischen Position in der Praxis besonders nahe […]. Ihm entspricht das Nein zu einer zweiten Ehe, das die Kirchenväter im ganzen mit großer Entschiedenheit durchgehalten haben“; und nochmals: „Meines Erachtens steht keine kirchenrechtliche Lösung der matthäischen so nahe wie die katholische“[79]. Dem gegenüber dann die Position der reformatorischen Kirchen, daß durch Ehebruch die Ehe zerstört werde und deshalb eine Scheidung möglich sei. „Das ermöglichte eine offene, von der Liebe geleitete seelsorgliche Arbeit und ein Ernstnehmen der konkreten Situation einer Ehe, führte aber zugleich dazu, daß sich die Kirche faktisch dem weltlichen Eherecht oder der weltlichen (sündigen!) Wirklichkeit der Ehe anpaßte und in allen Situationen unterschiedslos Gottes Gnade verkündigte“[80]. Möglich bleiben Ermahnungen, zunächst an die katholische Kirche: Der biblizistische Blick der Katholiken genüge nicht; sowohl die Ehe sei gegenüber der Zeit Jesu anders geworden wie auch die Erfahrungen der Menschen nun anders seien, zumal für die Frauen. „Wo bleibt diese bibelgemäße und menschengerechte Flexibilität des Rechts in der Kirche?“[81] Sodann die Mahnung an die Protestanten: „Die unverrückbaren Pfähle der göttlichen Ordnung, die in der katholischen Kirche für viele Menschen zur Last und zum Zwang werden, halten in den protestantischen Kirchen, in denen alle Katzen grau und alle Lebensformen erlaubt zu sein scheinen, die dringend nötige Frage wach, ob es nicht von Gott gesetzte Orientierungszeichen gibt, über die sich Christ/innen nur schwer hinwegsetzen können“[82].

Der Konflikt scheint deswegen so schwer lösbar, weil hier zwei essentielle Aspekte aufeinander stoßen, einmal der im Neuen Testament als gnädiger Vater vorgestellte Gott, der ganz Liebe ist und Barmherzigkeit übt; zum anderen die im Neuen Testament ebenso absolut formulierten Gebote und Verbote, etwa die Ehe aufzulösen oder Homosexualität zu praktizieren. Heute erscheinen uns beide Verbote aufgrund gewandelter Lebensbedingungen wie auch gewandelter Psychologie- und Medizinkenntnisse hinterfragbar. Die kirchlichen Autoritäten sind dadurch vor ein geradezu unlösbares Problem gestellt: das ewig gültige Wort Gottes und die zeitlich gewandelten Verhältnisse. Gottes Barmherzigkeit legt nahe: „Niemand ist dauerhaft so unwürdig, dass Jesus ihm nicht aus Barmherzigkeit die Wohltaten erweisen könnte, die ihn seiner würdig machen“[83]. Allgemein entsteht daraus der Vorwurf: „Wegen ihres kompromisslosen Festhaltens an der Unauflöslichkeit der Ehe wird die Kirche als eine unbarmherzige Institution erlebt, der die Lebensschicksale der Menschen gleichgültig sind“[84]. Aber kann wirklich ein wie immer sich verstehendes Lehramt davon abrücken, eindeutig geoffenbarte Gebote aufzugeben?

Tatsächlich bezeugt Jesu Scheidungsverbot eine hohe Wertschätzung der Frau, daß sie mit dem Mann „vollkommen gleichgestellt“ ist, weil sich das „Verbot des Ehebruchs unterschiedslos an beide richtet“, was „unserer heutigen partnerschaftlichen Eheauffassung entspricht“[85]. Aber – so drängt es heute vom Neuen Testament her gegenzufragen – ob dieses Radikalverbot der Neuheirat nicht der Ergänzung bedürfe durch das „Wort der Vergebung“[86], wie es Jesus tatsächlich gegenüber der Ehebrecherin ausgesprochen hat: „Auch ich verurteile dich nicht. Geh und sündige von jetzt an nicht mehr!“ (Joh 8,11). Jesus unterscheidet hier zwischen Sache und Person: zwar Verurteilung des Ehebruchs, aber Verzeihung für die Ehebrecherin.[87] Für die derzeitige Behandlung der Geschiedenen möchte man daraus ableiten: „Betrachtet man die gegenwärtige Praxis der Kirche, in einer zivilen Zweitehe lebende Menschen von den Sakramenten auszuschließen, so kann sich diese Sanktion nur auf einen Strang der Verkündigung Jesu berufen, der auf Kosten des Wortes von der Vergebung einseitig herausgestellt und innerhalb des Gesamtzeugnisses der neutestamentlichen Überlieferung isoliert wird. Der Preis, den die Kirche für ihre unbarmherzige Haltung gegenüber der großen Gruppe der wiederverheirateten Geschiedenen bezahlt, ist im Licht der Botschaft Jesu unannehmbar hoch“[88].

Oder noch eine andere Stimme, die von Klaus Mertes: „Wie kommt es, dass die Kirche, deren Botschaft von Gottes bedingungsloser Liebe handelt, mit so vielen Liebeserfahrungen von Menschen auf Kriegsfuß steht? Eltern verstoßen ihre Tochter, weil sie einen Mann heiratet, dessen erste Ehe gescheitert ist. Paaren wird die kirchliche Trauung verweigert, weil sie schon vor der Ehe zusammenleben und das nicht als Sünde sehen können. Schwangere Schülerinnen fliegen von der katholischen Schule. Angestellte kirchlicher Institutionen verlieren ihren Arbeitsplatz, weil sie sich zu ihren Kindern aus zweiter Ehe bekennen. Priester verweigern Eltern die Kommunion am Erstkommuniontag ihrer Kinder, weil ihre Biographie kirchenrechtlich noch nicht aufgearbeitet ist. Viele dieser Herzlosigkeiten haben mit der christlichen Lehre überhaupt nichts zu tun, sondern spiegeln nur Verengungen wieder. Manche Strafaktionen gehen über die kirchlichen Regularien hinaus, die allermeisten sind pastoral unsinnig, viele können sich aber leider auch auf kirchliche Regularien berufen“[89].

Kardinal Walter Kasper, der schon als Bischof von Rottenburg-Stuttgart mit pastoralen Lösungen hervorgetreten ist, plädierte 2014 vor dem römischen Konsistorium für Pastoral: Die neue Situation zeigt sich in den nichtehelichen und sukzessiven Partnerschaften; sie resultieren aus der Sorge um den lebenslangen Bestand der Beziehung und neigen dazu, das Kind, weil es eine Dauerverpflichtung hervorruft, auszuschließen. Tatsächlich wirken Kinder ehestabilisierend. „Sowohl für das Paar selbst als auch für die Gesellschaft insgesamt stellt die höhere Tragfähigkeit der

Ehe für Entscheidungen zum Kind eine besonders wichtige Dimension dar“[90]. Er möchte ‚das Evangelium der Familie‘ neu entdecken: „Normalerweise kommt der Mensch in einer Familie zur Welt und normalerweise wächst er im Schoß einer Familie auf“[91]. Der Mensch „ist nicht als ein Single geschaffen“[92] und es ist „kein Platz für eine Diskriminierung der Frau“[93]; verantwortliche Elternschaft bedeute, „dass Gott das Wertvollste, das er schenken kann, das menschliche Leben, in die Verantwortung von Mann und Frau gibt“[94]. Die Unauflöslichkeit der Ehe bedeutet „die Unmöglichkeit, zu Lebzeiten des anderen Partners eine zweite sakramentale Ehe zu schließen“[95]. Nun habe aber kirchliches Recht „einen wesentlich pastoralen Charakter“[96], sei von „der Liebe des guten Hirten beseelt“[97]. Die Antwort der Kirchenväter besage, daß zwar keine zweite Ehe möglich sei, wohl aber nach einer Zeit der Buße „die Teilnahme an der Kommunion“[98]. Es gehe heute darum, Geschiedene zu unterstützen, die „die zweite zivile Ehe aus dem Glauben leben und [ihre] Kinder im Glauben erziehen“[99].

Immerhin zeigen sich schon im neuen Testament bei einzelnen Geboten und Verboten Kompromisse. Jesus hatte sich über das Verbot der unreinen Speisen hinweggesetzt: Nicht, was durch den Mund ins Innere gelange, verunreinige, sondern die aus dem Herzen aufsteigenden Gelüste (vgl. Mk 7,18–23). Auf dem sog. Apostelkonzil wird den Heidenchristen auferlegt, die bei den Judenchristen Üblichkeiten hinzunehmen, nämlich „Verunreinigung der Götzen (Opferfleisch) und Unzucht zu meiden und weder Ersticktes noch Blut zu essen“ (Apg 15,20). Ziel war dabei der „Frieden“ (Apg 15,33), der gewiß den eucharistischen Frieden einschloß. Die den Heidenchristen abverlangten Zugeständnisse zugunsten der Judenchristen erleichtern „den Judenchristen das Zusammenleben mit ihnen“, und so „diente auch das ‚Aposteldekret‘ dort, wo es zur Geltung kam, und als befriedigende Regelung empfunden wurde, der Einheit der Kirche.“[100]

Die derzeitigen Orthodoxen Kirchen kennen neben einer Zweitheirat auch noch eine Drittheirat, was von Land zu Land verschieden sein kann. In Griechenland beispielsweise müssen die staatlicherseits ausgesprochenen Scheidungen von den Popen akzeptiert werden.[101]

f) Der unersättliche Sex

Nicht zu verschweigen sind indes die weiterhin vorkommenden Exzesse. Eine von ‚Terre des femmes' organisierte Ausstellung bot folgende Zahlen für die derzeitige Bordell-Situation: Täglich gehen in Deutschland 1,2 Millionen zu Prostituierten und verausgaben dafür jährlich 12 Milliarden Euro. Etwa 400.000 Frauen von 14 bis 60 Jahren betätigen sich als Prostituierte, von denen in ihrer Kindheit 40 Prozent körperliche und 50 Prozent sexuelle Gewalt erfahre haben. Für Europa werden 500.000 Zwangsprostituierte unterstellt, wofür Hauptumschlagsplatz der Kosovo ist, bei jährlich 120.000 Euro für den Vermittler.[102] Der Massentourismus geht andere Wege. Die 2014 in Brasilien ausgetragenen Fußball-Weltmeisterschaft evozierte einen eigenen Sex-Tourismus. Prostitution ist dort seit 2000 legalisiert, aber strafbar mit unter Achtzehnjährigen; gleichwohl ist die Zahl der minderjährigen Prostituierten seit 2001 von 100.000. auf 250.000, vielleicht sogar auf eine halbe Million gestiegen. Hauptstadt des Sextourismus ist Fortaleza im Nordosten mit zweieinhalb Millionen Einwohnern. Es sind Mädchen aus dem armen Hinterland, vernachlässigt oder bereits mißbraucht, versehen mit Dokumenten aus einer Fälscher-Industrie, sich prostituierend für umgerechnet 16 € oder noch weniger. Zugleich ist wie immer und überall bei Prostitution eine Zunahme von Gewaltverbrechen festzustellen, mit jährlich in Brasilien 73 Tötungen je 100.000 Einwohnern und mit fast 600 Raubüberfällen im öffentlichen Verkehr.[103] Die Zahl der Vergewaltigungen wird auf mehr als eine halbe Million geschätzt, davon 70 Prozent an Mädchen und Kindern.[104] Als Grund dafür wird angegeben „die tief verwurzelte Macho-Kultur"[105]. „Nirgendwo werden mehr Frauenmorde begangen als in den Ländern der Karibik und Lateinamerikas": in Argentinien geschieht zur Zeit alle 30 Stunden ein Frauenmord, in Brasilien werden jeden Tag 15 Frauen, in Mexiko jeden Tag 6 ermordet.[106] Der Blick auf Südamerika zeigt: „Armut, Machismo und Missbrauch". Prügel, Vergewaltigung und Mord kommen erschreckend häufig vor; die Mißbrauchsrate liegt zwischen 12 und 19 Prozent; die von Teenagern geborenen Kinder erreichen in Brasilien eine Rate von 70 pro 1.000 Geburten, in der Dominikanischen Republik und in Nicaragua eine Rate von 99; in Deutschland liegt die Rate bei drei.[107] Auf den Philippinen gibt es Tausende von Kindern, die blondes Haar und blaue Augen haben und als Hurensöhne angeredet werden; sie stammen von westlichen Sex-Touristen ab, die mehr als die Hälfte der das Land aufsuchenden Touristen sind.[108] Die Anklage richtet sich oft auch gegen die Katholische Kirche, die Abtreibung in vielen Ländern nur bei Vergewaltigung zuläßt und „ihre moralischen Prinzipien auf Kosten vergewaltigter Mädchen durchsetzt“[109].

Oder auch bei Einzelnen. Albert Camus († 1960) wird in der ZEIT zu seinem 100. Geburtstag unter dem Titel „Der Mann, der uns Gott nahm“ in Erinnerung gerufen, und zugleich als „eine Ikone des unbestechlichen Intellektuellen“ vorgestellt, dann aber auch als „großer Frauenverbraucher“. So stammt aus einem seiner Tagebücher der Eintrag: „Außer in der Liebe ist die Frau langweilig“. Mit 21 verheiratet und mit 23 geschieden; ein Leben voller Frauen, darunter Francine, die ihm 1945 Zwillinge gebar, die er aber seiner wirklichen Geliebten, einer Schauspielerin, als nur wie eine Schwester liebend ausgab; vom für Camus tödlichem Verkehrsunfall erfuhr Francine in der Klinik, dort eingewiesen zur Ruhigstellung nach zuvorigem Versuch, aus dem Fenster zu springen. Wirklich geliebt hat Camus offenbar nur seine Mutter, als „unförmiges Tier“. Die Kinder hat es zerrissen: „Seit Jahren haben die Zwillinge kein Wort mehr miteinander gesprochen“[110]. Über seinen weltberühmten Philosophen-Vater Martin Heidegger († 1976) berichtet der Sohn Hermann: „Ich kann nur bewundern, wie meine Mutter all die Seitensprünge von Martin Heidegger in all den Jahren ertragen hat!“[111] Aus Fritz J. Raddatz‘ Tagebüchern summiert DIE ZEIT: „Wir erfahren auch von seiner Lebensbilanz (20 Frauen, circa 1000 Männer, darunter Klaus Mann)“[112]. Und ganz anders; in seinen Lebenserinnerungen ‚Leben lernen‘ berichtet der Schriftsteller Peter Härtling, wie er zusammen mit dem Verleger Heinrich Maria Ledig-Rowohlt auch mal ein Glas zu viel getrunken habe: „Nur seine Einladung ins Puff schlug ich aus, was er nicht verstand, er warf mir sogar vor, allerdings nur einmal, meiner Literatur fehle deswegen eine Substanz“[113]. Frankreich behandelt, wenn es um Affären geht, seine Präsidenten mit augenzwinkerndem Stillschweigen. Aber daß sich nun ein Präsident bei Nacht und Nebel auf einem Motorroller zu seiner Geliebten stiehlt, während seine offizielle Mätresse im Elysée-Palast ahnungslos zu Bette liegt, endete in öffentlicher Empörung und löste die Rache der Verschmähten aus, der Madame Valérie Trierweiler, die dann François Hollande schonungslos bloßstellte.[114]

15. Zu allerletzt

Nach heutiger Hermeneutik gilt als selbstverständlich, die Plausibilität der eigenen Gegenwart nicht auf frühere Zeiten zu übertragen. Die katholische Moraltheologie versteht sich wie überhaupt alle Ethik als systematische und nicht als historische Wissenschaft. Die hermeneutische Binsenwahrheit, „das moderne Bewußtsein sei historisch", betrifft aber gerade auch diese Disziplin, die „so in die Geschichte eingebettet ist wie die Moraltheologie"[1]. Das betrifft auch den Umgang mit der Sexualität. Unter den katholischen Moraltheologen hat Alfons Auer (†2005) die historische „Werdehaftigkeit" und die „Welthaftigkeit" herausgestellt, erkennbar durch „das ständige Unterwegs-Sein des Menschen zu sich selbst", ermöglicht dank seiner Unfertigkeit und seiner Offenheit für neue Möglichkeiten, dazu die dem Menschen aufgetragene Welt, in der er sich verwirklicht.[2] In der Geschichte sei eine echte Evolution festzustellen und die gehe in die Richtung einer „personalen Verinnerlichung des Sittlichen"[3]; in je veränderter Gegenwärtigkeit bleibe der Mensch unterwegs zum Ganzen seiner selbst,[4] zwar durchaus mit Gefährdungen wie aber auch mit neuen Möglichkeiten, sogar „in die Richtung einer personalen Verinnerlichung des Sittlichen"[5]. Für die Moraltheologie sieht Auer drei Aufgaben: Erstens die Geschichtlichkeit als gottgewollte Daseinsform zu bejahen, zweitens die Moraltheologie in ihrer eigenen Geschichtlichkeit zu erfassen und drittens den Anspruch der gegenwärtigen Situation anzuerkennen, nämlich wegen der „Zukünftigkeit der menschlichen Natur"[6].

Die Geschichte der mit Sexualität verbundenen und teilweise heute noch bestehenden Grausamkeiten ist lang und streckenweise sogar unvermeidlich gewesen. Daß vor der Moderne und heute noch in der Dritten Welt Mädchen sofort bei ihrer Geschlechtsreife, also mit 15/16 Jahren verheiratet wurden, bedeutet nicht: ‚das war damals eben so'. Begründet war diese Frühverheiratung in der hohen Kindbettsterblichkeit der Mütter und in der ebenfalls hohen Kindersterblichkeit der Neugeborenen. Für die Frau bedeutet das eine brutale Gefährdung ihres Lebens und zugleich eine soziale Zurücksetzung; denn wenigstens der Mann mußte nicht nur geschlechtsreif, sondern auch berufsfähig sein, und dafür war ein höheres Alter erforderlich. Der notwendigerweise ältere Mann mußte sich seine junge Frau erst heranbilden; diese aber verausgabte sich durch die notwendigerweise vielen Geburten. An Bildungschancen für die Frau war erst gar nicht zu denken, und infolgedessen auch kaum an eine wirkliche Partnerschaft, schon gar nicht an eine romantische Liebe. Denn wie sollten die wegen der Müttersterblichkeit wechselnden Partnerschaften, wie ebenso die häufigen Tode der Kinder eine emotionale Bindung aufkommen lassen? Nicht zuletzt sind die ökonomischen Ressourcen zu beachten. Nur wer ein hinreichendes Einkommen besaß, konnte heiraten. Welche menschliche und sexuelle Not steckt hinter dem Faktum, daß am Ende des Mittelalters in den Alpenländern die Hälfte der Menschen nicht heiraten konnte. Die Anerkennung der Geschichtlichkeit und die Annahme einer progressiven Personalisierung sind darum zu ergänzen um die tatsächlich zahllosen Irrungen und Wirrungen, die mit Ehe, Liebe und Sexualität verbunden gewesen sind. Die Geschichte der praktizierten Sexualität ist in Wirklichkeit voller Zwänge, Grausamkeiten und Scheußlichkeiten.

Die aus derzeitiger Sicht der Vergangenheit vorgeworfenen Falschurteile können befreien, wecken aber auch Verunsicherungen bei heutigen Urteilen. Man denke nur, welche Durchschlagskraft einmal das Argument der Samenvergeudung hatte, oder welche Bedeutung in der Abtreibungsfrage einmal der Moment der Beseelung des Fötus hatte, oder wie eine falsche Exegese die Onanie absolut verdammungswürdig machte. Rückblickend könnte man von stümperhafter Medizin und irrsinniger Religion sprechen. Aber ist die aufgeklärte Moderne in ihrem Urteil zuverlässiger? Wieviel Unsinn lag nicht in der These, sexuelle Freizügigkeit befreie von Faschismus? Können wir heute wirklich darauf vertrauen, daß die derzeitigen Medizin-Möglichkeiten wie von selbst zu menschenwürdigen Verhaltensweisen führen? Man denke nur daran, wie in Indien und China mithilfe modernster Prädiagnostik die Mädchen-Föten abgetrieben werden und die tatsächlich geborenen benachteiligt werden. Und woher sind die Maßstäbe zu nehmen, etwa für die neue Abtreibungspille? Wachsen die erforderlichen Regeln und Maßstäbe wie

‚gottgelenkt‘ oder ‚menschenrechtlich‘ einfachhin heran? Der Blick auf die gegenwärtige Welt mit ihren nicht selten unmenschlichen Sexualpraktiken weckt Zweifel.

Im Grunde geschah zunächst eine Sakralisierung der brutalen Ungleichheit der Natur: der stärkere Mann mit der Möglichkeit, die Frau zu beherrschen, ja sie zu vergewaltigen; die schwächere Frau, die vor der modernen Medizin bei der Geburt ihr Leben riskierte und darüber hinaus den häufigen Kindstod zu gewärtigen hatte. Statt nun der Frau gleichberechtigt beizustehen wurde sie, wie weltweit zu beobachten ist, vom Mann beherrscht. Die Liste der Benachteiligungen ist lang und grausam: die den Frauen überall nachgesagte Beschmutzung durch Menstruation und Geburt, ihr immer wieder verdächtigter Verstand, ihre nicht selten beschworene Pflicht zum Folgetod, ihre häufige Beschneidung an den Genitalien, ihre mittels Züchtigung erzwungene Folgsamkeit, ihre Pflicht in patrilinearen Gesellschaften einen Sohn zu gebären, ihre zumeist ohne eigene Zustimmung aufdiktierte Verheiratung, dazu noch beispielsweise in China die Quälerei der verkrüppelten Frauenfüße. Natürlich hatten auch die Männer Gefährdungen von Leib und Leben zu bestehen; Jagd, Krieg und Arbeit konnte die Männer durchaus das Leben kosten. Aber speziell in der Sexualität war die Frau von ihrer Natur aus brutal benachteiligt.

Die heute bevorzugte ‚romantische Ehe‘ ist ein Spätprodukt. Sie besagt: Auf ewig ungetrennt. Dabei ist historisch gesehen die Untrennbarkeit der Ehe durchaus unterschiedlich bewertet worden: Der Ehebruch vonseiten des Mannes mit einer verheirateten Ehefrau galt als Verletzung des Besitzrechtes des legitimen Ehemanns an seiner Frau. Demgegenüber ist der Ehebruch in der Phase romantischer Liebe ganz anders zu verstehen, nämlich als Zerbrechen einer gleichartigen Zweierbeziehung mit nachfolgend zerstörter Hoffnung auf Selbsterfüllung. Die besitzrechtliche Erstform zeigt das unumschränkte Recht des Mannes an seiner Frau, bei gleichzeitig ihm selbst gewährter Freizügigkeit. Die romantische Letztform wird erst möglich bei gleicher Gebildetheit und bei Gleichaltrigkeit auch der Frau. Dazwischen liegt das breite Feld des für Jahrtausende Normalen, daß nämlich die eheliche Gemeinsamkeit und gegenseitige Zuneigung mit der Zeit nachwachse. Angesichts der unabdinglichen zivilisatorischen und psychischen Vorgegebenheiten konnte die romantische Liebe nicht einfach schon von allem Anfang da sein, war vielmehr in einem Prozeß der Akkulturation herauszubilden. Dadurch ist dann aber das Besitzrecht des Mannes an der Frau, ja auch seine Hauptfunktion überholt worden. Ein größeres Verständnis für die Wechselwirkung zwischen den Gatten und für die Bedeutung, „die die geschlechtliche Vereinigung in ihrem Verhältnis einnimmt“[7], wuchs erst langsam heran.

Oder noch ein anderes Beispiel für Historisierung: Die verschiedenen Bezeichnungen für ‚Selbstbefriedigung‘ lassen sich anstelle einer bloßen Aufzählung jeweils historisch sortieren: *masturbatio* als ‚Schlagen des männliches Gliedes‘, *mollities* als Falschdeutung der ‚Weichlinge‘ im 1. Korinther-Brief, *pollutio* als Selbstbefleckung im Frühmittelalter, die Vergeudung lebensweckenden Samens im Hochmittelalter, die *ipsatio* als psychischer Ich-Bezug in der Moderne. Bei historischer Sortierung wird deutlich, von welch unterschiedlichen religionsgeschichtlichen und ethik-geschichtlichen Zusammenhängen her diese Phänomene gedeutet worden sind.

Gegen die in der kirchlich-christlichen Argumentation aufgebotenen Begründungen sind heute nicht nur Zweifel sondern direkte Gegeneinsichten fällig: Theologen „verließen sich auf falsche biologische Angaben, als sie den Verkehr während der Menstruation oder der Schwangerschaft als Todsünde bezeichneten“[8], formulierten ihre Einwände gegen die Empfängnisverhütung im Lichte jener Verbindung von Biologie, die sie kannten,[9] befolgten bei der Zeugung, der Verbindung von Spermatozoen und der Ova, Vorstellungen, von denen sie „keine Ahnung gehabt hatten“[10], wandten sich nur allmählich gegen die alte Auffassung, „wonach einzelne Geschlechtsakte das Hauptkriterium der ehelichen Tugend seien“[11].

Gravierend sind die Anfragen an das römisch-päpstliche Lehramt. Nach wie vor verteidigt es die hergebrachte, in Wirklichkeit scholastische Sexuallehre. Diese argumentierte damals ‚modern‘, nämlich nicht mehr mit der Pollutio, sondern mit der Samenvergeudung. Zugrunde lag die Vorstellung, der männliche Samen enthalte bereits nach Art eines Homunculus das Leben und übertrage es in den Mutterschoß. Infolgedessen mußte die Vergeudung von Samen eine Art Mord sein. Dementsprechend wurde die Verwerflichkeit taxiert: Verbot des unterbrochenen Eheverkehrs, der Onanie, der Homosexualität und der Bestialität. Nach heutiger Medizin vergeudet die Natur selbst die Spermien und Eizellen, so daß das Argument der Vergeudung heute nicht mehr gilt. Dennoch, wenn die einstmals formulierten Konsequenzen fortgelten sollen, müßten sie eine neue Begründung erhalten. Aber wo ist das geschehen? Nicht wenigen älteren Priestern graust es heute, was sie früher in Befolgung des kirchlichen Lehramtes als sexuelle Todsünden angesehen haben und wie sie dementsprechend mit Eheleuten, Homosexuellen und den unzähligen Onanisten im Beichtstuhl verfahren sind. Wie konnte überhaupt das Lehramt den Satz hingehen lassen, im sechsten Gebot sei alles schwere Sünde?

Und noch eine letzte Anfrage; ruinierend wirkt derzeit der Rückgang der zum Zölibat bereiten Priesteramtskandidaten. Warum nicht in Ehe und Familie ‚bewährte' Männer, die viri probati, zum Priesterdienst zulassen, wo doch die Liturgie und speziell die von Priestern zu leitende Eucharistie das Zentrum des christlichen Lebens sein sollen. Jahrhundertelang hat es angesichts von Jesu Überwindung der kultischen Unreinheit verheiratete Bischöfe und Priester gebeben. Nach dem Zweiten Vatikanischen Konzil konnte man auch aus bischöflichem Mund die Möglichkeit von viri probati gebilligt hören.

Will man die christliche Geschichte von Ehe, Liebe und Sexualität in ihrer historischen Gesamtrichtung zusammenfassen, kulminiert sie in zwei Punkten, einmal in den Auswirkungen des Satzes: ‚Die Zustimmung macht die Ehe', und zum anderen in der rigiden Einschränkung der Lust. Für die Auswirkungen der Konsens-Ehe sei Michael Mitterauer wiederholt: Das westliche Familienschema ist ihm zufolge durch Gegebenheiten der christlichen Religion positiv, in sogar weltgeschichtlicher Einmaligkeit, beeinflußt worden[12]. Die Blut-Abstammung wird durch die Geist-Abstammung ersetzt. Peter Sloterdijk sieht hier eine „Jesus-Zäsur"[13], nämlich wegen dessen ‚anti-familialem Affekt'[14]: „Wer Vater und Mutter mehr liebt als mich, ist meiner nicht würdig" (Mt 10,37). Im Christentum bedarf es einer neuen Geburt; denn die Glaubenden sind „nicht aus dem Willen des Fleisches, nicht aus dem Willen des Mannes, sondern aus Gott geboren" (Joh 1,13). Zurückgewiesen sind hiermit alle „patriarchalischen Legitimitätsfiktionen der Stammbaumerfinder"[15]. Ein neuer Zeugungsakt bringt den ‚inneren Menschen' hervor, nicht „die Kopulation von erregten Körpern" sondern dank „einer intimen Nachzündung des Gottesbegriffs im menschlichen Intellekt"[16]. Oder mit Michael Mitterauer: Im Christentum fehlte der „Typus der ‚Stammfamilie'" hier „fast völlig"[17]. Ermöglicht wurde statt des vertikalen ein „bilaterales Verwandtschaftssystem"[18], in welchem die männlichen wie die fraulichen Verwandten gleichwertig waren,[19] überdies noch in Parallelisierung standen mit den Glaubens- und Geistesverwandten – dies alles „ein spezifisch christlich-europäisches Phänomen“[20]. Man sage von dieser geistlichen Verwandtschaft nicht zuviel, so Sloterdijk, wenn man sie „als eine der wichtigsten Quellen des okzidentalen Individualismus bestimmt“[21]. Die Folgewirkung waren ‚gelockerte Abstammungsbeziehungen‘,[22] so daß Europa seit der Verchristlichung „keine Vergöttlichung der Ahnen“[23] kennt, folglich Fortpflanzung „kultisch irrelevant“[24] wird und Kinderlosigkeit „nicht religiös diskriminiert“[25] ist. Das Ergebnis ist: „Die christliche Konzeption einer über die Blutsverwandtschaft hinausgehenden Bruderbeziehung hatte ihre Wurzel in der allgemeinen Gotteskindschaft der Christen, ihre spezielle im Brudermodell der Klostergemeinschaft“[26], und das hat „in der europäischen Sozialgeschichte eine enorme Bedeutung gewonnen“[27].

Andererseits hat die christliche Tradition in ihrer offiziellen Moral die Lust beargwöhnt und sie nur in der Ehe zugelassen. Noch das für Beichtväter konzipierte Handbuch ‚Jone‘ ist voll von Verdächtigungen. Das sechste und neunte Gebot sind darin bis zur Gegenwart nach (neu-) scholastischer Theologie und den päpstlichen Enzykliken abgehandelt: „Jede direkt gewollte geschlechtliche Lust ist außerhalb der Ehe immer eine schwere Sünde“, selbst „wenn die Lust noch so unbedeutend und kurz ist“[28]; freiwilliger Geschlechtsverkehr zwischen ledigen Personen ist „schwere Sünde“; wer den Samen in ein verkehrtes Gefäß, nämlich außerhalb der Vagina oder in Kondome ergießt, begeht eine schwere Sünde.[29] Berührungen, Küsse und Begierden mit fremden Personen gelten als „ehebrecherisch“[30]. Insgesamt ist jede „direkt gewollte geschlechtliche Regung […] immer schwer sündhaft“[31]. Positiv könnte man anführen, ob dieser Argwohn nicht doch auch zu der notwendigen Sexualdisziplinierung beigetragen hat. Eugen Drewermann ist dieser Meinung: „Die Stärke des Ichs mißt sich unmittelbar an der Freiheit, die es gegenüber den Trieben sich zu verschaffen weiß“[32].

Verwunderlich ist, daß trotz dieser Rigidität die romantische Liebe eine Hervorbringung des Christentums ist. Auch von Seiten der Genderforschung, etwa von Christina von Braun, wird in Erinnerung gerufen, die Forderung nach der Liebesehe sei ein direkter Abkömmling des christlichen Ehe-Ideals: Paulus vergleiche die Ehe mit dem Verhältnis von Christus und Kirche; deutlicher als mit diesem Bild des Hauptes, das seinen eigenen Leib heirate, lasse sich das Gesetz von der Unauflöslichkeit der Ehe, das von allen Religionen der Welt nur das Christentum kenne, kaum beschreiben; im Mittelalter sei die christliche Ehe zum Sakrament erhoben worden, was die protestantische Kirche zwar nicht mehr anerkannt, aber im Symbiose-Ideal beibehalten habe. „Das Ideal des unzertrennlichen Paares wurde bestimmend für das evangelische Pfarrhaus – und es fand auch seine Fortsetzung im Säkularisierungsprozess: Die Forderung nach der Liebesehe, die sich um 1800 entwickelte, ist ein direkter Abkömmling des sakralisierten Eheideals der christlichen Kirche. Wir neigen nur dazu, die christliche Vorgeschichte zu vergessen."[33] Die romantische Ehe basiert letztlich eben doch auf einem erotischen wie zugleich sublimierten Austausch.

Anmerkungen

1. Die Vorgegebenheiten

1 Dinzelbacher, Sexualität, S. 81.
2 Mitterauer, Warum Europa?, S. 106.
3 Walter, Unkeuschheit, S. 18.
4 Ebd., S. 10.
5 Ebd., S. 518.
6 Ebd., S. 21.
7 Eder, Kultur der Begierde, S. 271, Anm. 57.
8 Ebd., S. 26.
9 Schott, Ehe und Familie, S. 65 f., S. 70.
10 Baier, Biopsychosoziales Verständnis, S. 953.
11 http://www.faz.net/aktuell/gesellschaft/erfreuliche-nachrichten-kindersterblichkeit-hat-sich-fast-halbiert-13156981.html; Abruf am 23.9.2014.
12 Schmitt, Republik der Kinder, S. 7.
13 Shostak, Eheleben, S. 422–433.
14 Die Datenerhebungen sind Statistiken von UNICEF entnommen und können auf der Homepage abgerufen werden.
15 Schmitt, Republik der Kinder, S. 7.
16 Ebd.
17 Ebd.
18 Ebd.
19 Ebd.
20 Brizendine, Das männliche Gehirn, S. 93.
21 Ebd., S. 194.
22 Ebd., S. 218.
23 Ebd., S. 237.
24 Badinter, Die Wiederentdeckung, S. 112.
25 Dabhoiwala, Lust und Freiheit, S. 205.
26 Badinter, Die Wiederentdeckung, S. 121.
27 Luhmann, Codierung von Intimität, S. 204.
28 Laderner, Und was kriegen sie?, S. 14 f.
29 Radunski, Connaught Place, S. 8.
30 Schmidt, Die misogyne Tradition, S. 419 f.
31 Badinter, Die Wiederentdeckung, S. 56.
32 Ebd., S. 40.
33 Ebd., S. 117.
34 Ebd.
35 Nolde, Gattenmord, S. 158.
36 Badinter, Die Wiederentdeckung, S. 74.
37 Deinet, Friedrich Sieburg, S. 508 f.
38 Badinter, Die Wiederentdeckung, S. 41.
39 Vajda, Polygynie, S. 84.
40 Hodel, Matriarchat, S. 120–127.
41 Bornemann, Das Patriarchat, S. 512.
42 Holl, Geschlecht und Gewalt, S. 64.
43 Reinhard, Lebensformen, S. 205.
44 Vajda, Institution ‚Ehe', S. 25–33.
45 Heller, Matriarchat, Sp. 1475.
46 Kuhlmann, Matriarchat, Sp. 914.
47 Kehrer, Ehe, S. 237 f.
48 Rothermund – Rothermund, Die Stellung der Frau, S. 134.
49 Blume – Hein, Indiens verdrängte Wahrheit, S. 59.
50 Rothermund – Rothermund, Die Stellung der Frau, S. 135 f., S. 136.
51 Blume – Hein, Indiens verdrängte Wahrheit, S. 53.

52 Rothermund – Rothermund, Die Stellung der Frau, S. 134.
53 Blume – Hein, Indiens verdrängte Wahrheit, S. 33 f.
54 Rothermund – Rothermund, Die Stellung der Frau, S. 136 f.
55 Coulmas, Kultur Japans, S. 42.
56 Ebd., S. 55.
57 Edwards, Modern Japan, S. 56.
58 Ebd., S. 53–76.
59 de Beauvoir, Sitte und Sexus, S. 65.
60 Scott, Die Zukunft von gender, S. 45.
61 Vgl. hierzu: Scott, Die Zukunft von gender, S. 39–63.
62 Schnell, Emotionalität, S. 47.
63 Zastrow, Gender.
64 Schnell, Emotionalität, S. 58.
65 Kehrer, Ehe, S. 236.
66 Lewis, Kinder von Sánchez.
67 Ebd., S. 54.
68 Ebd., S. 66 ff.
69 Ebd., S. 60.
70 Ebd., S. 45.
71 Ebd.
72 Ebd., S. 234.
73 Joachim Christian Friedrich Schulz, Reise eines Livländers von Riga nach Warschau; ed. v. Schieder, S. 178.
74 Schmetsche – Lantmann, Sexualität, Sp. 733.
75 Brown, Keuschheit der Engel, S. 39.
76 Schelsky, Soziologie der Sexualität, S. 12.
77 Sloterdijk, Kinder der Neuzeit, S. 305.
78 Greiner, Schamverlust, S. 291.
79 Badinter, Die Wiederentdeckung, S. 89–91.
80 McGregor, Geschichte der Welt, S. 71–76.
81 Luhmann, Codierung von Intimität, S. 206.
82 Signol, Marie des Brebis.
83 Duerr, Intimität, S. 20.
84 Schüren, Junge Stiere, S. 18.

2. Sonderphänomene

1 Thiel, Religionsethnologie, S. 138.
2 Palmisano, Ahnenverehrung, S. 420.
3 Mitterauer, Warum Europa?, S. 96.
4 Mittler, Emanzipation auf Chinesisch, S. 293.
5 Ebd.
6 Ebd., S. 295 ff., S. 299.
7 Schott, Totenrituale, S. 61.
8 Ebd.
9 Ebd., S. 70.
10 Ebd., S. 71.
11 Ebd., S. 72.
12 Mitterauer, Warum Europa?, S. 100.
13 Ebd., S. 101.
14 Ebd.
15 Sloterdijk, Kinder der Neuzeit, S. 278.
16 Ebd., S. 280.
17 Ebd., S. 302.
18 Ebd., S. 361.
19 Mitterauer, Warum Europa?, S. 71.
20 Ebd., S. 72.
21 Ebd., S. 81.
22 Ebd., S. 82.
23 Ebd., S. 91.
24 Ebd., S. 104.
25 Ebd., S. 106.
26 Ebd.
27 Ebd., S. 108.
28 Ebd.
29 Fisch, Witwenverbrennung.
30 Winfried Bonifatius, Brief 73; ed. v. Rau, S. 220[8].
31 Hultgård, Menschenopfer, S. 543 f.
32 Hasenfratz, Welt der Germanen, S. 17.
33 Ebd., S. 17–21, S. 21.
34 Bahr, Reinheit, S. 150.
35 Chadwick, Enkrateia, Sp. 347.
36 Müller, Universum der Identität, S. 228.
37 Böck – Rao, Gesellschaftsstruktur Indiens, S. 111–131.
38 Hauser, Menstruelle Unreinheit, S. 197–217.

39 Vollmer, Ordnung in Japan, S. 325–346.
40 Ricœur, Symbolik des Bösen, S. 33–38.
41 Douglas, Reinheit und Gefährdung, S. 52.
42 Gehlen, Der Arabische Frühling, S. 3.
43 Dexinger, Beschneidung, S. 723 f.
44 Cohen, Jewish Women, S. 61.
45 Harawazinski, Beschneidung, S. 144–146.
46 Vgl. hierzu: UNICEF, Female Genital Mutilation/Cutting: A statistical overview and exploration of the dynamicas of change, New York 2013.
47 Wissmann, Beschneidung, S. 715.
48 Vgl. hierzu: UNICEF, Female Genital Mutilation/Cutting: A statistical overview and exploration of the dynamicas of change, New York 2013.
49 Cohen, Jewish Women, S. 57 f.
50 http://egyptianstreets.com/2015/05/10/92-of-married-women-in-egypt-have-undergone-female-genital-mutilation/, Abruf am 12.5.2015.
51 Vgl. Cohen, Jewish Women, S. 69.
52 Greschat, Frau, S. 419.

3. Die Antike

1 Krause, Antike, S. 28–33.
2 Ebd., S. 46.
3 Ebd., S. 46 ff.
4 Schmitz, Haus und Familie, S. 25.
5 Krause, Antike, S. 58.
6 Scheer, Geschlechtergeschichte, S. 21 f.
7 Stahlmann, Weibliche Keuschheit, S. 48.
8 Schmitz, Haus und Familie, S. 11.
9 Ebd., S. 101.
10 Ebd., S. 31.
11 Preisser, Eheunterweisung, S. 232–237.
12 Reuthner, Platons Schwestern, S. 140.
13 Scheer, Geschlechtergeschichte, S. 37.
14 Ebd., S. 41.
15 Duerr, Intimität, S. 97.
16 Schmitz, Haus und Familie, S. 31.
17 Krause, Antike, S. 57.
18 Ebd., S. 56.
19 Theodoret. Curatio Greacarum affectonium 12,48 R, zit. n.: Krenkel, Naturalia non turpia, S. 107 f.
20 Hoheisel, Homosexualität, Sp. 299–319.
21 Scheer, Geschlechtergeschichte, S. 16 f.
22 Aristoteles, Nikomachische Ethik VII,6; ed. v. Bien – Rolfes, S. 162.
23 Parker, Miasma, S. 19.
24 Burkert, Griechische Religion, S. 133.
25 Ebd., S. 138.
26 Parker, Miasma, S. 215–234.
27 Ebd., S. 30.
28 Ebd., S. 138.
29 Ebd. S. 113.
30 Schmitz, Haus und Familie, S. 13.
31 Men. fr. 422; zitiert nach: Scheer, Geschlechtergeschichte, S. 8.
32 Scheer, Geschlechtergeschichte S. 7–12.
33 Delling, Geschlechter, Sp. 783–786.
34 Diogenes Laertios, Leben und Lehre der Philosophen I,33; ed. v. Jürss, S. 51.
35 Platon, Gesetze VIII, 838e–839; ed. v. Schöpsdau u.a., S. 143[1f.].
36 Demandt, Der Idealstaat, S. 82 f.
37 Aristoteles, Nikomachische Ethik VIII,3; ed. v. Bien – Rolfes, S. 185.
38 Aristoteles, Nikomachische Ethik VIII,8; ed. v. Bien – Rolfes, S. 192.
39 Aristoteles, Politik I,12; ed. v. Bien – Rolfes, S. 26.
40 Aristoteles, Nikomachische Ethik, 14, 1162a; ed. v. Bien – Rolfes, S. 203.
41 Epikur, Briefe 1,3,3; ed. v. Krautz, S. 53.

42 Epikur, Spruch 51; ed. v. Krautz, S. 91.
43 Lesky – Wazink, Embryologie, Sp. 1233.
44 Schmitz, Haus und Familie, S. 60.
45 Thraede, Frau, Sp. 199.
46 Thraede, Frau, Sp. 210.
47 Krause, Antike, S. 59.
48 Gladigow, Römische Erotik, S. 329.
49 Rottloff, Lebensbilder, S. 69.
50 Stahlmann, Weibliche Keuschheit, S. 48.
51 Fuhrmann, Römische Republik, S. 217.
52 Veyne, Das Römische Reich, S. 46.
53 Stahlmann, Weibliche Keuschheit, S. 70.
54 Ebd., S. 67.
55 Ebd., S. 68; was in Wirklichkeit eine „Zweiklassengesellschaft" bedeutete.
56 Rottloff, Lebensbilder, S. 10.
57 Ebd., S. 69.
58 Schöllgen, Jungfräulichkeit, Sp. 539.
59 Krenkel, Naturalia non turpia, S. 26.
60 Ebd., S. 47–65.
61 Dahlheim, Die Welt, S. 255.
62 Rottloff, Lebensbilder, S. 46.
63 Gaius Plinius C. Secundus, Epistolae 7,5, zit. n.: Stahlmann, Weibliche Keuschheit, S. 45.
64 Rottloff, Lebensbilder, S. 48 f.
65 Stahlmann, Weibliche Keuschheit, S. 39.
66 Friedl, Konkubinat, Sp. 416–435.
67 Seneca, Dialogi, 2,14,1, zit. n.: Stahlmann, Weibliche Keuschheit, S. 37.
68 Veyne, Religion. Kult, Frömmigkeit, S. 36.
69 Delling, Eheleben, Sp. 694.
70 Foucault, Die Sorge, S. 194, S. 216.
71 Delling, Geschlechtstrieb, Sp. 803.
72 Marc Aurel, Selbstbetrachtungen VI,13; ed. v. Capelle, S. 68.
73 Graffito aus Pompeji Nr. 271; ed. v. Hunink, S. 115.
74 Properz, Liebesgedichte; ed. v. Hahn, S. 25–29, S. 28.
75 Musonius, Diatriben 12; ed. v. Weinkauf, S. 203[22ff.].
76 Ebd., S. 203[12ff.].
77 Veyne, Das Römische Reich, S. 53.
78 Ebd., S. 55, S. 55, S. 199 f.
79 Ebd., S. 200.
80 Ebd., S. 49.
81 Brown, Spätantike, S. 240.
82 Rottloff, Lebensbilder, S. 69.
83 Hahn, Liebesgedichte, S. 53.
84 Gladigow, Römische Erotik, S. 341.
85 Mommsen, Strafrecht, S. 691.
86 Krenkel, Naturalia non turpia, S. 303–314.
87 P. Ovidius Naso, Ars Amatoria I.; ed. v. von Albrecht, S. 7[55f.].
88 Ebd., S. 13[140].
89 Ebd., S. 15[157].
90 Ebd., S. 27[342f.].
91 Ebd., S. 33[436].
92 Ebd., S. 47[645].
93 Ebd., S. 55[749ff.].
94 P. Ovidius Naso, Ars Amatoria II.; ed. v. von Albrecht, S. 99[628].
95 Ebd., S. 103[683ff.].
96 Ebd., S. 105[707ff.].
97 Ebd., S. 107[728f.].
98 Ebd., S. 161[781f.].
99 Krenkel, Naturalia non turpia, S. 107–135, S. 130.
100 Ebd., S. 315–379, S. 363.
101 Ebd., S. 315–379, S. 377.
102 Ebd., S. 315–379, S. 379.
103 Nerì, Nacktheit, Sp. 607 f.
104 Weeber, Nachtleben, S. 64–84.
105 Stumpp, Prostitution, S. 153 f.
106 Weeber, Nachtleben, S. 65.
107 Ebd., S. 65 f.; vgl.: Die Graffiti aus Pompeji Nr. 12, 15, 20; ed. v. Hunink, S. 30 ff.
108 Graffito aus Pompeji Nr. 275; ed. v. Hunink, S. 116.
109 Vgl. hierzu: Die Graffiti aus Pompeji Nr. 95, 382, 621; ed. v. Hunink, S. 58, S. 146, S. 219.
110 Stumpp, Prostitution, S. 29, S. 74 f.
111 Ebd., S. 363.
112 Hoheisel, Homosexualität, Sp. 312 f.

113 Krenkel, Naturalia non turpia, S. 379.
114 Straton, Liebesgedichte; ed. v. Hahn, S. 57–73, S. 67.
115 Martial 7,67, zit. n.: Krenkel, Naturalia non turpia, S. 456.
116 Platon, Gesetze VIII, 841d; ed. v. Schöpsdau u.a., S. 149.
117 Lucius Anneus Seneca, Brief 122,7; ed. v. Apelt, S. 332.
118 Hoheisel, Homosexualität, Sp. 310.
119 Diogenes Laertios, Leben und Lehre der Philosophen, Buch 6,46; ed. v. Jürss, S. 270.
120 Krenkel, Naturalia non turpia, S. 188ff.
121 Aurelius Augustinus, Confessiones 2, III, 6; ed. v. Flasch – Mojsisch, S. 86[7ff].
122 Doblhofer, Vergewaltigung, S. 21.
123 Ebd., S. 25ff.
124 Ebd., S. 1.
125 Platon, Gesetze IX,874c; ed. v. Schöpsdau u.a., S. 283f.
126 Zeuske, Geschichte der Sklaverei, S. 99.
127 Stumpp, Prostitution, S. 270.
128 Doblhofer, Vergewaltigung, S. 18.
129 Horaz, Satire 1,2; zit. n.: Stumpp, Prostitution S. 27.
130 Stumpp, Prostitution, S. 35.
131 Ebd., S. 75.
132 Veyne, Das Römische Reich, S. 89.
133 Graffito aus Pompeji Nr. 723; ed. v. Hunink, S. 248.
134 Stumpp, Prostitution, S. 282–286.
135 Sueton Domitian 22, zit. n.: Krenkel, Naturalia non turpia, S. 246.
136 Historia Augusta, Antoninus Heliogabalus 17,31,6, zit. n.: Krenkel, Naturalia non turpia, S. 315–379, S. 259f.
137 Thraede, Frau, Sp. 218.
138 Knapp, Römer im Schatten, S. 18.
139 Ebd., S. 33.
140 Ebd., S. 76.
141 Ebd., S. 35.
142 Ebd., S. 37.
143 Ebd., S. 39.
144 Ebd., S. 80.
145 Ebd., S. 71.
146 Ebd., S. 75.
147 Ebd., S. 112.
148 Krause, Antike, S. 59.
149 Scheer, Geschlechtergeschichte, S. 21–23.
150 Rottloff, Lebensbilder, S. 49.
151 Brown, Keuschheit der Engel, S. 37.
152 Stumpp, Prostitution, S. 272.
153 Veyne, Das Römische Reich, S. 198.

4. Die Bibel

1 Schüngel-Straumann, Mann und Frau, S. 154.
2 Ebd., S. 155.
3 von Rad, Theologie des Alten Testaments, S. 171.
4 Zimmermann, Geschlechtermetaphorik, S. 640–648.
5 Frank, Hoheslied, Sp. 61.
6 Kuhn, Hoheslied, S. 503.
7 Albertz, Religionsgeschichte Israels, S. 289.
8 Erbele-Küster, Studien zur Anthropologie, S. 181.
9 Nihan, Leviticus, S. 342f.
10 Hoppe, Jesus von Nazaret, S. 70.
11 Theissen, Theorie des Urchristentums, S. 159.
12 Luz, Evangelium nach Matthäus, S. 364, S. 366.
13 Theissen, Theorie des Urchristentums, S. 57.
14 Ebd., S. 159.
15 Walter, Unkeuschheit, S. 497.
16 Zimmermann, Geschlechtermetaphorik, S. 654.
17 Theobald, Eucharistie als Quelle, S. 28.
18 Theissen, Psychologie des Urchristentums, S. 416.
19 Dassmann – Schöllgen, Haus, Sp. 879.
20 Ebd., Sp. 878.

21 Theissen, Psychologie des Urchristentums, S. 436.
22 Ebd., S. 437.
23 Sloterdijk, Kinder der Neuzeit, S. 307.
24 Markschies, Zwischen den Welten, S. 166.
25 Merz, Mitstreiterin des Paulus, S. 125–140.
26 Markschies, Das antike Christentum, S. 155.
27 Pesch, Geschichte der Menschen, S. 163.
28 Baumert, Sorgen des Seelsorgers, S. 159.
29 Zimmermann, Geschlechtermetaphorik, S. 657.
30 Markschies, Das antike Christentum, S. 151.
31 Bleibtreu-Ehrenberg, Tabu Homosexualität, S. 204.
32 Baumert, Sorgen des Seelsorgers, S. 76.
33 Theissen, Psychologie des Urchristentums, S. 449.
34 Schlegelberger, Geschlechtsverkehr, S. 27.
35 Ebd., S. 23.
36 Ebd., S. 27.
37 Hoheisel, Homosexualität, Sp. 337–361.
38 Chadwick, Enkrateia, Sp. 349 f.
39 Markschies, Das antike Christentum, S. 143.
40 Ebd., S. 143.
41 Petronius, Satyricon 74; ed. v. Blank-Sangmeister, S. 103.
42 Epiktet, Handbüchlein der Moral, Nr. 41; ed. v. Steinmann, S. 63.
43 Epiktet, Handbüchlein der Moral, Nr. 33; ed. v. Steinmann, S. 53.
44 Ebd., S. 53.
45 Ebd., S. 55.
46 Epiktet, Handbüchlein der Moral, Nr. 40; ed. v. Steinmann, S. 63.
47 Epiktet, Handbüchlein der Moral, Nr. 34; ed. v. Steinmann, S. 57.
48 Haag – Elliger, Diskriminierung der Sexualität, S. 25.
49 Ebd., S. 18.
50 Ebd., S. 33.
51 Ebd., S. 17.
52 Goldmann, Diskrete Leibfreundlichkeit, S. 135.
53 Schnädelbach, Religion, S. 167.
54 Ebd., S. 166.
55 Delling, Geschlechtstrieb, Sp. 806.
56 Theissen, Theorie des Urchristentums, S. 156–167.

5. Das Christentum

1 Schüngel-Straumann, Mann und Frau, S. 149.
2 Schreiner, Si homo non pecasset, S. 41–84.
3 Wagener, Ordnung des „Hauses Gottes“, S. 113.
4 Markschies, Zwischen den Welten, S. 150.
5 Justin der Märtyrer, Dialog mit dem Juden Tryphon 23,5; BKV² 33, S. 35 f.
6 Caesarius von Arles, Sermones XLII,3; CChr.SL 103, S. 187.
7 Dahlheim, Die Welt, S. 381.
8 Ebd., S. 381.
9 Schulze, Medizin und Christentum, S. 139.
10 Crouzel, Ehe, Sp. 325 f.
11 Tertullian, An seine Frau II., 8,7–8; SC 273, S. 148[50].
12 Clemens von Alexandria, Stromata Buch III,10,1; BKV² 17, S. 263.
13 Clemens von Alexandria, Stromata Buch III,1,4; BKV² 17, S. 259.
14 Clemens von Alexandria, Stromata Buch III,7,4; BKV² 17, S. 299.
15 Justin der Märtyrer, Erste Apologie, 29; BKV² 12, S. 41; weitere Belege: Noonan, Empfängnisverhütung, S. 87.
16 Brändle, Johannes Chrysostomus I., Sp. 475.

17 Eyben, Jugend, Sp. 436.
18 Luz, Evangelium nach Matthäus, Bd. 1, S. 361.
19 Ebd., S. 366.
20 Hirt des Hermas, 4,1; ed. v. Berger – Nord, S. 841 f.
21 Crouzel, Ehe, S. 329.
22 Lactantius, Göttliche Unterweisungen 61; BKV² 36, S. 205.
23 Traditio Apostolica 15; FC 1, S. 244[12].
24 Lactantius, Göttliche Unterweisungen 61 BKV² 36, S. 205.
25 Didache 5,1; FC 1, S. 115.
26 Caesarius von Arles, Sermon XLIII,3,4,5; CChr.SL 103, S. 191 f.
27 Pesch, Geschichte der Menschen, S. 168.
28 Aurelius Augustinus, Vom Gottesstaat 19,14; ed. v. Thimme, S. 557.
29 Aurelius Augustinus, Vom Gottesstaat 19,16; ed. v. Thimme, S. 560.
30 Johannes Chrysostomus, Homilien über den Epheserbrief. 20. Homilie; BKV² 15, S. 413.
31 Ebd., S. 414 f.
32 Aurelius Augustinus, Confessiones IX,19; ed. v. Flasch – Mojsisch, S. 435 ff.[35 ff.]; Brändle – Neidhart, Lebensgeschichte, S. 162–164.
33 Gössmann, Glanz und Last, S. 25–52.
34 Stahlmann, Weibliche Keuschheit, S. 11.
35 Ambrosius von Mailand, Über die Jungfrauen I,12,63; BKV² 32, S. 343.
36 Schöllgen, Jungfräulichkeit, Sp. 531–590.
37 Jussen, Name der Witwe, S. 71–80, S. 75.
38 Seneca, Fragmente Nr. 84; ed. v. G. Haase, Leipzig 1897, zit. n.: Noonan, Empfängnisverhütung, S. 51.
39 Brown, Keuschheit der Engel, S. 161–164.
40 Ebd., S. 316.
41 Clemens von Alexandrien, Der Erzieher II.,92,2; BKV² 8, S. 99.
42 Haag – Elliger, Diskriminierung der Sexualität, S. 39.
43 Brown, Keuschheit der Engel, S. 399.
44 Aurelius Augustinus, Confessiones 6,XV,25; ed. v. Flasch – Mojsisch, S. 295.
45 Brown, Keuschheit der Engel, S. 402.
46 Ebd., S. 415.
47 Ebd., S. 416.
48 Flasch, Augustin, S. 48.
49 Aurelius Augustinus, De civitate dei, XIV,16, ed. v. Thimme, S. 190.
50 Brown, Keuschheit der Engel, S. 413.
51 Ebd., S. 409.
52 Aurelius Augustinus, De civitate dei, XIV,23, ed. v. Thimme, S. 200.
53 Aurelius Augustinus, De bono coniugali 11; ed. v. Maxsein, S. 16 f.
54 Aurelius Augustinus, De bono coniugali 9; ed. v. Maxsein, S. 14.
55 Aurelius Augustinus, De bono coniugali 3; ed. v. Maxsein, S. 4.
56 Aurelius Augustinus, De bono coniugali 18; ed. v. Maxsein, S. 25.
57 Aurelius Augustinus, De bono coniugali 16; ed. v. Maxsein, S. 23.
58 Aurelius Augustinus, De bono coniugali 18; ed. v. Maxsein, S. 25.
59 Aurelius Augustinus, De bono coniugali 29; ed. v. Maxsein, S. 39.
60 Aurelius Augustinus, Das Gut der Witwenschaft 5; ed. v. Maxsein, S. 4.
61 Aurelius Augustinus, De bono coniugali 7; ed. v. Maxsein, S. 10.
62 Aurelius Augustinus, De bono coniugali 23; ed. v. Maxsein, S. 31.
63 Aurelius Augustinus, De ordine II,12; CChr.SL 29, S. 114.
64 Chadwick, Humanität, Sp. 706.
65 Aurelius Augustinus, De bono coniugali 5; ed. v. Maxsein, S. 6 f.
66 Flasch, Augustin, S. 49.
67 Aurelius Augustinus, De bono coniugali 5; ed. v. Maxsein, S. 7.
68 Aurelius Augustinus, Über die Psalmen Psalm 50; ed. v. von Balthasar, S. 89.
69 Aurelius Augustinus, Ennerationes in Psalmos L,10; CChr.SL 38, S. 606[16 f.].

70 Aurelius Augustinus, Enchiridion de fide spe et caritate; ed. v. Barbel S. 63.
71 Flasch, Augustin, S. 210 f.
72 Ebd., S. 191–212.
73 Klomps, Jansenismus, S. 36 f.
74 Beda Venerabilis, Historia Ecclesiastica Gentis Anglorum I, 27; ed. v. Spitzbart, S. 100 f.
75 Brown, Keuschheit der Engel, S. 70.
76 Johannes Cassianus, De institutione VI.,8; BKV[1] 1, S. 140.
77 Johannes Cassianus, De institutione VI.,10; BKV[1] 1, S. 141.
78 Johannes Cassianus, De institutione VI.,10; BKV[1] 1, S. 141.
79 Denzler, Papsttum und Amtszölibat.
80 Frassetto, Medieval Purity.
81 Kottje, Eucharistiefeier, S. 218–228.
82 Duval, décrétale Ad Gallos Episcopos, S. 319–326.
83 Capitula sinodi Romani apud Gallos 6; ed. v. Duval, S. 32[22]; Kommentar: S. 69–83.
84 Siricius von Rom, Brief an Himerius von Tarragona VII, 10; ed. v. Hornung, S. 157.
85 Schmid, Brautschaft, Sp. 528–564.
86 Markschies, Zwischen den Welten, S. 166.
87 Thraede, Frau, Sp. 246.
88 Stahlmann, Weibliche Keuschheit, S. 13.
89 Holl, Geschlecht und Gewalt, S. 112 f.
90 Theissen, Psychologie des Urchristentums, S. 450.

6. Das Mittelalter

1 Angenendt, Das Frühmittelalter, S. 147–151.
2 Weber, Ein Gesetz Bd. I., S. 40; Anmerk. 70.
3 Synode von Pavia Cap. 9 (850); MGH Conc 3, S. 224[9].
4 Synode von Friaul Cap. 9 (796/797) 9; MGH Conc 2,1, S. 192[23].
5 Köbler, Familienrecht, S. 136–160.
6 Irsigler – Russel, Bevölkerung, Sp. 10–17.
7 Degler-Spengler, Baseler religiösen Frauen, S. 32.
8 Ewig, Dynastie, S. 1559.
9 Imhof, Lebenszeit, S. 124.
10 Völker-Rasor, Bilderpaare, S. 118.
11 King, Renaissance, S. 23.
12 Ebd., S. 16.
13 Imhof, Lebenszeit, S. 124.
14 King, Renaissance, S. 37.
15 Ebd., S. 44.
16 Huizinga, Herbst des Mittelalters, S. 149.
17 Ebd., S. 176.
18 Gregor von Tours, Historiae IV,26; FSGA 2, S. 227–231.
19 Althoff, Heinrich IV., S. 213–219, S. 269–273.
20 Hildegard von Bingen, Causae et Curae II,148; ed. v. Riha, S. 16.
21 Ebd., S. 95[17 f.].
22 Ebd., S. 94[35 f.].
23 Thietmar von Merseburg, Chronicon IV,57; FSGA 9, S. 172[27].
24 Althoff, Heinrich IV., S. 217.
25 Flandrin, Familien, S. 116–122.
26 Duby, Ehe im feudalen Frankreich, S. 202.
27 Flandrin, Familien, S. 120.
28 Köhler, Zürcher Ehegericht, S. 445.
29 Schmidt-Wiegand, Leges barbarorum, S. 195–209.
30 Köbler, Familienrecht, S. 136–160.
31 Vogel, célébration du marriage, S. 426.
32 Franz, Benediktionen im Mittelalter, S. 176–186.
33 Browe, Beiträge zur Sexualethik, S. 114–136.
34 Lévi-Strauss, Anthropologie, S. 59.
35 Sacramentarium Gelasianum LII.; ed. v. Mohlberg, S. 208–210.
36 Weber, Ein Gesetz Bd. I, S. 113 f.
37 Schnell, Emotionalität, S. 103.

38 Caesarius von Arles, Sermon XLIV, 5; CChr.SL 103, S. 197 f.
39 Beda Venerabilis, Historia Ecclesiastica Gentis Anglorum I,27; ed. v. Spitzbart, S. 100 f.
40 Zeimentz, Lehre der Frühscholastik, S. 238–245, bes. S. 243 f.
41 Gruber, Christliches Eheverständnis, S. 95.
42 Lotario de Segni (Papst Innozenz III.), Vom Elend des menschlichen Daseins 1; ed. v. Geyer, S. 42.
43 Mechthild von Magdeburg, Das fließende Licht der Gottheit III,9; ed. v. Schmidt, S. 141 f.[34ff.]
44 Goetz, Frauen im frühen Mittelalter, S. 39.
45 Ebd., S. 55.
46 Ebd., S. 99.
47 Ebd., S. 42.
48 Pseudo-Chrysostomus, Opus imperfectum in Matthaeum, homilia 19,9; PG 56, Sp. 802.
49 Isidor von Sevilla, Etymologiarum sive originum IX,7,9[24–26]; ed. v. Lindsay, ohne Seiten.
50 Hinkmar von Reims, Epistolae 22; PL 126, Sp. 137D.
51 Ebd., Sp. 137C.
52 Duby, Ehe im feudalen Frankreich, S. 53.
53 Ruth Schmidt-Wiegand, Hochzeitsbräuche, Sp. 186–197; Schröter, Intimisierung, S. 359–414.
54 von Gersdorff, Königin Luise, S. 58.
55 Nikolaus I., Epistolae ad res orientales pertientes 3; MGH.Epp 6, S. 570[2].
56 Weber, Ein Gesetz Bd. I, S. 43–45.
57 Ebd., S. 47.
58 Ebd., S. 55.
59 Ebd., S. 58.
60 Sproemberg, Judith, S. 56–110.
61 Jonas D`Orléans, Instruction des laïcs II,1; SC 549, S. 314[1].
62 Ebd., S. 324[125].
63 Jonas D`Orléans, Instruction des laïcs II,2; SC 549, S. 330[4].
64 Ebd., S. 336[72].
65 Jonas D`Orléans, Instruction des laïcs II,3; SC 549, S. 340[7].
66 Jonas D`Orléans, Instruction des laïcs II,8; SC 549, S. 388[7].
67 Jonas D`Orléans, Instruction des laïcs II,4; SC 549, S. 346[1].
68 Jonas D`Orléans, Instruction des laïcs II,6; SC 549, S. 368[1].
69 Jonas D`Orléans, Instruction des laïcs II,11; SC 549, S. 406[9].
70 Jonas D`Orléans, Instruction des laïcs II,6; SC 549, S. 370[24].
71 Jonas D`Orléans, Instruction des laïcs II,7; SC 549, S. 382[1].
72 Jonas D`Orléans, Instruction des laïcs II,10; SC 549, S. 400[15].
73 Ubl, Konzil von Tribor, S. 143.
74 Synode von l'Estinnes IIIa; ed. v. Rau, S. 382[30ff.].
75 Marculfus, Formulae II,30; MGH..L.. Formulae, S. 94[19]; Vogel, célébration du marriage, S. 456–458.
76 Paenitentiale Columbani c.14; ed. v. Weber, Ein Gesetz Bd. II, S. 212[10ff.].
77 Weber, Ein Gesetz Bd. II, S. 165 f.
78 Hrabanus Maurus, Paenitentialien 3, zit. n.: Weber, Ein Gesetz Bd. II, Nr. 298, S. 279.
79 Guibert von Nogent. Die Autobiographie, III,3, in: Berschin – Wilhelm, S. 133 f.
80 Bumke, Höfische Kultur, S. 551.
81 Thietmar, Chronicon VIII,2; FSGA 9, S. 440[19].
82 Bumke, Höfische Kultur, S. 557.
83 Schmugge, Ehen vor Gericht, S. 170–172.
84 Concilium Parisiense 34 (829); MGH Conc 2,2, S. 634 f[32].
85 Hinkmar von Reims, De cavendis vitiis et virtutibus exercendis I,1; ed. v. Nachtmann, S. 123.
86 Petrus Damiani, Liber Gomorrhianus (Brief 31); MGH – Briefe d. dt. Kaiserzeit IV.1, S. 284–330.
87 Lutterbach, Sexualität im Mittelalter.

88 Theodulf von Orleans, Zweites Kapitular VII,11; MGH, Capit. episc. I, S. 168[13ff.].
89 LUTTERBACH, Sexualität im Mittelalter, S. 74.
90 FRANZ, Benediktionen im Mittelalter, S. 208–240.
91 ANGENENDT, Pollutio, S. 70.
92 Peter Abaelard, Epistolae 5,14; ed. v. KRAUTZ, S. 102; ELLIOT, Fallen Bodies, S. 61–80.
93 ANGENENDT, Pollutio, S. 52–93.
94 Hildegard von Bingen, Scivias I,2,11; ed. v. STORCH, S. 21.
95 Hildegard von Bingen, Causae et curae II,129; ed. v. RIHA, S. 83.
96 Hildegard von Bingen, Liber vitae meritorum I,38; ed. v. SCHIPPERGES, S. 41; WINDHEUSER, Reinheitsvorstellungen.
97 TOCH, Jüdisches Alltagsleben, S. 339.
98 NIRENBERG, Persecution of Minorities, S. 127–165.
99 ASSIS, Sexual Behaviour, S. 37.
100 MÜLLER, Judenverfolgungen, S. 202; MAGIN, Status der Juden, S. 144–163.
101 Viertes Laterankonzil – 1215, 50. Einschränkung der Ehehindernisse; ed. v. WOHLMUTH, S. 257 f.
102 LUTTERBACH, Sexualität im Mittelalter, S. 166–195.
103 Peter Chanter, Verbum V, fol 103ra, rb; fol 125, zit. n.: BALDWIN, Masters, Princes and Merchants, S. 225; Anmerkung 179.
104 SCHMUGGE, Ehen vor Gericht, S. 51 ff., S. 40.
105 WEBER, Ein Gesetz Bd. I., S. 81–82.
106 DIEM, Wüste im Kopf, S. 31–42, S. 33 f.
107 BUMKE, Höfische Kultur, S. 494.
108 BIRKMEYER, Ehetrennung, S. 227.
109 HOLL, Geschlecht und Gewalt, S. 96.
110 VON BRAUN – STEPHAN, Einführung, S. 23.
111 Missale Bobbiense, Benedictio Abbatisse 548; ed. v. LOWE, S. 167.
112 GOETZ, Frauen im frühen Mittelalter, S. 405.
113 BODARWÉ, Sanctimoniales Litteratae, S. 334.
114 MCKITTERICK, Nuns' scriptoria, Kap. VII, S. 1–35, S. 6 f.
115 BUMKE, Höfische Kultur, S. 495.
116 DINZELBACHER, Mittelalterliche Sexualität, S. 47–110.
117 BUMKE, Höfische Kultur, S. 495.

7. Das Hochmittelalter

1 Zweites Laterankonzil 23; ed. v. WOHLMUTH, S. 202[19].
2 ROTTENWÖHRER, Die Katharer, S. 239 f.
3 Hugo von Sankt Viktor, Über die Heiltümer des christlichen Glaubens 2,11; ed. v. KNAUER, S. 472[8].
4 DUBY, Ehe im feudalen Frankreich, S. 130.
5 Ebd., S. 214.
6 Decretum Gratiani, Decreti secunda pars causa 31, qu. 2, c. 4; ed. v. FRIEDBERG I, Sp. 1114.
7 HATTENHAUER, Rechtsgeschichte, S. 156.
8 Decretum Gratiani, Decreti secunda pars causa 27, qu. 2, c.4; ed. v. Friedberg I, Sp. 1064; Gratian, Decretum, Decreti secunda pars causa 27, qu. 2, c. 16; ed. v. Friedberg I, Sp. 1066.
9 Hugo von Sankt Viktor, Über die Heiltümer des christlichen Glaubens 2,11; ed. v. KNAUER, S. 476[15].
10 Petrus Lombardus, Sententiae IV., 28,4(2); ed. v. Collegii Spicilegium Bonaventurianum, S. 435.
11 RITZER, Riten und religiöses Brauchtum, S. 306–322, bes. 309–317.
12 Viertes Laterankonzil – 1215, 50. De restricta prohibitione matrimonii, 51. De poena contrahentium clandestina matrimonia; ed. v. WOHLMUTH, S. 257 f.

13 SCHRÖTER, Eheschließungsvorgänge, S. 321–349.
14 SCHWAB, Kinderehe, S. 725–727.
15 WERNER, Elisabeth, Sp. 1838.
16 SCHNELL, Emotionalität, S. 117–135.
17 Ebd., S. 126 f.
18 Le Menagier de Paris; ed. v. BRERETON – FERRIER.
19 FICHTENAU, Lebensordnungen, S. 170.
20 Ebd., S. 171.
21 VAN DÜLMEN, Fest der Liebe, S. 69.
22 Vgl. hierzu und im Folgenden: VAN DÜLMEN, Fest der Liebe, S. 69 ff.
23 BLICKLE, Geschichte der Freiheit, S. 205.
24 Ebd., S. 204.
25 ERLER, Jus primae noctis, Sp. 498.
26 LANDAU, Dignum est, S. 548.
27 Ebd., S. 549.
28 BLICKLE, Geschichte der Freiheit, S. 209.
29 Vgl. hierzu: SCHMUGGE, Ehen vor Gericht, S. 91 ff.
30 KÖBLER, Familienrecht, S. 154.
31 BEER, Private Briefe, S. 84, S. 86 f., S. 90.
32 SCHMUGGE, Ehen vor Gericht, S. 167.
33 PREVENIER – DE HEMPTIENNE, Ehe, Sp. 1636.
34 EDER, Kultur der Begierde, S. 37.
35 SCHMUGGE, Ehen vor Gericht, S. 214.
36 Ebd., S. 81.
37 Ebd., S. 137–150.
38 Ebd., S. 93.
39 Ebd., S. 205.
40 MITTERAUER, Warum Europa?, S. 70–108; MITTERAUER, Mittelalter, S. 160–363.
41 SCHNELL, Emotionalität, S. 235.
42 Zit. n.: SCHNELL, Emotionalität, S. 237.
43 Petrus Abaelard, Scito te ipsum, 4. These; ed. v. SCHROETER-REINHARD, S. 397.
44 Ebd., S. 398.
45 Petrus Abaelard, Scito te ipsum, Diskussion der 2. These; ed. v. SCHROETER-REINHARD, S. 395.
46 Petrus Abaelard, Scito te ipsum, 3. These; ed. v. SCHROETER-REINHARD, S. 396.
47 Petrus Abaelard, Scito te ipsum, Exkurs über die Erbsünde; ed. v. SCHROETER-REINHARD, S. 398.
48 LUTTERBACH, Sexualität im Mittelalter, S. 245 f.
49 VON MOOS, Heloise, Sp. 2127.
50 Abaelard, Epistolae 4; ed. v. KRAUTZ, S. 86.
51 SCHNELL, Emotionalität, S. 261.
52 SCHIPPERGES, Arzt in Purpur, S. 46.
53 Ebd., S. 46.
54 SCHNELL, Emotionalität, S. 393.
55 Thomas von Aquin, Summa theologica, II. qu. 153,2; ed. v. GRONER, S. 43.
56 Thomas von Aquin, Summa theologica, II. qu. 153,3; ed. v. GRONER, S. 47.
57 Thomas von Aquin, Summa theologica, II. qu. 26,11; ed. v. CHRISTMANN, S. 159.
58 Thomas von Aquin, Summa theologica, II. qu. 153,2; ed. v. GRONER, S. 44.
59 Thomas, Summa contra gentiles, III,123; ed. v. ALLGAIER, S. 205.
60 SCHNELL, Emotionalität, S. 247.
61 FUCHS, Sexualethik, S. 308.
62 Ebd., S. 103 f.
63 Ebd., S. 281.
64 Ebd., S. 271.
65 Thomas von Aquin, Summa contra gentiles, IV,78; ed. v. WÖRNER, S. 469.
66 Thomas von Aquin, Summa theologica, II. qu. 151,3; ed. v. GRONER, S. 11.
67 FUCHS, Sexualethik, S. 57–61.
68 Thomas von Aquin, Summa theologica, II. qu. 154,4; ed. v. GRONER, S. 77 f.
69 SCHNELL, Emotionalität, S. 99 f.
70 Petrus Iohannis Olivi, Quastiones circa matrimonium, quaestio II,a; ed. v. CICERI, S. 119, S. 171; Kommentar: ebd., S. 316–318.
71 DALLAPIAZZA, Konstitution bürgerlicher Lebensmuster S. 93.
72 STEINKE, Paradiesgarten, S. 188.
73 ZIEGLER, Ehelehre der Pönitenialsummen, S. 200.

74 SCHNELL, Emotionalität, S. 250.
75 Dionysius der Kartäuser, Enarratio in Genesim III,27; ed. v. MONACHI SACRI ORDINIS CARTUSIENSIS, S. 117D; GRUBER, Christliches Eheverständnis, S. 145–269.
76 Dionysius Cartusianus, De laudabili vita conjugatorum, art. VIII, zit. n.: SCHNELL, Emotionalität, S. 244 f.
77 Zit. n.: KLOMPS, Jansenismus, S. 50 f.
78 BROCKMEIER, Giovanni Boccaccio, S. 1033–1069, S. 1059.
79 JEROUSCHEK, Diabolus habitat, S. 287.
80 JEROUSCHEK, Diabolus habitat, S. 292–297.
81 JEROUSCHEK, Diabolus habitat, S. 301.
82 Thomas von Aquin, Summa theologica, II. qu. 154,12; ed. v. GRONER, S. 109.
83 Thomas von Aquin, Summa contra gentiles, III,122; ed. v. ALLGAIER, S. 197.
84 Ebd., S. 197.
85 Thomas von Aquin, Summa theologica, qu. 154,2; ed. v. GRONER, S. 71.
86 Ebd., S. 67.
87 Thomas von Aquin, Summa theologica, qu. 154,1; ed. v. GRONER, S. 60.
88 Thomas von Aquin, Summa contra gentiles, III,122; ed. v. ALLGAIER, S. 197.
89 Thomas von Aquin, Summa theologica, III. q 80,7; ed. v. Dominikanern und Benediktinern Deutschlands, S. 249, S. 251.
90 Thomas von Aquin, Summa theologica, II. qu. 154,11; ed. v. GRONER, S. 106.
91 BLOCH, Jugendmasturbation, S. 31–51.
92 Thomas von Aquin, Summa theologica, II. qu. 154,12; ed. v. GRONER, S. 112.
93 Thomas von Aquin, Summa theologica, II. qu. 154,11; ed. v. GRONER, S. 107.
94 Thomas von Aquin, Summa theologica, II. qu. 154,12; ed. v. GRONER, S. 112.
95 JEROUSCHEK, Diabolus habitat, S. 294.
96 DINZELBACHER, Liebe, Sp. 1963.
97 HARTMANN, Liebe und Ehe, S. 213.
98 PARRA MEMBRIVES, Roswitha von Gandersheim, S. 238 f.
99 SCHNELL, Emotionalität, S. 421–446, S. 423.
100 Ebd., S. 424.
101 Ebd., S. 425.
102 Ebd., S. 422.
103 Ebd., S. 430.
104 TOMASEK, Gottfried, S. 193–195.
105 Oswald von Wolkenstein, Tristan III,4–6, zit. n.: LOMNITZER, Geliebte und Ehefrau, S. 117.
106 BEYSCHLAG, Neidhart, Sp. 878.
107 BUMKE, Höfische Kultur, S. 425.
108 Ebd., S. 459.
109 Ebd., S. 465.
110 Ebd., S. 448.
111 Ebd., S. 483.
112 Ebd.
113 Aelred von Rievaulx, De spiritali amicitia I,66; ed v. HAAKE – NYSSEN, S. 25[25 ff.].
114 BUMKE, Höfische Kultur, S. 450.
115 RUH, Kirchenväter, S. 267.
116 Bernhard von Clairvaux, 83. Predigt:“Die Gottesliebe und die Überwindung des Bösen“ (Hld 7,10); hrsg. WINKLER, S. 613 f.
117 D'AVRAY, gospel of the marriage feast, S. 139–141.
118 SCHNELL, Emotionalität, S. 247.
119 Wilhelm Peraldus, Matrimonium ex XII commendatur; ed. v. PAULUS, S. 1012.
120 PAULUS, Stimmen zum Eheorden, S. 1008–1024.
121 VAN DER LEE, Marcus von Weida, Sp. 1234.
122 BROWE, Beiträge zur Sexualethik, S. 37.
123 ARNOLD, Die ‚Laienregel', S. 155 f.
124 ROSSIAUD, Dame Venus, S. 23–25.
125 MARIJNISSEN, Jheronimus, S. 77.
126 Ebd., S. 78.
127 Ebd., S. 79.
128 BELTING, Die grossen Altäre, S. 126.

129 Decretum Gratiani, Decreti secunda pars causa 33, qu. 5, c.12.13; ed. v. FRIEDBERG I, Sp. 1254.
130 Johannes von Paltz, Supplementum Coelifodinae; ed. v. HAMM – BURGER – MARCOLINO, S. 337.
131 Johannes von Paltz, Supplementum Coelifodinae; ed. v. HAMM – BURGER – MARCOLINO, S. 339 f.
132 GÖSSMANN, Anthropologie, S. 281–297.
133 PESCH, Geschichte der Menschen, S. 169.
134 Thomas von Aquin, Summa contra gentiles, III,124; ed. v. ALLGAIER, S. 209.
135 Thomas von Aquin, Summa contra gentiles, III,123; ed. v. ALLGAIER, S. 203.
136 Isnard W. Frank: Femina est mas occasionatus, in: Peter Segl (Hg.): Der Hexen-Hammer, Köln – Wien 1988, S. 71–102.
137 SCHNELL, Emotionalität, S. 356.
138 Zit. n.: SCHNELL, Emotionalität, S. 361.
139 BUMKE, Höfische Kultur, S. 465.
140 SCHMUGGE, Ehen vor Gericht, S. 118 f.
141 Nibelungenlied, 894; ed. v. BRACKERT, S 199.
142 Zit. n.: GRUBER, Christliches Eheverständnis, S. 193 f.
143 JARITZ, Die „Bruoch“, S. 395–416.
144 WEIGAND, Liebe und Ehe, S. 335 ff., S. 374.
145 SCHMUGGE, Ehen vor Gericht, S. 118 f.
146 BLICKLE, Geschichte der Freiheit, S. 299.
147 GRUBER, Christliches Eheverständnis, S. 194.
148 Erasmus von Rotterdam, UXOR Μεμψίγαμος, sive CONIUGIUM; ed. v. WELZIG, S. 150, S. 170.
149 Ebd., S. 146 ff.
150 Ebd., S. 150 ff.
151 Ebd., S. 176.
152 Christine de Pisan, Das Buch von der Stadt der Frauen I,I; ed. v. ZIMMERMANN, S. 37.
153 Christine de Pisan, Das Buch von der Stadt der Frauen II,LIV; ed. v. ZIMMERMANN, S. 218.
154 Christine de Pisan, Das Buch von der Stadt der Frauen I,XXVII; ed. v. ZIMMERMANN, S. 94.
155 Christine de Pisan, Das Buch von der Stadt der Frauen II,XIII; ed. v. ZIMMERMANN, S. 151.
156 Christine de Pisan, Das Buch von der Stadt der Frauen II,XLIV; ed. v. ZIMMERMANN, S. 191.
157 TENTLER, Sin and Confession, S. 173.
158 SCHNELL, Macht im Dunkeln, S. 314.
159 SCHNELL, Emotionalität, S. 351.
160 Ivo von Chartres, Decretum VIII,86; PL 161, Sp. 601C.
161 BRUNDAGE, Sex and Christian Society, S. 242.
162 STICKLER, Ekklesiologie, S. 343.
163 Zit. n.: SCHNELL, Emotionalität, S. 294.
164 SCHNELL, Emotionalität, S. 302.
165 Ebd., S. 385.
166 Ebd., S. 384.
167 REINHARD, Lebensformen, S. 221.
168 SCHNELL, Macht im Dunkeln, S. 311.
169 Ebd., S. 315.
170 RAGOTZKY, Aristoteles als Opfer, S. 281.
171 McDOUGALL, Prosecution of Sex, S. 691–713.
172 TENTLER, Sin and Confession, S. 345–349.
173 Ebd.
174 WEBER, Wirtschaft und Gesellschaft, S. 324.
175 Ebd., S. 340.
176 SIGNORI, Paradiesehe, S. 57–123, S. 123.
177 MICHAELIS, Das abendländische Eherecht, S. 99–141.
178 McDOUGALL, Prosecution of Sex, S. 691–713.
179 WEIGAND, Klandestinehe, Sp. 1192.
180 WEIGAND, Liebe und Ehe, S. 316.
181 SCHMUGGE, Ehen vor Gericht, S. 183.
182 WEIGAND, Liebe und Ehe, S. 270.

183 Löhr, Grossarchidiakonat Xanten, S. 220.
184 Schmugge, Ehen vor Gericht, S. 187, S. 233 f.
185 Ebd., S. 249–258, S. 259.
186 Schmugge, Ehen vor Gericht, S. 69.
187 Kursawa, Impotentia coeundi, S. 105–197; Brundage, Sex and Christian Society, S. 290–292.
188 Decretum Gratiani, Decreti secunda pars causa 33, qu. I, c.1; ed. v. Friedberg I, Sp. 1149; wörtlich: „[mulier] accipiat alium".
189 Ziegler, Ehelehre der Pönitenialsummen, S. 67–79.
190 Gregor IX., Decretalium Liber IV,15,6; ed. v. Friedberg II., Sp. 706 f.
191 Weigand, Liebe und Ehe, S. 330 f.
192 Lüdicke, Rechtswirkungen der heilbaren Impotenz, S. 74–12.
193 Weigand, Ehe- und Familienrecht, S. 161–194, S. 181; Helmholz, Marriage Ligitation, S. 87–90, S. 89, Anm. 53.
194 Browe, Beiträge zur Sexualethik, S. 120–131.
195 Heinrich Kramer (Institoris), Der Hexenhammer. Malleus Maleficarum II,1,5; ed. v. Jerouschek – Behringer, S. 411[24f.].
196 Hersperger, *Superstitio*, S. 450 f.
197 Guibert von Nogent, Die Autobiographie I,3; ed. v. Berschin – Wilhelm, S. 11 f.
198 Guibert von Nogent. Die Autobiographie I,6; ed. v. Berschin – Wilhelm, S. 22.
199 Guibert von Nogent. Die Autobiographie I,12; ed. v. Berschin – Wilhelm, S. 40.
200 Guibert von Nogent. Die Autobiographie I,18; ed. v. Berschin – Wilhelm, S. 74.
201 Rossiaud, Dame Venus, S. 11–56.
202 Schuster, Städtische Bordelle, S. 31–55.
203 Roper, Das fromme Haus, S. 83–84.
204 Aurelius Augustinus, De ordine 2,12; CChr 29, S. 114; Thomas von Aquin, Summa theologica, II. qu. 96,2; Pesch, S. 113 f.; Thomas von Aquin, summa theologica, II. qu. 10,11. resp.; ed. v. Christmann, S. 225.
205 Brundage, Sex and Christian Society, S. 44–47, S. 105–107, S. 210–212, S. 248 f., S. 308–311, S. 389–396, S. 463–469.
206 King, Renaissance, S. 97.
207 Schuster, Städtische Bordelle, S. 48.
208 Ebd., S. 59 f.
209 Duerr, Intimität, S. 289–316.
210 Rossiaud, Dame Venus, S. 43.
211 Ebd., S. 46.
212 Irsigler – Lassotta, Bettler und Gaukler, S. 190.
213 Ebd., S. 193.
214 Schuster, Städtische Bordelle, S. 45.
215 Ebd., S. 139.
216 Ebd., S. 141 f.
217 Ebd., S. 139–143.
218 Worstbrock, Aeneas Silvius, Sp. 634–669.
219 Reinhardt, Pius II., S. 95–115, S. 114.
220 Eder, Kultur der Begierde, S. 37.
221 Ebd.
222 Ebd., S. 61.
223 Nicholas Rowe, Jane Shore (1714), zit. n.: Dabhoiwala, Lust und Freiheit, S. 194 f.
224 Grundmann, Litteratus – illitteratus, S. 1–66, S. 10.
225 Goetz, Frauen im frühen Mittelalter, S. 111 f.
226 Bumke, Höfische Kultur, S. 499–501.
227 Sanctae Mechthildis, Liber specialis gratiae VI,1, zit. n.: Feld, Frauen des Mittelalters, S. 183.
228 Ruh, Frauenmystik, S. 245.
229 Feld, Frauen des Mittelalters, S. 199.
230 Lanczkowski, Nachwort, S. 565–589, S. 574 f.
231 Ruh, Frauenmystik, S. 17.
232 Ebd., S. 17.

233 Bernhard von Clairvaux, Sermones Super Cantica Canticorum/Predigten über das Hohe Lied 1, III,5; ed. v. WINKLER (Bd. 5), S. 59[10f.].
234 Bernhard von Clairvaux, Sermones Super Cantica Canticorum/Predigten über das Hohe Lied 3, I,1; ed. v. WINKLER (Bd. 5), S. 77[14f.].
235 Bernhard von Clairvaux, Sermones Super Cantica Canticorum/Predigten über das Hohe Lied 9, II,2; ed. v. WINKLER (Bd. 5), S. 135[17ff.].
236 Bernhard von Clairvaux, Sermones Super Cantica Canticorum/Predigten über das Hohe Lied 9, IV,5; ed. v. WINKLER (Bd. 5), S. 139[18ff.].
237 Bernhard von Clairvaux, Sermones Super Cantica Canticorum/Predigten über das Hohe Lied 23, I,2; ed. v. WINKLER (Bd. 5), S. 329[2].
238 Bernhard von Clairvaux, Sermones Super Cantica Canticorum/Predigten über das Hohe Lied 19, III,7; ed. v. WINKLER (Bd. 5), S. 273[13f.].
239 Bernhard von Clairvaux, Sermones Super Cantica Canticorum/Predigten über das Hohe Lied 23., I,1; ed. v. WINKLER (Bd. 5), S. 325[22f.].
240 Bernhard von Clairvaux, Sermones Super Cantica Canticorum/Predigten über das Hohe Lied 38, II,3; ed. v. WINKLER (Bd. 5), S. 587[4f.].
241 FELTEN, Zisterzienserorden, S. 199–274.
242 Vgl. Vita Mariae Oigniacensis, Prologus 6 f.; ed. v. VON PAPEBROCH, Sp. 637.
243 KÖPF, Bernhard von Clairvaux, S. 55.
244 WALKER BYNUM, Holy Feast, S. 288.
245 Mechthild von Magdeburg, Das fließende Licht der Gottheit I, 44; ed. v. SCHMIDT, S. 80 f.[16ff.].
246 WAGNER, Verheiratete Magister, S. 71–100.
247 RATTRAY, Kulturgeschichte, S. 23.
248 KASPER, Von miesen Rittern, S. 19, S. 21, S. 25.
249 ELIAS, Wandlungen der Gesellschaft, S. 111.
250 WALTER, Unkeuschheit, S. 494.
251 VAN USSEL, Sexualunterdrückung, S. 25.
252 Ebd., S. 25.
253 DUERR, Intimität, S. 8.
254 CLASSEN, Significance of Sexuality, S. 1–141.
255 OTIS-COUR, Lust und Liebe, S. 187.
256 REINHARD, Lebensformen, S. 218 f.
257 DIEM, Wüste im Kopf, S. 41.
258 SCHNELL, Emotionalität, S. 89.
259 Ebd., S. 97.
260 Ebd., S. 98.
261 Ebd., S. 34.
262 Ebd., S. 35.
263 Ebd., S. 26.
264 Ebd., S. 27.
265 Ebd., S. 59.
266 Ebd.
267 Ebd., S. 23.
268 Ebd., S. 86.

8. Die Anderen: Griechisch-Orthodoxe – Juden – Muslime

1 CROUZEL, Ehe, S. 329.
2 PRINZING, Oikonomia, Sp. 1381.
3 KALLIS, Ökonomie, Sp. 1015.
4 SCHÜLLER, Die Barmherzigkeit als Prinzip, S. 93.
5 Ebd., S. 127.
6 Ebd., S. 136.
7 Ebd., S. 153.
8 Ebd., S. 212.
9 Siehe dazu: SCHRECKENBERG, Adversus-Judaeos-Texte.
10 STEMBERGER, Juden, Sp. 178 f.
11 SCHRECKENBERG, Adversus-Judaeos-Texte, 155 f.
12 SCHÄFER, Jesus im Talmud, S. 195.
13 Ebd., S. 196.
14 Ebd., S. 184.
15 COHEN, Jewish Women, S. 101 f.

16 Grossman, Pious and rebellious, S. 273–282 (Zusammenfassung).
17 Cohen, Jewish Women, S. 134 f.
18 Ebd., S. 105.
19 Ebd., S. 91, S. 101.
20 Ebd., S. 156, S. 161.
21 Laqueur, Solitary Sex, S. 83–183, bes. S. 117–120.
22 Maimonides, Treatise on Cohabitation 2/3; ed. v. Rosner, S. 18 f.
23 Maimonides, Medical Aphorisms 22,50; ed. v. Rosner, S. 75.
24 Maimonides, Medical Aphorisms 17,8; ed. v. Rosner, S. 72.
25 Maimonides, Treatise on Cohabitation 2/3; ed. v. Rosner, S. 18 f.
26 Maimonides, Medical Aphorisms 24,30; ed. v. Rosner, S. 77.
27 Maimonides, Book of Holiness, Laws Concerning Forbidden Intercourse 1,14; ed. v. Rosner, S. 97 f.
28 Maimonides, Book of Holiness, Laws Concerning Forbidden Intercourse 1,16; ed. v. Rosner, S. 98.
29 Maimonides, Book of Holiness, Laws Concerning Forbidden Intercourse 21,1; ed. v. Rosner, S. 99.
30 Maimonides, Book of Holiness, Laws Concerning Forbidden Intercourse 21,3; ed. v. Rosner, S. 99.
31 Maimonides, Book of Holiness, Laws Concerning Forbidden Intercourse 21,2; ed. v. Rosner, S. 99.
32 Maimonides, Book of Holiness, Laws Concerning Forbidden Intercourse 21,4; ed. v. Rosner, S. 100.
33 Maimonides, Book of Holiness, Laws Concerning Forbidden Intercourse 21,5; ed. v. Rosner, S. 100.
34 Maimonides, Book of Holiness, Laws Concerning Forbidden Intercourse 21,7; ed. v. Rosner, S. 100 f.
35 Maimonides, Book of Holiness, Laws Concerning Forbidden Intercourse 21,8; ed. v. Rosner, S. 101.
36 Maimonides, Book of Holiness, Laws Concerning Forbidden Intercourse 21,9; ed. v. Rosner, S. 101 f.
37 Maimonides, Book of Holiness, Laws Concerning Forbidden Intercourse 22,11; ed. v. Rosner, S. 102.
38 Ebd.
39 Maimonides, Book of Holiness, Laws Concerning Forbidden Intercourse 21,12; ed. v. Rosner, S. 102 f.
40 Maimonides, Book of Holiness, Laws Concerning Forbidden Intercourse 21,13; ed. v. Rosner, S. 103.
41 Maimonides, Book of Holiness, Laws Concerning Forbidden Intercourse 21,14; ed. v. Rosner, S. 103.
42 Maimonides, Book of Holiness, Laws Concerning Forbidden Intercourse 21,15; ed. v. Rosner, S. 103.
43 Maimonides, Book of Holiness, Laws Concerning Forbidden Intercourse 21,17; ed. v. Rosner, S. 104.
44 Maimonides, Book of Holiness, Laws Concerning Forbidden Intercourse 21,18; ed. v. Rosner, S. 104.
45 Maimonides, Book of Holiness, Laws Concerning Forbidden Intercourse 21,19; ed. v. Rosner, S. 104.
46 Maimonides, Book of Holiness, Laws Concerning Forbidden Intercourse 21,20; ed. v. Rosner, S. 104.
47 Maimonides, Book of Holiness, Laws Concerning Forbidden Intercourse 21,21; ed. v. Rosner, S. 104.
48 Maimonides, Book of Holiness, Laws Concerning Forbidden Intercourse 21,22; ed. v. Rosner, S. 105.
49 Maimonides, Book of Holiness, Laws Concerning Forbidden Intercourse 21,23; ed. v. Rosner, S. 105.
50 Maimonides, Book of Holiness, Laws Concerning Forbidden Intercourse 21,26; ed. v. Rosner, S. 105 f.
51 Maimonides, Book of Holiness, Laws Concerning Forbidden Intercourse 21, 27; ed. v. Rosner, S. 106.
52 Maimonides, Book of Holiness, Laws Concerning Forbidden Intercourse 21,29; ed. v. Rosner, S. 106.
53 Maimonides, Book of Holiness, Laws Concerning Forbidden Intercourse 21,30; ed. v. Rosner, S. 106 f.

54 Maimonides, Book of Holiness, Laws Concerning Forbidden Intercourse 21,31; ed. v. ROSNER, S. 107.
55 Maimonides, Book of Holiness, Laws Concerning Forbidden Intercourse 21,32; ed. v. ROSNER, S. 107.
56 Maimonides, Book of Holiness, Laws Concerning Forbidden Intercourse 22,19; ed. v. ROSNER, S. 108.
57 Maimonides, Book of Holiness, Laws Concerning Forbidden Intercourse 22,20; ed. v. ROSNER, S. 108.
58 Maimonides, Book of Holiness, Laws Concerning Forbidden Intercourse 22,21; ed. v. ROSNER, S. 108 f.
59 COHEN, Jewish Women, S. 137.
60 Ebd., S. 135.
61 LOADER, Making sense, S. 55.
62 COHEN, Jewish Women, S. 135 f.
63 KHOURY, Der Koran, S. 289.
64 Ebd., S. 291.
65 COHEN, Jewish Women, S. 58.
66 Al-Ghazali, Das Buch der Ehe 3. Kap. II.; ed. v. BAUER, S. 161.
67 Ebd., S. 162.
68 Ebd., S. 163.
69 Ebd., S. 167 f.
70 Ebd., S. 170.
71 Al-Ghazali, Das Buch der Ehe. Einleitung; ed. v. BAUER, S. 21.
72 Ebd., S. 22.
73 Al-Ghazali, Das Buch der Ehe. 1. Kap. I,2; ed. v. BAUER, S. 27.
74 Al-Ghazali, Das Buch der Ehe. 1. Kap. III,2; ed. v. BAUER, S. 56.
75 Al-Ghazali, Das Buch der Ehe. 1. Kap. III,1; ed. v. BAUER, S. 36.
76 Ebd., S. 38.
77 Al-Ghazali, Das Buch der Ehe. 1. Kap. III,1; ed. v. BAUER, S. 41.
78 Ebd., S. 43 f.
79 Al-Ghazali, Das Buch der Ehe 3. Kap. I,11; ed. v. BAUER, S. 148.
80 Al-Ghazali, Das Buch der Ehe. 1. Kap. III,2; ed. v. BAUER, S. 47.
81 Ebd., S. 48.
82 Ebd., S. 51.
83 Ebd., S. 58.
84 Ebd., S. 59.
85 Al-Ghazali, Das Buch der Ehe. 1. Kap. III,3; ed. v. BAUER, S. 62.
86 Al-Ghazali, Das Buch der Ehe. 1. Kap. III,5; ed. v. BAUER, S. 64.
87 Al-Ghazali, Das Buch der Ehe 3. Kap. I,9; ed. v. BAUER, S. 129.
88 Al-Ghazali, Das Buch der Ehe. 1. Kap. III,5; ed. v. BAUER, S. 65.
89 Al-Ghazali, Das Buch der Ehe. 1. Kap. V,3; ed. v. BAUER, S. 79.
90 Al-Ghazali, Das Buch der Ehe. 2. Kap. I,3; ed. v. BAUER, S. 83.
91 Al-Ghazali, Das Buch der Ehe. 2. Kap. II,B,1; ed. v. BAUER, S. 89.
92 Al-Ghazali, Das Buch der Ehe. 2. Kap. II,B,2; ed. v. BAUER, S. 91.
93 Al-Ghazali, Das Buch der Ehe. 2. Kap. II,B,3; ed. v. BAUER, S. 94.
94 Ebd., S. 95.
95 Al-Ghazali, Das Buch der Ehe. 2. Kap. II,B,5; ed. v. BAUER, S. 101.
96 Ebd., S. 101.
97 Al-Ghazali, Das Buch der Ehe. 2. Kap. II,B,8; ed. v. BAUER, S. 103.
98 Al-Ghazali, Das Buch der Ehe. 3. Kap. I,2; ed. v. BAUER, S. 107.
99 Ebd., S. 108.
100 Al-Ghazali, Das Buch der Ehe. 3. Kap. I,3; ed. v. BAUER, S. 111.
101 Al-Ghazali, Das Buch der Ehe 3. Kap. I,8; ed. v. BAUER, S. 126.
102 Ebd., S. 127.
103 Ebd., S. 128.
104 Al-Ghazali, Das Buch der Ehe 3. Kap. I,10; ed. v. BAUER, S. 131.
105 Ebd., S. 133.
106 Ebd., S. 135.
107 Ebd., S. 139.
108 Ebd., S. 141.
109 Ebd., S. 144.
110 Al-Ghazali, Das Buch der Ehe 3. Kap. I,12; ed. v. BAUER, S. 153.
111 Ebd., S. 157.
112 Al-Ghazali, Das Buch der Ehe 3. Kap. I,4; ed. v. BAUER, S. 113.
113 Ebd., S. 113 f.
114 Ebd., S. 115.

115 Al-Ghazali, Das Buch der Ehe 3. Kap. I,5; ed. v. BAUER, S. 121.
116 Al-Ghazali, Das Buch der Ehe 3. Kap. I,7; ed. v. BAUER, S. 124.
117 Ebd., S. 125.
118 ATEŞ, Der Islam, S. 27.
119 Ebd., S. 133.
120 FOUCAULT, Gebrauch der Lüste, S. 289 f.
121 FOUCAULT, Der Wille zum Wissen, S. 73 f.
122 MÜLLER, Frauen und Häresie, S. 54.
123 VON BRAUN, Fundamentalismus, S. 169.
124 Ebd., S. 169.

9. Frühe Neuzeit

1 GREENBLATT, Die Wende, S. 205.
2 Lukrez, De rerum natura, 4,1076 ff., zit. n.: GREENBLATT, Die Wende, S. 206.
3 Thomas Morus, Utopia 2; ed. v. RITTER – ONCKEN, S. 49.
4 Ebd., S. 53.
5 Ebd., S. 104.
6 Ebd., S. 82.
7 HESS, Lateinischer Dialog, S. 131.
8 Zit. n.: LUDWIG, Hippolyta und Ovid, S. 115.
9 Zit. n.: Ebd.
10 Giorgio Vasari, Das Leben des Raffael; ed. v. GRÜNDLER, S. 72.
11 Ebd., S. 83.
12 SCHMALE, Männlichkeit, S. 64
13 KING, Renaissance, S. 61.
14 John Locke, Zwei Abhandlungen über die Regierung I,5,§44; ed. v. EUCHNER, S. 93 f.
15 KING, Renaissance, S. 57.
16 Johannes von Tepl, Der Ackermann 5; ed. v. KIENING, S. 13.
17 Johannes von Tepl, Der Ackermann 9; ed. v. KIENING, S. 19–21.
18 Johannes von Tepl, Der Ackermann 5; ed. v. KIENING, S. 65.
19 Johannes von Tepl, Der Ackermann 11; ed. v. KIENING, S. 23.
20 Johannes von Tepl, Der Ackermann 34; ed. v. KIENING, S. 81.
21 Johannes von Tepl, Der Ackermann 27; ed. v. KIENING, S. 61.
22 WEINACHT, Einführung, S. 128.
23 Albrecht von Eyb, Das Ehebüchlein; ed. v. HERRMANN, S. 68.
24 Ebd., S. 17.
25 Ebd., S. 26.
26 Ebd., S. 48.
27 Ebd., S. 48 f.
28 Ebd., S. 79.
29 Ebd., S. 25.
30 Ebd., S. 85.
31 Ebd., S. 70.
32 WUNDER, Stadt der Frauen, S. 129 f.
33 Opera omnia Erasmi I, 3, Amsterdam 1969, S. 405[72 f.], S. 406[122 f.], S. 407[155 f.], zit. n.: CHRISTINE CHRIST-VON WEDEL, „Praecipua coniugii pars est animorum coniunctio“. Die Stellung der Frau nach der „Eheanweisung“ des Erasmus von Rotterdam, in: WUNDER, Stadt der Frauen, S. 125 f.
34 WUNDER, Stadt der Frauen, S. 126.
35 Erasmus von Rotterdam, Enchiridion Militis Christiani; ed. v. WELZIG, S. 341[31].
36 Ebd., S. 145[1 f.].
37 WUNDER, Stadt der Frauen, S. 137.
38 Erasmus von Rotterdam, Enchiridion Militis Christiani; ed. v. WELZIG, S. 131[33 f.].
39 Ebd., S. 147[28 ff.].
40 Ebd., S. 331[17 ff.].
41 MÜLLER-JAHNCKE, Agrippa, Sp. 27 f.
42 BRUNDAGE, Sex and Christian Society, S. 517–521.
43 SOLÉ, Liebe, S. 97.
44 Ebd., S. 99.
45 Ebd.
46 Ebd.
47 Ebd., S. 100.

48 Reinhard, Lebensformen, S. 76.
49 Ebd.
50 Brundage, Sex and Christian Society, S. 517–521.
51 Solé, Liebe, S. 101.
52 Ebd., S. 103.
53 Burghartz, Zeiten der Reinheit, S. 90.
54 Ennen, Frauen, S. 156.
55 Hergemöller, Konstruktion des „Sodomita", S. 103.
56 Ebd., S. 112 ff.
57 Carolina 106; ed. Kohler – Scheel, S. 57[6ff.].
58 Carolina 116, 119, 120, 121, 130, 131, 132, 133; ed. v. Kohler – Scheel, S. 62–69.
59 Eike von Repgow, Der Sachsenspiegel. Landrecht 2,13,5; ed. v. Schott – Schmidt-Wiegand, S. 106.
60 Didache 2,2; FC I, S. 102[10].
61 Eine Zusammenfassung bietet: Müller, Abtreibung, S. 319–323.
62 Carolina 133; ed. v. Kohler – Scheel, S. 69.
63 Hergemöller, Sodom und Gomorrha, S. 163.
64 Ebd., S. 182.
65 Obermann, Gott und Teufel, S. 289.
66 Martin Luther, Wider den falsch genannten geistlichen Stand des Papsts und der Bischöfe (WA 10,2), S. 156[13]; ed. v. Borcherdt – Merz, (Bd. 3), S. 58 f.
67 Martin Luther, Predigt zu Mt 5,27–29; WA 32, S. 373[33ff.].
68 Martin Luther, Von Ehesachen (1530); ed. v. Borcherdt – Merz (Bd. 5), S. 213–257, S. 243.
69 Martin Luther, WA Briefe 3, 541,8 (21. Juni 1525), zit. n.: Obermann, Gott und Teufel, S. 296.
70 Martin Luther, WA Briefe 3, 635 (6. Dezember 1525), zit. n.: Obermann, Gott und Teufel, S. 290.
71 Schilling, Rebell in einer Zeit, S. 329.
72 Ebd., S. 331.
73 Erasmus, Briefe, Nr. 236, zit. n.: Schilling, Rebell in einer Zeit, S. 327.
74 Walter, Unkeuschheit, S. 117.
75 Martin Luther, Vom Abendmahl Christi, WA 26, S. 505[2].
76 Martin Luther, Dass Eltern die Kinder zur Ehe nicht zwingen noch hindern, und die Kinder ohne der Eltern Willen sich nicht verloben sollen (1524); ed. v. Borcherdt – Merz (Bd. 5), S. 105–112, S. 108 ff.
77 Ebd., S. 105–112, S. 110 f.
78 Ebd., S. 105–112, S. 110.
79 Martin Luther, Vom ehelichen Leben (WA 10, Abt. 2), S. 302.
80 Steinke, Paradiesgarten, S. 231.
81 Martin Luther, Von Ehesachen (1530); ed. v. Borcherdt – Merz (Bd. 5), S. 213–257, S. 213.
82 Ebd., S. 213–257, S. 227.
83 Ebd., S. 213–257, S. 235.
84 Martin Luther, Eine Predigt vom Ehestand (WA 17), S. 12–29, S. 24.
85 Martin Luther, Vom babylonischen Gefängnis der Kirche; ed. v. Borcherdt – Merz (Bd. 2), S. 236.
86 Ebd.
87 Moeller, Wenzel Lincks Hochzeit, S. 324.
88 Ebd., S. 342.
89 Martin Luther, Predigt am Donnerstag nach Invocavit; ed. v. Borchert – Merz (Bd. 4), S. 48.
90 Erasmus von Rotterdam, Enchiridion Militis Christiani/ Handbüchlein eines christlichen Streiters; ed. v. Welzig, S. 341[1ff.].
91 Walter, Unkeuschheit, S. 105 f.
92 Luther, Vom ehelichen Leben; WA 10,2, S. 304[7ff.].
93 Banner, Sexualität, S. 204.
94 Vgl.: Martin Luther, Vorlesung über 1. Mose (1535); WA 42, S. 353.
95 Martin Luther, WA 40 II, S. 380, zit. n.: Lohse, Luthers Theologie, S. 269.
96 Lohse, Luthers Theologie, S. 269.

97 Grimm, Sexe, célibat, mariage, S. 76–81.
98 Martin Luther, WA 17 II,283,3, zit. n.: Lohse, Luthers Theologie, S. 269.
99 Lohse, Luthers Theologie, S. 269.
100 Martin Luther, WA 17 II, 282, zit. n.: Lohse, Luthers Theologie, S. 269.
101 Martin Luther, WA 37,55, zit. n.: Lohse, Luthers Theologie, S. 269.
102 Lutterbach, Gleichgeschlechtliches Verhalten.
103 Martin Luther, Vorlesung über den Römerbrief 1515/1516 1,24; ed. v. Merz, S. 44 f.
104 Martin Luther, Genesis-Vorlesung WW 44, S. 316[29 ff], zit. n.: Schilling, Rebell in einer Zeit, S. 331.
105 Martin Luther, Römerbrief-Kommentar 1,24; WA 56, S. 185, zit. n.: Lutterbach, Gleichgeschlechtliches Verhalten, S. 299 f.
106 Andreas Bodenstein von Karlstadt, super coelibatu, monachatu et viduitate axiomata perpensa Wittembergae, A2v (Wittenberg 1521), zit. n.: Buckwalter, Die Priesterehe, S. 86.
107 Lutz, Ehepaare vor Gericht, S. 148.
108 Bainton, Frauen der Reformation.
109 Hess, Lateinischer Dialog, S. 153–155.
110 Seegets, Professionelles Christentum, S. 175.
111 Spang, Maria van Schurman, S. 61.
112 Brecht, Erhaltung der Kirche, S. 205–209.
113 Roper, Sexualutopien, S. 330.
114 Ebd., S. 320.
115 Ebd., S. 312.
116 Martin Luther, Von des christlichen Standes Besserung; ed. v. Borcherdt – Merz (Bd. 2), S. 141[26 ff].
117 Niekus Moore, Erbauungsliteratur, S. 213.
118 Vgl.: Lutz, Ehepaare vor Gericht, S. 90.
119 Ebd.
120 Lutz, Ehepaare vor Gericht, S. 91 f.
121 Hersche, Muße und Verschwendung, S. 731.
122 Von Brandt, Mittelalterliche Bürgertestamente, S. 27.
123 Völker-Rasor, Bilderpaare, S. 99.
124 Ebd., S. 134–140.
125 Roper, Das fromme Haus, S. 54.
126 Dilcher, Religiöse Legitimation, S. 193.
127 Schilling, Frühneuzeitliche Formierung, S. 201.
128 Burghartz, Zeiten der Reinheit, S. 218–224.
129 Köhler, Zürcher Ehegericht, S. 184–203, S. 202.
130 Ebd., S. 35 f.
131 Ordnung und Satzung […] von wegen der straf des ebruchs und unehlicher biwonung; ed. v. Kastner, S. 384[16 f.].
132 Loetz, Kulturgschichte des Religiösen, S. 179.
133 Dobras, Ratsregiment, S. 190.
134 Ebd., S. 281.
135 Köhler, Zürcher Ehegericht, S. 284 f.
136 Abray, Confession, S. 102 f.
137 Dobras, Ratsregiment, S. 290–295.
138 Monter, Consistory of Geneva, S. 470.
139 Roper, Das fromme Haus, S. 171.
140 Ebd., S. 162.
141 Ebd., S. 167.
142 Schilling, Frühneuzeitliche Formierung, S. 199–235.
143 Köhler, Zürcher Ehegericht, S. 447.
144 Bloch, Jugendmasturbation, S. 66 ff.; Bleibtreu-Ehrenberg, Tabu Homosexualität, S. 301 f.
145 Jacobs – Röllecke, Scharfrichter zu Nürnburg, S. 60.
146 Bloch, Jugendmasturbation, S. 244.
147 Ebd., S. 75.
148 Hersche, Muße und Verschwendung, S. 729.
149 Solé, Liebe, S. 15–18, S. 18.
150 Meumann, Findelkinder, S. 100.
151 King, Renaissance, S. 20.
152 Meumann, Findelkinder, S. 136 f.
153 Walter, Unkeuschheit, S. 25.
154 Hersche, Muße und Verschwendung, S. 729.

155 Reinhard, Lebensformen, S. 217.
156 Ammerer, Liederliche Vettel, S. 114.
157 Reinhard, Lebensformen, S. 78.
158 Jaritz, Die „Bruoch", S. 395.
159 Hersche, Muße und Verschwendung, S. 735.
160 Flüchter, Zölibat, S. 359.
161 Erasmus von Rotterdam, Das Lob der Torheit I I; ed. v. Welzig, S. 23.
162 King, Renaissance, S. 15.
163 Ebd.
164 King, Renaissance, S. 12.
165 King, Renaissance, S. 16.
166 Labouvie, Kulturgeschichte der Geburt, S. 103–197.
167 Zit. n.: Labouvie, Kulturgeschichte der Geburt, S. 141.
168 Labouvie, Kulturgeschichte der Geburt, S. 203–259.
169 Nipperdey, Bürgerwelt, S. 117.
170 Beck, Illegitimität, S. 137.
171 Ebd.
172 Ebd., S. 142.
173 Ebd., S. 144.
174 Ebd., S. 148.
175 Ebd., S. 149.
176 Alfing – Schedensack, Frauenalltag, S. 93.
177 Hersche, Muße und Verschwendung, S. 739.
178 Ulbricht, Kindsmord, S. 240 f.
179 Ebd., S. 235–247, S. 235; Buchholz, Ehescheidungsrecht, S. 106.
180 Ammerer, Liederliche Vettel, S. 132.
181 Ebd., S. 125.
182 Beck, Illegitimität, S. 136.
183 Ebd., S. 135.
184 Holzem, Katholische Konfessionalisierung, S. 320.
185 Ebd., S. 319.
186 Ebd., S. 353.
187 Ebd., S. 341–346.
188 Ebd., S. 321.
189 Ebd., S. 319.
190 Ebd.
191 Ebd., S. 323.
192 Ebd., S. 363.
193 Ebd., S. 365.
194 Ebd.
195 Eder, Kultur der Begierde, S. 34 f.
196 Ebd., S. 35.
197 Roper, Das fromme Haus, S. 81–113.
198 Kurzel-Runtscheiner, Kurtisanenwesen Roms, S. 333.
199 Ebd., S. 333–348.
200 Reinhard, Lebensformen, S. 75.
201 King, Renaissance, S. 99 f.
202 Vgl.: Hersche, Muße und Verschwendung, S. 743.
203 King, Renaissance, S. 99 f.
204 van de Pol, Bürger und Hure, S. 24.
205 Ebd., S. 23.
206 Ebd., S. 127.
207 Ebd., S. 35.
208 Ebd., S. 108.
209 Lutterbach, Gotteskindschaft, S. 185–191.
210 King, Renaissance, S. 21.
211 Meumann, Findelkinder, S. 351.
212 Hunecke, Findelkinder von Mailand, S. 7 f.
213 Ebd., S. 12.
214 Ebd., S. 17.
215 Ebd., S. 19.
216 Meumann, Findelkinder, S. 381.
217 Dabhoiwala, Lust und Freiheit, S. 183–191.
218 Dabhoiwala, Lust und Freiheit, S. 188.
219 Hersche, Muße und Verschwendung, S. 731.
220 Roper, Das fromme Haus, S. 112.
221 Leites, Puritanisches Gewissen, S. 144.
222 Leites, Puritanisches Gewissen, S. 28.
223 Burghartz, Zeiten der Reinheit, S. 254.
224 Vogt, Die Männlichkeit Jesu, S. 175.
225 Nikolaus Ludwig von Zinzendorf, zit. n.: Vogt, Die Männlichkeit Jesu, S. 178.
226 Ebd.
227 Ebd., S. 180 f.
228 Vgl.: Vogt, Die Männlichkeit Jesu, S. 182.

229 Nikolaus Ludwig von Zinzendorf, zit. n.: Vogt, Die Männlichkeit Jesu, S. 183.
230 Ebd., S. 182.
231 Ebd., S. 185.
232 Ebd.
233 Ebd., S. 186.
234 Vogt, Die Männlichkeit Jesu, S. 188.
235 Ebd., S. 191.
236 Nikolaus Ludwig von Zinzendorf, zit. n.: Vogt, Die Männlichkeit Jesu, S. 185.
237 Vogt, Die Männlichkeit Jesu, S. 192.
238 Ebd., S. 193.
239 Nikolaus Ludwig von Zinzendorf, zit. n.: Vogt, Die Männlichkeit Jesu, S. 195.
240 Hersche, Muße und Verschwendung, S. 668–747.
241 Ebd., S. 732.
242 Ebd., S. 735.
243 van de Pol, Bürger und Hure, S. 78 f.
244 Hersche, Muße und Verschwendung, S. 735.
245 Levi, Eboli, S. 99 f.
246 Hersche, Muße und Verschwendung, S. 734.
247 Keith, Machismo in Südspanien, S. 604–611.
248 Hersche, Muße und Verschwendung, S. 743.
249 Keith, Machismo in Südspanien, S. 607.
250 Mitterauer, Geschichte unehelicher Geburten, S. 27.
251 Reinhard, Lebensformen, S. 76.
252 Conrad, Katechismusfrauen, S. 154–179.
253 Schraut – Pieri, Katholische Schulbildung, S. 15.
254 Ebd.
255 Rutz, Primat der Religion, S. 284.
256 Schraut – Pieri, Katholische Schulbildung, S. 13–119.
257 Labouvie, Geistliche Konkubinate, S. 119 f.
258 Ebd., S. 121.
259 Thomas von Aquin, Summa theologica, II. qu. 154,4; ed. v. Groner, S. 78.
260 Hersche, Muße und Verschwendung, S. 960–965.
261 Klomps, Jansenismus, S. 19 f.
262 Ebd., S. 34.
263 Zit. n.: Klomps, Jansenismus, S. 110.
264 Klomps, Jansenismus, S. 119.
265 Ebd., S. 194–199.
266 Schilling, Rebell in einer Zeit, S. 330.
267 Moeller, Wenzel Lincks Hochzeit, S. 333.
268 Ebd., S. 334.
269 Oberman, Gott und Teufel, S. 287–289, S. 288, S. 287.
270 Ebd., S. 291.
271 Jerouschek, Diabolus habitat, S. 297.
272 Wiesner-Hanks, Männliche Libido, S. 179–195.
273 Brecht, Ordnung und Abgrenzung, S. 96.
274 Pesch, Geschichte Gottes, S. 760.
275 Koschorke, Heilige Familie, S. 157.
276 Ebd., S. 158.
277 King, Renaissance, S. 52.
278 van de Pol, Bürger und Hure, S. 83.
279 Walter, Unkeuschheit, S. 63.
280 Hersche, Muße und Verschwendung, S. 725.

10. Die Aufklärung

1 Dabhoiwala, Lust und Freiheit, S. 95–337.
2 Nipperdey, Bürgerwelt, S. 117.
3 Imhof, Lebenszeit, S. 212–220.
4 Nipperdey, Bürgerwelt, S. 489 f.
5 Schlumbohm, Blick des Arztes, S. 170–191.
6 Nipperdey, Bürgerwelt, S. 102 ff.
7 Nolde, Gattenmord, S. 412.
8 Ebd., S. 414.
9 Jean-Jacques Rousseau, Emile oder Über die Erziehung 4; ed. v. Rang, S. 720[17].

10 Ebd., S. 719^{19}.
11 Ebd., S. $721^{11\,f.}$.
12 Ebd., S. $724^{21\,f.}$.
13 Ebd., S. $721^{18\,ff.}$.
14 Ebd., S. $722^{9\,ff.}$.
15 Ebd., S. $724^{16\,ff.}$.
16 Ebd., S. $725^{27\,ff.}$.
17 Ebd., S. $723^{25\,f.}$.
18 Ebd., S. $740^{22\,f.}$.
19 Ebd., S. $776^{30\,ff.}$.
20 Ebd., S. 802^{26}.
21 Ebd., S. 726 f.$^{33\,ff.}$
22 Ebd., S. $727^{9\,ff.}$.
23 Jean-Jacques Rousseau, Die Bekenntnisse; ed. v. Semerau, S. 317.
24 Ebd., S. 352.
25 Jean-Jacques Rousseau, Emile oder Über die Erziehung 4; ed. v. Rang, S. 25.
26 Ebd., S. 452^{25}.
27 Bloch, Jugendmasturbation, S. 243–273.
28 Ebd., S. 283.
29 Ebd., S. 323.
30 Ebd., S. 331.
31 Piller, Private Körper, S. 190–197.
32 Lütkehaus, Die Onanie, S. 23.
33 Simon-André-David Tissot, Von der Onanie, oder Abhandlung über die Krankheiten, die von der Selbstbeflekkung herrühren; ed. v. Lütkehaus, Die Onanie, S. 76–89.
34 Encyclopédie, Bd. X, Artikel „Manstupration" oder „Manustupration"; ed. v. Lütkehaus, Die Onanie, S. 172–182, S. 175.
35 Immanuel Kant, Die Metaphysik der Sitten, Zweiter Teil, Metaphysische Anfangsgründe der Tugendlehre, Ethische Elementarlehre, 1. Teil. Von den Pflichten gegen sich selbst überhaupt, Zweiter Artikel, Von der wohllüstigen Selbstschändung, § 7; ed. v. Lütkehaus, Die Onanie, S. 152.
36 Bloch, Jugendmasturbation, S. 339–350.
37 Joachim Heinrich Campe, Aus den Zusätzen des Herausgebers zu Johann Friedrich Oest, Versuch einer Beantwortung der pädagogischen Frage: wie man Kinder und junge Leute vor dem Leib und Seele verwüstenden Laster der Unzucht überhaupt, und der Selbstschwächung insonderheit verwahren, oder, wofern sie schon davon angesteckt waren, wie man sie davon heilen könne?; ed. v. Lütkehaus, Die Onanie, S. 147–150, S. 148.
38 Jean-Jacques Rousseau, Emile oder Über die Erziehung 4; ed. v. Rang, S. $678^{16\,ff.}$.
39 Bloch, Jugendmasturbation, S. 244 ff.
40 Johann Basedow, Praktische Philosophie für alle Stände, zit. n.: Bloch, Jugendmasturbation, S. 244.
41 Bloch, Jugendmasturbation, S. 345 f.
42 Hersche, Muße und Verschwendung, S. 745.
43 Pallaver, Verdrängung der Sexualität, S. 94–103, mit ausführlichen Textzitaten aus den zeitgenössischen Ausgaben.
44 Frick SJ, Spiritualität, S. 244.
45 Gruber S. J., Stanislauf Kosta, S. 5.
46 Bloch, Jugendmasturbation, S. 497–518.
47 Solé, Liebe, S. 106.
48 van der Meer, Persecutions of Sodomites, S. 263–307.
49 Theresianisches Gesetzbuch, Bd. 2, Nr. 267; ed. v. Klueting, S. 35.
50 Theresianisches Gesetzbuch, Bd. 3, Nr. 415; ed. v. Klueting, S. 44–46.
51 Hehenberger. Sodomieprozesse, S. 25 f.
52 Josephinisches Ehepatent (1783); ed. v. Klueting, S. 321–324.
53 Blasius, Ehescheidung, S. 33.
54 Ebd., S. 117.
55 Ebd., S. 28.
56 Ebd., S. 102.

11. Das Jahrhundert der Prüderie

1 Luhmann, Codierung von Intimität, S. 54.
2 Ebd., S. 119.
3 Ebd., S. 177.
4 Ebd., S. 153.
5 Ebd., S. 53.
6 Ebd., S. 175.
7 Ebd., S. 176.
8 Ebd., S. 167.
9 Ebd., S. 185.
10 Ebd., S. 52.
11 Ebd., S. 203.
12 Ebd., S. 161.
13 Ebd., S. 205.
14 Ringeling, Eherecht, S. 349.
15 Nipperdey, Bürgerwelt, S. 118.
16 Ebd., S. 120.
17 Ebd., S. 128.
18 Ebd., S. 129.
19 Neumann, Lektüren der Liebe, S. 9 f.
20 Frevert, Bürgerliche Meisterdenker, S. 30.
21 Ebd., S. 26.
22 Friedrich Schlegel, Lucinde; ed. v. Polheim, S. 12.
23 Ebd.
24 Ebd.
25 Ebd., S. 16.
26 Ebd., S. 17.
27 Ebd., S. 32.
28 Ebd.
29 Ebd., S. 33.
30 Ebd.
31 Ebd., S. 19.
32 Ebd., S. 83.
33 Ebd., S. 89.
34 Frühwald, Brentano, Sp. 674.
35 Joseph von Eichendorff, zit. n.: Günzel, Die Brentanos, S. 102.
36 Clemens Brentano, Gedichte; ed. v. Schultz, S. 63 f.
37 Ebd., S. 17.
38 Clemens Brentano, An S., Gedichte; ed. v. Schultz, S. 37.
39 Clemens Brentano, Gedichte; ed. v. Schultz, S. 132.
40 Clemens Brentano, Mariens Bild, Gedichte; ed. v. Schultz, S. 44.
41 Ebd., S. 88 f.
42 Clemens Brentano, Gedichte; ed. v. Schultz, S. 110.
43 Brandstetter, Erotik und Religiosität, S. 55.
44 Ebd., S. 57.
45 Ebd., S. 60.
46 Ebd., S. 63.
47 Clemens Brentano, Gedichte; ed. v. Schultz, S. 113.
48 Ebd., S. 49.
49 Ebd., S. 113.
50 Ebd., S. 189.
51 Ebd.
52 von Gersdorff, Achim von Arnim.
53 Ebd.
54 Bettine von Arnim, Goethe's Briefwechsel mit einem Kinde., zit. n.: Frühwald, Das Spätwerk, S. 317.
55 Brief Friedrich Wilhelm III. an Luise von Mecklenburg-Strelitz, später Königin von Preußen, zit. n.: von Gersdorff, Königin Luise, S. 11.
56 von Gersdorff, Königin Luise, S. 37.
57 Bussmann, Preußen und Deutschland, S. 73–76.
58 Nipperdey, Bürgerwelt, S. 128.
59 von Gersdorff, Caroline, S. 192–194.
60 Zit. n.: von Gersdorff, Caroline, S. 154.
61 Wienfort, Verliebt, S. 65.
62 Ebd.
63 Nipperdey, Arbeitswelt, S. 43.
64 Ebd., S. 44.
65 Ebd., S. 49.
66 Ebd., S. 70.
67 Ebd., S. 61.
68 Vgl. hierzu: Frevert, Mann und Weib, S. 133–165.
69 Zit. n.: Frevert, Mann und Weib, S. 161.
70 Theodor Fontane, Frau Jenny Treibel, zit. n.: Frevert, Mann und Weib, S. 165.

71 Machtemes, Trauer und Pathos, S. 249–255.
72 Nipperdey, Arbeitswelt, S. 95.
73 Ebd., S. 96.
74 Ebd., S. 95.
75 Ebd., S. 96.
76 Ebd., S. 104.
77 Ebd., S. 96.
78 Friedrich Meinecke, Erlebtes 1862–1919, zit. n.: Wienfort, Verliebt, S. 92.
79 Adelheid Mommsen, Theodor Mommsen im Kreise der Seinen. Erinnerungen seiner Tochter, Berlin [2]1937, S. 56 f., zit. n.: Schulte, Sperrbezirke, S. 131.
80 Anna Fischer-Dückelmann, Die Frau als Hausärztin. Ein ärztliches Nachschlagewerk, Berlin 1901, S. 783; zit. n., Schulte, Sperrbezirke, S. 126.
81 Schulte, Sperrbezirke, S. 130–137, S. 130–133.
82 Ebd., S. 145.
83 Ebd., S. 146.
84 Durieux, Erinnerungen, S. 20.
85 Schulte, Sperrbezirke, S. 152.
86 Ebhardt, Handbuch für den Verkehr, S. 135.
87 Ebd., S. 144.
88 Ebd., S. 151.
89 Ebd., S. 171.
90 Pfürtner, Kirche und Sexualität, S. 164.
91 Freitag, Trösterin der Betrübten, S. 156, Anm. 58.
92 Blumenberg, Liebe zur Kirche, S. 174.
93 Zit. n.: Frevert, Mann und Weib, S. 182 f.
94 Nipperdey, Arbeitswelt, S. 97.
95 Schulte, Sperrbezirke, S. 168.
96 Ebd., S. 168.
97 Frevert, Mann und Weib, S. 184.
98 Nipperdey, Arbeitswelt, S. 99.
99 Ebd., S. 99.
100 Ebd., S. 128.
101 Frevert, Mann und Weib, S. 175.
102 Heid, Auf in den Kampf, S. 17.
103 Wienfort, Verliebt, S. 189.
104 Zit. n.: Leciejewski, Leibfeindliches Christentum, S. 38.
105 Wienfort, Verliebt, S. 80 ff.
106 Foerster, Lebensführung, S. 162–164.
107 Gläsel, Seelenheil und Menschenwürde, S. 211.
108 Ebertz, Entkirchlichung des Körpers, S. 14.
109 Schlegelberger, Geschlechtsverkehr, S. 55.
110 Ebd., S. 66.
111 Ebd., S. 69.
112 Ebd., S. 71.
113 Ebd., S. 79.
114 Ebd., S. 82.
115 Ebd., S. 86.
116 Ebd., S. 191.
117 Ebd., S. 193.
118 Zit. n.: Schlegelberger, Geschlechtsverkehr, S. 194.
119 Schlegelberger, Geschlechtsverkehr, S. 83 f.
120 Ebd., S. 203.
121 Ebd., S. 89.
122 Schilgen, Du und sie, S. 10.
123 Ebd., S. 15.
124 Schlegelberger, Geschlechtsverkehr, S. 204.
125 Ebd., S. 211.
126 Klomps, Jansenismus, S. 215.
127 Huch, Romantische Ehe, S. 153.
128 Ebd., S. 155.
129 Ebd.
130 Ebd., S. 154.
131 Ebd., S. 162.
132 Ebd.
133 Ebd.
134 Ebd., S. 165.
135 Ebd., S. 167.

12. Die Industrie-Gesellschaft

1 Heinrich von Treitschke, Politik. Vorlesungen, gehalten an der Universität zu Berlin; ed. v. M. Cornicelius (2 Bände), Leipzig [2]1899, zit. n.: Planert, Antifeminismus, S. 36.
2 Ebd.
3 Frevert, Mann und Weib, S. 116.
4 Hans Delbrück, Ein Nachwort zum *Frauenkongreß*, in: Preußische Jahrbücher 148 (1912), zit. n.: Planert, Antifeminismus, S. 43.
5 Möbius, Schwachsinn des Weibes, S. 27.
6 Ebd., S. 29.
7 Ebd., S. 34.
8 Ebd., S. 35.
9 Ebd., S. 37.
10 Ebd.
11 Ebd., S. 41.
12 Ebd.
13 Ebd., S. 47.
14 Ebd.
15 Ebd., S. 54.
16 Bebel, Die Frau, S. 633.
17 Ebd., S. 553–564.
18 Ebd., S. 580–583.
19 Ebd., S. 578 ff.
20 Ebd., S. 549–552.
21 Planert, Antifeminismus, S. 47.
22 Ebd., S. 45–53.
23 Ebd., S. 45–47.
24 Mausbach, Frauenbildung, S. 8.
25 Ebd.
26 Ebd., S. 9.
27 Ebd.
28 Ebd., S. 11.
29 Ebd., S. 13.
30 Ebd.
31 Ebd., S. 26.
32 Planert, Antifeminismus, S. 109.
33 Hastings, Fears of a feminized church, S. 34–65.
34 Mann, Ehe im Übergang, S. 214.
35 Van de Velde, Die vollkommene Ehe.
36 Mausbach, Wahlrecht der Frau, S. 18.
37 Ebd., S. 21.
38 Ebd., S. 25.
39 Ebd., S. 26.
40 Mausbach, Ehe und Kindersegen, S. 25.
41 Ebd., S. 41.
42 Ebd., S. 38.
43 Ebd., S. 41.
44 Ebd., S. 42.
45 Ebd., S. 71.
46 Ebd., S. 119, Anm. 1.
47 Jütte, Lust ohne Last, S. 7.
48 Lüdicke, Wiedergeburt der Ehezwekke?, Sp. 449 f.
49 Papst Pius XI. Enzyklika „Über die christliche Ehe“ I,17; ed. v. Schmitz, S. 10.
50 Papst Pius XI. Enzyklika „Über die christliche Ehe“ II,60; ed. v. Schmitz, S. 22.
51 Papst Pius XI. Enzyklika „Über die christliche Ehe“ I,19; ed. v. Schmitz, S. 10 f., S. 10.
52 Papst Pius XI. Enzyklika „Über die christliche Ehe“ I,26; ed. v. Schmitz, S. 12.
53 Ebd.
54 Papst Pius XI. Enzyklika „Über die christliche Ehe“ I,27; ed. v. Schmitz, S. 13.
55 Papst Pius XI. Enzyklika „Über die christliche Ehe“ I,29; ed. v. Schmitz, S. 13.
56 Ebd.
57 Papst Pius XI. Enzyklika „Über die christliche Ehe“ I,37; ed. v. Schmitz, S. 16.
58 Papst Pius XI. Enzyklika „Über die christliche Ehe“ II,77; ed. v. Schmitz, S. 27 f.
59 Papst Pius XI. Enzyklika „Über die christliche Ehe“ II,55; ed. v. Schmitz, S. 21.
60 Papst Pius XI. Enzyklika „Über die christliche Ehe“ II,56; ed. v. Schmitz, S. 21.
61 Papst Pius XI. Enzyklika „Über die christliche Ehe“ II,57; ed. v. Schmitz, S. 21.

62 Papst Pius XI. Enzyklika „Über die christliche Ehe“ II,83; ed. v. SCHMITZ, S. 29.
63 Papst Pius XI. Enzyklika „Über die christliche Ehe“ II,64–66; ed. v. SCHMITZ, S. 23f.
64 Papst Pius XI. Enzyklika „Über die christliche Ehe“ III,118; ed. v. SCHMITZ, S. 40.
65 Papst Pius XI. Enzyklika „Über die christliche Ehe“ III,133; ed. v. SCHMITZ, S. 45.
66 JONE, Katholische Moraltheologie Nr. 223, S. 181.
67 JONE, Katholische Moraltheologie Nr. 224, S. 183.
68 JONE, Katholische Moraltheologie Nr. 760, S. 623.
69 JONE, Katholische Moraltheologie Nr. 225, S. 183.
70 JONE, Katholische Moraltheologie Nr. 232, S. 188.
71 JONE, Katholische Moraltheologie Nr. 234, S. 190.
72 JONE, Katholische Moraltheologie Nr. 236, S. 191.
73 JONE, Katholische Moraltheologie Nr. 240, S. 194.
74 Ebd..
75 HILGENREINER, Homosexualität, Sp. 130f.
76 LAUBENTHAL – WEBER – PETERS, Homosexualität, Sp. 468f.
77 JONE, Katholische Moraltheologie Nr. 228, S. 185ff.
78 HILGENREINER, Onanie, Sp. 721.
79 WEBER, Onanismus, Sp. 1157.
80 DREWERMANN, Kleriker, S. 564ff.
81 Ebd., S. 575
82 FRALING, Sexualethik. Ein Versuch aus christlicher Sicht, paderborn 1995, S. 219.
83 GOLDSCHNIDT, Über die Flüsse, S. 94, S. 96.
84 LECIEJEWSKI, Leibfeindliches Christentum, S. 37.

13. Die Welt-Gesellschaft

1 KINSEY, Verhalten der Frau, S. 394.
2 SCHELSKY, Soziologie der Sexualität, S. 27.
3 SCHELSKY, Soziologie der Sexualität, S. 29.
4 Emil Lucka, Die Entwicklung der Liebe, Berlin [15]1920, zit. n.: SCHELSKY, Soziologie der Sexualität, S. 105.
5 SCHELSKY, Soziologie der Sexualität, S. 35.
6 Ebd., S. 50.
7 Ebd., S. 51–59.
8 Ebd., S. 95.
9 J.D. Unwin, Sex and culture, London 1934, zit. n.: SCHELSKY, Soziologie der Sexualität, S. 97.
10 SCHELSKY, Soziologie der Sexualität, S. 120.
11 Ebd., S. 7.
12 Max Horkheimer, Pessimismus heute, in: Gesammelte Schriften (MHGS 7); ed. v. Alfred Schmidt – Gunzelin Schmid Noerr in 19. Bänden, Frankfurt 1988ff., S. 224–232, S. 229, zit. n.: EITLER, Gott ist tot, S. 95.
13 NOONAN, Empfängnisverhütung, S. 603.
14 Papst Pius XI. Enzyklika „Über die christliche Ehe“ I,25; ed. v. SCHMITZ, S. 12.
15 NOONAN, Empfängnisverhütung, S. 616.
16 Ebd., S. 617.
17 DOMS, Sinn und Zweck, S. 23.
18 NOONAN, Empfängnisverhutung, S. 617
19 DOMS, Sinn und Zweck, S. 106.
20 DOMS, Gatteneinheit, S. 7.
21 Ebd., S. 39.
22 Ebd., S. 49.
23 Ebd., S. 137.
24 Ebd., S. 25.
25 Ebd., S. 140.
26 Zweites Vatikanisches Konzil, Sectio IX – De ecclesia in mundo huius

temporis, I. De dignitate matrimonii et familiae fovenda; ed. v. Wohlmuth, S. 1100.
27 Ebd., S. 1102.
28 Ebd., S. 1101.
29 Ebd., S. 1103.
30 Ebd., S. 1100–1106.
31 Ratzinger, Die letzte Sitzungsperiode, S. 52.
32 Pesch, Das Zweite Vatikanische Konzil, S. 336.
33 Ebd., S. 337.
34 Ebd., S. 338, S. 339.
35 Böckle, Diskussion um die Geburtenregelung, S. 411.
36 Stefan Pfürtner, Antrittsvorlseung 6,17, zit. n.: Kaufmann, Fall Pfürtner, S. 107.
37 Kaufmann, Fall Pfürtner, S. 102–109.
38 Stefan Pfürtner, Berner Vortrag: „Moral – was gilt heute noch? Das Beispiel der Sexualmoral, zit. n.: Kaufmann, Fall Pfürtner, S. 175–185, bes. S. 183 f.
39 Schlegelberger, Geschlechtsverkehr, S. 231 f.
40 Kaufmann, Fall Pfürtner, S. 51–59.
41 Papst Paul VI., Enzyklika Humanae vitae 11, S. 23.
42 Papst Paul VI., Enzyklika Humanae vitae 1, S. 9.
43 Ebd.
44 Papst Paul VI., Enzyklika Humanae vitae I,2, S. 9.
45 Papst Paul VI., Enzyklika Humanae vitae I,3, S. 11.
46 Papst Paul VI., Enzyklika Humanae vitae II,10, S. 21.
47 Papst Paul VI., Enzyklika Humanae vitae II,12, S. 25.
48 Papst Paul VI., Enzyklika Humanae vitae II,13, S. 25.
49 Papst Paul VI., Enzyklika Humanae vitae II,14, S. 27.
50 Ebd., S. 29.
51 Papst Paul VI., Enzyklika Humanae vitae II,16, S. 31.
52 Ansprache Pauls VI. im Castel Gandolfo am 31. Juli 1968; approbiert von den deutschen Bischöfen, S. 58.
53 Kaufmann, Fall Pfürtner, S. 59.
54 Böckle, Nachwort, S. 197.
55 Ebd., S. 195.
56 Dirks, Der Papst, S. 143.
57 Florin, Ich werde ein Osterlied singen, S. 4.
58 Wort der deutschen Bischöfe zur seelsorglichen Lage nach dem Erscheinen der Enzyklika ‚Humanae vitae' vom 30. August 1968 I,3; approbiert von den deutschen Bischöfen, S. 65.
59 Hauser, Mißverständnisse, S. 161.
60 Ebd., S. 158–162.
61 Papst Johannes Paul II, Apostolisches Schreiben „Familiaris Consortio" 1,I,4, S. 9.
62 Papst Johannes Paul II, Apostolisches Schreiben „Familiaris Consortio" 1,I,6, S. 11.
63 Papst Johannes Paul II, Apostolisches Schreiben „Familiaris Consortio" 1,I,8, S. 12 f.
64 Papst Johannes Paul II, Apostolisches Schreiben „Familiaris Consortio" 1,II,11, S. 15 f.
65 Papst Johannes Paul II, Apostolisches Schreiben „Familiaris Consortio" 1,II,13, S. 17.
66 Papst Johannes Paul II, Apostolisches Schreiben „Familiaris Consortio" 1,III,22, S. 26.
67 Papst Johannes Paul II, Apostolisches Schreiben „Familiaris Consortio" 1,III,23, S. 27.
68 Papst Johannes Paul II, Apostolisches Schreiben „Familiaris Consortio" 1,III,25, S. 29.
69 Papst Johannes Paul II, Apostolisches Schreiben „Familiaris Consortio" 2,I,32, S. 35.
70 Lüdecke, Humanae vitae, S. 545.
71 Splett, Der Mensch, S. 30.
72 Hoheisel, Homosxualität, Sp. 337–341, Sp. 338.

73 Rauchfleisch, Homosexualität, Sp. 254.
74 Korff, Homosexualität, Sp. 257.
75 Ebd., Sp. 255 f.
76 Theobald, Römerbrief, S. 70.
77 Lüdicke, Kirche und Homosexualität, S. 28 f.
78 Vgl.: Katechismus der Katholischen Kirche, Nr. 2357–2359; hrsg. v. Ecclesia Catholica, S. 596.
79 Hilpert, Onanie, Sp. 1052–1053.
80 Katechismus der katholischen Kirche Nr. 2352; hrsg. v. Ecclesia Catholica, S. 594.

14. Die sexuelle Revolution

1 Reich, Die sexuelle Revolution, S. 154.
2 Ebd., S. 31.
3 Ebd., S. 129.
4 Ebd., S. 31.
5 Ebd., S. 49.
6 Ebd., S. 56.
7 Ebd., S. 97.
8 Ebd., S. 46.
9 Ebd., S. 79.
10 Ebd., S. 95.
11 Füller, Die Revolution, S. 148.
12 Reichardt, Linke Beziehungskisten, S. 8.
13 Greiner, Schamverlust, S. 37.
14 Soboczynski, Pädophiler Antifaschismus, S. 50.
15 Füller, Die Revolution, S. 153.
16 Ebd., S. 156.
17 Ebd., S. 174 f., S. 191.
18 Vgl. Soboczynski, Pädophiler Antifaschismus, S. 49 f.
19 Ebd.
20 Füller, Die Revolution, S. 193–199.
21 Walter, Schatten des Liberalismus, S. 6.
22 Soboczynski, Pädophiler Antifaschismus, S. 49.
23 Ebd.
24 Ebd.
25 Pfeiffer, Drei Promille aller Täter.
26 Mertes, Verlorenes Vertrauen, S. 207–209.
27 Ebd., S. 27.
28 Ebd., S. 16.
29 Mertes, Neue Sensibilität, S. 49–52.
30 Schirokowa – Lerche, Schicksale, S. 33.
31 Kaufmann, Kirche, S. 161.
32 Wienfort, Verliebt, S. 21.
33 Beck, Freiheit oder Liebe, S. 21.
34 Ebd.
35 Ebd., S. 46.
36 Ebd., S. 31.
37 Ebd., S. 37.
38 Illouz, Wahlfreiheit und Internet-Dating, S. 19.
39 Ebd.
40 Neiman, Vernunft und Glauben, S. 20.
41 Günther, Love Love Love, S. 2.
42 Peukert, Leben der Geschlechter, S. 26.
43 Ebd. S. 32.
44 Ebd., S. 14.
45 Ebd.
46 Ebd., S. 15.
47 Ebd., S. 28.
48 Ebd., S. 30 f.
49 Ebd., S. 21.
50 Ebd., S. 37.
51 Ebd., S. 35.
52 Ebd., S. 58.
53 Ebd., S. 85.
54 Ebd.
55 Peukert, Leben der Geschlechter, S. 86.
56 Ebd., S. 87.
57 Ebd., S. 91.
58 Ebd., S. 95.
59 Ebd., S. 105.
60 Ebd., S. 64.
61 Ebd., S. 66–72.
62 Ebd., S. 9.
63 Hilpert – Laux, Hintergründe, S. 9.
64 Ebd.

65 Koppetsch, Liebe und Ökonomie, S. 22.
66 Ebd., S. 35.
67 Ebd., S. 31.
68 Ebd.
69 Ebd.
70 Birbaumer, Das so genannte Böse, S. 2.
71 Kaufmann, Zukunft der Familie, S. 176.
72 Sarrazin, Deutschland, S. 393.
73 Papst Franziskus, „Laudato si". Enzyklika ‚Gelobt seist du, mein Herr' 6,213, S. 162 f.
74 Crouzel, Divorce et remariage, S. 891–917.
75 Joseph Ratzinger/Benedikt XVI., Einleitung, in: Rudolf Voderholzer (Hg.), Zur Seelsorge wiederverheirateter Geschiedener. Dokumente, Kommentare und Studien der Glaubenskongregation. Mit einer Einleitung von Joseph Ratzinger/ Benedikt XVI (Römische Texte und Studien 6), Würzburg [2]2014, S. 13–31.
76 Lüdicke, Grenzen des Kirchenrechts, S. 506, S. 510.
77 Luz, Evangelium nach Matthäus, S. 359.
78 Ebd., S. 361.
79 Ebd., S. 365 f.
80 Ebd., S. 367 f.
81 Ebd., S. 368.
82 Ebd., S. 369.
83 Schockenhoff, Chancen, S. 171.
84 Ebd., S. 173.
85 Schockenhoff, Die Bergpredigt, S. 214.
86 Ebd., S. 215.
87 Ebd.
88 Ebd., S. 217 f.
89 Mertes, Verlorenes Vertrauen, S. 113.
90 Laux, Nichteheliche Partnerschaften, S. 161.
91 Kardinal Walter Kasper, Das Evangelium, S. 10.
92 Ebd., S. 21.
93 Ebd., S. 22.
94 Ebd., S. 25.
95 Ebd., S. 55.
96 Ebd., S. 59.
97 Ebd., S. 60.
98 Ebd., S. 63.
99 Ebd., S. 66.
100 Fischer – Lumpe, Synoden, S. 21.
101 Anapliotis, Grundzüge, S. 221–229.
102 Von Krause, Glanz und Glamour.
103 Rüb, Anpfiff in Brasiliens Hauptstadt, S. 6.
104 Rüb, Hartnäckige Klischees, S. 9.
105 Rüb, Anpfiff in Brasiliens Hauptstadt, S. 6.
106 Rüb, Tödlicher Machismo, S. 6.
107 Prange, Ihr Bauch, S. 50.
108 Hagemann, Die Kinder der Sextouristen, S. 12–19.
109 Prange, Ihr Bauch, S. 50.
110 Radisch, Hab keine Angst, S. 55 f.
111 Radisch, Er war ein lieber Vater, S. 51.
112 Cammann, Wie geht man ab?, S. 55.
113 Härtling, Leben lernen, S. 342 f.
114 Radisch, Die gefährliche Geliebte, S. 49.

15. Zu allerletzt

1 Noonan, Empfängnisverhütung, S. 598.
2 Auer, Theologie der Ethik, S. 51.
3 Ebd., S. 55.
4 Ebd., S. 57.
5 Auer, Krise der Moral, S. 11.
6 Auer, Theologie der Ethik, S. 57–59, S. 57.
7 Noonan, Empfängnisverhütung, S. 597.
8 Ebd.
9 Ebd.
10 Ebd.
11 Ebd.
12 Mitterauer, Warum Europa?, S. 106.

13 Sloterdijk, Kinder der Neuzeit, S. 278.
14 Ebd., S. 280.
15 Ebd., S. 302.
16 Ebd., S. 361.
17 Mitterauer, Warum Europa?, S. 71.
18 Ebd., S. 72.
19 Ebd., S. 81.
20 Ebd., S. 82.
21 Sloterdijk, Kinder der Neuzeit, S. 307.
22 Mitterauer, Warum Europa?, S. 91.
23 Ebd., S. 104.
24 Ebd., S. 106.
25 Ebd.
26 Ebd., S. 108.
27 Ebd.
28 Jone, Katholische Moraltheologie Nr. 223, S. 181.
29 Jone, Katholische Moraltheologie Nr. 760, S. 623.
30 Jone, Katholische Moraltheologie Nr. 225, S. 183.
31 Jone, Katholische Moraltheologie Nr. 232, S. 188.
32 Drewermann, Psychoanalyse und Moraltheologie 2, S. 185.
33 von Braun, Fundamentalismus, S. 169.

Abkürzungen

ActaSS	Acta Santorum
AKathKR	Archiv für Katholisches Kirchenrecht
ALW	Archiv für Liturgiewissenschaft
ASSSP	Atti della Società Savonese di Storia Patria
BAKG	Beihefte zum Archiv für Kulturgeschichte
BHR	Bibliothèque d'humanisme et renaissance
BKV1	Bibliothek der Kirchenväter. Auswahl der vorzüglichsten patristischen Werke in deutscher Übersetzung, hrsg. v. Franz Xaver Reithmayr– Valentin Thalhofer. 1869–1888.
BKV2	Bibliothek der Kirchenväter. Eine Auswahl patristischer Werke in deutscher Übersetzung (1911–1938), hrsg. v. O. Bardenhewer – Th. Schermann – K. Weyman. Reihe I: 1911–1931; Reihe II: 1934–1938.
BSHT	Breslauer Studien zur historischen Theologie
BThSt	Biblisch-theologische Studien
CChr.SL	Corpus Christianorum. Series Latina
CIC(L)	Corpus Iuris Canonici
CMe	Christliche Meister
CSEL	Corpus scriptorium ecclesiasticorum Latinorum
DA	Deutsches Archiv für Erforschung des Mittelalters
DThA	Deutsche Thomasausgabe
EHS	Europäische Hochschulschriften
FAZ	Frankfurter Allgemeine Zeitung
FC	Fontes Christiani
FKRG	Forschungen zur kirchlichen Rechtsgeschichte und zum Kirchenrecht
FKRW	Forschungen zur Kirchenrechtswissenschaft
FMAG	Forschungen zur mittelalterlichen Geschichte
FMSt	Frühmittelalterliche Studien
FSGA	Freiherr von Stein Gedächtnis Ausgabe
FZPhTh.NR	Freiburger Zeitschrift für Philosophie und Theologie. Neue Reihe
GeGe	Geschichte und Gesellschaft. Zeitschrift für historische Sozialwissenschaft
HBS	Henry Bradshaw Society
HDRG	Handwörterbuch zur deutschen Rechtsgeschichte
HerKorr	Herder-Korrespondenz
Herm.	Hermaea. Germanistische Forschungen Neue Folge
HistSoc	Histoire et société
HPBl	Historisch-politische Blätter für das katholische Deutschland
HrwG	Handbuch religionswissenschaftlicher Grundbegriffe
HWP	Historisches Wörterbuch der Philosophie
HZ	Historische Zeitschrift
JAC	Jahrbuch für Antike und Christentum

KRA	Kirchenrechtliche Abhandlungen
KSGW	Kritische Studien zur Geschichtswissenschaft
KTA	Kröners Taschenbuchausgabe
KuR	Kirche und Recht
LiR	Liturgical Review
LMA	Lexikon des Mittelalters
LThK	Lexikon für Theologie und Kirche
LWQF	Liturgiewissenschaftliche Quellen und Forschungen
MGH.Capit.episc.	Monumenta Germaniae historica. Leges. Capitula Episcoporum
MGH.Conc.	Monumenta Germaniae historica. Leges. Concilium
MGH.Ep	Monumenta Germaniae historica. Epistolae
MKZU.NF.	Menschen der Kirche in Zeugnis und Urkunde NF
MM	Miscellanea Mediaevalia
MoThSt.H	Moraltheologische Studien, Historische Abteilung
NGWG.PH	Nachrichten der Akademie der Wissenschaften in Göttingen. Philologisch-Historische Klasse
NRTh	Nouvelle Revue Théologique
PG	Patrologiae cursus completus. Accurante Jaques-Paul Migne. Series Graeca
PhTSt	Philosophische Texte und Studien
PL	Patrologiae cursus completus. Accurante Jaques-Paul Migne. Series Latina
QASRG	Quellen und Abhandlungen zur Schweizerischen Reformationsgeschichte
QD	Quaestiones Disputatae
QFRG	Quellen und Forschungen zur Reformationsgeschichte
QSBE	Quellen und Studien. Veröffentlichungen des Instituts für Kirchengeschichtliche Forschung des Bistums Essen
RAC	Reallexikon für Antike und Christentum
RED.F	Rerum ecclesiasticarum Documenta. Fontes
RGA	Reallexikon der germanischen Altertumskunde
RGG	Die Religion in Geschichte und Gegenwart
SCBO	Scriptorum classicorum bibliotheca Oxoniensis
SGKMT	Studien zur Geschichte der katholischen Moraltheologie
SHAW.PH	Sitzungsberichte der Heidelberger Akademie der Wissenschaften. Philosophisch-historische Klasse, Jahrgang 1973
SKK.NT	Stuttgarter Kleiner Kommentar: Neues Testament
SSAM	Settimane di studio del Centro italiano di studi sull'alto medioevo
StGra	Studia Gratiana
STGuSMA	Studien und Texte zur Geistes- und Sozialgeschichte des Mittelalters
StLgG	Studia Linguistica (Germanica)
stw	suhrkamp taschenbuch wissenschaft
SUR	Spätmittelalter und Reformation. Texte und Untersuchungen
SuR	Spätmittelalter und Reformation. Neue Reihe
SVigChr	Supplements to Vigiliae Christianae

SZ	Süddeutsche Zeitung
Test.SaZ.	Testimonia. Schriften der altchristlichen Zeit
ThQ	Theologische Quartalsschrift
ThRv	Theologische Revue
ThZ	Theologische Zeitschrift
TRE	Theologische Realenzyklopädie
TzF	Texte zur Forschung
UnS	Una Sancta. Zeitschrift für ökumenische Begegnung
VerLex	Deutsche Literatur des Mittelalters. Verfasser Lexikon
VKAMAG	Vorträge und Forschungen. Konstanzer Arbeitskreis für Mittelalterliche Geschichte
VMPIG	Veröffentlichungen des Max-Planck-Instituts für Geschichte
VVKGB	Veröffentlichungen des Vereins für Kirchengeschichte in der Evangelischen Landeskirche in Baden
WA	Weimarer Ausgabe
WARF	Wolfenbütteler Abhandlungen zur Renaissanceforschung
WdF	Wege der Forschung
WMANT	Wissenschaftliche Monographien zum Alten und Neuen Testament
WSAMA.T	Walberger Studien der Albertus-Magnus-Akademie. Theologische Reihe
WUNT	Wissenschaftliche Untersuchungen zum Neuen Testament
WW	Wort und Wissen
ZDP	Zeitschrift für deutsche Philologie
ZKG	Zeitschrift für Kirchengeschichte
ZThK	Zeitschrift für Theologie und Kirche

Quellen

Abaelard, Epistolae; ed. v. KRAUTZ, Hans-Wolfgang, Der Briefwechsel mit Heloisa (Reclams Universal-Bibliothek 3288), Stuttgart 1989.

— Ethica; ed. v. HOMMEL, Ferdinand, Nosce te ispsum. Die Ethik des Peter Abälard (Bücher des Wissens 2), Wiesbaden 1947.

— Scito te ipsum; ed. v. SCHROETER-REINHARD, Alexander, Die Ethica des Petrus Abaelard. Übersetzung, Hinführung und Deutung (FZPhTh.NR 21), Freiburg (in der Schweiz) 1999.

Aelred von Rievaulx, De spiritali amicitia; ed v. HAAKE, Rhaban – NYSSEN, Wilhelm, Aelred von Rieval. Über die gesitliche Freundschaft. Lateinisch – deutsch. (Occidens. Horizonte des Westens 3), Trier 1978.

Albrecht von Eyb, Das Ehebüchlein; ed. v. HERRMANN, Max, Deutsche Schriften des Albrecht von Eyb. Erster Band: Das Ehebüchlein (Schriften zur Germanischen Philologie 4,1), Berlin 1890.

Al-Ghazali, Das Buch der Ehe; ed. v. BAUER, Hans, Al-Ghazali, Das Buch der Ehe. Das 12. Buch der Iḥyāʾ ʿulūm ad-dīn/ Buch 12 der Wiederbelebung der Religionswissenschaften, Hildesheim 2005.

Ambrosius von Mailand, Über die Jungfrauen; ed. v. NIEDERHUBER, Joh. Ev., Des Heiligen Kirchenlehrers Ambrosius von Mailand. Pflichtenlehre und Ausgewählte Kleinschriften. III. Band (BKV[2] 32), Kempten – München 1919.

Ansprache Pauls VI. im Castel Gandolfo am 31. Juli 1968; approbiert von den deutschen Bischöfen, Enzyklika Papst Pauls VI. über die rechte Ordnung der Weitergabe menschlichen Lebens Lateinisch/Deutsch. An die ehrwürdigen Brüder, die Patriarchen, die Erzbischöfe, Bischöfe und die übrigen Ortsordinarien, die mit dem Apostolischen Stuhl in Frieden und Gemeinschaft leben, an den Klerus und die Christgläubigen des ganzen katholischen Erdkreises sowie an alle Menschen guten Willens (Nachkonziliare Dokumentation 14. Akten Papst Pauls VI.), Trier [3]1972, S. 57–61.

Aristoteles, Nikomachische Ethik; ed. v. BIEN, Günther – ROLFES, Eugen, Aristoteles. Nikomachische Ethik (Aristoteles. Philosophische Schriften in sechs Bänden 3), Hamburg 1995.

— Politik; ed. v. ROLFES, Eugen, Aristoteles. Politik (Aristoteles. Philosophische Schriften in sechs Bänden 4), Hamburg 1995.

Aurelius Augustinus, Confessiones; ed. v. FLASCH, Kurt – MOJSISCH, Burkhard, Aurelius Augustinus. Confessiones. Bekenntnisse. Lateinisch/Deutsch (Reclams Universal-Bibliothk 18676), Stuttgart 2009.

— Das Gut der Witwenschaft; ed. v. MAXSEIN, Anton, Sankt Augustin der Seelsorger (Deutsche Gesamtausgabe seiner moraltheologischen Schriften 5). Das Gut der Witwenschaft, Würzburg 1952.

— De bono coniugali; ed. v. MAXSEIN, Anton, Das Gut der Ehe (Sankt Augustinus - Der Seelsorger. Deutsche Gesamtausgabe seiner moraltheologischen Schriften), Würzburg 1949.

— De civitate dei; ed. v. THIMME, Wilhelm, Aurelius Augustinus. Vom Gottesstaat (De civitate dei) Buch 11 bis 22 (dtv-bibliothek 6088), Zürich 1978.

— De ordine; ed. v. GREEN, W. M. – DAUR, K. D. (CChr.SL 29), Turnhout 1970.

— Enchiridion de fide spe et caritate; ed. v. Barbel, Joseph (Test.SaZ. 1), Düsseldorf 1960.
— Ennerationes in Psalmos; ed. v. Dekkers, Eligius – Fraipont, Iohannes (CChr. SL 38), Turnhout 1956.
— Über die Psalmen; ed. v. von Balthasar, Hans Urs, Über die Psalmen (Christliche Meister 20), Einsiedlen ^{2}1983.
Bebel, August, *Die Frau* und der Sozialismus, Berlin ^{55}1946.
Beda Venerabilis, Historia Ecclesiastica Gentis Anglorum; ed. v. Spitzbart, Günter, Beda der Ehrwürdige. Kirchengeschichte des englischen Volkes, Darmstadt 1997.
Bernhard von Clairvaux, 83. Predigt: «Die Gottesliebe und die Überwindung des Bösen» (Hld 7,10); hrsg. v. Winkler, Gerhard B., Bernhard von Clairvaux. Sämtliche Werke lateinisch/deutsch VI, Innsbruck 1995, S. 611–619.
— Sermones Super Cantica Canticorum / Predigten über das Hohe Lied; hrsg. v. Winkler, Gerhard B., Bernhard von Clairvaux. Sämtliche Werke lateinisch/deutsch V, Innsbruck 1994.
Bloch, Karl Heinz, Die Bekämpfung der *Jugendmasturbation* im 18. Jahrhundert. Ursachen – Verlauf – Nachwirkungen (Studien zur Sexualpädagogik 11), Frankfurt a.M. u.a. 1998.
Bursfelder Brauchtum; ed. v. Trunk, P. Leo, Das Brauchtum der schwarzen Mönche des Ordens des Heiligen Benedikt von der Bursfelder Observanz, Abtei Münsterschwarzach 1985.
Caesarius von Arles, Sermones; ed. v. Morin, G., Caesarius Arelatensis. Sermones (CChr. SL 103), Turnhout 1953.
Capitula sinodi Romani apud Gallos; ed. v. Duval, Yves Marie, La décrítale Ad Gallos episcopos, (SVigChr 73), Leiden – Boston 2005.
Christine de Pisan, Das Buch von der Stadt der Frauen; ed. v. Zimmermann, Margarete, Berlin – Orlanda ^{2}1986.
Clemens Brentano, Gedichte; ed. v. Schultz, Hartwig, Clemens Brentano. Gedichte (Reclams Universal-Bibliothek Nr. 8669), Stuttgart 1995.
Clemens von Alexandrien, Stromata Buch; ed. v. Stählin, Otto, Des Clemens von Alexandreia Teppiche wissenschaftlicher Darlegungen der wahren Philosophie (Stromateis). Buch I–III (BKV^{2} 17), München 1936.
Clemens von Alexandrien, Der Erzieher I; ed. v. Stählin, Otto, Des Clemens von Alexandreia Mahnrede an die Heiden. Der Erzieher Buch I (BKV^{2} 7), München 1934.
— Der Erzieher II–III; ed. v. Stählin, Otto, Des Clemens von Alexandreia. Der Erzieher, Buch II–III. Welcher Reiche wird gerettet werden? (BKV^{2} 8), München 1934.
Concilium Parisiense (829); ed. v. Werminghoff, Albert, Concilia aevi karolini 742–842. Teil 1: 742–817 (MGH.Conc. 2,1), Hannover – Leipzig 1904, S. 605–680.
Das Nibelungenlied; ed. v. Brackert, Helmut, Das Nibelungenlied I. Teil. Mittelhochdeutscher Text und Übertragung, Frankfurt a.M. 1970.
Decretum Gratiani; ed. v. Friedberg, Aemilius, Decretalium collectiones (CIC(L) II.), Graz 1959.
Decretum Gratiani; ed. v. Friedberg, Aemilius, Decretum Magistri Gratiani (CIC(L) I.), Graz 1959.
Der Koran; ed. v. Khoury, Adel Theodor, Der Koran. Erschlossen und ediert von Adel Khoury, Düsseldorf 2005.
Didache; ed. v. Schöllgen, Georg – Geerlings, Wilhelm, Didache – Zwölf-Apostel-Lehre/ Traditio Apostolica – Apostolische Überlieferung (FC 1), Freiburg i.Br. 1991.

Die Carolina; ed. v. Kohler, J. – Scheel, Willy, Die peinliche Gerichtsordnung Kaiser Karls V. (Die Carolina und ihre Vorgängerinnen. Text, Erläuterung, Geschichte 1), Halle an der Saale 1900.

Die Graffiti von Pompeji; ed. v. Hunink, Vincent, Glücklich ist dieser Ort! 1000 Graffiti aus Pompeji. Lateinisch/Deutsch (Reclams Universal-Bibliothek Nr. 18842), Stuttgart 2011.

Diogenes Laertios, Leben und Lehre der Philosophen; ed. v. Jürss, Fritz, Diogenes Laertios, Leben und Lehre der Philosophen (Reclams Universal-Bibliothek 9669), Stuttgart [2]2010.

Dionysius der Kartäuser, Enarratio in Genesim; ed. v. Monachi Sacri Ordinis Cartusiensis, Dionysii Cartusinani Opera omnia, Bd. 1, Monstroli 1896, Sp. 1–469.

Eike von Repgow, Der Sachsenspiegel. Landrecht; ed. v. Schott, Claus Dieter – Schmidt-Wiegand, Ruth, Zürich 1984.

Encyclopédie, Bd. X, Artikel «Manstupration» oder «Manustupration»; ed. v. Lütkehaus, Ludger, «O Wollust, o Hölle». Die Onanie – Stationen einer Inquisition, Gießen 2003, S. 172–182.

Epiktet, Handbüchlein; ed. v. Steinmann, Kurt, Handbüchlein der Moral, Griechisch/Deutsch (Reclams Universal-Bibliothek 8788), Stuttgart 1992.

Epikur, Briefe; ed. v. Krautz, Hans-Wolfgang, Epikur. Briefe – Sprüche – Werkfragmente, Griechisch/Deutsch (Reclams Universal-Bibliothek 9984), Stuttgart 2000.

Erasmus von Rotterdam, Laus stultitiae; ed. v. Welzig, Werner, Erasmus von Rotterdam, Das Lob der Torheit (Erasmus von Rotterdam. Ausgewählte Schriften Band 2), Darmstadt [3]2006.

— Enchiridion Militis Christiani; ed. v. Welzig, Werner, Erasmus von Rotterdam, Handbüchlein eines christlichen Streiters (Erasmus von Rotterdam. Ausgewählte Schriften 1), Darmstadt [4]2006.

— UXOR Μεμψίγαμος, sive CONIUGIUM, in: Erasmus von Rotterdam, Colloquia familiaria; ed. v. Welzig, Werner, Erasmus von Rotterdam. Vertraute Gespräche (Erasmus von Rotterdam. Ausgewählte Schriften 6), Darmstadt [3]2006.

Foerster, Friedrich Wilhelm, *Lebensführung*. Ein Buch für junge Menschen, Mainz 1954.

Friedrich Schlegel, Lucinde; ed. v. Polheim, Karl Konrad, Friedrich Schlegel. Lucinde (Reclam Universal-Bibliothek Nr. 320), Stuttgart 1999.

Giorgio Vasari, Das Leben des Raffael; ed. v. Gründler, Hana, Berlin 2004.

Gregor von Tours, Historiae IV; ed. v. Buchner, Rudolf, Gregor von Tours. Zehn Bücher Geschichten Erster Band: Buch 1–5 (Ausgewählte Quellen zur deutschen Geschichte des Mittelalters. FSGA 2), Darmstadt 1970.

Guibert von Nogent. Die Autobiographie; ed. v. Berschin, Walter – Wilhelm, Elmar, Guibert von Nogent, die Autobiographie (Bibliothek der Mittellateinischen Literatur 10), Stuttgart 2012.

Heinrich Kramer (Institoris), Malleus Maleficarum; ed. v. Jerouschek, Günter – Behringer, Wolfgang, Heinrich Kramer (Institoris). Der Hexenhammer. Malleus Maleficarum. München [9]2011.

Hildegard von Bingen, Causae et Curae; ed. v. Riha, Ortrun, Hildegard von Bingen. Ursprung und Behandlung der Krankheiten. Causae et Curae (Hildegard von Bingen. Werke II), Rüdesheim – Eibingen [2]2012.

— Liber vitae meritorum; ed. v. Schipperges, Heinrich, Hildegard von Bingen. Der Mensch in der Verantwortung. Das Buch der Lebensverdienste (Liber vitae meritorum), Salzburg 1972.

— Scivias; ed. v. STORCH, Walburga, Hildegard von Bingen. Wisse die Wege. Eine Schau von Gott und Mensch in Schöpfung und Zeit (Vollständige Übersetzung der lateinischen textkritischen Edition in: CChr 43), Augsburg 1990.

Hinkmar von Reims, De cavendis vitiis et virtutibus exercendis; ed. v. NACHTMANN, Doris, (MGH. Quellen zur Geistesgeschichte des Mittelalters 16), München 1998.

— Epistolae 22; ed. v. MIGNE, Jaques-Paul, Sequntuur Joannis VIII, Marini I, Adriani III, pontificum Romanorum epistolae et decreta (PL 126), Paris 1879, Sp. 137D.

Hirt des Hermas; ed. v. BERGER, Klaus – NORD, Christiane, Das Neue Testament und Frühchristliche Schriften, Frankfurt a.M. – Leipzig 1999.

Historia Augusta, Antoninus Heliogabalus 17,31,6; ed v. KRENKEL, Werner, Naturalia non turpia. Sex and Gender in Ancient Greece and Rome. Schriften zur antiken Kultur- und Sexualwissenschaft (Spudasmata, Studien zur Klassischen Philologie und ihren Grenzgebieten 113), Hildesheim – Zürich – New York 2006, S. 259 f.

Hugo von Sankt Viktor, Über die Heiltümer des christlichen Glaubens; ed. v. KNAUER, Peter, Einleitung. Apparate, Bibliographie und Register v. BERNDT, Rainer (Corpus Victorinum iussu Instituti Hugonis de Sancto Victore edendum curavit Rainer Berndt SJ. Schriften Band 1), Münster 2010.

Immanuel Kant, Die Metaphysik der Sitten, Zweiter Teil: Metaphysische Anfangsgründe der Tugendlehre, Ethische Elementarlehre, 1. Teil. Von den Pflichten gegen sich selbst überhaupt, Zweiter Artikel, Von der wohllüstigen Selbstschändung, § 7; ed. v. LÜTKEHAUS, Ludger, „O Wollust, o Hölle". Die Onanie – Stationen einer Inquisition, Gießen 2003, S. 151–153.

Isidor von Sevilla, Etymologiarum sive originum libri IX; ed. v. LINDSAY, Wallace Martin, Isidori Hispalensis Episcopi Etymologiarium sive originum libri XX, Bd. 1: Libros I–X continens, Oxford 1911/ Neudruck 1962 (ohne Paginierung).

Ivo von Chartres, Decretum VIII; ed. v. MIGNE, Jaques-Paul, Series 2: Sæculum XII (PL 161), Paris 1855.

Jakob von Vitry, Vita Mariae Oigniacensis; ed. v. Von PAPEBROCH, Daniel (ActaSS Jun. IV) (1707), Paris 1707.

Jean-Jacques Rousseau, Die Bekenntnisse; ed. v. SEMERAU, Alfred, Jean-Jacques Rousseau, Die Bekenntnisse. Mit 15 Kupferstichen und einem Nachwort und Anmerkungen von KUNZE, Christoph, München 2012.

— Emile oder Über die Erziehung; ed. v. RANG, Martin, Jean-Jaques Rousseau. Emile oder Über die Erziehung (Reclams Universal-Bibliothek 901), Stuttgart 1963.

Joachim Christian Friedrich Schulz, Reise eines Livländers von Riga nach Warschau; ed. v. SCHIEDER, Theodor, Reise eines Livländers nach Warschau. Ein deutscher Bericht von der polnischen Adelsanarchie aus den Jahren 1791–1793, Breslau 1941.

Joachim Heinrich Campe, Aus den Zusätzen des Herausgebers zu Johann Friedrich Oest, Versuch einer Beantwortung der pädagogischen Frage: wie man Kinder und junge Leute vor dem Leib und Seele verwüstenden Laster der Unzucht überhaupt, und der Selbstschwächung insonderheit verwahren, oder, wofern sie schon davon angesteckt waren, wie man sie davon heilen könne?; ed. v. LÜTKEHAUS, Ludger, «O Wollust, o Hölle». Die Onanie – Stationen einer Inquisition, Gießen 2003, S. 147–150.

Johannes Cassianus, De institutione; ed. v. THALHOFER, Valentin, Sämtliche Schriften des ehrwürdigen Johannes Cassianus aus dem Urtexte übersetzt (BKV[1] 1), Kempten 1879.

Johannes Chrysostomus, Homilien über den Epheserbrief. 20. Homilie; ed. v. STODERL, Wenzel, Des Heiligen Kirchenlehrers Johannes Chrysostomus Erzbischof von Konstantinopel Kommentar zu den Briefen des Hl. Paulus an die Galater und Epheser (BKV^2 15), Kempten – München 1936.

Johannes von Paltz, Supplementum Coelifodinae; ed. v. Hamm, Berndt (Unter Mitarbeit von Burger, Christopf – Marcolino, Venicio), Johannes von Paltz, Werke 2 Supplementum Coelifodinae (SUR 3), Berlin – New York 1983.

Johannes von Tepl, Der Ackermann; ed. v. Kiening, Christian, Johannes von Tepl, Der Ackermann. Frühneuhochdeutsch/Neuhochdeutsch (Reclams Universal-Bibliothek 18075), Stuttgart 2000.

John Locke, Zwei Abhandlungen über die Regierung; ed. v. Euchner, Walter, John Lokke, Zwei Abhandlungen über die Regierung (Politische Texte), Frankfurt a.M. 1967.

Jonas D`Orléans, Instruction des laïcs; Instruction des laïcs. Livres I-II,16 (SC 549), 2012.

Josephinisches Ehepatent (1783); ed. v. Klueting, Harm, Der Josephinismus. Ausgewählte Quellen zur Geschichte der theresianisch-josephinischen Reformen (Ausgewählte Quellen zur deutschen Geschichte der Neuzeit. FSGA 12a), Darmstadt 1995.

Justin der Märtyrer, Dialog mit dem Juden Tryphon; ed. v. Haeuser, Philipp, Des heiligen Philosophen und Martyrers Justinus Dialog mit dem Juden Tryphon (BKV^2 33), Kempten – München 1917.

— Erste Apologie; ed. v. Schermann, Th. – Weyman, K., Frühchristliche Apologeten und Märtyrerakten aus dem Griechischen und Lateinischen übersetzt. 1. Band, übers. v. Rauschen, Gerhard (BKV^2 12), Kempten – München 1913.

Kardinal Walter Kasper, *Das Evangelium* von der Familie. Die Rede vor dem Konsistorium, Freiburg i.Br. 2014.

Katechismus der katholischen Kirche (in der dt. Ausgabe); hrsg. v. Ecclesia Catholica, München 1993.

Lactantius, Göttliche Unterweisungen; ed. v. Hartl, Alois, Des Lucius Caelius Firmianus Lactantius Schriften. Von den Todesarten der Verfolger. Vom Zorne Gottes. Auszug aus den Göttlichen Unterweisungen (BKV^2 36), München 1919.

Le Menagier de Paris; ed. v. Brereton, Georgine E. – Ferrier, Janet M., Le Menagier de Paris, Oxford 1981.

Lotario de Segni (Papst Innozenz III.), Vom Elend des menschlichen Daseins; ed. v. Geyer, Carl-Friedrich, Lotario de Segni (Papst Innozenz III.). Vom Elend des menschlichen Daseins (PhTSt 24), Hildesheim u.a. 1990.

Lucius Anneus Seneca, Brief 122; ed. v. Apelt, Otto, Lucius Annaeus Seneca Philosophische Schriften. Dialoge – Briefe an Lucilius, Wiesbaden ^{2}2004.

Maimonides, Book of Holiness, Laws Concerning Forbidden Intercourse; ed. v. Rosner, Fred, Sex Ethics in the Writings of Moses Maimonides, New York 1974.

— Medical Aphorisms; ed. v. Rosner, Fred, Sex Ethics in the Writings of Moses Maimonides, New York 1974.

— Treatise on Cohabitation; ed. v. Rosner, Fred, Sex Ethics in the Writings of Moses Maimonides, New York 1974.

Marc Aurel, Selbstbetrachtungen; ed. v. Capelle, Wilhelm, Marc Aurel. Selbstbetrachtungen (Kröners Taschenausgabe 4), Stuttgart 1973.

Marculfus, Formulae II; ed. v. Zeumer, Karl, Formulae Merowingi et Karolini aevi. Ordines Iudiciorum dei (MGH.L.Formulae), Hannover 1886, S. 70–106.

Martin Luther, Dass Eltern die Kinder zur Ehe nicht zwingen noch hindern, und die Kinder ohne der Eltern Willen sich nicht verloben sollen (1524); ed. v. Borcherdt, Hans Heinrich – Merz, Georg, Martin Luther, Ausgewählte Werke, Bd. 5: Von der Obrigkeit in Familie, Volk und Staat), München ^{3}1962.

— Eine Predigt vom Ehestand, in: Martin Luthers Werke. Predigten 1525 (WA 17 I.), Weimar 1907.

— Predigt am Donnerstag nach Invocavit; ed. v. Borcherdt, Hans Heinrich – Merz, Georg, Martin Luther. Ausgewählte Werke, Bd. 4: Der Kampf gegen Schwarm und Rottengeister, München ³1964.

— Predigt zu Mt 5,27–29, in: Martin Luthers Werke. Predigten 1530, Reihenpredigten über Matthäus 5–7 (WA 32), Weimar 1906.

— Vom Abendmahl Christi, in: Martin Luthers Werke. Vorlesung über 1. Timotheus 1538 (WA 26), Weimar 1909.

— Vom babylonischen Gefängnis der Kirche; ed. v. Borcherdt, Hans Heinrich – Merz, Georg, Martin Luther. Ausgewählte Werke, Bd. 2: Martin Luther. Schriften des Jahres 1520, München ³1983.

— Vom ehelichen Leben, in: Martin Luthers Werke. Schriften 1522 (WA 10 II), Weimar 1907.

— Von des christlichen Standes Besserung; ed. v. Borcherdt, Hans Heinrich – Merz, Georg, Martin Luther. Ausgewählte Werke, Bd. 2: Martin Luther. Schriften des Jahres 1520, München ³1983.

— Von Ehesachen (1530); ed. v. Borcherdt, Hans Heinrich – Merz, Georg, Martin Luther. Ausgewählte Werke, Bd. 5: Von der Obrigkeit in Familie, Volk und Staat, München ³1962.

— Vorlesung über 1. Mose (1535), in: Martin Luthers Werke. Genesisvorlesung (cap. 1–17) 1535/38 (WA 42), Weimar 1911.

— Vorlesung über den Römerbrief 1515/1516; ed. v. Merz, Georg, Martin Luther. Ausgewählte Werke. Ergänzungsreihe 2. Band: Vorlesung über den Römerbrief, München ³1965.

— Wider den falsch genannten geistlichen Stand des Papsts und der Bischöfe (WA 10,2); Borcherdt, Hans Heinrich – Merz, Georg, Martin Luther. Ausgewählte Werke, Bd. 3: Schriften zur Neuordnung der Gemeinde, des Gottesdienstes und der Lehre, München ³1962.

Mechthild von Magdeburg, Das fließende Licht der Gottheit; ed. v. Schmidt, Margot, Mechthild von Magdeburg, Das fließende Licht der Gottheit (MKZU.NF 3), Einsiedeln 1955.

Missale Bobbiense, Benedictio Abbatisse; ed. v. Lowe, E. A., The Bobbio Missal. A Gallican Mass-Book. (Ms. Paris. Lat. 13246) (HBS 58), London 1920.

Musonius Rufus, Diatriben; ed. v. Weinkauf, Wolfgang, Die Philosophie der Stoa. Ausgewählte Texte (Reclams Universal-Bibliothek Nr. 18123), Stuttgart 2001.

Nikolaus I., Epistolae ad res orientales pertientes; ed. v. Perels, Ernesto, Epistolae Karolini Aevi (MGH.Epp. 6), Berlin 1925, S. 257–690.

Ordnung und Satzung […] von wegen der straf des ebruchs und unehlicher biwonung; ed. v. Kastner, Ruth, Quellen zur Reformation 1517–1555 (Ausgewählte Quellen zur Deutschen Geschichte der Neuzeit; FSGA 16), Darmstadt 1994.

P. Ovidius Naso, Ars Amatoria; ed. v. von Albrecht, Michael, Ars Amatoria/Liebeskunst, Lateinisch/Deutsch (Reclams Universal-Bibliothek 357), Stuttgart 1992.

Paenitentiale Columbani c.14; ed. v. Weber, Ines, Ein Gesetz für Männer und Frauen. Die frühmittelalterliche Ehe zwischen Religion, Gesellschaft und Kultur Bd. II (Mittelalterliche Forschungen 24,2), Ostfildern 2008, S. 212.

Papst Franziskus, «Laudato si». Enzyklika ‚Gelobt seist du, mein Herr', Leipzig 2015.

Papst Johannes Paul II., Apostolisches Schreiben «Familiaris Consortio», in: Apostolisches Schreiben «Familiaris Consortio» von Papst Johannes Paul II. über die Aufgaben der christlichen Familie in der Welt von heute (Verlautbarungen des Apostolischen Stuhls 33), Bonn 1981.

Papst Paul VI., Enzyklika Humanae vitae; approbiert von den deutschen Bischöfen, Enzyklika Papst Pauls VI. über die rechte Ordnung der Weitergabe menschlichen Lebens lat./dt. An die ehrwürdigen Brüder, die Patriarchen, die Erzbischöfe, Bischöfe und die übrigen Ortsordinarien, die mit dem Apostolischen Stuhl in Frieden und Gemeinschaft leben, an den Klerus und die Christgläubigen des ganzen katholischen Erdkreises sowie an alle Menschen guten Willens (Nachkonziliare Dokumentation 14. Akten Papst Pauls VI.), Trier ³1972.

Papst Pius XI. Enzyklika «Über die christliche Ehe»; ed. v. Schmitz, Joseph, Papst Pius XI., Rundschreiben in Hinsicht auf die gegenwärtigen Verhältnisse, Bedrängnisse, Irrtümer und Verfehlungen in Familie und Gesellschaft vom 31. Dezember 1930, Münster 1946.

Petronius, Satyricon; ed. v. Blank-Sangmeister, Ursula, Römische Frauen. Ausgewählte Texte. Lateinisch/Deutsch, Stuttgart 2001.

Petrus Damiani, Liber Gomorrhianus (Brief 31); ed. v. Reindel, Kurt, Die Briefe des Petrus Damiani Nr. 1–40 (MGH – Briefe d. dt. Kaiserzeit IV.1), München 1983, S. 284–330.

Petrus Iohannis Olivi, Quastiones circa matrimonium; ed. v. Ciceri, Antonio, Petrus Iohannis Olivi, Quastiones circa matrimonium. Editio prima et Commentarius Theologicus (Collecitio Oliviana 3), Grottaferrata 2001.

Petrus Lombardus, Sententiae IV.; ed. v. Collegii Spicilegium Bonaventurianum V. Magistri Petri Lombardi. Perisiensis Episcopi. Sententiae in IV Libris Distinctae. Liber III et IV, Grottaferrata (Rom) 1981.

Platon, Gesetze VII–XII; ed. v. Schöpsdau, Klaus u.a., Platon. NOMΩN Z – IB / Gesetze Buch VII–XII / MINΩΣ - Minos (Platon. Werke in acht Bänden. Griechisch und Deutsch 8.2), Darmstadt ²1990 (Sonderausgabe).

Properz, Liebesgedichte; ed. v. Hahn, Ulla, Liebesgedichte der Antike. Auswahl, Übersetzung und Nachwort von Holzberg, Niklas (Liebesgedichte 7; Antike), Stuttgart 2012.

Pseudo-Chrysostomus, Opus imperfectum in Matthaeum, homilia 19; ed. v. Migne, Jaques-Paul, Sæculum V, annus 407 (PG 56), Paris 1862.

Sacramentarium Gelasianum; ed. v. Mohlberg, Leo Cunibert, Liber Sacramentorum Romanae Aeclesiae Ordinis Anni Circuli (RED.F 4), Rom 1960.

Schilgen, Hardy, *Du und sie*. Des Jungmanns Stellung zum Mädchen, Düsseldorf 1925.

Simon-André-David Tissot, Von der Onanie, oder Abhandlung über die Krankheiten, die von der Selbstbefleckung herrühren; ed. v. Lütkehaus, Ludger, «O Wollust, o Hölle». Die Onanie – Stationen einer Inquisition, Gießen 2003, S. 76–89.

Siricius von Rom, Brief an Himerius von Tarragona VII; ed. v. Hornung, Christian, Directa ad decassorem (JAC 8), Münster 2011.

Straton, Liebesgedichte; ed. v. Hahn, Ulla, Liebesgedichte der Antike. Auswahl, Übersetzung und Nachwort von Holzberg, Niklas (Liebesgedichte 7: Antike), Stuttgart 2012.

Synode von Friaul (796); ed. v. Werminghoff, Albert, Concilia aevi karolini 742–842. Teil 1: 742–817 (MGH.Conc. 2,1), Hannover – Leipzig 1904, S. 177–195.

Synode von l'Estinnes; ed. v. Rau, Reinhold, Briefe des Bonifatius/ Willibalds Leben des Bonifatius. Nebst einigen zeitgenössischen Dokumenten (Ausgewählte Quellen zur Deutschen Geschichte des Mittelalters; FSGA 4b).

Synode von Pavia (850); ed. v. Hartmann, Wilfried, Die Konzilien der karolingischen Teilreiche 843–859 (MGH.Conc 3), Hannover 1984, S. 217–229.

Tertullian, An seine Frau; ed. v. Munier, Charles, Tertullien, A son épouse (SC 273), Paris 1980.

Theodulf von Orleans, Zweites Kapitular; ed. v. Brommer, Peter (MGH.Capit.episc. I), Hannover 1984, S. 142–184.

Theresianisches Gesetzbuch, Bd. 2; ed. v. Klueting, Harm, Der Josephinismus. Ausgewählte Quellen zur Geschichte der theresianisch-josephinischen Reformen (Ausgewählte Quellen zur deutschen Geschichte der Neuzeit. FSGA 12a), Darmstadt 1995.

Thietmar von Merseburg, Chronicon; ed. v. Trillmich, Werner, (Ausgewählte Quellen zur Deutschen Geschichte des Mittelalters. FSGA 9).

Thomas Morus, Utopia; ed. v. Ritter, Gerhard, Thomas Morus, Utopia. Mit einer Einleitung v. Oncken, Hermann, Darmstadt 1973.

Thomas von Aquin, Summa contra gentiles III,84–163; ed. v. Allgaier, Karl, Thomas von Aquin. Summa contra gentiles Dritter Band, Teil 2: Buch III, Kapitel 84–163, Darmstadt 2001 (Sonderausgabe).

— Summa contra gentiles IV; ed. v. Wörner, Markus H., Thomas von Aquin, Summa contra gentilis Vierter Band, Buch IV, Darmstadt 2001 (Sonderausgabe).

— Summa Theologica II.1–16; ed. v. Christmann, Heinrich M., Summa Theologica. Glaube als Tugend (DThA 15), Graz u.a. 1950.

— Summa theologica II.151–170; ed. v. Groner, Josef, Summa Theologica. Masshaltung, 2. Teil (DThA 22), Graz – Wien – Köln 1993.

— Summa theologica III.73–83; ed. v. Dominikanern und Benediktinern Deutschlands, Das Geheimnis der Eucharistie (DThA 30), Salzburg – Leipzig 1938.

— Summa Theologica I-II.90–105; ed. v. Pesch, Otto Hermann, Summa Theologica. Das Gesetz (DThA 13), Graz u.a. 1977.

— Summa Theologica, II.23–33; ed. v. Christmann, Heinrich Maria, Thomas von Aquin, Die Liebe. 1. Teil (DThA 17a), Heidelberg u.a. 1959.

Traditio Apostolica 15; ed. v. Schöllgen, Georg – Geerlings, Wilhelm, Didache – Zwölf-Apostel-Lehre/ Traditio Apostolica – Apostolische Überlieferung (FC 1), Freiburg i.Br. 1991.

Van de Velde, Theodor Hendrik, *Die vollkommene Ehe*. Eine Studie über ihre Physiologie und Technik, Leipzig – Stuttgart ^{26}1928.

Viertes Laterankonzil (1215); ed. v. Wohlmuth, Josef, Dekrete der Ökumenischen Konzilien Band 2: Konzilien des Mittelalters. Vom Ersten Laterankonzil (1123) bis zum Fünften Laterankonzil (1512–1517), Paderborn u.a. 2000.

Vincent Hunink (Hg.), Glücklich ist dieser Ort! 1000 Graffiti aus Pompeji. Lateinisch/ Deutsch (Reclams Universal-Bibliothek Nr. 18842), Stuttgart 2011.

Weber, Leonard M., *Onanismus* (II. Selbstbefriedigung), in: LThK^{2} 7 (1962), Sp. 1157.

Wilhelm Peraldus, Matrimonium ex XII commendatur; ed. v. Paulus, Nikolaus, Mittelalterliche Stimmen über den Eheorden lat.-dt., in: HPBl (1908), S. 1008–1024.

Winfried Bonifatius, Brief 73; ed. v. Rau, Reinhold, Briefe des Bonifatius. Willibalds Leben des Bonifatius. Nebst einigen zeitgenössischen Dokumenten (Ausgewählte Quellen zur deutschen Geschichte des Mittelalters. FSGA 4b), Darmstadt 1968.

Wort der deutschen Bischöfe zur seelsorglichen Lage nach dem Erscheinen der Enzyklika ›Humanae vitae‹ vom 30. August 1968; approbiert von den deutschen Bischöfen, Enzyklika Papst Pauls VI. über die rechte Ordnung der Weitergabe menschlichen Lebens lateinisch/deutsch. An die ehrwürdigen Brüder, die Patriarchen, die Erzbischöfe, Bischöfe und die übrigen Ortsordinarien, die mit dem Apostolischen Stuhl in Frieden und Gemeinschaft leben, an den Klerus und die Christgläubigen des ganzen katholischen Erdkreises sowie an alle Menschen guten Willens (Nachkonziliare Dokumentation 14. Akten Papst Pauls VI.), Trier [3]1972, S. 63–71.

Zweites Laterankonzil; ed. v. Wohlmuth, Josef, Dekrete der ökumenischen Konzilien. Band 2.: Konzilien des Mittelalters. Vom Ersten Laterankonzil (1123) bis zum Fünften Laterankonzil (1512–1517), Paderborn [3]2000.

Zweites Vatikanisches Konzil, Sectio IX – De ecclesia in mundo huius temporis, I. De dignitate matrimonii et familiae fovenda; ed. v. Wohlmuth, Josef, Dekrete der Ökumenischen Konzilien. Band 3: Konzilien der Neuzeit. Konzil von Trient (1545–1563) – Erstes Vatikanisches Konzil (1869/70) – Zweites Vatikanisches Konzil (1962–1965), Paderborn 2002.

Sekundärliteratur

Abray, Lorna J., *Confession*, Conscience and Honour. The Limits of magisterial Tolerance in sixteenth-century Strassburg, in: GRELL, Ole P. – SCRIBNER, Bob (Hgg.), Tolerance and Intolerance in european Reformation, Cambridge 1996, S. 94–107.

Albertz, Rainer, *Religionsgeschichte Israels* in alttestamentlicher Zeit. Teil 1: Von den Anfängen bis zum Ende der Königszeit (Grundrisse zum Alten Testament, Ergänzungsreihe 8/1), Göttingen [2]1996.

Alfing, Sabine – Schedensack, Christine, *Frauenalltag* im frühneuzeitlichen Münster (Münstersche Studien zur Frauen- und Geschlechtergeschichte 1), Bielefeld 1994, S. 254–274.

Althoff, Gerd, *Heinrich IV.*, Darmstadt 2006.

Ammerer, Gerhard, «...als eine *liederliche Vettel* mit einem ströhenen Kranz zweymahl ofentlich herum geführet...». Zur pönalisierten Sexualität in der zweiten Hälfte des 18. Jahrhunderts anhand Salzburger Kriminalrechtsquellen, in: ERLACH, Daniela – REISENLEITNER, Markus – VOCELKA, Karl, Privatisierung der Triebe? Sexualität in der Frühen Neuzeit (Frühneuzeit-Studien 1), Frankfurt a.M. 1994, S. 111–150.

Anapliotis, Anargyros, *Grundzüge* des orthodoxen Eherechts, in: UnS 69,3 (2014), S. 221–229.

Angenendt, Arnold, *Das Frühmittelalter*. Die abendländische Christenheit von 400 bis 900, Stuttgart – Berlin – Köln [3]1990.

— *Pollutio*. Die «kultische Reinheit» in Religion und Liturgie, in: ALW 52 (2010), S. 52–93.

Arnold, Klaus, *Die ‚Laienregel'* des Dietrich Engelhus als Quelle der Alltagsgeschichte, in: HONEMANN, Volker (Hg.), Dietrich Engelhus. Beiträge zu Leben und Werk, Köln – Weimar 1991, S. 147–165.

Assis, Yom T., *Sexual Behaviour* in Mediaeval Hispano-Jewish Society, in: RAPOPORT-ALBERT, Ada – ZIPPERSTEIN, Steven J. (Hgg.), Jewish History. Essays in Honour of Chimen Abramsky, London 1988, S. 25–59.

Ateş, Seyran, *Der Islam* braucht eine sexuelle Revolution. Eine Streitschrift, Berlin 2009.

Auer, Alfons, Die Erfahrung der Geschichtlichkeit und die *Krise der Moral*, in: ThQ 149 (1969), S. 4–22.

Auer, Alfons, Zur *Theologie der Ethik*. Das Weltethos im theologischen Diskurs (Studien zur theologischen Ethik 66), Freiburg (i. d. Schweiz) 1995.

Badinter, Elisabeth, *Die Wiederentdeckung* der Gleichheit. Schwache Frauen, gefährliche Männer und andere feministische Irrtümer, Berlin 2004.

Bahr, Petra, *Reinheit*, in: Metzler Lexikon Religion 3 ([2]2000), S. 150–152.

Baier, Klaus M., *Biopsychosoziales Verständnis* menschlicher Geschlechtlichkeit. Voraussetzungen für sexualmedizinische Diagnostik und Therapie, in: Der Urologe 45 (2006), S. 953–956.

Bainton, Roland H., *Frauen der Reformation*. Von Katharina von Bora bis Anna Zwingli. Zehn Porträts, Gütersloh [2]1996.

Baldwin, John W., *Masters, Princes and Merchants*. The social views of Peter the Chanter & his Circle, Bd. 2, Princeton – New Jersey 1970.

Banner, Michael, *Sexualität* II. Kirchengeschichtlich und ethisch, in: TRE 31 (2000), S. 195–214.

Baumert, Norbert, *Sorgen des Seelsorgers*. Übersetzung und Auslegung des ersten Korintherbriefes, Würzburg 2007.

Beck, Rainer, *Illegitimität* und voreheliche Sexualität auf dem Land. Unterfinning 1671–1770, in: van Dülmen, Richard (Hg.), Kultur der einfachen Leute. Bayerisches Volksleben vom 16. bis zum 19. Jahrhundert, München 1983, S. 112–150.

Beck, Ulrich, *Freiheit oder Liebe*. Vom Ohne-, Mit- und Gegeneinander der Geschlechter innerhalb und außerhalb der Familie, in: Beck, Ulrich – Beck-Gernsheim, Elisabeth, Das ganz normale Chaos der Liebe, Frankfurt a.M. 2005, S. 20–64.

Beck-Gernsheim, Elisabeth, Von der *Liebe zur Beziehung?* Veränderungen im Verhältnis von Mann und Frau in der individualisierten Gesellschaft, in: Beck, Ulrich – Beck-Gernsheim, Elisabeth, Das ganz normale Chaos der Liebe, Frankfurt a.M. 2005, S. 65–104.

Beer, Mathias, „Wenn ych eynen naren hett zu eynem man, da fragen dye freund nyt vyl danach". *Private Briefe* als Quelle für die Eheschließung bei den stadtbürgerlichen Familien des 15. und 16. Jahrhunderts, in: Bachorski, Hans-Jürgen (Hg.), Ordnung und Lust. Bilder von Liebe, Ehe und Sexualität in Spätmittelalter und früher Neuzeit (LiR 1), Trier 1991, S. 72–94.

Belting, Hans, *Die grossen Altäre*. Die Öffentlichkeit der Kunst im Wettbewerb der Maler, in: Ders. – Kruse, Christiane, Die Erfindung des Gemäldes. Das erste Jahrhundert der niederländischen Malerei, München 1994, S. 94–127.

Beyschlag, Siegfried, *Neidhart* und Neidhartianer, in: VerLex 6 (1987), Sp. 871–893.

Birbaumer, Niels, *Das so genannte Böse*. Verbrecherhirne haben mit Managerhirnen oft erstaunlich viel gemeinsam. Solche Psychopathen sind auch behandelbar. Es kommt nur darauf an, die Formbarkeit des Geistes zu verstehen, in: FAZ vom 17. Juni (Nr. 137), S. N2.

Birkmeyer, Regine, *Ehetrennung* und monastische Konversion im Hochmittelalter, Berlin 1998.

Blasius, Dirk, *Ehescheidung* in Deutschland im 19. und 20. Jahrhundert, Frankfurt a.M. 1992.

Bleibtreu-Ehrenberg, Gisela, *Tabu Homosexualität*. Die Geschichte eines Vorurteils, Frankfurt a.M. 1978.

Blickle, Peter, Von der Leibeigenschaft zu den Menschenrechten. Eine *Geschichte der Freiheit* in Deutschland, München 2003.

Blume, Georg – Hein, Christoph, *Indiens verdrängte Wahrheit*. Streitschrift gegen ein unmenschliches System, Hamburg 2014.

Blumenberg, Hans, «Und das ist mir von der *Liebe zur Kirche* geblieben». Hans Blumenbergs letzter Brief. Mit einem Nachwort von Uwe Wolff, in: Communio 43 (2014), S. 173–181.

Böck, Monika – Rao, Aparna, Aspekte der *Gesellschaftsstruktur Indiens*. Kasten und Stämme, in: Dietmar Rothermund (Hg.), Indien. Kultur, Geschichte, Politik, Wirtschaft, Umwelt. Ein Handbuch, München 1995, S. 111–131.

Böckle, Franz, Bulletin zur innerkirchlichen *Diskussion um die Geburtenregelung*, in: Concilium 1 (1965), S. 411–426.

— *Nachwort*, in: Böckle, Franz – Holenstein, Carl (Hgg.), Die Enzyklika in der Diskussion. Eine orientierende Dokumentation zu ›Humanae vitae‹, Zürich – Einsiedeln – Köln 1968, S. 195–206.

Bodarwé, Katrinette, *Sanctimoniales Litteratae*. Schriftlichkeit und Bildung in den ottonischen Frauenkommunitäten Gandersheim, Essen und Quedlinburg (QSBE 10), Münster 2004.

Bornemann, Ernest, *Das Patriarchat*. Ursprung und Zukunft unseres Gesellschaftssystems, Frankfurt a.M. 1975.

Brändle, Rudolf – Neidhart, Walter, *Lebensgeschichte* und Theologie. Ein Beitrag zur psychohistorischen Interpretation Augustins, in: ThZ 40 (1984), S. 157–180.

— *Johannes Chrysostomus* I. (IV.Sozialethik), in: RAC 18 (1998), Sp. 471–491.

Brandstetter, Gabriele, *Erotik und Religiosität*. Zur Lyrik Clemens Brentanos (Münchner Germanistische Beiträge 33), München 1986.

Brecht, Martin, Martin Luther. Dritter Band. Die *Erhaltung der Kirche* 1532–1546, Stuttgart 1986.

— Martin Luther. Zweiter Band *Ordnung und Abgrenzung* der Reformation 1521–1532, Stuttgart 1986.

Brizendine, Louann, *Das männliche Gehirn*. Warum Männer anders sind als Frauen, München 2011.

Brockmeier, Peter, Nachwort zu *Giovanni Boccaccio*, in: Giovanni Boccaccio, Das Decameron. Mit den Holzschnitten der venezianischen Ausgabe von 1492, Stuttgart 2012, S. 1033–1069.

Browe, Peter, *Beiträge zur Sexualethik* des Mittelalters (BSHT 23), Breslau 1932.

Brown, Peter, Die *Keuschheit der Engel*. Sexuelle Entsagung, Askese und Körperlichkeit am Anfang des Christentums, München – Wien 1991.

— *Spätantike*, in: Veyne, Paul – Ariés, Philippe – Duby, George (Hgg.), Geschichte des privaten Lebens, Bd. 1: Vom Römischen Imperium zum Byzantinischen Reich, Frankfurt a.M. [2]1989, S. 229–298.

Brundage, James A., Law, *Sex and Christian Society* in Medieval Europe, Chicago – London 1987.

Buchholz, Stephan, *Ehescheidungsrecht* im späten 17. Jahrhundert. Marie Elisabeth Stoffelin und der Husar, in: Gerhard, Ute (Hg.), Frauen in der Geschichte des Rechts. Von der Frühen Neuzeit bis zur Gegenwart, München 1997, S. 105–114.

Buckwalter, Stephen E., *Die Priesterehe* in Flugschriften der frühen Reformation (QFRG 68), Heidelberg 1998.

Bumke, Joachim, *Höfische Kultur*. Literatur und Gesellschaft im hohen Mittelalter, Bd. 2, München 1986.

Burghartz, Susanna, *Zeiten der Reinheit* – Orte der Unzucht. Ehe und Sexualität in Basel während der Frühen Neuzeit, Paderborn u.a. 1999.

Burkert, Walter, *Griechische Religion* der archaischen und klassischen Epoche (Die Religionen der Menschheit 15), Stuttgart u. a. 1977.

Bußmann, Walter, Zwischen *Preußen und Deutschland*, Friedrich Wilhelm IV. Eine Biographie, Berlin 1990.

Cammann, Alexander, *Wie geht man ab?* Ein großer Klagegesang: Fritz J. Raddatz von 2002 bis 2012 sind scharfsinnig, komisch und berührend, in: DIE ZEIT vom 6. März 2014 (Nr. 11), S. 55.

Chadwick, Henry, *Enkrateia* (A. Heidnisch I. Griechisch-römisch), in: RAC 5 (1962), Sp. 343–347.

— *Humanität* (XI. Sexualethik), in: RAC 16 (1994), Sp. 705 ff.

Christ-von Wedel, Christine, “Praecipua *coniugii pars est animorum* coniunctio”. Die Stellung der Frau nach der “Eheanweisung” des Erasmus von Rotterdam, in: Wunder, Heide (Hg.) in Zusammenarbeit mit Burghartz, Susanna – Rippmann, Dorothee – Simon-Muscheid, Katharina: Eine Stadt der Frauen. Studien und Quellen zur Geschichte der Baslerinnen im späten Mittelalter und zu Beginn der Neuzeit (13.–17. Jh.), Basel – Frankfurt a.M. 1995.

Classen, Albrecht, The Cultural *Significance of Sexuality* in the Middle Ages, the Renaissance, and Beyond. A Secret Continues Undercurrent or a Dominant Phenomenon of the Premodern World? Or: The Irrepressibility of Sex Yesterday and Today, in: Ders. (Hg.), Sexuality in the Middle Ages and Early Modern Times. New approaches to a fundamental cultural-historical and literary-anthropological theme (Fundamentals of Medieval and Early Modern Culture 3), Berlin 2008, S. 1–141.

Cohen, Shaye J. D., Why Aren't *Jewish Women* Circumcised? Gender and Covenant in Judaism, Berkely – Los Angeles – London 2005.

Conrad, Anne, „*Katechismusfrauen*" und „Scholastikerinnen". Katholische Mädchenbildung in der Frühen Neuzeit, in: Wunder, Heide – Vanja, Christina (Hgg.), Wandel der Geschlechterbeziehungen zu Beginn der Neuzeit (stw 913), Frankfurt a.M. 1991, S. 154–179.

Coulmas, Florian, Die *Kultur Japans*. Tradition und Moderne, München [3]2014.

Crouzel, Henri, *Divorce et remariage* dans l`Eglise primtive. Quelques réflexions de méthologie historique, in: NRTh 108 (1976), S. 891–917.

— *Ehe* (V. Alte Kirche), in: TRE 9 (1982), Sp. 325–330.

— *Ehe*/Eherecht/Ehescheidung (V. Alte Kirche), in TRE 9 (1982), S. 325–330.

Dabhoiwala, Faramerz, *Lust und Freiheit*. Die Geschichte der ersten sexuellen Revolution, Stuttgart 2014.

Dahlheim, Werner, *Die Welt* zur Zeit Jesu, München 2013.

Dallapiazza, Michael, Minne, hûsêre und das ehlich leben. Zur *Konstitution bürgerlicher Lebensmuster* in spätmittelalterlichen und frühhumanistischen Didaktiken (EHS 455), Frankfurt a.M. 1981.

Dassmann, Ernst – Schöllgen, Georg, *Haus* II. (Hausgemeinschaft) (II. Familienfeindliche Tendenzen), in: RAC 13 (1986), Sp. 877–886.

D'Avray, David L., The *gospel of the marriage feast* of cana and marriage preaching in France, in: Bériou, Nicole – D'Avray, David L. (Hgg.), Modern questions about medieval sermons. Essays on marriage, death, history and sanctity (Biblioteca di «Medioevo Latino». Collana della Società internazionale per lo studio del Medievo Latino II, 11), Spoleto – Firenze 1994, S. 135–153.

de Beauvoir, Simone, Das andere Geschlecht. *Sitte und Sexus* der Frau, Reinbek bei Hamburg 1968.

Degler-Spengler, Brigitte, Die *Baseler religiösen Frauen* im Mittelalter, in: Wunder, Heide (Hg.), Eine Stadt der Frauen. Studien und Quellen zur Geschichte des Baslerinnen im späten Mittelalter und zu Beginn der Neuzeit (13.–17. Jh.), Basel – Frankfurt a.M. 1995.

Deinet, Klaus, *Friedrich Sieburg* (1893–1964). Ein Leben zwischen Frankreich und Deutschland, Berlin 2014.

Delling, Gerhard, *Eheleben* (A. Nichtchristlich II. Griechische Quellen a. Ältere Zeit), in: RAC 4 (1959), Sp. 691–697.

— *Geschlechter* (A. Nichtchristlich), in: RAC 10 (1978), Sp. 780–793.

— *Geschlechtstrieb* (II. Altes Testament und Judentum), in: RAC 10 (1978), Sp. 805–809.

Demandt, Alexander, *Der Idealstaat*. Die politischen Theorien der Antike, Köln – Weimar – Wien [3]2000.

Denzler, Georg, Das *Papsttum und* der *Amtszölibat* Bd. 1. Die Zeit bis zur Reformation (Päpste und Papstum 5,1), Stuttgart 1973.

— Das Papsttum und der Amtszölibat Bd. 2. Von der *Reformation bis* in die *Gegenwart* (Päpste und Papstum 5,2), Stuttgart 1976.

Dexinger, Ferdinand, *Beschneidung* III. Nachtalmudisches Judentum, in: TRE 5 (1980), S. 722–724.

Diem, Albrecht, Die *Wüste im Kopf*. Askese und Sexualität in Spätantike und Frühmittelalter, in: Ammicht Quinn, Regina (Hg.), «Guter» Sex: Moral, Moderne und die katholische Kirche, Paderborn 2013, S. 31–42.

Dilcher, Gerhard, *Religiöse Legitimation* und gesellschaftliche Ordnungsaufgabe des Eherechts in der Reformationszeit, in: Prodi, Paolo (Hg.), Glaube und Eid. Treueformeln, Glaubensbekenntnisse und Sozialdisziplinierung zwischen Mittelalter und Neuzeit (Schriften des Historischen Kollegs 28), München 1993, S. 189–198.

Dinzelbacher, Peter, *Liebe*. II. Mentalitäts- und literaturgeschichtlich, in: LMA 5 (2003), Sp. 1965–1968.

— *Mittelalterliche Sexualität* – die Quellen, in: Erlach, Daniela – Reisenleitner, Markus – Vocelka, Karl (Hgg.), Privatisierung der Triebe? Sexualität in der Frühen Neuzeit (Frühneuzeit-Studien 1), Berlin u.a. 1994, S. 47–110.

— *Sexualität* / Liebe, in: Ders. (Hg.), Europäische Mentalitätsgeschichte, Hauptthemen in Einzeldarstellungen, Stuttgart [2]2008.

Dirks, Walter, *Der Papst* gegen die Kirche, in: Böckle, Franz – Holenstein, Carl (Hgg.), Die Enzyklika in der Diskussion. Eine orientierende Dokumentation zu ›Humanae vitae‹, Zürich – Einsiedeln – Köln 1968, S. 135–144.

Doblhofer, Georg, *Vergewaltigung* in der Antike (Beiträge zur Altertumskunde 46), Stuttgart – Leipzig 1994.

Dobras, Wolfgang, *Ratsregiment*, Sittenpolizei und Kirchenzucht in der Reichsstadt Konstanz 1531–1548. Ein Beitrag zur Geschichte der oberdeutsch-schweizerischen Reformation (QFRG 59/ VVKGB 47), Gütersloh – Karlsruhe 1993.

Doms, Herbert, *Gatteneinheit* und Nachkommenschaft (WSAMA.T 2), Mainz 1965.

— Vom *Sinn und Zweck* der Ehe. Eine systematische Studie, Breslau 1935.

Douglas, Mary, *Reinheit und Gefährdung*. Eine Studie zu Vorstellungen von Verunreinigung und Tabu (stw 712), Berlin 1985.

Drewermann, Eugen, *Kleriker*. Psychogramm eines Ideals, Olten [7]1990.

— *Psychoanalyse und Moraltheologie 2*: Wege und Umwege der Liebe, Mainz 1983.

Duby, Georges, Ritter, Frau und Priester. Die *Ehe im feudalen Frankreich* (stw 735), Frankfurt a.M. 1988.

Duerr, Hans Peter, Der Mythos vom Zivilisationsprozeß, Bd. 2: *Intimität*, Frankfurt a.M. 1990.

Durieux, Tilla, Meine ersten neunzig Jahre. *Erinnerungen,* München, Berlin 1971.

Duval, Yves-Marie, La décrétale *Ad Gallos Episcopos*: son texte et son auteur. Texte critique, traduction française et commentaire (SVigChr 73), Leiden – Boston 2005.

Ebertz, Michael N., Die *Entkirchlichung des Körpers*. Ein religionssoziologischer Blick, in: Leibfeindliches Christentum? Auf der Suche nach einer neuen Sexualmoral (HerKorrSp, Oktober 2014), S. 11–15.

Ebhardt, Franz, Der gute Ton in allen Lebenslagen. Ein *Handbuch für den Verkehr* in der Familie, in der Gesellschaft und im öffentlichen Leben, Leipzig – Berlin – Wien 1886.

Eder, Franz X., «*Sexualunterdrückung*» oder «Sexualisierung»? Zu den theoretischen Ansätzen der «Sexualgeschichte», in: Erlach, Daniela – Reisenleitner, Markus – Vocelka, Karl (Hgg.), Privatisierung der Triebe? Sexualität in der Frühen Neuzeit (Frühneuzeit-Studien 1), Berlin u.a. 1994, S. 7–29.

— *Kultur der Begierde.* Eine Geschichte der Sexualität, München [2]2009.
Edwards, Walter, *Modern Japan* Through Its Weddings. Gender, Person, and Society in Ritual Portrayal, Stanford (Califonia) 1989.
Eitler, Pascal, „*Gott ist tot* – Gott ist rot". Max Horkheimer und die Politisierung der Religion um 1968 (Historische Politikforschung 17), Frankfurt a.M. 2009.
Elias, Norbert, Über den Prozeß der Zivilisation, Soziogenetische und psychogenetische Untersuchungen, Zweiter Band. *Wandlungen der Gesellschaft* Entwurf zu einer Theorie der Zivilisation, Bern 1969.
Ell, Ernst – Klomps, Heinrich, *Jugend vor der Ehe.* Was Eltern über Geschlechtserziehung, Partnerschaft und Sexualethik wissen müssen (Taschenbücher für wache Christen 17), Limburg an der Lahn 1967.
Elliot, Dyan, *Fallen Bodies.* Pollution, Sexuality, and Demonology in the Middle Ages, Philadelphia 1999.
Ennen, Edith, *Frauen* im Mittelalter, München [4]1991.
Erbele-Küster, Dorothea, Körper und Geschlecht. *Studien zur Anthropologie* von Leviticus 12 und 15 (WMANT 121), Neukirchen-Vluyn 2008.
Erler, Adalbert, *Jus primae noctis*, in: HDRG 2 (1978), Sp. 498.
Ewig, Eugen, Studien zur merowingischen *Dynastie*, in: FMSt 8 (1974), S. 1559.
Eyben, Emiel, *Jugend* (II. Patristische Zeit), in: RAC 19 (2001), Sp. 433–440.
Feld, Helmut, *Frauen des Mittelalters.* Zwanzig geistige Profile, Köln u.a. 2000.
Felten, Franz J., Der *Zisterzienserorden* und die Frauen, in: Kleinjung, Christine (Hg.), Vita religiosa sanctimonialium. Norm und Praxis des weiblichen religiösen Lebens vom 6. bis zum 13. Jahrhundert. Aus Anlass des 65. Geburtstags von Franz J. Felten (STGuSMA 4), Korb 2011, S. 199–274.
Fichtenau, Heinrich, *Lebensordnungen* des 10. Jahrhunderts, München 1992.
Finoli, Anna M. – Karnein, Alfred, Andreas *Capellanus*, in: LMA 1 (1980), Sp. 604–607.
Fisch, Jörg, Tödliche Rituale. Die indische *Witwenverbrennung* und andere Formen der Totenfolge, Frankfurt – New York 1998.
Fischer, Joseph Anton – Lumpe, Adolf, Die *Synoden* von den Anfängen bis zum Vorabend des Nicaenums, Paderborn u.a. 1997.
Flandrin, Jean-Louis, *Familien.* Soziologie - Ökonomie - Sexualität, Frankfurt a.M. u.a. 1978.
Flasch, Kurt, *Augustin.* Einführung in sein Denken (Reclams Universal-Bibliothek Nr. 9962), Stuttgart 1980.
Florin, Christiane, «*Ich werde ein Osterlied singen* und dabei an meinen Bruder denken». Was heißt Auferstehung? Der Moraltheologe Eberhard Schockenhoff über seinen verstorbenen Bruder Andreas, das Leben nach dem Tod und knorrige Bäume, in: Christ und Welt vom 1. April 2015 (Nr. 14), S. 3 f.
Flüchter, Antje, Der *Zölibat* zwischen Devianz und Norm. Kirchenpolitik und Gemeindealltag in den Herzogtümern Jülich und Berg im 16. und 17. Jahrhundert (Norm und Struktur. Studien zum sozialen Wandel in Mittelalter und Früher Neuzeit 25), Köln – Weimar – Wien 2006.
Foucault, Michel, Sexualität und Wahrheit, Bd. 1. *Der Wille zum Wissen* (stw 716), Frankfurt a.M. [11]1999.
— Sexualität und Wahrheit, Bd. 2. Der *Gebrauch der Lüste* (stw 717), Frankfurt a.M. [6]2000.
— Sexualität und Wahrheit, Bd. 3. *Die Sorge* um sich (stw 718), Frankfurt a.M. [5]1997.
Frank, Karl-S., *Hoheslied* (A. Altestamentlich-jüdisch), in: RAC 16 (1994), Sp. 58–66.

Franz, Adolph, Die kirchlichen *Benediktionen im Mittelalter*, Freiburg i.Br. – Graz 1960.
Frassetto, Michael (Hg.), *Medieval Purity* and Piety. Essays on Medieval Clerical Celibacy and Religious Reform (Garland Medieval Casebooks 19, Garland Reference Library of the Humanities 2006), New York – London 1998.
Freitag, Werner, *Trösterin der Betrübten*, Jungfrau, Mutter und Möhne. Pastorale Konzepte und weibliche Frömmigkeit im Bistum Münster um 1900, in: Stollberg-Rilinger, Barbara (Hg.), «Als Mann und Frau schuf er sie». Religion und Geschlecht (Religion und Politik 7), Würzburg 2014, S. 139–163.
Frevert, Ute, „*Mann und Weib*, und Weib und Mann". Geschlechter-Differenzen in der Moderne, München 1995.
— *Bürgerliche Meisterdenker* und das Geschlechterverhältnis. Konzepte, Erfahrungen, Visionen an der Wende vom 18. zum 19. Jahrhundert, in: Dies. (Hg.), Bürgerinnen und Bürger (KSGW 77), Göttingen 1988, S. 17–48.
Frick SJ, Eckhard, *Spiritualität* und Geschlechtlichkeit, in: Hilpert, Konrad (Hg.), Zukunftshorizonte katholischer Sexualethik (QD 241), Freiburg – Basel – Wien 2011, S. 229–246.
Friedl, Raimund, *Konkubinat*, in: RAC 21 (2006), Sp. 416–435.
Frühwald, Wolfgang, *Brentano* (2. Clemens), in: LThK 2 ([3]1994), Sp. 674.
— *Das Spätwerk* Clemens Brentanos (1915–1842). Romantik im Zeitalter der Metternich'schen Restauration (Herm. Neue Folge 37), Tübingen 1977.
Fuchs, Josef, Die *Sexualethik* des heiligen Thomas von Aquin, Köln 1949.
Fuhrmann, Manfred, Cicero und die *Römische Republik*. Eine Biographie, Düsseldorf [2]2006.
Füller, Christian, *Die Revolution* missbraucht ihre Kinder. Sexuelle Gewalt in der deutschen Protestbewegung, München 2015.
Gehlen, Martin, *Der Arabische Frühling* ist weiblich. Im Königreich Saudi-Arabien kämpfen die Frauen mit Ideen, Humor und Facebook um ihre Rechte. Auch ihren Männern ist klar, dass sich die Zeiten unwiderruflich geändert haben. Doch ihre Angst vor dem Machtverlust bremst den Fortschritt, in: Stuttgarter Zeitung vom 28. Januar 2013 (Nr. 23), S. 3.
Gestrich, Andreas – Krause, Jens-Uwe – Mitterauer, Michael (Hgg.), Europäische Kulturgeschichte Band 1: *Geschichte der Familie* (KTA 376), Stuttgart 2003.
Gladigow, Burkhard, *Römische Erotik*, in: Siems, Andreas Karsten (Hg.), Sexualität und Erotik in der Antike (WdF 605), Darmstadt 1988, S. 324–346.
Gläsel, Kirsten, Zwischen *Seelenheil und Menschenwürde*. Wandlungsprozesse weiblicher katholischer Ordensgemeinschaften in Deutschland. Die Schwestern vom Guten Hirten (1945–1985), Münster 2013.
Goetz, Hans-Werner, *Frauen im frühen Mittelalter*. Frauenbild und Frauenleben im Frankenreich, Weimar – Köln – Wien 1995.
Goldmann, Ayla, Enthaltsamkeit ist keine Tugend. *Diskrete Leibfreundlichkeit* im Judentum, in: Hofmeister, Klaus – Bauernochse, Lothar (Hgg.), Himmlische Lust. Religion und Sexualität – eine spannungsreiche Beziehung, München 2011, S. 131–143.
Goldschnidt, Georges-Arthur, Über die Flüsse. Autobiographie, Frankfurt a.M. 2003.
Gössmann, Elisabeth, *Anthropologie und soziale Stellung* der Frau nach Summen und Sentenzenkommentaren des 13. Jahrhunderts, in: Zimmermann, Albert (Hg.), Soziale Ordnungen im Selbstverständnis des Mittelalters (MM 12/1), Berlin – New York 1979, S. 281–297.

— *Glanz und Last* der Tradition. Ein theologiegeschichtlicher Durchblick, in: SCHNEIDER, Theodor (Hg.), Mann und Frau – Grundproblem theologischer Anthropologie (QD 121), Freiburg i.Br. 1989, S. 25–52.

Greenblatt, Stephen, *Die Wende.* Wie die Renaissance begann, München 2012.

Greiner, Ulrich, *Schamverlust.* Vom Wandel der Gefühlskultur, Reinbek (bei Hamburg) 2014.

Greschat, Hans-Jürgen, *Frau* I. religionsgeschichtlich, in: TRE 11 (1983), S. 417–422.

Grimm, Robert, Luther et l'expérience sexuelle. *Sexe, célibat, mariage* chez le Réformateur (HistSoc 39), Genéve 1999.

Grossman, Avraham, *Pious and rebellious.* Jewish women in medieval Europe, Hannover – London 2004.

Gruber S. J., Matthias, Wunderbares Leben des hl. *Stanislaus Kostka* S. J.. Nach authentischen Dokumenten bearbeitet, Freiburg i.Br. [2]1902.

Gruber, Hans-Günter, *Christliches Eheverständnis* im 15. Jahrhundert. Eine moralgeschichtliche Untersuchung zur Ehelehre Dionysius' des Kartäusers (SGKMT 29), Regensburg 1989.

Grundmann, Herbert, *Litteratus – illitteratus.* Der Wandel einer Bildungsnorm vom Altertum zum Mittelalter, in: DERS., Ausgewählte Aufsätze 3: Bildung und Sprache, Stuttgart 1978, S. 1–66.

Günther, Markus, *Love Love Love.* Ein Plädoyer gegen die Liebe, in: FAS, vom 14. September 2014 (Nr. 37), S. 2.

Günzel, Klaus, *Die Brentanos.* Eine deutsche Familiengeschichte, Zürich 1993.

Haag, Herbert – Elliger, Katharina, «Stört nicht die Liebe». Die *Diskriminierung der Sexualität* – ein Verrat an der Bibel, Olten – Freiburg i.Br. 1986.

Hagemann, Insa – Finger, Stefan, *Die Kinder der Sextouristen*, in: Chrismon. Das evangelische Magazin von 07.2015, S. 12–19.

Harawazinski, Assia Maria, *Beschneidung*, in: Metzler Lexikon Religion 1 (2005), S. 144–146.

Härtling, Peter, *Leben lernen.* Erinnerungen, Köln 2003.

Hartmann, Wilfried, Über *Liebe und Ehe* im früheren Mittelalter. Einige Bemerkungen zu einer Geschichte des Gefühls, in: LANDAU, Peter (Hg.), De Iure Canonico Medii Aevi (FS Rudolf Weigand), (StGra 27), Rom 1996, S. 189–216.

Hasenfratz, Hans-Peter, Die religiöse *Welt der Germanen.* Ritual, Magie, Kult, Mythos (Herder Spektrum 4145), Freiburg i.Br. 1992.

Hastings, Derek K., *Fears of a feminized church*: Catholicism, clerical celibacy, and the crisis of masculinity in Wilhelmine Germany, in: European History Quarterly 38 (2008), S. 34–65.

Hattenhauer, Hans, Europäische *Rechtsgeschichte*, Heidelberg 1992.

Hauser, Beatrix, Das Vermitteln der Regel(n): *Menstruelle Unreinheit* in der performativen Praxis indischer Frauen, in: BURSCHEL, Peter – MARX, Christoph (Hgg.), Reinheit (Veröffentlichungen des Instituts für historische Anthropologie E.V. 12), Wien – Weimar – Köln 2011, S. 197–217.

Hauser, G. A., «*Mißverständnisse*, Unkenntnis oder nur Weltfremdheit?», in: BÖCKLE, Franz – HOLENSTEIN, Carl (Hgg.), Die Enzyklika in der Diskussion. Eine orientierende Dokumentation zu ›Humanae vitae‹, Zürich – Einsiedeln – Köln 1968, S. 158–162.

Hehenberger, Susanne, Unkeusch wider die Natur. *Sodomieprozesse* im früh-neuzeitlichen Österreich, Wien 2006.

Heid, Ludger, *Auf in den Kampf*! Aber bitte mit Stil. Er trat in Lackstiefeln vor die Arbeiterschaft, gewann die Gunst einer Gräfin und ließ sein Leben für eine unglückliche Liebschaft: Vor 150 Jahren starb Ferdinand Lassalle, der schillernde Begründer der deutschen Sozialdemokratie, in: DIE ZEIT vom 28. August 2014 (Nr. 36), S. 17.

Heller, Birgit, *Matriarchat*. (I. Religionsgeschichtlich), in: LThK[3] 6 (1997), Sp. 1475.

Helmholz, R. H. *Marriage Ligitation* in Medieval England, Cambrigde 1974.

Hergemöller, Bernd-Ulrich, Die *Konstruktion des «Sodomita»* in den venezianischen Quellen zur spätmittelalterlichen Homosexuellenverfolgung, in: DINGES, Martin (Hg.), Hausväter, Priester, Kastraten. Zur Konstruktion von Männlichkeit in Spätmittelalter und Früher Neuzeit, Göttingen 1998, S. 100–122.

— *Sodom und Gomorrha*. Zur Alltagswirklichkeit und Verfolgung Homosexueller im Mittelalter, Hamburg 1998.

Hersche, Peter, *Muße und Verschwendung*. Europäische Gesellschaft und Kultur im Barockzeitalter. Zweiter Teilband, Freiburg i.Br. 2006.

Hersperger, Patrick, Kirche, Magie und ›Aberglaube‹. *Superstitio* in der Kanonistik des 12. und 13. Jahrhunderts, Köln u.a. 2010.

Hess, Ursula, *Lateinischer Dialog* und gelehrte Partnerschaft. Frauen als humanistische Leitbilder in Deutschland (1500–1550), in: BRINKER-GABLER, Gisela (Hg.), Deutsche Literatur von Frauen. Erster Band vom Mittelalter bis zum Ende des 18. Jahrhunderts, München 1988, S. 113–148.

Hilgenreiner, Karl, *Onanie*, in: LThK[1] 7 (1935), Sp. 720–721.

Hilgenreiner, Klaus, *Homosexualität*, in: LThK[1] 5 (1933), Sp. 130 f.

Hilpert, Konrad – Laux, Bernhard, *Hintergründe* und Anlässe, in: HILPERT, Konrad – LAUX, Bernhard (Hgg.), Leitbild am Ende? Der Streit um Ehe und Familie (Theologie Kontrovers), Freiburg i.Br. 2014, S. 9–18.

— *Onanie*, in: LThK[3] 7 (1998), Sp. 1052–1053.

Hodel, Doris, *Matriarchat*/ Patriarchat, in: HrwG 4 (1998), S. 120–127.

Hoheisel, Karl, *Homosexualität*, in: RAC 16 (1994), Sp. 289–364.

Holl, Adolf, Die unheilige Kirche. *Geschlecht und Gewalt* in der Religion, Stuttgart 2005.

Holzem, Andreas, Religion und Lebensformen. *Katholische Konfessionalisierung* im Sendgericht des Fürstbistums Münster 1570–1800 (Forschungen zur Regionalgeschichte 33), Paderborn 2000.

Hoppe, Rudolf, *Jesus von Nazaret*. Zwischen Macht und Ohnmacht, Stuttgart 2012.

Huch, Ricarda, *Romantische Ehe*, in: KEYSERLING, Hermann (Hg.), Das Ehe-Buch. Eine neue Sinngebung im Zusammenklang der Stimmen führender Zeitgenossen angeregt und herausgegeben von Hermann Keyserling, Celle 1925.

Huizinga, Johan, Herbst des Mittelalters. Studien über Lebens- und Geistesformen des 14. und 15. Jahrhunderts in Frankreich und in den Niederlanden (KTA 204), Stuttgart [10]1969.

Hultgård, Anders, *Menschenopfer*, in: RGA 19 (2001), S. 533–546.

Hunecke, Volker, Die *Findelkinder von Mailand*. Kindsaussetzung und aussetzende Eltern vom 17. bis zum 19. Jahrhundert, Stuttgart 1987.

Illouz, Eva, Ist die Liebe tot? Wir haben die Einzigartigkeit, das Warten und die Verführung durch sexuelle *Wahlfreiheit und Internet-Dating* ersetzt. Doch das alte Gefühl leuchtet noch von ferne in die Gegenwart, in: DIE ZEIT, Philosophie vom 15. Juni 2013, S. 19.

Imhof, Arthur E., Die *Lebenszeit*. Vom aufgeschobenen Tod und von der Kunst des Lebens, München 1988.

Irsigler, Franz – Lassotta, Arnold, *Bettler und Gaukler*, Dirnen und Henker. Außenseiter in einer mittelalterlichen Stadt. Köln 1300–1600, München [5]1993.

Irsigler, Franz – Russel, Josiah C., *Bevölkerung*. (B. Nord-, Mittel-, West- und Südeuropa im Mittelalter), in: LMA 2 (1983), Sp. 11–17.

Jacobs, Jürgen – Röllecke, Heinz, Das Tagebuch des Meister Franz. *Scharfrichter zu Nürnburg*. Nachdruck der Buchausgabe von 1801, Dortmund 1980.

Jaritz, Gerhard, *Die „Bruoch"*, in: Symbole des Alltags. Alltag der Symbole (FS für Harry Kühnel), Graz 1992, S 395–416.

Jasper, Detlev, Die Canones synodi *Romanorum ad Gallos* episcopos – die älteste Dekretale?, in: ZKG 107 (1996), S. 319–326.

Jerouschek, Günther, *Diabolus habitat* in eis – Wo der Teufel zu Hause ist: Geschlechtlichkeit im rechtstheologischen Diskurs des ausgehenden Mittelalters und der Frühen Neuzeit, in: Bachorski, Hans Jürgen (Hg.), Ordnung und Lust. Bilder von Liebe, Ehe und Sexualität in Spätmittelalter und Früher Neuzeit, S. 281–305.

Jone, Heribert, *Katholische Moraltheologie* auf das Leben angewandt unter kurzer Andeutung ihrer Grundlagen und unter Berücksichtigung des CIC sowie des deutschen, österreichischen und schweizerischen Rechtes Nr. 232, Paderborn [17]1961.

Jussen, Bernhard, Der *Name der Witwe*. Erkundungen zur Semantik der mittelalterlichen Bußkultur (VMPIG 158), Göttingen 2000.

Jütte, Robert, *Lust ohne Last*. Geschichte der Empfängnisverhütung von der Antike bis zur Gegenwart, München 2003.

Kallis, Anastasios, Ökonomie (II. Orthodoxe Kirche), in: LThK[3] 7 (1998), Sp. 1015–1016.

Kasper, Christine, *Von miesen Rittern* und sündhaften Frauen und solchen, die besser waren. Tugend- und Keuschheitsproben in der mittelalterlichen Literatur vornehmlich des deutschen Sprachraums (Göppinger Arbeiten zur Germanistik 547), Göppingen 1995.

Kaufmann, Franz-Xaver, *Kirche* in der ambivalenten Moderne, Freiburg u.a. 2012.

— *Zukunft der Familie*. Stabilität, Stabilitätsrisiken und Wandel der familialen Lebensformen sowie ihre gesellschaftlichen und politischen Bedingungen (Perspektiven und Orientierungen. Schriftenreihe des Bundeskanzleramtes 10), München 1990.

Kaufmann, Ludwig, Ein ungelöster Kirchenkonflikt: Der *Fall Pfürtner*. Dokumente und zeitgeschichtliche Analysen, Freiburg (in der Schweiz) 1987.

Kehrer, Günter, *Ehe*, in: HrwG 2 (1990), S. 236–243.

Keith, Birgit, *Machismo in Südspanien* – Ideologie und Wirklichkeit, in: Völger, Gisela – v. Welck, Karin (Hgg.), Die Braut. Geliebt - verkauft - getaucht - geraubt. Zur Rolle der Frau im Kulturvergleich, Band 2, Köln 1985, S. 604–611.

Khoury, Adel Theodor, *Der Koran*, Düsseldorf 2005.

King, Margaret L., Frauen in der *Renaissance*, München 1993.

Kinsey, Alfred C. u.a., Das sexuelle *Verhalten der Frau*, Frankfurt a.M. 1954.

— Das sexuelle *Verhalten des Mannes*, Frankfurt a.M. 1970

Kleber, Karl-Heinz, De *Parvitate Materiae in Sexto*. Ein Beitrag zur Geschichte der katholischen Moraltheologie (SGKMT 18), Regensburg 1971.

Klomps, Heinrich, Ehemoral und *Jansenismus*. Ein Beitrag zur Überwindung des sexualethischen Rigorismus, Köln 1964.

Knapp, Robert, *Römer im Schatten* der Geschichte. Gladiatoren, Prostituierte, Soldaten: Männer und Frauen im Römischen Reich, Stuttgart 2012.

Köbler, Gerhard, Das *Familienrecht* in der spätmittelalterlichen Stadt; in: Haverkamp, Alfred (Hg.), Haus und Familie in der spätmittelalterlichen Stadt (Städteforschung Reihe A, 18), Köln – Wien 1984, S. 136–160.

Köhler, Walther, *Zürcher Ehegericht* und Genfer Konsistorium. I. Das Zürcher Ehegericht und seine Auswirkung in der deutschen Schweiz zur Zeit Zwinglis (QASRG 7), Leipzig 1932.

Köpf, Ulrich, *Bernhard von Clairvaux* in der Frauenmystik, in: Dinzelbacher, Peter – Bauer, Dieter R. (Hgg.), Frauenmystik im Mittelalter (Wissenschaftliche Studientagung der Akademie der Diözese Rottenburg-Stuttgart vom 22.–25. Februar 1984 in Weingarten), Ostfildern (bei Stuttgart) 1985, S. 48–77.

Koppetsch, Cornelia, *Liebe und Ökonomie*. Paradoxien in Familie und Paarbeziehung, in: Hilpert, Konrad – Laux, Bernhard (Hgg.), Leitbild am Ende? Der Streit um Ehe und Familie (Theologie Kontrovers), Freiburg i.Br. 2014, S. 21–58.

Korff, Wilhelm, *Homosexualität* (III. Theologisch-ethisch), in: LThK 5 ([3]1996), Sp. 255–259.

Koschorke, Albrecht, Die *Heilige Familie* und ihre Folgen. Ein Versuch, Frankfurt a.M. 2000.

Kottje, Raymund, Das Aufkommen der täglichen *Eucharistiefeier* in der Westkirche und die Zölibatsforderung, in: ZKG 82 (1971), S. 218–228.

Krause, Jens-Uwe, *Antike*, in: Gestrich, Andreas – Krause, Jens-Uwe – Mitterauer, Michael (Hgg.), Europäische Kulturgeschichte Band 1: Geschichte der Familie (Kröners Taschenbuchausgabe 376), Stuttgart 2003, S. 21–159.

Krenkel, Werner, *Naturalia non turpia*. Sex and Gender in Ancient Greece and Rome. Schriften zur antiken Kultur- und Sexualwissenschaft (Spudasmata. Studien zur Klassischen Philologie und ihren Grenzgebieten 113), Hildesheim – Zürich – New York 2006.

Kuhlmann, Helga, *Matriarchat* (II. Religionsphilosophisch und ethisch), in: RGG[4] 5 (2002), Sp. 914–916.

Kuhn, Peter, *Hoheslied* II. Auslegungsgeschichte im Judentum, in: TRE 15 (1986), S. 503–508.

Kursawa, Wilhelm, *Impotentia coeundi* als Ehenichtigkeitsgrund. Eine kanonistische Untersuchung zur Auslegung und Anwendung von Canon 1084 des Codex Iuris Canonici 1983 (FKRW 22), Würzburg 1995.

Kurzel-Runtscheiner, Monica, Das *Kurtisanenwesen Roms* im 16. Jahrhundert, in: Erlach, Daniela – Reisenleitner, Markus – Vocelka, Karl, Privatisierung der Triebe? Sexualität in der Frühen Neuzeit (Frühneuzeit-Studien 1), Frankfurt a.M. 1994, S. 333–348.

Labouvie, Eva, Andere Umstände. Eine *Kulturgeschichte der Geburt*, Köln u.a. 1998.

Labouvie, Eva, *Geistliche Konkubinate* auf dem Land. Zum Wandel von Ökonomie, Spiritualität und religiöser Vermittlung (GeGe 26), Göttingen 2000.

Laderner, Ulrich, *Und was kriegen sie?* in: Die Zeit vom 12. September 2013 (Nr. 38), S. 14f.

Lanczkowski, Johanna, *Nachwort*, in: Gertrud die Große von Helfta. Gesandter der göttlichen Liebe [Legatus divinae pietatis], Heidelberg 1989, S. 565–589.

Landau, Peter, Hadrians IV. Dekretale » *Dignum est*« (X.4.9.1.) und die Eheschliessung Unfreier in der Diskussion von Kanonisten und Theologen des 12. und 13. Jahrhunderts, in: StGra 12 (1967), S. 511–553.

Laqueur, Thomas W., *Solitary Sex*. A Cultural History of Masturbation, New York 2003.

Laubenthal, Florin – Weber, Leonhard Maria – Peters, Karl, *Homosexualität*, in: LThK[2] 5 (1960), Sp. 468–470.

Laux, Bernhard, Nichteheliche Partnerschaften und Ehe – Oder: Kann man Lebensformen bewerten?, in: Hilpert, Konrad – Laux, Bernhard (Hgg.), Leitbild am Ende? Der Streit um Ehe und Familie (Theologie Kontrovers), Freiburg i. Br. 2014, S. 149–166.

Leciejewski, Hans-Joachim, *Leibfeindliches Christentum* oder: Die Kirche auf der Suche nach einer neuen Sexualmoral, in: Akademische Monatsblätter 127. Jahrgang, Nr. 2 (2015), S. 37–40.

Leites, Edmund, *Puritanisches Gewissen* und moderne Sexualität, Frankfurt a.M. 1988.

Lesky, Erna – Wazink, Jan Hendrik, *Embryologie* (A. Nichtchristlich), in: RAC 4 (1959), Sp. 1228–1241.

Levi, Carlo, Christus kam nur bis *Eboli*, Zürich 2007 [1947].

Lévi-Strauss, Claude, Strukturale *Anthropologie* (stw 15), Frankfurt a.M. 1967.

Lewis, Oscar, Die *Kinder von Sánchez*. Selbstporträt einer mexikanischen Familie, Bornheim 1982.

Loader, William, *Making sense* of sex. Attitudes towards Sexuality in early Jewish and Christian literature, Grand Rapids (Michigan) – Cambridge 2013.

Loetz, Francisca, Mit Gott handeln. Von den Zürcher Gotteslästerern der Frühen Neuzeit zu einer *Kulturgeschichte des Religiösen* (VMPIG 177), Göttingen 2002.

Löhr, Joseph, Die Verwaltung des Kölnischen *Grossarchidiakonat Xanten* am Ausgang des Mittelalters (KRA 59/60), Stuttgart 1909.

Lohse, Bernhard, *Luthers Theologie* in ihrer historischen Entwicklung und in ihrem systematischen Zusammenhang, Göttingen 1995.

Lomnitzer, Helmut, *Geliebte und Ehefrau* im deutschen Lied des Mittelalters, in: von Erzdorff, Xenja – Wynn, Marianne (Hgg.), Liebe – Ehe – Ehebruch in der Literatur des Mittelalters. Vorträge des Symposiums vom 13. bis 16. Juni 1983 am Institut für deutsche Sprache und mittelalterliche Literatur der Justus Liebig-Universität Giessen (Beiträge zur deutschen Philologie 58), Giessen 1984, S. 111–124.

Lüdicke, Norbert, *Humanae vitae*, in: Markschies, Christoph – Wolf, Hubert (Hgg.), Erinnerungsorte des Christentums, München 2010, S. 534–560.

Lüdicke, Klaus, «Auch ich verurteile dich nicht...». Aufgabe und *Grenzen des Kirchenrechts* am Beispiel der Eucharistiezulassung, in: Pototschnig, Franz – Rinnerthaler, Alfred (Hgg.), Im Dienst von Kirche und Staat. In Memoriam Carl Holböck (KuR 17), Wien 1985, S. 497–517.

— Die *Rechtswirkungen der heilbaren Impotenz*. Überlegungen zu einem übersehenen Ehenichtigkeitsgrund, in: AKathKR 146 (1977), S. 74–128.

— Eine *Wiedergeburt der Ehezwecke?*, in: ThRv 92 (1996), Sp. 449–460.

— *Kirche und Homosexualität* Kirchenrechtliche Aspekte und amtskirchliche Verlautbarungen, in: Arntz, Ernst-Otto – König, Peter-Paul (Hgg.), Kirche – und die Frage der Homosexualität, Hildesheim 1995, S. 28 f.

Ludwig, Walther, Castiglione, seine Frau *Hippolyta und Ovid*, in: Schmidt, Paul Gerhard (Hg.), Die Frau in der Renaissance (WARF 14), Wiesbaden 1994.

Luhmann, Niklas, Liebe als Passion. Zur *Codierung von Intimität* (stw 1124), Frankfurt a.M. 1994.

Lütkehaus, Ludger, «O Wollust, o Hölle». *Die Onanie* – Stationen einer Inquisition, Gießen 2003.

Lutterbach, Hubertus, *Gleichgeschlechtliches* sexuelles *Verhalten*. Ein Tabu zwischen Spätantike und Früher Neuzeit?, in: HZ 267 (1998), S. 281–311.

— *Gotteskindschaft*. Kultur- und Sozialgeschichte eines christlichen Ideals, Freiburg u.a. 2003.

— *Sexualität im Mittelalter*. Eine Kulturstudie anhand von Bußbüchern des 6. bis 12. Jahrhunderts (BAKG 43), Köln – Weimar – Wien 1999.

Lutz, Alexandra, *Ehepaare vor Gericht*. Konflikte und Lebenswelten in der Frühen Neuzeit (Geschichte und Geschlechter 51), Frankfurt – New York 2006.

Luz, Ulrich, Das *Evangelium nach Matthäus*. Mt 1–7 (EKK I/1), Düsseldorf u.a. [5]2002.

Machtemes, Ursula, Leben zwischen *Trauer und Pathos*. Bildungsbürgerliche Witwen im 19. Jahrhundert, Osnabrück 2001.

Magin, Christine, ‚Wie es umb der iuden recht stet'. Der *Status der Juden* in spätmittelalterlichen deutschen Rechtsbüchern, Göttingen 1999.

Mann, Thomas, Die *Ehe im Übergang*. Brief an den Grafen Hermann Keyserling, in: Keyserling, Hermann (Hg.), Das Ehe-Buch. Eine neue Sinngebung in Zusammenklang der Stimmen führender Zeitgenossen, Celle 1930, S. 212–226.

Marijnissen, R.-H., *Jheronimus* Bosch, Genf 1972.

Markschies, Christoph, *Das antike Christentum*. Frömmigkeit, Lebensformen, Institutionen, München 2006.

— *Zwischen den Welten* wandern. Strukturen des antiken Christentums (Europäische Geschichte 60101), Frankfurt a.M. [2]2001.

Mausbach, Joseph, Das *Wahlrecht der Frau* (Politische Bildung 3), Münster i. Westf. 1919.

— *Ehe und Kindersegen*. Vom Standpunkt der christlichen Sittenlehre. 4. verbesserte u. stark vermehrte Aufl. (Ehe und Volksvermehrung 1), Mönchengladbach 1925.

— *Frauenbildung* und Frauenstudium im Lichte der Zeitbedürfnisse und Zeitgegensätze. Zwei Vorträge, Münster 1910.

McDougall, Sara, The *Prosecution of Sex* in Late Medieval Troyes, in: Classen, Albrecht (Hg.), Sexuality in the Middle Ages and Early Modern Times. New approaches to a fundamental cultural-historical and literary-anthropological theme (Fundamentals of Medieval and Early Modern Culture 3), Berlin 2008, S. 691–713.

McGregor, Neil, Eine *Geschichte der Welt* in 100 Objekten, München [3]2012.

McKitterick, Rosamond, «*Nuns' scriptoria* in England and Francia in the eighth century (Francia 19/1 (1992)), in: Dies. (Hg.), Books, Scribes and Learning in the Frankish Kingdoms, 6th–9th Centuries, Aldershot – Hampshire 1994, Kap. VII, S. 1–35.

Mertes, Klaus, *Neue Sensibilität*. Überlegungen zu einer christlichen Sexualpädagogik, in: HerKorrSp, Leibfeindliches Christentum? Auf der Suche nach einer neuen Sexualmoral vom Oktober 2014, S. 49–52.

— *Verlorenes Vertrauen*. Katholisch sein in der Krise, Freiburg i.Br. 2013.

Merz, Annette, Phöbe, Diakon(in) der Gemeinde von Kenchreä – eine wichtige *Mitstreiterin des Paulus* neu entdeckt, in: von Hauff, Adelheid M. (Hg.), Frauen gestalten Diakonie, Bd. 1: Von der biblischen Zeit bis zum Pietismus, Stuttgart 2007, S. 125–140.

Meumann, Markus, *Findelkinder*, Waisenkinder, Kindsmord. Unversorgte Kinder in der frühneuzeitlichen Gesellschaft (Ancien Régime. Aufklärung und Revolution 29), München 1995.

Michaelis, Karl, *Das abendländische Eherecht* im Übergang vom späten Mittelalter zur Neuzeit, in: NGWG.PH 3 (1989), S. 99–141.

Mitterauer, Michael, Ledige Mütter. Zur *Geschichte unehelicher Geburten* in Europa, München 1983.

— *Mittelalter*, in: Gestrich, Andreas – Krause, Jens-Uwe – Mitterauer, Michael (Hgg.), Geschichte der Familie (Europäische Kulturgeschichte 1), Stuttgart 2003, S. 160–363.

— *Warum Europa?* Mittelalterliche Grundlagen eines Sonderwegs, München 2003.

Mittler, Barbara, Von großen Händen und kleinen Füßen. *Emanzipation auf Chinesisch*, in: Köhn, Stephan – Moser, Heike (Hgg.), Frauen*bilder* – Frauen*körper*. Inszenierungen des Weiblichen in den Gesellschaften Süd- und Ostasiens (Kulturwissenschaftliche Japanstudien 5), Wiesbaden 2013, S. 291–312.

Möbius, P. J., Über den physiologischen *Schwachsinn des Weibes* (Nachdruck der 8. Aufl.), München 1990.

Moeller, Bernd, *Wenzel Lincks Hochzeit*. Über Sexualität, Keuschheit und Ehe in der frühen Reformation, in: ZThK 97 (2000), S. 317–342.

Mommsen, Theodor, Römisches *Strafrecht*, Darmstadt 1955.

Monter, William, The *Consistory of Geneva*, 1559–1569, in: BHR 38 (1976), S. 467–484.

Müller, Daniela, *Frauen und Häresie*. Europas christliches Erbe (Christentum und Dissidenz 2), Berlin 2015.

Müller, Jörg R., *Judenverfolgungen* und -vertreibungen zwischen Nordsee und Südalpen im hohen und späten Mittelalter, in: Haverkamp, Alfred (Hg.), Geschichte der Juden im Mittelalter von der Nordsee bis zu den Südalpen, Bd. 1, Hannover 2002, S. 189–222.

Müller, Klaus E., Das magische *Universum der Identität*. Elementarformen sozialen Verhaltens. Ein ethnologischer Grundriß, Frankfurt a.M. – New York 1987.

Müller, Wolfgang P., Die *Abtreibung*. Anfänge der Kriminalisierung 1140–1650 (FKRG 24), Köln 2000.

Müller-Jahncke, Wolf-Dieter, *Agrippa* von Nettesheim, in: Deutscher Humanismus (1480–1520) 1 (2008), Sp. 23–36.

Neiman, Susan, Was ist heute Religion? *Vernunft und Glauben* gehören zusammen. Nur Fundamentalisten wissen davon nichts, in: Die Zeit, Philosophie vom 15. Juni 2013, S. 20.

Nerì, Valerio, *Nacktheit* I. (III. Römisch), in: RAC 25 (2013), Sp. 607 f.

Neumann, Gerhard, *Lektüren der Liebe*: in: Ders. – Meier, Heinrich (Hgg.), Über die Liebe. Ein Symposium (Veröffentlichungen der Carl Friedrich von Siemens Stiftung 8), München [4]2010, S. 9–79.

Niekus Moore, Cornelia, Die lutherische *Erbauungsliteratur* für Mädchen in der frühen Neuzeit, in: Musolff, Hans-Ulrich – Jacobi, Juliane – Le Cam, Jean-Luc (Hgg.), Säkularisierung vor der Aufklärung? Bildung, Kirche und Religion 1500–1750 (Beiträge zur Historischen Bildungsforschung 35), Köln – Weimar – Wien 2008, S. 197–214.

Nihan, Christoph, Forms and functions of purity in *Leviticus*, in: Frevel, Christian – Nihan, Christoph (Hgg.), Purity and the Forming of Religious Traditions in the Ancient Mediterranean World an Ancient Judaism (Dynamics in the History of Religion 3), Leiden – Boston 2013, S. 311–367.

Nipperdey, Thomas, Deutsche Geschichte 1800–1866. *Bürgerwelt* und starker Staat, München 1983.

— Deutsche Geschichte 1866–1918. Erster Band. *Arbeitswelt* und Bürgergeist, München 1990.

Nirenberg, David, Communities of Violence. *Persecution of Minorities* in the Middle Ages, Princeton u.a. 1996.

Nolde, Dorothea, *Gattenmord*. Macht und Gewalt in der frühneuzeitlichen Ehe, Köln 2003.

Noonan Jr., John T., *Empfängnisverhütung*. Geschichte ihrer Beurteilung in der katholischen Theologie und im kanonischen Recht (WSAMA.T 6), Mainz 1969.

o.A., 92 % of Married Women in Egypt Have Undergone Female Genital Mutilation, zit. n.: http://egyptianstreets.com/2015/05/10/92-of-married-women-in-egypt-have-undergone-female-genital-mutilation/, Abruf am 12.5.2015.

Oberman, Heiko A., Luther. Mensch zwschen *Gott und Teufel*, Berlin [2]1983.

Opitz, Claudia, Frauenalltag im Mittelalter. *Biographien* des 13. und 14. Jahrhunderts (Ergebnisse der Frauenforschung 5), Wenheim [3]1991.

Otis-Cour, Leah, *Lust und Liebe*. Geschichte der Paarbeziehungen im Mittelalter (Europäische Geschichte 60107), Frankfurt a.M. 2000.

Pallaver, Günther, Das Ende der schamlosen Zeit. Die *Verdrängung der Sexualität* in der frühen Neuzeit am Beispiel Tirols (Österreichische Texte zur Gesellschaftskritik 32), Wien 1987.

Palmisano, Antonio, *Ahnenverehrung*, in: HrwG 1 (1988), S. 419–421.

Parker, Robert, *Miasma*. Pollution and Purification in Early Greek Religion, Oxford 1983.

Parra Membrives, Eva, Lust ohne Liebe. *Roswitha von Gandersheim* und geschlechtsspezifische Strafen für sündigen Sex, in: Classen, Albrecht (Hg.), Sexuality in the Middle Ages and Early Modern Times. New approaches to a fundamental cultural-historical and literary-anthropological theme (Fundamentals of Medieval and Early Modern Culture 3), Berlin 2008, S. 217–239.

Paulus, Nikolaus, Mittelalterliche *Stimmen zum Eheorden*, in: HPBl 141 (1908), S. 1008–1024.

Pesch, Otto Hermann, Das *Zweite Vatikanische Konzil* (1962–1965). Vorgeschichte, Verlauf – Ergebnisse, Nachgeschichte, Würzburg [2]1994.

— Katholische Dogmatik aus ökumenischer Erfahrung Band 1. Die *Geschichte der Menschen* mit Gott. Teilband 1/2. Theologische Anthropologie – Theologische Schöpfungslehre – Gottes- und Trinitätslehre, Ostfildern 2008.

— Katholische Dogmatik aus ökumenischer Erfahrung Band 2. Die *Geschichte Gottes* mit den Menschen. Ekklesiologie – Sakramentenlehre – Eschatologie, Ostfildern 2010.

Peukert, Rüdiger, Das *Leben der Geschlechter*. Mythen und Fakten zu Ehe, Partnerschaft und Familie, Frankfurt a.M. – New York 2015.

Pfeiffer, Christian, *Drei Promille aller Täter*. Rein statistisch sind nur die allerwenigsten Sex-Täter Priester. Ein Generalverdacht gegen Geistliche ist daher falsch. Und auch die Schuld dem Zölibat zu geben, ist wohl zu kurz gedacht, in: SZ vom 14. März 2010, http://www.sueddeutsche.de/politik/missbrauch-in-der-katholischen-kirche-drei-promille-aller-taeter-1.24359, Abruf am 20.7.2015.

Pfürtner, Stephan H., *Kirche und Sexualität* (rororo Sexologie), Reinbek (b. Hamburg) 1972.

Pfürtner, Stefan, Antrittsvorlseung; ed. v. Kaufmann, Ludwig, Ein ungelöster Kirchenkonflikt: Der Fall Pfürtner. Dokumente und zeitgeschichtliche Analysen, Freiburg (in der Schweiz) 1987, S. 102–109.

— Berner Vortrag: «Moral – was gilt heute noch? Das Beispiel der Sexualmoral; ed. v. Kaufmann, Ludwig, Ein ungelöster Kirchenkonflikt: Der Fall Pfürtner. Dokumente und zeitgeschichtliche Analysen, Freiburg (in der Schweiz) 1987, S. 175–185.

Piller, Gudrun, *Private Körper*, Spuren des Leibes in Selbstzeugnissen des 18. Jahrhunderts (Selbstzeugnisse der Neuzeit 17), Köln – Weimar – Wien 2007.

Planert, Ute, *Antifeminismus* im Kaiserreich. Diskurs, soziale Formation und politische Mentalität (KSGW 124), Göttingen 1998.

Prange, Astrid, *Ihr Bauch* gehört nicht ihr, in: DIE ZEIT vom 9. Juli 2015 (Nr. 28), S. 50.

Preisser, Gert, *Eheunterweisung* im antiken Griechenland, in: VÖLGER, Gisela – v. WELCK, Karin (Hgg.), Die Braut. Geliebt - verkauft - getauscht - geraubt. Zur Rolle der Frau im Kulturvergleich, Band 1, Köln 1985, S. 232–237.

Prevenier, Walter – de Hemptienne, Therese, *Ehe*. (C. In der Gesellschaft des Mittelalters), in: LMA 3 (1986), Sp. 1635–1640.

Prinzing, GÜNTER, *Oikonomia*, in: LMA 6 (1999), Sp. 1381.

Radisch, Iris, «Er sagte: *Hab keine Angst!*» Am 7. November wäre Albert Camus 100 Jahre alt geworden, in: DIE ZEIT vom 17. Oktober 2013 (Nr. 43), S. 55 f.

— «*Er war ein lieber Vater*». Nächste Woche erscheinen die umstrittenen «Schwarzen Hefte» des Philosophen Martin Heidegger. Sein Sohn Hermann Heidegger gibt hier zum ersten Mal Auskunft über seinen weltberühmten Vater, in: DIE ZEIT vom 6. März 2014 (Nr. 11), S. 51.

— *Die gefährliche Geliebte*. Valérie Trieweiler erschüttert Frankreich mit ihrem Buch: Die verstoßene Mätresse des Präsidenten zeigt, wie amerikanisch die Liebe in Europa geworden ist, in: DIE ZEIT vom 11. September 2014 (Nr. 38), S. 49.

Radunski, Michael, Rücke vor bis *Connaught Place*. Sunita Chaudhary ist die erste Rikschafahrerin der indischen Hauptstadt Delhi. Bis es so weit war, hat sie hart kämpfen müssen, in: FAZ vom 24. Mai 2013 (Nr. 118), S. 8.

Ragotzky, Hedda, Der weise *Aristoteles als Opfer* weiblicher Verführungskunst. Zur literarischen Rezeption eines verbreiteten Exempels „verkehrter Welt", in: SCIURIE, Helga – BACHORSKY, Hans-Jürgen (Hgg.), Eros – Macht – Askese. Geschlechterspannungen als Dialogstruktur in Kunst und Literatur (Literatur, Imagination, Realität, Bd. 14), Trier 1996, S. 279–301.

Rattray, Gordon, *Kulturgeschichte* der Sexualität. Mit einer Einleitung von Alexander Mitscherlich, Darmstadt 1970.

Ratzinger, Joseph, *Die letzte Sitzungsperiode* des Konzils (Konzil IV.), Köln 1966.

Rauchfleisch, Udo, *Homosexualität* (I. Anthropologisch), in: LThK[3] 5 (1996), Sp. 254–255.

Reich, Wilhelm, *Die sexuelle Revolution* (Fischer Taschenbuch 6749), Frankfurt a.M. [16]2006.

Reichardt, Sven, *Linke Beziehungskisten*. Als die Achtundsechziger sich dran machten, das herkömmliche bürgerliche Wertekorsett aus Wohlanständigkeit und Enthaltsamkeit zu sprengen, war dieses längst Geschichte. Doch auch die schöne neue Alles-über-Sex-sagen-Welt der Linksalternativen war nicht von Dauer – wenn es sie überhaupt je gegeben hat, in: FAZ vom 05.Mai 2014 (Nr. 103), S. 8.

Reinhard, Wolfgang, *Lebensformen* Europas. Eine historische Kulturanthropologie, München 2004.

Reinhardt, Volker, *Pius II.* Piccolomini. Der Papst, mit dem die Renaissance begann. Eine Biographie. München 2013.

Reuthner, Rosa, *Platons Schwestern*. Lebensalltag antiker Griechinnen, Köln – Weimar – Wien 2013.

Ricœur, Paul, *Symbolik des Bösen*. Phänomenologie der Schuld II, Freiburg – München 1971.

Ringeling, Hermann, Ehe/*Eherecht*/Ehescheidung VIII. Ethisch, in: TRE 9 (1982), S. 346–355.

Ritzer, Korbinian, Formen, *Riten und religiöses Brauchtum* der Eheschließung in den christlichen Kirchen des ersten Jahrtausends (LWQF 38), Münster [2]1981.

Roper, Lyndal, *Das fromme Haus*. Frauen und Moral in der Reformation, Frankfurt a.M. – New York 1995.

— *Sexualutopien* in der Reformation, in: Bachorski, Hans-Jürgen (Hg). Ordnung und Lust. Bilder von Liebe, Ehe und Sexualität in Spätmittelalter und Früher Neuzeit (Literatur – Imagination – Realität 1), Trier 1991, S. 307–336.

Rossiaud, Jacques, *Dame Venus*. Prostitution im Mittelalter, München 1989.

Rößler, Hans-Christian, *Unter fremden Menschen*. Seit immer mehr rechte und religiöse Israelis auf den Tempelberg pilgern, kehrt dort keine Ruhe mehr ein. Jeder Zentimeter, jede Sekunde ist umkämpft, in: FAZ vom 13. November 2014 (Nr. 264), S. 3.

Rothermund, Chitra – Rothermund, Dietmar, *Die Stellung der Frau* in der Gesellschaft, in: Rothermund, Dietmar (Hg.), Indien. Kultur, Geschichte, Politik, Wirtschaft, Umwelt. Ein Handbuch, München 1995, S. 132–139.

Rottenwöhrer, Gerhard, *Die Katharer*. Was sie glaubten, wie sie lebten, Ostfildern 2007.

Rottloff, Andrea, *Lebensbilder* römischer Frauen (Kulturgeschichte der Antiken Welt 104), Mainz am Rhein 2006.

Rüb, Matthias, *Anpfiff in Brasiliens* Hauptstadt des Sextourismus, in: FAZ vom 21. Juni 2014 (Nr. 141), S. 6.

— *Hartnäckige Klischees*. Rassisten und Sexisten in Brasilien, in: FAZ vom 3. April 2014 (Nr. 79), S. 9.

— *Tödlicher Machismo*, Nirgendwo werden mehr Frauenmorde begangen als in den Ländern der Karibik und Lateinamerikas. An mangelndem Schutz durch scharfe Gesetze liegt das nicht, in: FAZ vom 24. Juni 2015 (Nr. 143), S. 6.

Ruh, Kurt, Geschichte der abendländischen Mystik, Bd. 1: Die Grundlegung durch die *Kirchenväter* und die Mönchstheologie des 12. Jahrhunderts, München 1990.

— Geschichte der abendländischen Mystik, Bd. 2. *Frauenmystik* und Franziskanische Mystik der Frühzeit, München 1993.

Rutz, Andreas, Der *Primat der Religion*. Zur Entstehung und Entwicklung separater Mädchenschulen in den katholischen Territorien des Reiches im 17. Jahrhundert, in: Musolff, Hans-Ulrich – Jacobi, Juliane – Le Cam, Jean-Luc (Hgg.), Säkularisierung vor der Aufklärung? Bildung, Kirche und Religion 1500–1750 (Beiträge zur Historischen Bildungsforschung 35), Köln u.a. 2008, S. 275–288.

Sarrazin, Thilo, *Deutschland* schafft sich ab. Wie wir unser Land aufs Spiel setzen, München [16]2010.

Schäfer, Peter, *Jesus im Talmud*, Tübingen 2007.

Scheer, Tanja S., Griechische *Geschlechtergeschichte* (Enzyklopädie der griechisch-römischen Antike 11), München 2011.

Schelsky, Helmut, *Soziologie der Sexualität*. Über die Beziehungen zwischen Geschlecht, Moral und Gesellschaft, Hamburg 1955.

Schetsche, Michael – Lautmann, Rüdiger, Sexualität, in: HWP 9 (1996), Sp. 726–742.

Schilling, Heinz, *Frühneuzeitliche Formierung* und Disziplinierung von Ehe, Familie und Erziehung im Spiegel calvinistischer Kirchenratsprotokolle, in: Prodi, Paolo (Hg.), Glaube und Eid. Treueformeln, Glaubensbekenntnisse und Sozialdisziplinierung zwischen Mittelalter und Neuzeit (Schriften des Historischen Kollegs 28), München 1993, S. 199–235.

Schilling, Heinz, Martin Luther. *Rebell in einer Zeit* des Umbruchs. Eine Biographie, München [2]2013.

Schipperges, Heinrich, *Arzt in Purpur*. Grundzüge einer Krankheitslehre bei Petrus Hispanus (ca. 1210–1277), Heidelberg u.a. 1994.

Schirokowa, Irina – Lerche, Jelka, Sieben *Schicksale*, in: DIE ZEIT vom 30. April 2014 (Nr. 19), S. 33.

Schlegelberger, Bruno, Vor- und außerehelicher *Geschlechtsverkehr*. Die Stellung der katholischen Moraltheologen seit Alphons von Liguori, Remscheid 1970.

Schlösser, Felix, Die Minneauffassung des *Andreas Capellanus* und die zeitgenössische Ehelehre, in: ZDP 79 (1960), S. 266–284.

Schlumbohm, Jürgen, Der *Blick des Arztes*, oder: wie Gebärende zu Patientinnen wurden. Das Entbindungshospital der Universität Göttingen um 1800, in: SCHLUMBOHM, Jürgen u.a. (Hgg.), Rituale der Geburt. Eine Kulturgeschichte, München 1998, S. 170–191.

Schmale, Wolfgang, Geschichte der *Männlichkeit* in Europa (1450–2000), Wien u.a. 2003.

Schmid, Joseph, *Brautschaft*, in: RAC 2 (1964), Sp. 528–564.

Schmidt, Paul Gerhard, *Die misogyne Tradition* von der Antike bis ins Frühmittelalter, in: Comportamenti e immaginario della sessualità nell'alto medioevo (SSAM 53), Spoleto 2006, S. 419–432.

Schmidt-Wiegand, Ruth, Der Lebenskreis der Frau im Spiegel der volkssprachigen Beziehungen der *Leges barbarorum*, in: AFFELDT, Werner (Hg.), Frauen in Spätantike und Frühmittelalter. Lebensbedingungen – Lebensnormen – Lebensformen, Sigmaringen 1990, S. 195–209.

— *Hochzeitsbräuche*, in: HDRG 2 (1978), Sp. 186–197.

Schmitt, Peter-Philipp, Die *Republik der Kinder*. Uganda hat die jüngste Bevölkerung der Welt. Schon Mädchen werden Mütter. Nur Bildung hilft dagegen. Auch die Regierung sieht es ein, in: FAZ vom 31. Oktober 2013 (Nr. 253), S. 7.

— *Kindersterblichkeit* hat sich fast halbiert, zit. n.: http://www.faz.net/aktuell/gesellschaft/erfreuliche-nachrichten-kindersterblichkeit-hat-sich-fast-halbiert-13156981.html, Abruf am 23.9.2014.

Schmitz, Winfried, *Haus und Familie* im antiken Griechenland (Enzyklopädie der griechisch-römischen Antike 1), München 2007.

Schmugge, Ludwig, *Ehen vor Gericht*. Paare der Renaissance vor dem Papst, Berlin 2008.

Schnädelbach, Herbert, *Religion* in der modernen Welt. Vorträge – Abhandlungen – Streitschriften, Frankfurt a.M. 2009.

Schnell, Rüdiger, *Macht im Dunkeln*. Welchen Einfluß hatten Ehefrauen auf ihre Männer? Geschlechterkonstrukte in Mittelalter und Früher Neuzeit, in: DERS. (Hg.), Zivilisationsprozesse. Zu Erziehungsschriften in der Vormoderne, Köln – Weimar – Wien 2004, S. 309–329.

— Sexualität und *Emotionalität* in der vormodernen Ehe, Köln u.a. 2002.

Schockenhoff, Eberhard, *Chancen* zur Versöhnung? Die Kirche und die wiederverheirateten Geschiedenen, Freiburg u.a. 2011.

— *Die Bergpredigt*. Aufruf zum Christsein, Freiburg i.Br. – Basel – Wien 2014.

Schöllgen, Georg, *Jungfräulichkeit*, in: RAC 19 (2001), Sp. 523–592.

Schott, Rüdiger, Die Lebenden und die Toten als Kommunikations- und Solidargemeinschaft. *Totenrituale* in Afrika, in: HERZOG, Markwart (Hg.), Totengedenken und Trauerkultur. Geschichte und Zukunft des Umgangs mit Verstorbenen (Irseer Dialoge 6), Stuttgart u. a. 2001, S. 59–83.

— *Ehe und Familie* in einer Gesellschaft West-Afrikanischer Bodenbauer (Bulsa in Nordghana), in: MENSEN, Bernhard (Hg.), Ehe und Familie in verschiedenen Kulturen (Vortragsreihe 1981/82), St. Augustin 1982, S. 55–74.

Schraut, Sylvia – Pieri, Gabriele, *Katholische Schulbildung* in der Frühen Neuzeit. Vom „guten Christenmenschen" zu „tüchtigen Jungen" und „braven Mädchen". Darstellung und Quellen, Paderborn u.a. 2004.

Schreckenberg, Heinz, Die christlichen *Adversus-Judaeos-Texte* und ihr literarisches und historisches Umfeld (1.–11. Jh.), Frankfurt a.M. u.a. [3]1995.

Schreiner, Klaus, *Si homo non pecasset…* Der Sündenfall Adams und Evas in seiner Bedeutung für die soziale, seelische und körperliche Verfaßtheit des Menschen, in: Ders. – Schnitzler, Norbert (Hgg.), Gepeinigt, begehrt, vergessen. Symbolik und Sozialbezug des Körpers im späten Mittelalter und in der frühen Neuzeit, München 1992, S. 41–84.

Schröter, Michael, «Wo zwei zusammenkommen in rechter Ehe...». Sozio- und psychogenetische *Eheschließungsvorgänge* vom 12. bis 15. Jahrhundert, Frankfurt a.M. 1985.

— Zur *Intimisierung* der Hochzeitsnacht im 16. Jahrhundert. Eine zivilisationstheoretische Studie, in: Bachorski, Hans-Jürgen (Hg.), Ordnung und Lust. Bilder von Liebe, Ehe und Sexualität in Spätmittelalter und Früher Neuzeit, Trier 1991, S. 359–414.

Schüller, Thomas, *Die Barmherzigkeit als Prinzip* der Rechtsapplikation in der Kirche im Dienste der salus animarum. Ein kanonistischer Beitrag zu Methodenproblemen der Kirchenrechtstheorie (Forschungen zur Kirchenrechtswissenschaft 14), Würzburg 1992.

Schuller, Wolfgang, *Bevölkerung*. A. Spätantike, in: LMA 2 (1983), Sp. 10 f.

Schulte, Regina, *Sperrbezirke*. Tugendhaftigkeit und Prostitution in der bürgerlichen Welt (Taschenbücher Syndikat, EVA 45), Frankfurt a.M. 1979, S. 130–137.

Schulze, Christian, *Medizin und Christentum* in Spätantike und früheren Mittelalter (Studien und Texte zu Antike und Christentum 27), Tübingen 2005.

Schüngel-Straumann, Helen, *Mann und Frau* in den Schöpfungstexten von Gen 1–3 unter Berücksichtigung der innerbiblischen Wirkungsgeschichte, in: Schneider, Theodor (Hg.), Mann und Frau – Grundproblem theologischer Anthropologie (QD 121), Freiburg i.Br. 1989, S. 142–166.

Schüren, Hermann-Josef, *Junge Stiere*, Eupen 2015.

Schuster, Peter, Das Frauenhaus. *Städtische Bordelle* in Deutschland (1350–1600), Paderborn u.a. 1992.

Schwab, Dieter, *Kinderehe*, in: HDRG 2 (1978), S. 725–727.

Scott, Joan W., *Die Zukunft von gender*. Fantasien zur Jahrtausendwende, in: Honegger, Claudia – Arni, Caroline (Hgg.), Gender – Die Tücken einer Kategorie. Joan W. Scott, Geschichte und Politik. Beiträge zum Symposion anlässlich der Verleihung des Hans-Sigrist-Preises 1999 der Universität Bern an Joan W. Scott, Zürich 2001, S. 39–63.

Seegets, Petra, *Professionelles Christentum* und allgemeines Priestertum – Überlegungen zum reformatorischen Frauenbild, in: Frauen der Reformation. Texte einer Fachtagung zum Auftakt des Katharina-von-Bora-Jubiläums (Tagungstexte der Evangelischen Akademie Sachen-Anhalt 5), Wittenberg 1999, S. 167–180.

Shostak, Marjorie, *Eheleben* am Rande der Kalahari in Botswana/ Südafrika, Eine Kung-Buschmann-Frau erzählt in: Völger, Gisela – Welck, Karin v. (Hgg.), Die Braut. Geliebt - verkauft - getauscht - geraubt. Zur Rolle der Frau im Kulturvergleich, Band 2, Köln 1985, S. 422–433.

Signol, Christian, *Marie des Brebis*. Der reiche Klang des einfachen Lebens, Stuttgart 2007.

Signori, Gabriela, Von der *Paradiesehe* zur Gütergemeinschaft. Die Ehe in der mittelalterlichen Lebens- und Vorstellungswelt (Geschichte und Geschlechter 60), Frankfurt a.M. 2011.

Sloterdijk, Peter, Die schrecklichen *Kinder der Neuzeit*. Über das anti-genealogische Experiment der Moderne, Berlin 2014.

Soboczynski, Adam, *Pädophiler Antifaschismus*. Wer den verharmlosenden Umgang der bundesdeutschen Linken mit Kindsmissbrauch verstehen will, muss die Faschismustheorie der Zeit studieren: Sexuelle Befreiung galt als Vergangenheitsbewältigung, und Pädophilie wurde als Emanzipation aufgefasst, in: Die Zeit vom 10. Oktober 2013 (Nr. 42), S. 49 f.

Solé, Jaques, *Liebe* in der westlichen Kultur, Frankfurt a.M. u.a. 1979.

Spang, Michael, Wenn sie ein Mann wäre. Leben und Werk der Anna *Maria van Schurman* 1607–1678, Darmstadt 2009.

Splett, Jörg, *Der Mensch* ist Person. Zur christlichen Rechtfertigung des Menschseins, Frankfurt a.M. 1978.

Sproemberg, Heinrich, *Judith*. Königin von England, Gräfin von Flandern, in: Ders. (Hg.), Beiträge zur belgisch-niederländischen Geschichte (FMAG 3), Berlin 1959, S. 56–110.

Stahlmann, Ines, Der gefesselte Sexus, *Weibliche Keuschheit* und Askese im Westen des Römischen Reiches, Berlin 1997.

Steinke, Barbara, *Paradiesgarten* oder Gefängnis? Das Nürnberger Katharinenkloster zwischen Klosterreform und Reformation (SuR 30), Tübingen 2006.

Stemberger, Günter, Juden (B. Die große Krise 66/138), in: RAC 19 (2001), Sp. 174–179.

Stickler, Alfons M., Die *Ekklesiologie* des Dekretisten Huguccio von Pisa, in: Kuttner, Stephan – Pennngton, Kenneth (Hgg.), Proceedings of the Sixth International Congress of Medieval Canon Law. Berkeley – California, 28 July–2 August 1980, Vatikanstadt 1985, S. 333–349.

Stumpp, Bettina Eva, *Prostitution* in der römischen Antike (Antike in der Moderne), Berlin 1998.

Tentler, Thomas N., *Sin and Confession* on the Eve of the Reformation, Princeton (New Jersey) 1977.

Theißen, Gerd, Die Religion der ersten Christen. Eine *Theorie des Urchristentums*, Gütersloh [3]2003.

— Erleben und Verhalten der ersten Christen. Eine *Psychologie des Urchristentums*, München 2007.

Theobald, Michael, *Eucharistie als Quelle* sozialen Handelns. Eine biblisch-frühkirchliche Besinnung (BThS77), Neukirchen-Vluyn 2012.

— *Römerbrief*. Kapitel 1–11 (SKK.NT. Neue Folge 6,1), Stuttgart 1992.

Thiel, Franz Joseph, *Religionsethnologie*. Grundbegriffe der Religionen schriftloser Völker (Collectanea Instituti Anthropos 33), Berlin 1984.

Thraede, Klaus, *Frau*, in: RAC 8 (1972), Sp. 197–269.

Toch, Michael, *Jüdisches Alltagsleben* im Mittelalter, in: HZ 278 (2004), S. 329–345.

Tomasek, Tomas, *Gottfried* von Straßburg (Reclams Universal Bibliothek Nr. 17665), Stuttgart 2007.

Ubl, Karl, Bischöfe und Laien auf dem *Konzil von Tribor* 895. Zur Politisierung der Ehe in der Karolingerzeit, in: DA 70 (2014), S. 143–161.

Ulbricht, Otto, *Kindsmord* in der Frühen Neuzeit, in: Gerhard, Ute (Hg.), Frauen in der Geschichte des Rechts. Von der Frühen Neuzeit bis zur Gegenwart, München 1997, S. 235–247.

UNICEF, Female Genital Mutilation/Cutting: A statistical overview and exploration of the dynamicas of change, New York 2013.

Vajda, László, Die *Institution ‚Ehe'* in Polygamen Hochkulturen, in: Mensen, Bernhard (Hg), Ehe und Familie in verschiedenen Kulturen (Vortragsreihe 1981/82), St. Augustin 1982, S. 25–53.

— *Polygynie* und Polyandrie. Zwei Formen der Vielehe, in: Völger, Gisela – v. Welck, Karin (Hgg.), Die Braut. Geliebt - verkauft - getauscht - geraubt. Zur Rolle der Frau im Kulturvergleich, Band 1, Köln 1985, S. 80–87.

van de Pol, Lotte, Der *Bürger und* die *Hure*. Das sündige Gewerbe im Amsterdam der Frühen Neuzeit, Frankfurt a.M. 2006.

van der Lee, Anthony, *Marcus von Weida*, in: VerLex 5 (1985), Sp. 1233–1237.

van der Meer, Theo, The *persecutions of Sodomites* in the Eighteenth-Century Amsterdam: Changing perceptions of Sodomy, in: Gerard, Kent – Hekma, Gert (Hgg.), The Pursuit of Sodomy: Male Homosexuality in Renaissance and Enlightenment Europe, New York – London, S. 263–307.

van Dülmen, Richard, *Fest der Liebe*. Heirat und Ehe in der Frühen Neuzeit, in: Ders. (Hg.), Armut, Liebe, Ehre. Studien zur historischen Kulturforschung, Frankfurt a.M. 1988, S. 67–106.

van Ussel, Jos, *Sexualunterdrückung*. Geschichte der Sexualfeindschaft, Reinbek b. Hamburg 1970.

Veyne, Paul – Ariès, Philippe – Duby, Georges (Hgg.), *Geschichte des privaten Leben*. 1. Band: Vom Römischen Imperium zum Byzantinischen Reich, Frankfurt a.M. ²1989.

Veyne, Paul, *Das Römische Reich*, in: Veyne, Paul – Ariès, Philippe – Duby, Georges (Hgg.), Geschichte des privaten Leben. 1. Band: Vom Römischen Imperium zum Byzantinischen Reich, Frankfurt a.M. ²1989, S. 19–228.

— Die griechisch-römische *Religion. Kult, Frömmigkeit* und Moral, Stuttgart 2008.

Vogel, Cyrille, Les rites de la *célébration du mariage*. Leur signification dans la formation du lien durant le haut moyen age, in: Il matrimonio nella società altomedievale, 22.–28. aprile 1976 (SSAM 24,1), Spoleto 1977, S. 397–465.

Vogt, Peter, „Er ist Mann". *Die Männlichkeit Jesu* in der Theologie Zinzendorfs, in: Breul, Wolfgang – Soboth, Christian (Hgg.), „Der Herr wird seine Herrlichkeit an uns offenbaren". Liebe, Ehe und Sexualität im Pietismus (Hallesche Forschungen 30), Halle 2011, S. 175–209.

Völker-Rasor, Anette, *Bilderpaare* – Paarbilder. Die Ehe in Autobiographien des 16. Jahrhunderts (Rombach Wissenschaft – Reihe Historiæ 2), Freiburg i.Br. 1993.

Vollmer, Klaus, Reinheit und gesellschaftliche *Ordnung in Japan*. Dimensionen des sogenannten baruko- Problems in historischer und zeitgenössischer Perspektive, in: Burschel, Peter – Marx, Christoph (Hgg.), Reinheit (Veröffentlichungen des Instituts für historische Anthropologie E.V. 12), Wien – Weimar – Köln 2011, S. 325–346.

Von Brandt, Ahasver, *Mittelalterliche Bürgertestamente*. Neuerschlossene Quellen zur Geschichte der materiellen und geistigen Kultur vorgetragen am 8. Juli 1972 (SHAW. PH, Jahrgang 1973, Jahrgang 1973, 3. Abhandlung), Heidelberg 1973.

von Braun, Christina – Stephan, Inge, *Einführung*, in: Dies. (Hgg.), Gender@Wissen. Ein Handbuch der Gender-Theorien (UTB 2584), Köln – Weimar – Wien ²2009.

von Braun, Christina, *Fundamentalismus* und Geschlecht, in: Stollberg-Rilinger, Barbara (Hg.), «Als Mann und Frau schuf er sie». Religion und Geschlecht (Religion und Politik 7), Würzburg 2014, S. 165–180.

von Gersdorff, Dagmar, Bettina und *Achim von Arnim*. Eine fast romantische Ehe, Berlin 1997.

— *Caroline* von Humboldt. Eine Biographie, Berlin 2011.

— *Königin Luise* und Friedrich Wilhelm III.. Eine Liebe in Preußen, Rheda-Wiedenbrück 1998.

Von Krause, Juliane, Ohne *Glanz und Glamour*. Prostitution und Frauenhandel im Zeitalter der Globalisierung (Eine Ausstellung von Terre des Femmes e.V.), Tübingen – Berlin 2005.

von Moos, Peter, *Heloise*, in: LMA 4 (2003), Sp. 2126–2127.

von Rad, Gerhard, *Theologie des Alten Testaments*, Bd. 1, München [4]1962.

Wagener, Ulrike, Die *Ordnung des «Hauses Gottes»*. Der Ort von Frauen in der Ekklesiologie und Ethik der Pastoralbriefe (WUNT 2. Reihe 65), Tübingen 1994.

Wagner, Wolfgang Eric, *Verheiratete Magister* und Scholaren an der spätmittelalterlichen Universität, in: Rexroth, Frank (Hg.), Beiträge zur Kulturgeschichte der Gelehrten im späten Mittelalter (VKAMAG 73), Ostfildern 2010, S. 71–100.

Walker Bynum, Caroline, *Holy Feast* and Holy Fast. The religious Significance of Food to Medieval Women, London 1987.

Walter, Franz, Im *Schatten des Liberalismus*. Als die Grünen sich Ende der siebziger Jahre als Partei konstituierten, war der Boden für eine Affirmation von Pädophilie längst bereitet. «Die Zeit», Teile des linksliberalen Bürgertums, Jungdemokraten und die «Humanistische Union» hatten ganze Arbeit geleistet, in: FAZ vom 17. November 2014 (Nr. 267), S. 6.

Walter, Tilmann, *Unkeuschheit* und Werk der Liebe. Diskurse über Sexualität am Beginn der Neuzeit in Deutschland (StLgG 48), Berlin – New York 1998.

Weber, Ines, *Ein Gesetz* für Männer und Frauen. Die frühmittelalterliche Ehe zwischen Religion, Gesellschaft und Kultur *Bd. II* (Mittelalterliche Forschungen 24,2), Ostfildern 2008.

— *Ein Gesetz* für Männer und Frauen. Die frühmittelalterliche Ehe zwischen Religion, Gesellschaft und Kultur *Bd. I.* (Mittelalter-Forschungen 24, I.), Ostfildern 2008.

Weber, Max, *Wirtschaft und Gesellschaft*. Grundriss der verstehenden Soziologie (Studienausgabe), Tübingen [5]1976.

Weeber, Karl-Wilhelm, *Nachtleben* im alten Rom, Darmstadt [3]2011.

Weigand, Rudolf, *Ehe- und Familienrecht* in der mittelalterlichen Stadt, in: Haverkamp, Alfred (Hg.), Haus und Familie in der spätmittelalterlichen Stadt (Städteforschung Reihe A, 18), Köln – Wien 1984, S. 161–194.

— *Klandestinehe*, in: LMA 5 (1991), Sp. 1192.

— *Liebe und Ehe* im Mittelalter (Bibliotheca Eruditorum 7), Goldbach (b. Aschaffenburg) [2]1998.

Weinacht, Helmut, *Einführung*, in: Ders. (Hg.), Albrecht von Eyb, Ob einem manne sey zunemen ein eelichs weyb oder nicht (TzF 36), Darmstadt 1982.

Werner, Matthias, *Elisabeth* von Thüringen, in: LMA 3 (1986), Sp. 1838–1841.

Wienfort, Monika, *Verliebt*, Verlobt, Verheiratet. Eine Geschichte der Ehe seit der Romantik, München 2014.

Wiesner-Hanks, Merry, «Der lüsterne Luther». *Männliche Libido* in den Schriften des Reformators, in: Flemming, Jens u.a. (Hgg.), Lesarten der Geschichte. Ländliche Ordnungen und Geschlechterverhältnisse (FS für Heide Wunder zum 65. Geburtstag), Kassel 2004, S. 179–195.

Windheuser, Annette, „...hervorragender die Jungfräulichkeit“. *Reinheitsvorstellungen* bei Hildegard von Bingen. masch. theolog. Dipl.-Arb., Münster 1994.

Wißmann, Hans, *Beschneidung* I. Religionsgeschichtlich, in: TRE 5 (1980), S. 714–716.

Wolbert, Werner, Ist es «gut für den Mann, keine Frauen zu berühren»? Zur Interpretation und Rezeption einiger biblischer *Texte zur Sexualmoral*, in: Hilpert, Konrad (Hg.), Zukunftshorizonte katholischer Sexualethik (QD 241), Freiburg i.Br. 2011, S. 185–209.

Worstbrock, Franz Josef, Piccolomini, *Aeneas Silvius* (Papst Pius II.), in: VerLex 7 (1989), Sp. 634–669.

Wunder, Heide (Hg.) in Zusammenarbeit mit Burghartz, Susanna – Rippmann, Dorothee – Simon-Muscheid, Katharina: Eine *Stadt der Frauen*. Studien und Quellen zur Geschichte der Baslerinnen im späten Mittelalter und zu Beginn der Neuzeit (13.-17. Jh.), Basel – Frankfurt a.M. 1995.

Zastrow, Volker, *Gender.* Politische Geschlechtsumwandlung, Waltrop 2006.

Zeimentz, Hans, Ehe nach der *Lehre der Frühscholastik*. Eine moralgeschichtliche Untersuchung zur Anthropologie und Theologie der Ehe in der Schule Anselms von Laon und Wilhelms von Champeaux, bei Hugo von St. Viktor, Walter von Mortagne und Petrus Lombardus (MoThSt.H 1), Düsseldorf 1973.

Zeuske, Michael, Handbuch der *Geschichte der Sklaverei*. Eine Globalgeschichte von den Anfängen bis zur Gegenwart, Berlin – Boston 2013.

Ziegler, Josef Georg, Die *Ehelehre der Pönitentialsummen* von 1200–1350. Eine Untersuchung zur Geschichte der Moral- und Pastoraltheologie (SGKMT 4), Regensburg 1956.

Zimmermann, Ruben, *Geschlechtermetaphorik* und Gottesverhältnis. Traditionsgeschichte und Theologie eines Bildfelds in Urchristentum und antiker Umwelt (WUNT 2. Reihe 122), Tübingen 2001.

Personenregister

Sachregister

Bibelstellenregister

Altes Testament

Neues Testament